Lb 49
5
A

HISTOIRE
DE FRANCE.

TOME 3.

IMPRIMERIE DE GUIRAUDET ET JOUAUST,
Rue Saint-Honoré, 315.

HISTOIRE DE FRANCE

DEPUIS L'ANNÉE 1825

JUSQU'A L'AVENEMENT DE LOUIS-PHILIPPE

(7 AOUT 1830),

PAR

LE Cte DE MONTGAILLARD.

ÉDITION ORNÉE

D'UN GRAND NOMBRE DE GRAVURES SUR ACIER,
D'APRÈS LES DESSINS DE RAFFET.

Tome 3.

Paris,

MOUTARDIER, LIBRAIRE-ÉDITEUR,

RUE DES GRANDS-AUGUSTINS.

1839

HISTOIRE DE FRANCE,

PENDANT

LES ANNÉES 1825, 1826, 1827, ETC.,

CONTINUÉE JUSQU'AU 31 DÉCEMBRE 1831.

LIVRE QUATRIÈME.

ANNÉE 1828.

5 Janvier.—Nous avons exposé la situation des esprits et des choses à la fin de l'année dernière (V. 31 décembre 1827). Un nouveau ministère est chargé des destinées de la France; il servira de transition à un ministère d'émigration et de cour, sous la présidence de M. de Polignac.

Les ultra-royalistes et les jésuites ont redoublé d'intrigues pour porter aux affaires l'homme *type* de l'ancien régime et de la contre-révolution : M. de Polignac est arrivé de Londres; mais l'énergie de l'opposition, dans la chambre des députés, et la haute influence que M. de Villèle conserve encore sur l'esprit du roi ont fait sentir la nécessité de temporiser; on le peut, sans rien hasarder; les élémens de contre-révolution ont été préparés avec une infatigable persévérance depuis l'avénement de M. de Villèle au ministère ; tous les emplois civils et militaires sont donc, à quelques exceptions près, entre les mains des ennemis de la liberté constitutionnelle ; l'administration de l'État leur appartient ; la Charte est un simulacre dont on veut bien se servir encore, parce qu'elle couvre de son nom la violation des lois, la dilapidation des finances, les actes arbitraires auxquels on s'abandonne *légalement*, en attendant qu'on soit assez fort pour proclamer à main armée le régime du bon plaisir, la monarchie absolue du droit divin : les prêtres et les nobles se flattent de se ressaisir bientôt de la plénitude d'influence et de pouvoir dont ils jouissaient avant 1789 ; ils se déterminent en conséquence à différer de quelques mois une contre-révolution, objet de tous leurs vœux, de toutes leurs espérances ; le ministère Martignac doit leur en faciliter le moyen : les hommes de l'ancien régime continueront, avec ou malgré lui, au nom de la Charte, le système de déception et de fraudes légales suivi depuis 1814 ; le monarque fera de nouvelles promesses et de nouveaux sermens ; l'on annoncera officiellement que toutes les institutions publiques vont être mises en harmonie avec les besoins et les vœux de la nation ! Dans ces vues, dans ces intentions également perfides, la cour et les privilégiés de l'ancien et du nouveau régime consentent à la retraite de M. de Villèle et à la nomination de M. de Martignac !

Laissant de côté les opinions et la conduite politiques de M. de Martignac sous la république, l'empire et la restauration, nous n'examinerons pas encore si le député de la Gironde est l'homme de la cour ou celui de la nation, s'il appartient au pouvoir absolu ou à la liberté constitutionnelle : nous n'examinerons même pas le degré de confiance que peuvent lui accorder les divers partis politiques : M. de Martignac datera pour nous du jour de sa prise de possession du ministère de l'intérieur, ministère dans lequel est concentrée l'administration du royaume.

Le nouveau ministre est un homme de beaucoup d'esprit, d'une élocution facile et brillante; ses manières sont polies, même séduisantes; il est doué d'une grande souplesse, et l'on pourrait ajouter, sans calomnier son caractère public, d'une finesse politique dont il est difficile de se défendre, tant sa parole porte l'empreinte d'une franchise, d'une conviction profondes : c'est, par excellence, l'art de M. de Martignac! depuis le commencement du consulat jusqu'à la fin de l'empire, il fut compté au nombre des amis de la liberté constitutionnelle; dès les premiers symptômes de la restauration de 1814, il se précipita au devant de la maison de Bourbon; les princes de Coblentz ne trouvèrent pas, à Bordeaux, de conspirateur ou, si on l'aime mieux, de sujet plus aveuglément dévoué que lui.

M. de Martignac entend bien les affaires, et n'est pas dépourvu de talens administratifs; il a même des idées d'homme d'État, et l'on serait injuste à son égard, si on ne le regardait pas comme très-supérieur en connaissances politiques, en éloquence et même en patriotisme (en n'appuyant pas trop néanmoins sur cette qualité), aux sept ou huit avocats de Bordeaux élevés avant lui au faîte du pouvoir, et couverts des dignités et des honneurs déversés par Louis XVIII et Charles X sur les Monck *de la ville du* 12 *mars!* Nous ne parlerons nullement de l'homme privé, quels que soient les reproches d'immoralité que lui aient adressés, avec plus ou moins de ménagemens et de véracité, ses compatriotes et les personnes admises dans sa familiarité; nous nous abstiendrons de toutes mentions d'actes antérieurs à son avénement politique, ne considérant que le *ministre* auquel Charles x vient de remettre les rênes de l'État.

Dans l'impartialité et la justice qui nous guident, nous n'hésiterons pas à avancer que, sous le point de vue ministériel, M. de Martignac n'est pas sans avoir des droits à l'estime, nous dirons plus, à la confiance nationale; il aime sincèrement la liberté, mais trompé, peut-être, par les protestations constitutionnelles du roi, ou séduit par les paroles chevaleresques du vieux courtisan de Versailles, du *petit-fils* de Henri IV, M. de Martignac aura pu croire de bonne foi, en 1828 (et nous avons des raisons particulières pour émettre cette opinion), que le pouvoir royal et la liberté constitutionnelle vivraient en bon accord et se fortifieraient l'un par l'autre; il se sera persuadé que Charles x voulait et maintiendrait la Charte, qu'il réaliserait ces beaux vers de Voltaire :

« Vous pouvez raffermir, par un accord heureux,
« Des peuples et des rois les légitimes nœuds,
« Et faire encor fleurir la liberté publique
« Sous l'ombrage sacré du pouvoir monarchique. »

Telles étaient du moins les opinions, les doctrines professées par l'avocat de Bordeaux à son arrivée au ministère; il nous a dit avoir rappelé, plusieurs fois, dans le cours de son administration, ces vers à Charles x : la conduite du ministre, dans les deux sessions de 1828 et 1829, montrera jusqu'à quel point M. de Martignac se serait fait illusion sur les véritables sentimens du monarque restauré; s'il n'a pas été complice, il sera dupe et tombera victime de son dévouement à la royauté de 1814 : cela doit être.

Avant la chute du ministère Villèle, M. de Polignac,

ambassadeur à Londres, avait été mandé à Paris ; l'on voulait essayer l'effet que sa présence y produirait dans une conjoncture aussi importante. Mais le favori par excellence, du prince, de la cour et de l'ancien régime, réveille toutes les craintes et devient l'objet de toutes les haines nationales : sa vie publique est dénoncée tout entière à la France par les feuilles de l'opposition ; son nom devient, à lui seul, un programme officiel de contre-révolution ! La cour et les privilégiés se voient donc forcés d'ajourner la nomination du prince romain, il est renvoyé à son ambassade d'Angleterre, et le ministère Martignac est installé ; on l'appelle hautement *ministère de transition!*

En effet, il est déjà facile de prévoir que la nouvelle administration n'aura que quelques mois de durée ; l'ultra-royalisme et l'ultramontanisme prendront le dessus, et le trône sera renversé parce que, cédant de plus en plus à leur impulsion, les nouveaux ministres, jaloux de se maintenir au pouvoir, seront obligés de continuer le système d'hypocrisie, de fraude et d'arbitraire dont le ministère Villèle a si largement usé pendant six années.

7. — Bordeaux. — Le lieutenant-général, baron d'Alméras, commandant la 11ᵉ division militaire, succombe à une attaque d'apoplexie foudroyante..... Le lieutenant-général Lamarque rend hommage à sa mémoire : lorsqu'un capitaine aussi illustre, et un citoyen aussi patriote que le général Lamarque fait l'éloge de l'un de ses compagnons d'armes, ce dernier a de justes droits à l'estime et à la reconnaissance de la nation..... Lamarque n'a jamais trahi la vérité.

8. — Le duc et la duchesse de Clarence donnent, à l'amirauté, une grande fête à D. Miguel. — Cette

circonstance, fort indifférente en elle-même, présente néanmoins une certaine importance politique (le duc de Clarence *se glorifiant de son opposition au ministère*), si l'on considère l'accueil fait au prince portugais en Autriche et en France ; D. Miguel a été traité avec les plus grands égards à Vienne et à Paris ; François 1er, Louis XVIII, Charles X, lui ont donné publiquement des témoignages d'une affection toute particulière : celle que lui prodigue le duc de Clarence, qui touche de si près au trône d'Angleterre, achève de convaincre les partisans de la liberté constitutionnelle que l'infant de Portugal, dont la profonde aversion pour cette liberté est généralement connue, a dû recevoir des grands cabinets de l'Europe l'invitation, peut-être même l'injonction de rétablir le pouvoir absolu sur les ruines de la Charte accordée par D. Pédro ; l'assassin de son père et de son roi se flatte même, dit-on, de trouver dans la sainte-alliance une protection qui le mette à même de renverser impunément le gouvernement de son pays, et de faire triompher, à Lisbonne, le vil et cruel despotisme dont les ministres de Ferdinand VII accablent l'Espagne... La conduite ultérieure de D. Miguel justifiera ces prévisions.

10. — Mort du comte François, dit *de Neufchâteau*, âgé de 78 ans. — Avocat au parlement de Paris, lieutenant-général au présidial de Mirecourt (Vosges), procureur-général au conseil supérieur du Cap (île Saint-Domingue), littérateur, poëte, membre de plusieurs académies, M. François, né dans la dernière classe du peuple *, embrassa, en 1789, la cause de la

---

* Le curé de Vrécourt (département des Vosges) ayant trouvé de l'esprit à cet enfant, pourvut à sa nourriture et lui apprit à

révolution et fut nommé, en 1791, député à l'assemblée législative où il fit profession d'un républicanisme ardent. Ce Brutus (auteur de la doucereuse comédie de *Paméla*) prodigua dans sa prose et dans ses vers les injures et les outrages à Louis XVI ; après les journées des 2 et 3 septembre 1792, il se qualifia de *sans-culotte pur*, et avilit son caractère d'homme de lettres au point de se glorifier du titre d'*instituteur-poète des petits sans-culottes*..... Les père Duchêne, les Marat, les Martainville n'ont pas vomi, dans les paroxismes de leur rage révolutionnaire, de plus dégoûtantes productions que le citoyen François *de Neufchâteau* après la catastrophe du 10 août. Sa *Fable nouvelle pour orner la mémoire des petits sans-culottes*, imprimée en 1792, et son *Hymne à la liberté* (Chansonnier de la Montagne) resteront comme monument de l'excès de dégradation politique que peuvent engendrer la lâcheté, l'amour-propre et la cupidité réunis... Il n'en fut pas moins détenu sous les verroux des jacobins, pendant près d'une année. M. François de Neufchâteau fut redevable de cette longue captivité à sa comédie de *Paméla*, ou *la vertu récompensée* ; il avait fait jouer cette pièce au théâtre de la nation, dans le plus fort de la terreur ; le comité de salut-public exigea de lui des changemens, il les fit ; et, malgré sa soumission, la pièce n'étant pas encore assez civique, il fut emprisonné le 4 septembre 1793 : il faut convenir que l'instituteur des *sans-culottes* jouait de malheur..... La représentation de *Paméla* fut, au surplus, l'occasion d'une

lire ; le seigneur de ce village (le comte de Morvillier) le recommanda à la bienfaisance de M. d'Alsace, grande-croix de Malte et grand-prieur de la langue d'Aquitaine, qui paya sa pension au collége de Neufchâteau, le fit entrer ensuite au barreau de Nancy, et lui procura la protection de M. le duc d'Orléans, qui le fit nommer procureur-général de Saint-Domingue.

lutte violente contre les jacobins, et leur servit de prétexte pour fermer le théâtre français et pour incarcérer les comédiens.

Le citoyen François de Neufchâteau, excellent républicain sous la convention et le directoire, devait être l'un des plus dévoués serviteurs du despotisme sous le consulat et l'empire; il fut fidèle à sa destinée! Parvenu, à force d'intrigues et de bassesses, au pouvoir ministériel et au trône directorial, il devint l'un des grands bénéficiaires de la révolution du 18 brumaire an VIII (9 novembre 1799), et *le premier des présidens du sénat-conservateur* créé par Bonaparte, il fut doté de la sénatorerie de Bruxelles, investi du titre de comte de l'empire, affublé du grand cordon de la Légion-d'Honneur; il se montra, jusqu'en 1814, l'un des plus vils flatteurs de Napoléon, et rivalisa d'adulations avec les Lacépède, les Fontanes, les Laplace, et autres harangueurs; il n'avait pas rougi de dire au despote de la France : « Vous « n'acceptez l'empire que pour sauver la liberté; vous ne « consentez à régner que pour faire régner les lois ; « vous ne fites jamais la guerre que pour avoir la « paix...... Pardonnez, sire, ah! pardonnez l'émotion « involontaire qui accompagne mes paroles, *elles sont « sorties de mon cœur;* l'attendrissement qui s'y mêle « en a troublé l'expression, mais votre majesté n'en « sera pas BLESSÉE, etc. »

Après la restauration, M. le comte François de Neufchâteau sollicite et obtient de Louis XVIII la faveur de faire hommage de sa muse au *roi légitime, digne successeur de Henri* IV ; il dépose aux pieds du monarque bel-esprit son *Recueil de Fables*, dont il a eu grand soin, on le pense bien, de détacher la fable composée pour les petits sans-culottes, production ultra-révolutionnaire dont Louis XVI, Marie-Antoinette et le Dauphin faisaient les frais sous les noms de *dom Porc*, de *dame Panthère*, et d'un *Louvat*, *d'un tel accouplement digne progéniture!*...... M. le comte François met aux pieds de Louis XVIII *son dévouement et son* INVIOLABLE FIDÉLITÉ *à la monarchie légitime*; mais, moins heureux que la plupart de ses confrères sénateurs, il ne réussit pas à faire agréer ses services, et se voit condamné à ensevelir sa gloire dans le fauteuil d'académicien : il meurt oublié et méprisé.

Ce parvenu de la révolution était d'une vanité sans bornes ; il se décernait lui-même l'apothéose littéraire, faisait des vers en son honneur, et en chargeait tous les livres de sa bibliothèque, sur lesquels il gravait ses armoiries et appliquait ses titres nobiliaires. C'est le même François de Neufchâteau qui, dans sa comédie de *Paméla*, avait dit, avec toute l'emphase philosophique de l'époque :

« Ces rubans, ces cordons, et ces chaînes dorées,
« Des esclaves des rois ces pompeuses livrées
« Ne sont que des hochets dont la vaine splendeur
« Déguise le néant d'une folle grandeur. »

Les Fouché, les Cambacérès, les Syeyes, etc., etc., n'ont pas mieux dit et n'ont pas mieux fait.

Avocat, juge, administrateur, ministre, directeur, législateur, sénateur, M. François de Neufchâteau a fait preuve, dans toutes ces fonctions, de talens très-secondaires ; comme écrivain, en prose ou en vers, c'était un homme médiocre : ses productions méritent l'oubli dans lequel elles sont déjà tombées... On avait dit de lui, *qu'il faisait des vers dans les bras de sa nourrice;* cette flagornerie lui valut une épigramme, finissant par ces deux vers :

« François, qui fait de tout pour l'immortalité,
« Fut poète au berceau, puis ne l'a plus été. »

Infatué des éloges que lui accorda Voltaire, dont il encensait à genoux la grande renommée, le poète de l'Almanach des Muses se prit pour un génie; il lui échappait même, dans ses conversations intimes, de dire avec bonhomie : « Je suis un des grands hommes, un des grands
« génies du siècle; Voltaire me l'a dit plusieurs fois, et il
« s'y connaissait! » La génération actuelle a cassé l'arrêt du patriarche de Ferney, si tant est que le grand génie du xviii° siècle l'ait prononcé.

L'on doit parler, en toute vérité, des individus qui ont pris part aux affaires de l'État; c'est annoncer d'avance aux fonctionnaires publics, de toutes les classes, le jugement que l'histoire prononcera contre eux, s'ils imitent la conduite de la plupart des parvenus de la révolution : ces *amis de leur pays*, ces *défenseurs de la liberté et de l'égalité* constitutionnelles ont renié la révolution qui fit éclore leurs noms sur la scène publique; ils se sont transformés successivement en courtisans du pouvoir absolu, en valets de l'ancien régime, en grands seigneurs de l'OEil-de-Bœuf, en privilégiés de la noblesse et du clergé; ils vendent la patrie, la liberté, les lois, pour des titres, des rubans et des pensions; et ils osent dire encore, aujourd'hui : « Je suis un des glorieux débris
« de l'empire, et je fais partie de ce petit nombre d'hom-
« mes qui ont conservé le feu sacré de la liberté. » Ainsi disait M. François de Neufchâteau!... Ce n'était pas, du reste, un méchant homme, c'était seulement un homme sans aucune espèce de vertu; il faisait tout ce qu'on exigeait de lui : sa complaisance envers les triumvirs directoriaux, lui fit donner le ministère de l'intérieur, où il remplaça le probe et excellent administrateur, Bénezech : il est juste de dire que le passage de M. François de Neufchâteau au ministère de l'intérieur fut marqué par quelques actes qui annonçaient des vues d'administration.

11. — Ordonnance royale qui nomme le sieur Nompère de Champagny directeur-général du personnel au ministère de la guerre, en remplacement du sieur du Coëtlosquet, lieutenant-général, conseiller d'État en service ordinaire. — M. de Champagny est l'un des aides-de-camp de M. le Dauphin, et possède toute sa confiance ; ainsi, la promotion de M. de Champagny met à la disposition du prince, héritier présomptif du trône, le choix, la nomination et le sort des officiers, sous la *responsabilité* de M. de Caux, qui n'est plus, comme sous l'empire, qu'un premier commis de la guerre (V. 4 janvier), chargé de contre-signer les volontés de M. le duc d'Angoulême, ministre de fait. Le peu d'influence ministérielle que l'ordonnance de ce jour laisse à M. de Caux sera réduit encore, ou plutôt anéanti, par l'ordonnance qui créera bientôt un conseil supérieur de la guerre (V. 17 février) : les emplois, tous les grades militaires seront à la discrétion de la cour, de l'émigration et des courtisans, et l'armée se trouvera exposée à toutes les humiliations, à toutes les injustices qu'il leur plaira d'infliger au soldat, au sous-officier et à l'officier dont le dévouement au pouvoir absolu et au jésuitisme deviendra suspect ou équivoque.

12. — Tribunal de police correctionnelle, affaire de M. Cauchois-Lemaire. — Cet écrivain a publié, dans les derniers jours de décembre 1827, une brochure ayant pour titre : *Lettre à S. A. R. Mgr le duc d'Orléans*, etc. Arrêté, le 1er janvier, dans sa maison de campagne, à huit heures et demie du matin, il est conduit à la prison de la Force ; des perquisitions rigoureuses ont lieu dans son domicile à Paris.

L'avocat du roi, M. Berthous de la Serre, se prononce avec véhémence contre la brochure de M. Cauchois-Lemaire ; il dit : « ..... Sans cesse, l'auteur rappelle, dans des termes outrageans pour la prérogative royale, que M. le duc d'Orléans a été privé du droit de siéger à la chambre des pairs ; il prétend que là ses services et ses conseils ont été méprisés ; il réunit tous ses efforts pour aigrir le prince, dans la coupable et vaine espérance d'ébranler sa fidélité, de le détacher de ses devoirs envers son souverain, et de l'entraîner à les violer. » — « Un tel écrit n'a pu exciter que l'indignation de S. A. R., à qui son dévouement au roi et son attachement à ses devoirs interdisent jusqu'à la pensée d'autoriser, même tacitement, l'appel qu'on ose lui adresser ; mais qui pourrait méconnaître l'influence dangereuse et funeste que doit exercer sur les esprits crédules ou disposés à l'agitation, ce libelle où respire, du commencement à la fin, un esprit d'hostilité contre le gouvernement du roi ; où se manifestent, presque à chaque page, une absence de tout respect pour la légitimité, et un système perpétuel d'attaque contre l'ordre de la successibilité au trône ?.... » M. l'avocat du roi fait lecture des passages incriminés dans la brochure de M. Cauchois-Lemaire ; il cite particulièrement ceux-ci : (L'auteur met le prince en scène, il le fait parler ainsi :) « Moi, direz-vous peut-être ; et que puis-je ? Pair du royaume, je subis, la France le sait, un ostracisme qui m'interdit toute participation aux affaires publiques. — Voilà précisément, monseigneur, le point en litige : celui que l'on suspend de ses priviléges est-il suspendu, pour cela, du droit commun? La patrie est-elle circonscrite dans la chambre haute? L'inaction parlementaire condamne-t-elle tout l'homme à la léthargie politique ? et dès qu'on n'est plus *seigneurie*, n'est-on plus rien? Questions inconvenantes, ou tout au moins oiseuses, diront quelques autres ; questions naturelles et utiles sous un régime constitutionnel, leur répondrai-je. » — « Passe encore, répliqua l'élève de Saint-Simon, pour des princes en activité de service; mais quand ils sont à la retraite, ou en expectative indéfinie, quel emploi leur assignerez-vous qui vaille les émolumens? — Je suis persuadé, répondis-je, que dans une monarchie constitutionnelle, un prince, comme un autre, doit et peut acquitter son tribut national; il le peut surtout au milieu de la nation française et dans les circonstances actuelles.... Tout cela est vague, interrompit votre ami; la critique serait trop aisée si, après avoir blâmé en détail, elle se contentait de dire en général : Accomplissez votre devoir.... Quel est-il ce devoir, pour l'homme que sa naissance fait membre de la chambre haute, et auquel l'accès de cette chambre est fermé? » — « .... La conduite du prince fut conforme à ces dernières paroles. Au lieu d'aller à Gand, il se rendit en Angleterre, ce qui le dispensa de s'associer au système qui marqua l'époque de 1815, et de rentrer à la suite des vainqueurs. » — « ..... Et, pour m'expliquer plus clairement par une supposition, si je vivais sous le règne du prince qui porta votre titre avant de porter le nom de Louis xii, et que ce fût à lui qu'allât cette feuille, le roi de France n'aurait, à mon égard, ni à pardonner les injures, ni à récompenser les services reçus par le duc d'Orléans. » — « Il est une autre inquiétude contre laquelle cette missive est de nature à rassurer l'homme le plus prompt à s'alarmer, et dont je ne puis vous entretenir sérieusement; l'idée un peu folle m'en est venue en lisant une anecdote qui vous concerne, et qu'un historien a recueillie. Walter-Scott raconte que, dans un de ces jours d'émotion politique si fréquens depuis 1814, un billet anonyme, exprimant plus d'intérêt qu'il ne vous convient d'en inspirer, fut glissé jusque sous la main de Votre Altesse, qui, pour toute réponse, se hâta de le remettre à l'autorité de la légitimité. Votre prudence n'aurait pas à prendre les mêmes précautions contre ma lettre, quand bien même elle ne passerait pas sous les yeux de l'autorité avant d'arriver sous les vôtres; elle est écrite par un ami de l'ordre, de la conciliation générale, de la paix publique fondée sur des bases solides. » — « .... Votre ami, qui suivait votre idée, observa que Massillon parlait au moins des princes qui gouvernent, qui ont l'autorité. On la prend, lui repartis-je, quand on est bien placé pour cela. — J'entends l'autorité d'opinions, d'influence, l'autorité sans budget et sans gendarmes. » — « .... En cas de péril imminent, de désastre, de grands services à rendre, soit que des brigands pillent et tuent, soit qu'il y ait incendie ou inondation, chacun prend son titre de la circonstance et reçoit mission de son courage. » — « .... Mais à dater de 1817, les chances de succès et d'utilité se multiplient. Si j'avais tardé jusque-là, c'est alors, à coup sûr, que j'aurais jeté les fondemens de mon empire tutélaire. » — « .... Si vous aviez été le personnage réel du rôle que j'ai joué avec plus de hardiesse que de talent, l'intrigue n'eût point pris ce caractère, vous seriez intervenu avant que Tartufe se fût impatronisé dans la maison, ou du moins, à l'heure qu'il est, vous seriez prêt pour le dénouement, vous nous donneriez un coup de main pour chasser le pauvre homme et r'avoir la cassette. » — « Et pour ne pas perdre ses habitudes de conseiller, il vous engage à en faire autant, et à échanger vos armoiries ducales contre la couronne civique. Allons, prince, un peu de courage : il reste dans notre monarchie une belle place à prendre, la place qu'occuperait La Fayette dans une république, celle de premier citoyen de France ; votre principauté n'est qu'un chétif canonicat auprès de cette royauté morale. » — « .... Le peuple français est un grand enfant qui ne demande pas mieux que d'avoir un tuteur ; soyez-le, pour qu'il ne tombe pas en de méchantes mains. » — « .... Rien ne résiste au patriotisme généreux qui a une grande illustration nobiliaire, une place éminente, une immense fortune, triple condition que réunit votre Altesse. Avec cela elle n'a qu'à se baisser pour prendre le joyau qui est là, par terre, que plusieurs se disputent, et qu'aucun ne peut ramasser, faute d'avoir ce que vous avez par la grâce de Dieu. » — « .... Et pourtant, avec un peu d'aide, lorsque les forces de la France nouvelle seront à leur point de maturité, les nôtres seront engourdies par la vieillesse ; et la génération moyenne serait bien aise de goûter les fruits de la terre promise. Si ce n'est Moïse, que ce soit Josué qui nous y mène, et passons le Jourdain : tel est l'objet de ma requête. Si elle n'est pas entendue, je doute que quelqu'un de nos neveux ait, comme moi, la fantaisie d'écrire à un duc : en ce cas, du moins, il n'aura que l'embarras de choisir son correspondant. Il en est jusqu'à trois que je pourrais nommer. Tandis que nous déclinons, le duc de Bordeaux, le duc de Chartres et même le duc de Reichstadt grandissent..... »

Nous nous sommes déterminés à citer quelques fragmens de la brochure de M. Cauchois-Lemaire, parce qu'elle nous a paru d'une haute importance sous le point de vue politique; c'est un document pour l'histoire, en ce qu'il peint la situation où se trouvait la France en 1828. Cette situation devait être bien extrême, puisqu'un simple écrivain osait se permettre de publier un pamphlet aussi attentatoire aux sentimens de devoir et de fidélité dont M⁸ʳ le duc d'Orléans était animé, sentimens dont le prince avait constamment donné des preuves à Charles x.

Le défenseur de l'accusé, M. Chaix-d'Estange, s'efforce de prouver l'utilité et la légalité d'une opposition dans tout gouvernement représentatif; il soutient qu'en s'adressant à un prince du sang pour l'inviter, le supplier, le presser d'éclairer par ses conseils un roi dont les courtisans égarent la religion et surprennent la générosité, M. Cauchois-Lemaire n'a rien dit, n'a rien fait que de sage et conforme à une politique éclairée, patriotique, favorable aux intérêts de la royauté; politique, généralement suivie en Angleterre, où les princes du sang se placent de fait comme de droit à la tête de l'opposition, politique consacrée en France depuis 1789; il cite en preuve de son assertion les actes politiques du comte de Provence (Louis XVIII), protestant publiquement contre les mesures adoptées par son frère Louis XVI, et les protestations encore plus énergiques du comte d'Artois (Charles X) qui s'est hautement prononcé contre les actes de Louis XVI, et qui même a poussé le système d'opposition jusqu'à blâmer sans la moindre réserve la conduite suivie par Louis XVIII depuis les restaurations de 1814 et 1815.

Dans son plaidoyer, M. Chaix-d'Estange se force d'établir que M. Cauchois-Lemaire n'est pas coupable, qu'il a usé d'un droit dont les actes funestes et insensés des ministres de Charles X font un devoir à tout Français ami de la royauté et de son pays. « C'est aujourd'hui, dit-il, une vérité hors de contestation, que l'opposition est nécessaire dans un gouvernement représentatif. Gardienne attentive, elle signale les abus, elle réprime souvent les excès du pouvoir. Quand enfin la marche du gouvernement devient telle, qu'elle met en péril les libertés nationales et la stabilité du trône, l'opposition alors s'émeut plus vivement, elle se montre de toutes parts, et partout où il reste quelque indépendance, le pouvoir la rencontre résistant à son action et signalant le danger. » — « Qu'arrive-t-il dans un tel état de choses ? l'opinion publique se contente de cette opposition qui la représente et défend régulièrement ses droits. Elle demeure paisible et confiante tant que ses défenseurs ont du moins la liberté de parler en son nom. Si cette liberté leur était interdite, si elle manquait de tous moyens réguliers de se faire entendre, certes alors, se voyant menacée de toutes parts, l'opinion publique, égarée hors des voies légales qui lui avaient été promises, s'ouvrirait violemment une route nouvelle; et alors, quand après une longue et muette patience arrive ce jour d'une réaction violente, ce n'est plus seulement le redressement d'une mauvaise mesure, ce n'est plus même la chute d'un ministère odieux que l'on demande : les prétentions populaires, une fois agitées, deviennent plus exigeantes et plus impérieuses. C'est ce tableau d'un peuple auquel on avait promis la liberté, auquel on impose l'esclavage; c'est ce calme apparent, mais terrible, que Montesquieu, parlant de la liberté anglaise, a peint avec de si vives couleurs : « Si les « terreurs, dit-il, naissaient à l'occasion du renverse- « ment des lois fondamentales, elles seraient sourdes, « funestes, atroces, et produiraient des catastrophes. « Bientôt on verrait un calme affreux, pendant lequel « tout se réunirait contre la puissance violatrice des « lois. » C'est pour prévenir ces dangers, pour éviter ces vives réactions, que dans un gouvernement représentatif il faut qu'une opposition existe forte, puissante, ayant des organes nombreux, capables, non pas de se faire obéir, mais de se faire écouter..... » D'après ces considérations politiques, M. Chaix-d'Estange cherche à prouver que son client, loin de commettre un délit, a rempli un devoir; l'avocat déploie une vigueur de raisonnement, une étendue de connaissances politiques et une supériorité de talent oratoire également remarquables ; il se surpasse lui-même pour rendre son plaidoyer digne de la cause qu'il défend, et de l'accusé au nom duquel il a parlé ; il analyse successivement tous les passages incriminés par l'avocat du roi : « Cette lettre (dit-il), à son apparition, a été peu favorablement accueillie. Les chauds partisans de l'étiquette disaient que c'était une très-grande inconvenance d'écrire, sans son aveu, à un prince du sang ; comme si nos usages n'autorisaient pas tous les jours ces sortes de publications ! Chose remarquable ! au moment où paraissait la lettre de M. Cauchois-Lemaire, pour provoquer la chute du ministère, M. Madrolle adressait une épître au roi pour demander la conservation de ce ministère qui n'est plus. Si, d'un côté, on blâmait le style familier de la lettre de M. Cauchois-Lemaire, de l'autre, des amis austères de la liberté trouvaient que le langage de l'auteur était humble, et sa parole *courtisane*. Mais il n'y a qu'une opinion sur la situation légale de l'auteur. Ceux qui ont blâmé la brochure sous le rapport de la convenance, n'ont pas cru qu'elle pût être l'objet d'une poursuite judiciaire..... Que verrez-vous dans cette brochure ? dit le défenseur en terminant. Vous y verrez, messieurs, le vœu d'un homme de bien. M. Cauchois-Lemaire a uni sa voix à la voix de la France entière pour demander le renvoi des ministres ; il s'est servi, pour arriver à son but, d'un procédé qui est depuis long-temps en usage en Angleterre. Le ministère, qui était menacé dans son existence, a essayé de se défendre par une condamnation judiciaire : sans doute il espérait par là effrayer le monarque et s'attacher de plus en plus à lui, à l'aide de chimériques et puériles terreurs. Il a jeté un cri d'alarme ; il a prétendu que ce n'était pas son existence, mais celle de la monarchie qui était compromise. Enfin le roi est éclairé ; il renvoie les ministres, et un autre ministère se forme sur d'autres principes. Sans doute, pour les ministres qui ne sont plus, le but que l'on voulait atteindre est manqué ; mais le procès reste encore, et c'est une des charges qu'ils lèguent à leurs successeurs..... » M. l'avocat du roi réplique, soutient avec force l'accusation, et persiste dans ses conclusions contre M. Cauchois-Lemaire, l'imprimeur et les libraires ; elles tendent à ce que le premier soit condamné à cinq ans de prison et 6,000 francs d'amende, les derniers à un mois de prison et 50 francs d'amende. La cause est renvoyée au 18 du courant, pour la prononciation du jugement.

Nous avons donné un grand développement à cette affaire, parce qu'elle a produit une très-forte sensation dans la capitale. La brochure de M. Cauchois-Lemaire est un événement, tant les circonstances où elle est publiée sont graves et imminentes ; cet écrit aura, dans quelques mois, l'autorité d'un fait accompli (V. 7 et 9 août 1830). Une révolution, sans exemple dans l'histoire, donnera gain de cause à l'écrivain qui a indiqué et tracé pour ainsi dire la marche de cette révolution ; la France presque entière saluera des plus vives acclamations l'avénement *national* du duc d'Orléans à la couronne : aussi, la *Lettre de M. Cauchois-Lemaire à S. A. R. Mgr le duc d'Orléans* fera époque dans l'histoire de la restauration de la maison de Bourbon, et caractérisera parfaitement la révolution qui doit renverser du trône la branche aînée de cette maison royale.

13. — La police de Paris a été confiée à M. de Belleyme (V. 4 janvier) ; il a remplacé le 6, à la préfecture, M. Delaveau, qui ne s'est occupé pendant le cours de

son administration que d'intrigues politiques, au succès desquelles l'homme de Montrouge a fait servir les immenses fonds secrets de la préfecture de police; M. Delaveau les a destinés à solder l'espionnage politique et monacal, à entretenir l'atroce corporation d'*agens provocateurs* dont s'est entouré le ministère Villèle... La capitale voit avec joie l'avénement à la police d'un magistrat investi de la considération publique; les premiers actes de M. de Belleyme annoncent que la liberté, la sûreté, la propriété des citoyens, auront un juge équitable et un protecteur éclairé dans le haut fonctionnaire qui vient d'être chargé du soin de maintenir l'ordre public et l'exécution des lois : déjà les espions de M. Delaveau et des jésuites sont éconduits. Des espions devenus la ressource d'un gouvernement constitutionnel!!! Immortel Montesquieu, tu as flétri à jamais ces hommes; sous quelques titres qu'ils se cachent, tu as prononcé la ruine du gouvernement qui a recours à cet infâme système de corruption, de perversité, d'assassinat politique. « Faut-il
« des espions dans la monarchie? ce n'est pas la pratique
« ordinaire des bons princes. Quand un homme est fidèle
« aux lois, il a satisfait à ce qu'il doit au prince. Il faut
« au moins qu'il ait sa maison pour asile, et le reste de
« sa conduite en sûreté. L'espionnage serait peut-être
« tolérable, s'il pouvait être exercé par d'honnêtes gens;
« mais l'*infamie nécessaire de la personne* peut faire
« juger de l'infamie de la chose. Un prince doit agir avec
« ses sujets avec candeur, avec franchise, avec con-
« fiance. Celui qui a tant d'inquiétudes, de soupçons
« et de crainte, est un acteur qui est embarrassé de jouer
« son rôle. Quand il voit qu'en général les lois sont dans
« leur force, et qu'elles sont respectées, il peut se juger
« en sûreté. L'allure générale lui répond de celle de tous
« les particuliers. » M. de Belleyme paraît être sincère-

ment attaché à la monarchie constitutionnelle, et, par conséquent, aux libertés nationales; c'est un homme de probité, un magistrat d'équité; il réparera, on l'espère, les injustices, les iniquités commises par son prédécesseur; les habitans de Paris attendent d'heureux fruits de cette tutélaire et paternelle autorité.

15. — Ouverture de la session extraordinaire des états du royaume de Wurtemberg, à Stuttgard; elle est faite par le roi en personne. — Le Wurtemberg est l'un des États de l'Allemagne où les sujets ont obtenu de leur monarque une Charte constitutionnelle, et ce monarque s'est montré jusqu'ici fidèle à ses promesses, malgré ses relations intimes avec l'empereur de Russie, malgré les efforts de la sainte-alliance, qui tend, invariablement, à replacer tous les peuples de l'Allemagne sous le double joug du despotisme des princes et de la féodalité des nobles. Dans cette quatrième session des états du royaume, le roi de Wurtemberg montre une confiance entière dans la fidélité et le dévouement de ses sujets, et leur annonce divers projets de lois ayant pour but de fortifier les institutions libérales dont ils jouissent et d'accroître la prospérité du royaume; il fait appel au patriotisme, aux lumières des membres des états; toutes les parties de son discours sont empreintes d'une franchise royale et d'une paternelle sollicitude pour le bien de ses sujets; il invite les états à méditer sur les changemens proposés pour la loi de recrutement; sur les améliorations à opérer relativement au droit de bourgeoisie dans les communes; sur la liberté et l'activité que réclament l'industrie et les relations commerciales qui exercent une si grande influence sur le bien-être du pays; sur la législation hypothécaire dont les dispositions importent si essentiellement à la propriété et aux premiers besoins du corps social; sur

la punition des délits qui attentent aux propriétés des sujets ; enfin sur les changemens dans les lois relatives à la maison royale, changemens également importans à la dignité du trône et aux ressources du pays. — Les divers projets de lois sur les objets ci-dessus, qui vont être présentés aux états, déposeront de la justice et de la bonté royales, et resserreront de plus en plus les nœuds d'affection et de fidélité qui unissent le roi et la nation.

15. — Circulaire de M. le garde-des-sceaux, ministre de la justice, à MM. les premiers présidens et procureurs-généraux des Cours royales. — La nomination de M. de Belleyme à la préfecture de police (V. 13 janvier) fait espérer que le gouvernement n'aura plus recours à l'exécrable espionnage politique mis en pratique jusqu'à ce jour; la circulaire de M. le garde-des-sceaux annonce que le gouvernement veut appeler aux fonctions judiciaires des hommes intègres et éclairés, sans acceptions d'esprit de parti, et qu'il renonce par conséquent aux mesures inquisitoriales exercées, sous le ministère de M. Peyronnet, contre les candidats aux emplois judiciaires qui n'obtenaient pas l'assentiment des jésuites dont M. *Frayssinous* (évêque d'Hermopolis) était à la fois le protecteur, l'esclave et le séide. En effet, sous ce ministre des cultes, les évêques et les curés décidaient du sort des magistrats, des juges auditeurs, des procureurs du roi, de leurs substituts, en un mot de tous les fonctionnaires chargés d'administrer la justice. Il ne suffisait pas d'être intègre, d'avoir des mœurs pures, de posséder de l'instruction et des talens, pour entrer dans les fonctions judiciaires; il fallait, avant toutes choses et par-dessus tout, faire profession d'attachement à la congrégation des jésuites, fréquenter les églises, avoir dans sa poche son billet de confession, se présenter à la sainte

table, et affecter une dévotion outrée. L'on voyait des commandans de divisions militaires se prosterner dans les églises, en grand costume d'officier général, forcer les corps d'officiers de s'approcher de la sainte table, et conduire les régimens au service divin, comme le chef d'un séminaire y conduit ses novices; l'on voyait un maréchal de France suivre les processions, un cierge à la main, s'agenouiller dans les ruisseaux, et exiger la même dévotion des gens de sa maison; l'on voyait de hauts fonctionnaires publics, qui, depuis trente ans, n'avaient pas mis le pied dans une église, y passer une partie de la journée et se montrer aussi recueillis, aussi fervens que des religieux de *la Trappe;* cette montre de dévotion, cette hypocrisie de jésuite, menait droit à la faveur du prince, et par conséquent aux emplois : l'on n'était bon à rien si l'on n'était pas dévot, et dévot à la manière de *Tartufe*... Dans les derniers temps du *ministère déplorable*, le citoyen le plus honorable ne pouvait pas même être *admis* notaire, avocat, avoué, etc., s'il n'était point *affilié* à la secte ultramontaine et contre-révolutionnaire; quand on a lu le *mémoire à consulter* de M. de Montlozier, on connaît l'intensité d'inquisition que les jésuites, les prêtres et les nobles étaient parvenus à établir dans les diverses parties de l'administration publique, surtout dans l'ordre judiciaire... Le nouveau garde-des-sceaux annonce aux chefs de la magistrature et du parquet « qu'il ne consultera qu'eux et ne cher-
« chera la vérité que dans leur seul témoignage, sur le
« compte des candidats aux divers emplois de l'ordre
« judiciaire..... Il ne suffira pas, leur dit-il, que vous
« n'ayez par-devers vous aucun renseignement défavo-
« rable contre les candidats qui doivent obtenir votre
« suffrage : vous voudrez bien, avant de les présenter,
« procéder sur chacun d'eux à une véritable informa-

« tion de bonnes vie et mœurs, ne rien négliger pour
« acquérir la certitude que leur capacité, leur réputa-
« tion sans tache et leur attachement loyal au roi et à
« nos princes augustes, et à la *Charte constitutionnelle*,
« les rendent dignes d'être nommés aux emplois pour
« lesquels ils seront proposés..... » Cette circulaire est
sans doute fort honorable, quoiqu'elle ait une petite
odeur de jésuitisme; mais une mesure aussi salutaire
sera-t-elle exécutée? La France est, de tous les pays de
l'Europe, celui où l'on fait les plus belles phrases d'administration, et où les faits répondent le moins aux paroles; il faut attribuer cet état de choses au système d'intrigues et de corruption suivi par la restauration : la
circulaire de M. le garde-des-sceaux atteste la gravité du
mal que le ministre Peyronnet a fait dans l'administration de la justice, et la déconsidération où est tombé
l'ordre judiciaire, cet ordre si respectable; une plaie aussi
profonde ne sera pas cicatrisée de long-temps.

16. — Mort du comte Anglès, ministre d'État, ancien
préfet de police, âgé de quarante-neuf ans.

Il n'est pas sans intérêt pour l'histoire de notre temps
de dire quelques mots sur le père de ce préfet de police,
sur le personnage qui depuis son entrée à la chambre des
députés jusqu'à sa mort fut président provisoire perpétuel d'âge, et vota constamment en faveur des lois
d'exception et contre la liberté de la presse... M. Anglès,
né dans la classe du peuple, exerça la profession d'avocat, à Grenoble, avec un si grand talent, que le parlement
du Dauphiné fut jaloux de s'adjoindre un jurisconsulte
aussi éclairé ; il pressa l'avocat d'acheter une charge de
conseiller, en l'assurant qu'il serait reçu membre de la
Cour, quoiqu'il ne fût pas noble. Anglès était donc
conseiller au parlement de Grenoble en 1788 ; mais il

ne suivit pas, à cette mémorable époque, les glorieux exemples donnés par les Mounier, les Barnave, etc., qui s'étaient si hautement prononcés en faveur de la liberté; il ne tarda pas à devenir l'objet de l'indignation publique : un procès, infiniment grave, qu'il eut contre le neveu d'un homme qui l'avait fait son légataire universel, le priva de la considération qu'il devait à sa loyauté; ce procès fit un si grand éclat en Dauphiné, que les membres du parlement rougirent d'avoir M. Anglès pour collègue, et le forcèrent à donner sa démission... Tel est l'homme dont la vieillesse eut l'honneur de présider provisoirement pendant sept années la chambre des députés; tel est le personnage auquel Louis XVIII donna des preuves publiques de son estime en le nommant (1815) président de la Cour royale de Grenoble!!! M. Anglès ne perdit pas une si belle occasion de se venger; tous les magistrats de cette cour qui avaient été juges dans son affaire furent presque aussitôt destitués : et Louis XVIII connaissait ce procès!!!

Le fils de ce *digne* conseiller au parlement de Grenoble fut nommé, fort jeune, auditeur au conseil d'État, entra presque aussitôt dans les affaires publiques, et administra successivement (1806 à 1810), en qualité d'intendant, une partie de la Silésie, la principauté de Saltzbourg et le cercle de la Basse-Autriche : fait maître des requêtes, il fut chargé, sous le duc de Rovigo (Savary), de la correspondance de police pour les départemens de l'Italie devenus français. C'est dans ce poste de confiance qu'il se trouvait à l'époque désastreuse où la trahison du duc de Raguse et de *** livra Paris aux armées étrangères. Le gouvernement provisoire du 31 mars 1814 le chargea de la direction générale de la police : M. Anglès s'en acquitta en homme qui avait fait un bon apprentissage sous l'empire : mais c'est surtout en 1815, après son retour de Gand, qu'il fit preuve d'un zèle et d'une activité extrêmes dans la recherche et l'arrestation des échappés de Waterloo que Louis XVIII envoyait aux échafauds et signalait aux cours prévôtales. — Nommé préfet de police, M. Anglès fut généralement accusé de favoriser de toute son autorité les *conspirations* fabriquées par le gouvernement de 1815, de donner les *instructions* et les *pouvoirs* les plus étendus aux *agens provocateurs*, et de dresser lui-même les piéges dans lesquels devaient tomber les *ennemis* du gouvernement. Nous n'examinerons pas jusqu'à quel point ce préfet de police se rendit coupable dans ces atroces machinations, dans ces assassinats politiques qui signaleront à jamais la seconde restauration de la maison de Bourbon : nous nous bornerons à indiquer un ouvrage qui fit, dans le temps, une grande sensation ; il est intitulé : *La Police sous MM. le duc Decazes, comte Anglès*, etc. (par Robert). — *Adresse aux Chambres.* Imprimerie de Brasseur aîné, rue Dauphine, n° 36. Avril 1821. Deuxième édition. Chez Lenormant, imprimeur, rue de Seine; Pichard, Petit, Dentu, Ponthieu, etc., libraires. L'on trouve dans cet écrit les plus étonnantes révélations, et, malheureusement, l'exposé d'une foule de faits qui impliquent les plus graves accusations..... Jetons un voile sur ces forfaits qui égalent, s'ils ne les surpassent, les forfaits des hommes de 1793. — M. Anglès a prêté son nom et son ministère aux exécrables méfaits de la restauration.... M. Anglès a fait une immense fortune dans son administration préfectorale, qui, pour le malheur des amis de la liberté, aura duré cinq ans.

16. — Profession de foi ministérielle ; déclaration de principes insérée dans le *Moniteur*. — Les dernières élections ont manifesté le mécontentement et l'irritation

de la grande majorité des électeurs ; elles ont été nationales et constitutionnelles, malgré les fraudes nombreuses et même les violences exercées, dans plusieurs colléges, contre l'indépendance et la liberté des suffrages. Le ministère est alarmé de l'esprit d'opposition qui se fait jour de toutes parts ; il tient un langage nouveau, proclame avec un air de bonne foi les véritables principes du gouvernement représentatif, et promet de gouverner dans les *intérêts généraux* : c'est avouer que le ministère dont la France vient d'être délivrée a gouverné dans l'intérêt du pouvoir absolu, c'est-à-dire des émigrés et des prêtres ; la nouvelle administration reconnaît hautement que « le seul ministère possible est celui qui sort « de la majorité *libre* et *indépendante* des chambres ; » elle déclare en même temps que, par le fait des nouvelles élections, la chambre des députés « se trouve divisée « en plusieurs fractions qui diffèrent entre elles, quant « au nombre et quant aux opinions. » Il faut donc conquérir la majorité dans cette nouvelle chambre, et, pour y parvenir, il est indispensable de tenir un langage tout-à-fait constitutionnel et légal ; en conséquence, après avoir développé, avec une simplicité et une franchise des plus exemplaires, les intentions généreuses qui ont déterminé la formation du nouveau gouvernement, le journal officiel dit : « .... Le vœu de la majorité du pays ne s'attache pas à des combinaisons de noms propres, plus ou moins habilement conçues ; ce qu'elle demande *avant tout, par-dessus tout*, c'est un ministère *ferme* et *modéré*, *sage* dans ses plans de conduite, et *sincère* dans leur exécution. Ce qui lui importe, c'est que ce ministère sache, d'une part, faire respecter la dignité de la couronne et l'autorité royale, sans laquelle il n'y a ni protection, ni sûreté ; et, de l'autre, maintenir *l'exécution loyale et franche de la Charte.* Un ministère qui marchera dans cette voie d'un pas assuré, qui ne connaîtra d'autre régime que le régime légal, qui ne s'occupera de nos institutions que dans l'intérêt commun du trône et des citoyens, qui recherchera les avis salutaires, et ne repoussera que les principes dangereux et les prétentions injustes et exagérées, un tel ministère ne devra point s'inquiéter des *calculs* à faire pour arriver à la majorité parlementaire : cette majorité viendra à lui. » — « Le ministère nouvellement formé s'adressera aux hommes de bien, aux amis sincères du roi et de la Charte; il leur montrera avec *franchise* et *liberté* la route dans laquelle il veut marcher, et leur proposera de le suivre en l'éclairant; il ne demandera point de faveur pour lui; il demandera justice pour ses actes, et, dans les deux chambres *françaises* qui s'avancent, on peut être sûr de l'obtenir. » — « Sans doute, il aura encore des adversaires et même des *ennemis*. La seconde journée l'a déjà trouvé livré à des agressions *au moins prématurées* *. Il ne doit pas s'en alarmer. On est *clairvoyant* en France, et le pays ne peut être long-temps *abusé....* »

Voilà, certes, de très-belles paroles, et si belles que les cinq ou six gouvernemens, les soixante ministres ou sous-ministres qui se sont succédé au timon de l'État depuis la restauration (1814), ont tous tenu le même langage, et protesté avec la même solennité, la même loyauté, de leur *attachement à la Charte* qu'ils ont tous violée et mutilée, en la respectant et l'invoquant sans cesse. Le nouveau ministère ne veut connaître, dit-il, d'autre régime que le *régime légal;* c'est précisément ce qu'on n'a cessé de dire depuis quatorze ans, en déchirant pièce à pièce la première de toutes les lois, cette

---

* Ces derniers mots sont bien indiscrets.

loi fondamentale qu'on a juré cent et cent fois d'observer! Au nom de ce régime légal, on a *étouffé* ou torturé la liberté de la presse, l'on s'est joué de la sûreté et de la propriété des citoyens, l'on a opprimé, spolié, assassiné une foule d'individus de toutes les classes, que des *agens provocateurs* ont excités à la révolte contre le gouvernement du roi et le régime *légal!* Mais le despotisme impérial était aussi un régime légal et archi-légal, car il se prévalait de milliers de *lois*, faites pour établir la tyrannie; eh bien! ces lois *impériales* sont journellement rappelées et appliquées par les ministres; elles subsistent encore dans toute leur intégrité, nonobstant une Charte dont les principes, l'esprit et le texte sont en éclatante contradiction avec elles! Aussi, tant que ces lois ne seront pas solennellement et explicitement abrogées, la Charte ne sera qu'un vain mot, le régime légal une déception, la force légale une arme à deux tranchans, et les Français, toujours exposés au pouvoir arbitraire, toujours sous le joug du despotisme ministériel, n'auront que la fantasmagorie du gouvernement constitutionnel : encore quelques mois, et l'on verra que ce régime légal dont le nouveau ministère fait aujourd'hui hommage à l'opinion nationale n'est, en réalité, que le régime des privilégiés et des jésuites. De promesses en promesses, de parjures en parjures, la branche ainée de la maison royale imposée à la France par les baïonnettes étrangères en viendra *légalement*, et au *nom de la Charte*, à se précipiter elle-même du trône, et à replonger la France dans l'abîme des révolutions.

Il était nécessaire d'entrer dans ces développemens pour apprécier, pour bien juger les événemens ultérieurs.

116. — Commission des conflits. — Arrêté du garde-des-sceaux, relatif à une commission de neuf membres;

pour examiner les moyens de régulariser les conflits *. En tête des membres dont la commission sera composée, l'on remarquera M. Henrion de Pansey, magistrat intègre et profond jurisconsulte; ce conseiller d'État, qui honore l'ordre judiciaire, n'a pas craint de dire : « L'administration est aussi exclusive du droit de juger, « que celui de juger l'est de celui d'administrer. » Ce principe est de toute évidence, de toute justice, et sans son application, il n'existe et ne saurait même exister aucune sûreté, aucune garantie réelles pour les droits politiques et civils des citoyens.

L'on ne saurait trop insister sur une matière aussi importante, aussi grave.

Bonaparte avait introduit le conseil d'État dans sa constitution de l'an VIII; il le maintint, il en étendit les attributions, dans la constitution qui substitua le régime monarchique au régime républicain, et mit, en quelque façon, les lois sous la dépendance et le bon plaisir d'un conseil secret dont les membres n'eurent bientôt plus d'autre volonté que la sienne : en dernière analyse, la puissance impériale, c'est-à-dire le despotisme militaire, réunit dans ses mains la plénitude du pouvoir judiciaire et celle du pouvoir administratif; toutes les réclamations élevées contre les actes arbitraires des fonctionnaires publics vinrent expirer aux pieds du vainqueur de *Marengo*, d'*Austerlitz* et d'*Iéna*...... Il ne pouvait pas

---

* Un conflit est une question de juridiction, c'est-à-dire une question tendant à décider qui sera juge dans telle matière, ou des tribunaux, ou de l'autorité administrative. Le conseil d'État, tribunal supérieur administratif, étant appelé à prononcer sur les conflits, décidait en conséquence de tout ce qu'il est dans l'intérêt du pouvoir de décider lui-même; c'était une *évocation* arbitraire, un *détournement* des citoyens de leurs juges naturels; il y avait tyrannie.

en être différemment, puisque, nommés par lui, les fonctionnaires de toutes les classes ne pouvaient être recherchés, poursuivis, jugés qu'avec sa permission : il y eut alors despotisme plein et entier, despotisme oriental... L'on peut appeler Bonaparte : *l'homme de la gloire et du despotisme !*

En abrogeant les constitutions de l'empire, la Charte garda le silence le plus absolu sur ce conseil d'État dont la création appartenait à une époque et à une constitution politiques entièrement différentes de la restauration et en opposition formelle avec elle. Ce silence était très-significatif ; il annonçait une prudence et une perfidie dont Louis XVIII se promettait les plus grands succès pour *l'exécution* d'une Charte qui serait, disait-il, son plus beau titre de gloire aux yeux de la postérité!..... Cette Charte, tout en déclarant que les citoyens ne pouvaient être enlevés à leurs juges naturels, les retint sous la dépendance d'une commission amovible, faisant partie de l'administration, nommée par la couronne et révocable à sa volonté ; les membres du conseil d'État furent à la fois juges et parties, et, au moyen des conflits, ils décidèrent, en dernier ressort, de tous les actes de l'administration départementale et communale, de tous les arrêts des tribunaux et cours royales : il suffit à l'autorité ministérielle d'élever un conflit entre les citoyens et les fonctionnaires publics pour suspendre, pour paralyser l'effet des lois ; l'abus des *conflits* fut poussé à un tel excès, que toutes les questions électorales se trouvèrent bientôt à la merci du despotisme ministériel : l'indépendance et la liberté des suffrages furent *légalement* violées ; les choix des colléges électoraux furent prescrits et dictés par un pouvoir qui s'intitulait constitutionnel et légal.

C'est ce monstrueux état de choses que l'arrêté de M. le garde-des-sceaux est destiné à corriger, à réformer; mais il en sera de cette commission comme de toutes celles que les ministres des restaurations de 1814 et 1815 ont nommées eux-mêmes, ou *permis* à la chambre des députés de nommer; les abus de l'administration et les actes arbitraires de l'autorité se perpétueront; ils prendront même, d'année en année, une extension d'autant plus désastreuse qu'ils s'exerceront au nom de la Charte, en sorte que l'on peut dire avec vérité que, depuis 1814 jusqu'à ce jour, les Français auront été gouvernés, en droit civil et en droit judiciaire, par des commissaires appelés conseillers d'État. C'est, au fond, le despotisme russe ou turc; la forme en est seulement différente. En dernière analyse, la nation peut dire de la Charte constitutionnelle *octroyée* par Louis XVIII ce que Ninon de Lenclos disait si plaisamment de sa fidélité : « Ah! le bon billet qu'a Lachâtre! »

Un jurisconsulte aussi recommandable par ses services que par ses talens, M. Bavoux, fait présent à la France d'un ouvrage intitulé : *Des conflits, ou empiétemens de l'autorité administrative sur le pouvoir judiciaire.* Il démontre les abus, les monstruosités de ces évocations qui font mentir les lois et consacrent l'iniquité au nom de la justice; il signale, avec toute l'autorité d'un magistrat intègre, avec toute l'énergie d'un bon citoyen, ce tribunal du prince qui enlève aux Français leurs juges naturels, où des hommes à ses ordres décident en secret de la propriété, de la liberté et même de la vie des citoyens, et font de la tyrannie administrative une maxime d'État. Sous l'ancien régime, les *évocations* au conseil paralysaient l'action de la justice : sous le régime dit constitutionnel, les conflits s'en emparent et font du conseil d'État le cabinet du prince : ce conseil est une pépinière de despotes toujours prêts à étendre ce qu'ils appellent les *prérogatives de la couronne*, à restreindre les droits civils, à enchaîner les droits politiques consacrés par la Charte et les codes, à opprimer au nom de la loi les citoyens qui l'invoquent, et à faire de la loi un poignard qui frappe les victimes désignées par le despotisme ministériel..... On peut lire dans nos historiens les révoltantes injustices commises, les atroces condamnations prononcées par le conseil du roi, par les commissions chargées de juger en son nom, et auxquelles étaient déférées les causes enlevées au parlement : depuis Louis XII jusqu'à la fin du règne de Louis XVI, nos annales regorgent de ces assassinats de cabinet, de ces violations de justice et même de toutes formes de justice : avec quelle force Montesquieu n'a-t-il pas flétri ces grandes iniquités du pouvoir! avec quelle vivacité les parlemens n'ont-ils pas réclamé contre cet exécrable abus de l'autorité royale! avec quelle indignation l'opinion publique ne s'est-elle pas prononcée, en tout temps, contre ces arrêts à huis clos, qui spoliaient et assassinaient d'après l'injonction du pouvoir absolu!

Les parlemens, seule barrière qui contint un peu la tyrannie royale, ont toujours élevé la voix contre les évocations au conseil du roi : le parlement de Paris ne craignit pas, en 1767, d'adresser à Louis XV d'énergiques protestations à cet égard; cette cour souveraine dit au Sardanapale français : «..... A peine l'histoire fait-elle mention d'un conseil secret et privé, parvenu à prendre une sorte de consistance à l'ombre du trône, qu'elle fait mention aussi de ses entreprises.... » — « Votre majesté verra avec surprise le tableau des détours employés par les gens du conseil pour pallier leurs innovations et éluder les précautions que les lois ont toujours prises contre eux ; qu'ils ont souvent profité des malheurs des temps, de la colère ou de la prévention des princes; mais que ceux de nos rois dont l'histoire honore le plus la sagesse, ont été les plus attentifs à faire cesser cette interversion de l'ordre public; que ceux même dont ils avaient réussi à obtenir de l'appui pour leurs entreprises, les ont proscrites et condamnées, toutes les fois que le vœu des peuples a pu parvenir jusqu'à eux. » — « Philippe de Valois, attentif à condamner tous les moyens par lesquels les gens du conseil peuvent chercher à s'attribuer quelque juridiction contentieuse, proscrit avec force les évocations à sa personne et à son conseil. » — « Sous Charles v, le conseil fut contenu par la vigilance et la sagesse d'un prince auquel tout ordre donné pour distraire ses sujets de *leur ressort* ordinaire paraissait *une vexation, une oppression, une molestation indue et un trouble à la chose publique*..... » — « Quelle estime, quel respect peuvent avoir les sujets pour des ministres qui se jouent à ce point des droits des citoyens et des saintes maximes de la justice dont les rois doivent l'exercice à leurs peuples ? Le premier devoir d'un roi, dit Massillon, est de respecter les lois et de faire rendre justice au plus petit comme au plus grand de ses sujets : et où est cette justice, lorsque les gens de votre conseil, sire, interprètent les lois comme bon leur semble ? La religion de votre majesté est surprise, ses ministres lui dérobent la vérité; mais ils lui dérobent en même temps, nous ne craindrons pas de le dire, l'amour de ses sujets, cet amour qui distingue les Français de tous les autres peuples, et qui a fait de tout temps l'orgueil et la plus grande force du roi de France..... » Parler de la justice et des lois au Sigisbé de la Dubarry, à Louis xv !!!

Ces évocations au conseil contre lesquelles s'élevaient les parlemens, ont été reproduites et dépassées au moyen des conflits élevés par l'administration contre les arrêts de nos cours royales, et nous subissons depuis la restauration de 1814 une tyrannie administrative non moins funeste que celle dont les Maupeou, les Terray, les Calonne et les Brienne accablaient la France sous le régime du droit divin ou du bon plaisir. Nous avons cependant une loi fondamentale, appelée *Charte*, qui consacre les droits publics des Français; mais qu'est une Charte pour les Peyronnet et les Villèle? Ils se rient de nos institutions, et se moquent de cette *responsabilité ministérielle* écrite dans le code politique *octroyé* par les princes de Coblentz; ces princes ont trouvé dans le conseil d'État, créé par la constitution de l'an VIII, organisé par Bonaparte en faveur de son despotisme, un admirable instrument de tyrannie royale; ils s'en servent pour faire plier la loi selon les caprices de l'arbitraire! Le conseil d'État est hors de la Charte, n'importe! Ce conseil est un des *pouvoirs* de l'État; il devient un quatrième pouvoir législatif, car il interprète et dénature les lois au gré du gouvernement : un *conseil d'État*, juge en fait de justice administrative, et juge en dernier ressort, est contraire au régime constitutionnel, au système représentatif; il est ennemi né des libertés nationales, et les Français doivent s'attendre à voir leurs institutions menacées, et tous leurs droits compromis, aussi long-temps que le gouvernement aura la faculté d'évoquer à ce conseil les causes dont il lui plaira de connaître, c'est-à-dire aussi long-temps que ce conseil inconstitutionnel et illégal existera.

En nous exprimant de la sorte, nous n'entendons blâmer ni les conseillers d'État, ni les maîtres des requêtes, ni les auditeurs au conseil d'État; nous respectons leur caractère individuel, mais nous nous exprimons avec franchise sur les actes auxquels ils sont appelés à coopérer : c'est principalement l'institution que nous condamnons, parce qu'elle est, de sa nature, opposée aux intérêts nationaux et à la loi fondamentale du pays. Cette institution attente à l'indépendance et à la dignité des cours de justice, elle ne laisse aux citoyens opprimés aucune garantie contre les fonctionnaires publics de toutes les classes, puisque ces fonctionnaires ne peuvent être poursuivis qu'avec le consentement du ministre dont ils sont les élus ; *irresponsables* de fait, ils peuvent, en conséquence, se livrer impunément à tous les actes arbitraires qui sont dans l'intérêt du despotisme ministériel, et il n'y a plus, en définitive, ni liberté, ni sûreté politique et civile.

17. — Ordonnance du roi, qui détermine la nature et l'étendue des fonctions confiées au ministre chargé de l'administration de la guerre. — D'après cette ordonnance, le vicomte de Caux, nommé (V. 4 janvier) ministre secrétaire d'État de l'administration de la guerre, prend le titre de ministre secrétaire d'État de la guerre ; la présentation aux emplois vacans dans l'armée est distraite des attributions appartenant ci-devant au ministre, elle est dévolue à Msgr le Dauphin ; le ministre a seulement le droit de signer le travail préparatoire servant de base aux propositions que le Dauphin doit soumettre au roi, et de le certifier « conforme aux lois et ordonnances sur l'avancement dans l'armée. »

Il y a dans cette ordonnance autant de despotisme que d'ineptie politique : c'est mettre l'armée à la disposition de l'héritier présomptif du trône, et faire peser sur le ministre toute la responsabilité des violations de lois qu'il plaira au prince d'ordonner : son influence sera sans bornes ; un de ses aides de camp (V. 11 janvier) aura la direction du personnel ; le ministre de droit ne sera plus qu'un commis chargé d'enregistrer et de certifier les actes dont la signature lui est imposée.

17. — Jugement rendu par le tribunal de police correctionnelle (V. 12 janvier). — «... Attendu que Cauchois-Lemaire, déjà condamné par arrêt de la cour d'assises de Paris, du 30 août 1821, comme coupable de provocation à la guerre civile, s'est reconnu l'auteur de la brochure intitulée : *Sur la crise actuelle, lettre à S. A. R. Mgr. le duc d'Orléans;* » — « que, dans cet écrit, Cauchois-Lemaire n'a pas eu, comme il le prétend, pour but de conseiller au duc d'Orléans une opposition légale et constitutionnelle aux actes du ministère qui existait alors ; »— « que, des passages incriminés, il résulte que Cauchois-Lemaire a eu pour objet de provoquer, et qu'il a provoqué en effet au changement du gouvernement, à l'ordre de successibilité au trône; que cette provocation n'a été suivie d'aucun effet...; » — « attendu, sur les autres chefs d'accusation, qu'ils ne sont pas suffisamment établis...; » — « le tribunal condamne Cauchois-Lemaire à quinze mois d'emprisonnement et à 2,000 francs d'amende. » Le même arrêt renvoie l'imprimeur de la plainte portée contre lui, et condamne les libraires distributeurs de la lettre à trois mois d'emprisonnement et à 50 francs d'amende.

Cet arrêt excite l'intérêt public en faveur du condamné ; une souscription sera ouverte pour lui faciliter les moyens de payer l'amende qui lui est infligée, car M. Cauchois-Lemaire n'est riche que de talent, de patriotisme et de caractère. Peu d'écrivains ont déployé, sur la scène littéraire et politique, un caractère aussi honorable ; bon Français et chaud partisan de la liberté constitutionnelle, il a été proscrit ; il a subi, dans l'exil, des persécutions qu'on peut appeler atroces ; il les a combattues avec noblesse, avec courage, et sa conduite a prouvé que l'homme digne du titre de patriote et d'homme de lettres conserve son indépendance dans le fond des cachots, et ne transige pas avec le pouvoir absolu lorsqu'il s'agit des devoirs du citoyen et de l'honneur de la patrie. M. Cauchois-Lemaire est aussi distingué par ses talens politiques et littéraires que par son énergie et ses vertus civiques..... Nous dirons avec la même franchise que l'arrêt qui le condamne est juste et conforme à la loi : sa lettre à M⁹ʳ le duc d'Orléans est d'une inconvenance sans exemple ; elle attente, en outre, à l'autorité royale ; mais plus une telle publication est coupable, plus elle découvre l'abîme d'humiliation, d'abaissement et d'esclavage politiques où la branche aînée de la maison de Bourbon a précipité la France.

18. — Intérieur. Toulon. — Le général Guilleminot, ambassadeur de France près la Porte-Ottomane, arrive à Toulon, à bord de la frégate *la Junon* : il y trouve l'ordre de retourner sur-le-champ à *Corfou*, pour s'y réunir aux ambassadeurs d'Angleterre et de Russie, et diriger en commun les opérations qui intéressent la Grèce.

L'ambassadeur de Russie, M. de Ribeaupierre, a quitté Constantinople le 4 décembre 1827 ; il se rend à Odessa. L'ambassadeur d'Angleterre et celui de France ont quitté Constantinople le 8 du même mois ; le premier, M. Strafford-Canning, a fait voile pour *Corfou*; le second, M. Guilleminot, a fait voile pour Toulon.

M. le général Guilleminot a développé, dans plusieurs des négociations dont il a été chargé à l'étranger, de hauts talens diplomatiques ; il y a déployé en même temps un caractère, une dignité qui honorent le nom français ; mais la faiblesse, ou plutôt la dégradation du gouvernement du roi, a rendu et continuera à rendre inutiles ces talens et cette énergie diplomatiques.

20. — Ordonnance du roi, qui institue un ministère spécial pour les affaires commerciales et industrielles, et détermine ses attributions... La même ordonnance nomme ministre secrétaire d'État de ce département le sieur comte de Saint-Cricq, ministre secrétaire d'État, président du conseil supérieur du commerce et des colonies (V. 4 janvier). — Cette ordonnance place les professions industrielles sous le bon plaisir du ministre du commerce et des manufactures, le rend juge et arbitre de toutes les questions relatives à ces branches si importantes de la prospérité publique, lui confère l'administration du conservatoire des arts et métiers, la police des bourses de commerce, et la nomination des *courtiers et agens de change près la bourse de Paris* (prérogative qui lui sera ôtée *dès le lendemain*, et sera rendue au ministre des finances, qui ne veut pas se dessaisir d'une aussi lucrative nomination), et la préparation des projets de loi et d'ordonnances relatifs au commerce tant intérieur qu'extérieur... Cette ordonnance distrait des ministères de l'intérieur et des finances plusieurs des attributions antérieurement dévolues à ces ministères; elle est, sous ce rapport, inconstitutionnelle. Chose plus grave encore, l'ordonnance dispose arbitrairement de la direction, de la spécialité de sommes affectées et ordonnancées par le budget; elle les déplace et fait acte de souveraineté en matière de finances ou d'impôt, ce qui établit une violation textuelle de la Charte.

M. de Saint-Cricq, ministre absolu des manufactures, de l'industrie, du commerce, des écoles d'arts et métiers, et en partie des Beaux arts, exercera son visiriat ministériel au détriment de tous les intérêts industriels et commerciaux de la nation; des réclamations s'élèveront de toutes parts contre son administration; il n'en persévérera pas moins dans le système fiscal et prohibitif qui compose toute sa science en économie politique : cette administration sera funeste autant qu'inepte ; mais qu'attendre, qu'espérer d'un homme qui a fait son apprentissage aux douanes du despotisme impérial ?

20. — Rapport au roi pour la nomination d'une commission chargée de l'examen de l'enseignement dans les écoles ecclésiastiques. — Ce rapport est approuvé par le roi, ce qui équivaut à une ordonnance ; en conséquence, une commission est nommée, afin d'assurer la *liberté religieuse garantie par la Charte,* c'est-à-dire d'établir, sous apparence d'amélioration, la domination absolue du clergé sur toutes les parties relatives à l'enseignement. Les jésuites se sont emparés de l'Université, des colléges, des écoles, de tous les moyens élémentaires d'instruction pour la classe du peuple, qu'ils ont placée sous la dépendance des *frères ignorantins,* milice subalterne de la congrégation. Le ministre des cultes, *Frayssinous,* a favorisé de tout son pouvoir les jésuites ; il a mis de côté les libertés de l'église gallicane, et institué de fait l'ultramontanisme, en plaçant dans les diocèses, les séminaires, les colléges, etc., tous les élèves de la secte de Loyola. M. l'archevêque de Paris, *Quelen,* seconde de toute son influence les intrigues et les empiétemens du clergé ultramontain, et le gouvernement du roi couvre de sa toute-puissante protection une secte et des hommes qui ne cachent plus aujourd'hui le dessein de mettre l'autorité temporelle aux pieds de l'autorité spirituelle.

Il est nécessaire d'entrer ici dans quelques explications :

Le ministère Martignac fut, comme nous l'avons dit, une espèce d'amendement au ministère Villèle ; amendement, forcé de la part de la cour et par conséquent trompeur, mais accepté par la France *débonnaire*; aussi, la direction des affaires ne fut-elle pas confiée à des hommes politiques très-rassurans : il est juste de dire que ces hommes apportaient, cependant, d'autres principes que ceux du ministère Villèle ; c'est surtout contre les jésuites qu'ils font preuve d'une certaine bonne volonté et d'un certain courage : les Portalis, les Vatimesnil, etc., ne sont pas animés du même esprit que les Peyronnet, les Frayssinous et consorts ; les actes des premiers ne sont pas aussi les mêmes que les actes des seconds : certes, les ministres du 4 janvier ne sont pas des *libéraux* (ils réclameraient même contre cette dénomination, si elle leur était appliquée), mais ils veulent déjà essayer d'une espèce de *système de bascule* qui ne soit pas précisément celui de 1816, d'un *mezzo termine* louable sous le rapport des intentions, impraticable sous le rapport politique, car leur *mezzo termine* ne peut convenir, ni à la cour ni à la nation ! Les ministres du 4 janvier s'apercevront bientôt que les répugnances et surtout les défiances sont, à cet égard, égales de part et d'autre..... L'on doit considérer ces ministres comme des hommes saisis, plus par ambition qu'autrement, de velléités de constitutionnalité, hommes à courtes vues et toujours prêts, pour ne pas effrayer la cour et pour conserver le pouvoir, à sacrifier les libertés publiques.

Il s'agit, du côté de la cour, de faire rétrograder vers le moyen âge le peuple, la masse de la nation, même les classes moyennes de la société, autant que faire se pourra, et de les retenir dans la superstition et l'ignorance. Les missionnaires se sont chargés de la première partie ; l'exécution de la seconde est confiée aux instituteurs et aux professeurs de collége : le système d'abrutissement est mis de toutes parts en œuvre, et le pauvre se voit condamné à ne donner à ses enfans d'autre instruction que celle dont le fanatisme contre-révolutionnaire et religieux lui permettra l'exercice. Dans une nation de 33 millions d'individus, plus de la moitié de ces individus ne savent pas lire et sont plongés dans les ténèbres de l'ilotisme; pour opprimer le peuple, pour le façonner à l'obéissance passive, et le ravaler au-dessous de la brute, il est nécessaire de le tenir dans une ignorance absolue : telle est la première maxime de gouvernement de la secte jésuitique que le nouveau ministère n'attaque qu'avec beaucoup de ménagemens, tant il redoute et ménage le pouvoir dont elle est armée. En conséquence, la commission dont il est question dans le rapport du garde-des-sceaux Portalis, aura pour président l'archevêque de Paris, auquel les jésuites ont promis, dit-on, le chapeau de cardinal, et la France demeurera soumise au plus intolérable despotisme, le despotisme monacal.

23. — Ordonnance du roi, portant que la peine à appliquer à tout militaire convaincu de vol envers ses camarades, est celle de six ans de fers, portée par la loi du 12 mai 1793. — La loi de 1793 était intitulée : *Code pénal militaire pour les troupes en temps de guerre*; elle avait été rendue à une époque où la France se trouvait en guerre avec toutes les puissances de l'Europe; ce code ne statuait pas sur le vol de militaire à militaire; la législation était restée jusqu'ici muette à cet égard : n'importe; le ministère s'empare du pouvoir législatif, et s'appuyant sur le code du 21 brumaire an v (11 novembre 1796), et sur l'avis du conseil d'État, approuvé le 12 mai 1812 par Napoléon, le ministère établit, de son autorité, une *pénalité* qu'il n'appartient qu'à la loi de prononcer.... Mais la Charte, *octroyée* par Louis XVIII, se prête merveilleusement à toutes les interprétations de

l'ancien régime; on déclare, en conséquence, toutes les lois rendues sous la république et l'empire abrogées ou encore existantes, suivant qu'elles se trouvent nuisibles ou favorables aux usurpations législatives de la couronne, et c'est au nom de la Charte elle-même que ces usurpations sont sanctionnées. La Charte est le cheval de Troie : la contre-révolution y est renfermée tout entière; il ne s'agit que de l'en faire sortir, et c'est à quoi travaillent sans relâche la cour, les émigrés et les prêtres, au moyen de la septennalité, des fraudes électorales, de la *justice administrative*, de la *liberté* dont jouit la presse, en un mot, au nom du *régime légal*; les princes de Coblentz et les privilégiés de l'ancien régime ne doutent pas qu'ils ne réussissent à enchaîner la nation sous le double joug du despotisme royal et sacerdotal. Quelle perfidie mais aussi quel aveuglement !.... Les privilégiés et les princes périssent, la liberté et les nations sont immortelles!!!.

25. — Changement du ministère de la Grande-Bretagne. — La restauration des princes de la maison de Bourbon a donné au cabinet de Saint-James une grande influence sur les affaires intérieures de la France; elle s'est exercée en faveur des privilégiés et des hommes de l'ancien régime.

L'avènement de M. Canning au ministère avait été accueilli par tous les amis de la liberté constitutionnelle; mais sa mort, si étrangement prématurée, rendit aux partisans du pouvoir absolu toutes leurs espérances; cette mort et le changement du ministère anglais les ravissent de joie : à peine déguisent-ils leurs projets ultérieurs; ils placent une haute confiance dans la nouvelle composition du cabinet britannique, et ce n'est pas sans raison : le duc de Wellington est nommé premier lord de la trésorerie, c'est-à-dire premier ministre; le lord comte Bathurst, président du conseil; M. Peel, secrétaire d'État pour l'intérieur, etc. Les autres membres du nouveau cabinet sont plus ou moins dévoués au premier ministre, et ceux dont le suffrage et les voix ne lui sont pas assurés n'ont guère qu'une importance politique très-secondaire.

Pendant que la révolution ministérielle opérée le 4 de ce mois à Paris semble annoncer que le parti libéral ou constitutionnel va triompher dans le cabinet de Charles x, la révolution ministérielle effectuée à Londres laisse entrevoir aux esprits politiques tous les dangers dont ce parti ne tardera point à être menacé et atteint par les intrigues du duc de Wellington, ennemi prononcé des intérêts populaires, et que l'hypocrite Louis xviii appelait son *premier médecin*, que Charles x considère comme le *protecteur de la prérogative royale*, et qui a l'honneur d'être maréchal de France, chevalier des ordres et pensionnaire du trésor des Tuileries. Il est donc aisé de préjuger, dès cet instant, malgré toutes les démonstrations de constitutionnalité dont le ministère Martignac se montre si prodigue dans ses circulaires, que le *ministère de la Charte*, ainsi que le désigne naïvement l'homme de *la ville du 2 mars*, sera bientôt place à un ministère d'ancien régime qui marchera droit à la contre-révolution : elle tient en réserve M. de Polignac, pour le produire sur la scène politique aussitôt que les courtisans de l'OEil-de-Bœuf et les chefs de la congrégation jésuitique croiront qu'il leur est permis de le tenter sans danger. C'est le duc de Wellington qui lui fera délivrer, aux Tuileries, son brevet de président du conseil des ministres !

26. — Célébration, à l'église de Saint-Roch, deuxième

arrondissement de Paris, du mariage du prince de la Moskowa et de Mlle Laffitte, fille unique du banquier de ce nom. — Cette cérémonie religieuse attire un concours prodigieux ; l'église est encombrée de curieux de toutes les classes ; ils obstruent les rues adjacentes, et, sur tous les points, l'opinion publique fait entendre ses vœux en faveur des époux, dont l'un a vu son père, ce brave des braves, cette gloire de l'armée française, royalement assassiné au nom de la contre-révolution et de la sainte-alliance ; dont l'autre est fille adoptive de la nation, tant les sacrifices que l'auteur de ses jours a offerts à la patrie et à la liberté constitutionnelle ont été nobles, immenses, courageux.

Ce mariage, célébré à la vue du château royal, devrait lui servir de leçon et lui faire pressentir la force de l'opinion nationale qui casse, en ce jour, le sanglant arrêt prononcé, le 6 décembre 1815, par la chambre des pairs transformée, par ordre des puissances étrangères, en cour d'exécution judiciaire ; mais les frivoles et orgueilleux habitans des Tuileries n'y voient qu'un texte à d'ignobles sarcasmes : « Mariage parfaitement assorti ! « gens de la classe du peuple ! le fils d'un boucher (*Nota*. « C'est faux.) et la petite-fille d'un ouvrier charpentier ; « voilà ce qui s'appelle ne point se mésallier ! » Nous rapportons ces sots propos, parce que nous avons acquis la certitude que de hauts courtisans des Tuileries les ont tenus ; et l'on sait qu'à la cour les plus plats sarcasmes sont sanglans...... Le cortége nuptial n'en suit pas moins sa marche au milieu des acclamations du peuple ; les feuilles publiques apprennent à la France cette union d'une haute illustration militaire et d'une illustration civile non moins honorable : le journal officiel garde le silence.

A l'occasion de ce mariage, M. Laffitte donne aux

pauvres des douze arrondissemens de la capitale une somme de 12,000 francs. Les pauvres du deuxième arrondissement, où ce grand citoyen a sa résidence, sont dotés d'une égale somme, et le clergé de Saint-Roch est payé avec une munificence royale : il n'y a pas ostentation, mais bienfaisance, car il n'est pas d'infortune que la générosité de M. Laffitte n'ait soulagée depuis 1814 ; il n'est pas de paroisse de Paris qui n'ait ressenti les effets de son noble intérêt pour l'indigence, et dans les années calamiteuses où la classe du peuple a éprouvé des besoins extrêmes, la libéralité de M. Laffitte a été plus grande que celle de la famille royale.

27. — Ordonnance du roi, portant mutation et nomination de plusieurs préfets. — Les satisfactions promises par le nouveau ministère aux amis de la liberté constitutionnelle, si impudemment outragés par les ministres Villèle, Peyronnet et Corbière, et les améliorations solennellement promises à la nation par le nouveau cabinet, se borneront à la destitution de cinq à six préfets dont la conduite, à l'époque des dernières élections, a le plus excité l'animadversion publique ; plusieurs préfets changeront de résidence, mais leur système administratif n'éprouvera aucune modification ; c'est une affaire de chevaux et de frais de poste : après avoir épuisé le mépris et la haine des populations qu'ils ont administrées jusqu'à ce jour, ces préfets iront épuiser la haine et le mépris des populations auxquelles leur administration sera infligée... C'est toujours la même déception, la même imposture constitutionnelle ; quelques fonctionnaires sont destitués ou déplacés, mais le système de contre-révolution n'en est pas moins suivi ; seulement il prend un nouveau masque.

29. — Ouverture de la session du parlement d'Angleterre. — Le changement du ministère de la Grande-Bretagne (V. 25 janvier) annonce que la politique de ce cabinet suivra un système de conduite entièrement opposé à celle du ministère Canning ; le discours royal, prononcé par le lord chancelier, ne laisse plus de doute à cet égard ; il y est dit : «... Une collision *tout-à-fait inattendue* par S. M., a eu lieu entre les flottes des puissances contractantes et celle de la Porte-Ottomane. Malgré la bravoure dont on a fait preuve dans cette occasion, S. M. se sent *profondément affligée* que ce combat (Navarin) ait eu lieu avec les forces navales d'un ancien allié ; mais elle conserve les plus grandes espérances que cet événement *sinistre* ne sera pas suivi d'autres hostilités, et n'empêchera pas l'arrangement amical entre les Grecs et la Porte-Ottomane, auquel tous les deux ont évidemment le plus grand intérêt à adhérer..... » — « S. M. éprouve la plus vive satisfaction en vous apprenant que le but qu'elle s'est proposé en envoyant, d'après la réquisition de la cour de Lisbonne, des troupes en Portugal, est atteint ; les obligations imposées par la bonne foi des traités étant remplies, et la sécurité et l'indépendance du Portugal étant assurées, S. M. a ordonné que les troupes qui sont dans ce pays seront retirées immédiatement... » On le voit clairement ; la cause de la liberté constitutionnelle, en faveur de laquelle s'était prononcé le ministère Canning, est abandonnée, sacrifiée par le ministère Wellington : l'anarchie se perpétuera en Grèce et en Portugal ; l'Angleterre y favorisera les déchiremens intérieurs, afin de maintenir son despotisme commercial dans les îles Ioniennes et la péninsule espagnole ; les populations grecque et portugaise seront livrées au pouvoir absolu de Capo-d'Istria (hospodar russe) et de D. Miguel ; et le ministère anglais,

dirigé par le généralissime de la sainte-alliance, redoublera d'intrigues et d'efforts pour retenir la France dans l'état d'abaissement et d'oppression où l'a placée la restauration des princes de Coblentz. Il ne s'agira plus que de faire tomber l'administration des affaires publiques de France entre les mains des hommes *purs*, des contre-révolutionnaires et des jésuites, et le duc de Wellington, leur protecteur avoué, aura la gloire d'y réussir et de provoquer de nouvelles catastrophes contre la branche ainée de la maison de Bourbon, venue en France à la suite des bagages des armées étrangères.

29. — Joseph Contrafatto, prêtre, condamné aux travaux forcés à perpétuité, à l'exposition et à la marque, subit son jugement sur la place du Palais-de-Justice, en même temps que trois autres condamnés (V. tome 2, *suite*, etc., page 161).

Tous les efforts employés par les ultramontains et les jésuites pour enlever ce scélérat à la justice, ont été infructueux, tant l'opinion publique s'est vivement prononcée contre l'impunité dont plusieurs prêtres convaincus de crimes emportant peine capitale jouissent encore... Contrafatto, attaché au poteau d'infamie, persiste dans la profonde hypocrisie dont la congrégation offre le caractère ; il affecte une dévotion et une résignation *évangéliques* ; il pousse l'impudence du crime au point de se comparer à Jésus-Christ, attaché au Calvaire ! Le monstre sera conduit au bagne de Brest.

31. — Intérieur. Toulon. — Départ du comte Guilleminot, à bord de la frégate *l'Armide*, pour se réunir, à Corfou, aux ambassadeurs russe et anglais (V. 18 janvier)... Il arrivera à Corfou le 16 février.

31. — Autriche. Vienne. — Le prince Alexandre

Ypsilanti « meurt à Vienne, dans les bras de son frère Constantin, après deux mois de souffrances aiguës, d'une *dilatation du cœur*, suivie d'une hydropisie de poitrine. »

L'on croit généralement que la politique n'est pas étrangère à cette dilatation du cœur; aucune preuve ne tend à le prouver, mais l'influence que le prince Alexandre peut exercer dans les affaires des principautés, et même dans celles d'Orient, donne lieu à ces présomptions.

1ᵉʳ Février.—Ordonnance royale, qui nomme le sieur Vatimesnil grand-maître de l'Université de France.—Ce fonctionnaire public est à la fois conseiller d'État, avocat-général près la cour de Cassation, ministre d'État, membre du conseil des ministres.

La nomination de M. Vatimesnil prouve que si le roi a changé (4 janvier) son conseil, les nouveaux ministres n'en suivront pas moins la même marche que le ministère Villèle, quoique leurs principes ne soient pas ceux de ce ministère; ils sont dans une situation forcée, et ils adoptent un *mezzo termine* impraticable (nous l'avons dit), sous le rapport politique, parce qu'ils veulent conserver leurs portefeuilles, et parce que Charles x, en changeant de conseil, n'a pas changé d'intentions... Ainsi l'université restera, définitivement, sous la dépendance des jésuites; les grands et les petits séminaires seront protégés dans toutes les usurpations qu'ils jugeront à propos d'opérer dans le domaine de l'instruction publique; l'enseignement mutuel sera comprimé dans tous les arrondissemens où la congrégation ne pourra point le supprimer; les empiétemens du pouvoir spirituel sur l'autorité temporelle s'aggraveront de jour en jour, et toutes les promesses d'amélioration faites par le ministère mixte, ou de bascule, si pompeusement énoncées dans les circulaires des nouveaux dépositaires de l'autorité royale, ne produiront pas un seul des effets sur lesquels a pu compter l'opinion nationale... L'esprit de M. de Villèle, c'est-à-dire la fiscalité et la contre-révolution par ordonnances, continuera à régir et à épuiser la France.

M. Vatimesnil est un légiste assez habile ; son talent consiste principalement dans l'argumentation des lois ; mais ce n'est pas un homme d'État : il a soutenu dans ses plaidoyers et dans ses réquisitoires cette maxime destructive de toute liberté constitutionnelle : *attaquer les ministres, c'est attaquer le roi;* il s'est montré ennemi acharné de la liberté de la presse, et a déployé une grande animosité contre les écrivains que la congrégation a traduits devant les tribunaux ; on n'a pas oublié les sarcasmes, la dérision et la haine qu'il lança contre eux dans les affaires de MM. Comte et Dunoyer, de M. Chevalier, de M. Bavoust, etc. C'est avec une vivacité de colère, tout-à-fait inconvenante dans un magistrat, qu'il a, dans plusieurs circonstances, rempli des fonctions sévères, mais qui commandent aussi une stricte impartialité. Comme orateur, M. Vatimesnil est, au barreau, fort au-dessous de M. Dupin, de M. Barthe, de M. Mauguin, de M. Mérilhou ; il n'a point, la nature le lui a refusé, le secret de cette éloquence politique dont Benjamin Constant, Foy, Manuel, C. Périer, et plusieurs autres membres de la chambre des députés, ont illustré la tribune nationale : au surplus, la France sera bientôt à même de juger si les actes ministériels de M. Vatimesnil sont conformes aux principes de la Charte, s'il est ami ou ennemi des libertés qu'elle a consacrées. En attendant que les actes du fonctionnaire public décident cette question, la congrégation se réjouit de sa nomination à la grande maîtrise de l'Université, et un pareil suffrage est d'autant moins flatteur pour M. Vatimesnil, que l'opinion nationale manifeste de jour en jour une plus forte aversion pour les jésuites : aussi, le choix que vient de faire Charles x est-il vivement repoussé par le sentiment public; il n'y a qu'un cri dans Paris contre cette nomination.

1ᵉʳ. — Suppression du cabinet *secret* de l'administration de la poste aux lettres, par arrêté de M. Roy, ministre des finances. — M. Stanislas de Girardin a signalé plusieurs fois à la tribune nationale les turpitudes exercées par l'absolutisme et le jésuitisme dans cet antre, désigné sous le nom de *cabinet noir*. Cet infâme établissement, dont les fonctions cessèrent en 1789, dont la convention et le directoire, on doit le dire à leur louange, n'eurent pas la lâcheté de se servir, était l'une des grandes iniquités de l'ancien régime; il violait la foi publique et dérobait le secret des familles. Le plus grand crime que puisse commettre un gouvernement, c'est de fouiller dans la *pensée* des citoyens auxquels il promet une entière fidélité dans la transmission à son bénéfice de leurs correspondances intimes; assassiner est moins lâche, moins odieux; mais la tyrannie ne recule devant aucun moyen d'assurer sa domination! Il est douloureux de le dire, Bonaparte, dès son avénement à la dictature consulaire, rétablit, à l'administration des postes, ce cabinet secret, et la police impériale en fit, pendant dix ans, un monstrueux usage : Bonaparte avait fait rechercher, non sans quelque peine, les individus qui, sous l'intendant Rigoley-d'Ogny, avaient travaillé à cette œuvre ténébreuse; il s'en trouva *treize*, nombre apostolique, qui se mirent aussitôt à l'infernale besogne!... Louis xviii n'eut garde de priver son gouvernement paternel (que M. Beugnot appelait, avec juste raison, anarchie paternelle) des services qu'il pouvait retirer du *cabinet noir;* de fortes sommes furent attribuées aux employés qui se dévouaient à ces fonctions : ils étaient faussaires et filoux pour le compte de la *légitimité* et pour la plus grande gloire de la *religion* et de la *morale!* Il ne faut donc pas s'étonner si quantité de lettres de change et de billets de banque ont été volés, sous le ministère Villèle, dans le cabinet secret de la direction générale; l'art d'amollir les cires et d'imiter les cachets était le premier talent exigé de ses employés; elle avait introduit dans ce cabinet, qu'on pourrait, à juste titre, appeler infernal, des hommes versés dans l'étude des langues étrangères, en sorte qu'aucune des finesses dont peut user la pensée dans les correspondances les plus intimes ne devait échapper à la police, c'est-à-dire à la congrégation dont les affidés remplissaient l'administration des postes ; rien de sacré pour eux ; ils volaient, dénonçaient et calomniaient, pour la plus grande gloire de Dieu et le plus grand honneur du roi..... Le nombre et l'autorité des réclamations élevées contre cet exécrable exercice d'un pouvoir administratif qui violait, sans crainte comme sans pudeur, toutes les lois de l'honneur, de la morale et de l'État, ont enfin obligé le ministre des finances à supprimer la caverne des délations et des crimes politiques ; mais, comment avoir l'assurance qu'ils ne se reproduiront pas sous une autre forme et d'une autre manière, aussi long-temps que des hommes d'une fermeté et d'une loyauté éprouvées ne seront pas mis à la tête d'une administration qui demande, au plus haut point, une confiance contre laquelle aucun soupçon ne puisse être formé? Certes, ce ne sont point les élus de M. de Villèle, les hommes de l'ancien régime, les séides de la congrégation qui pourront jamais inspirer une telle confiance.

1ᵉʳ FÉVRIER 1828.

1ᵉʳ. — Mandement de M. l'archevêque de Paris (Quélen) à l'occasion de l'ouverture de la session des chambres.
— Ce prélat ordonne les cérémonies du culte usitées en pareille circonstance; le *Moniteur* donnera l'analyse du mandement, mais les passages relatifs à la doctrine des *Cordicoles* seront omis dans la feuille officielle.

M. l'archevêque de Paris est, dit-on, dévoué à la congrégation; s'il fallait en croire l'opinion publique, les jésuites et les ultramontains n'auraient pas de plus zélé défenseur, le ministre des cultes (Frayssinous, évêque d'Hermopolis) ne les protégerait pas avec une aussi édifiante audace : M. de Quélen pourrait dire, comme l'apôtre : *Zelus domus tuæ comedit me.*

Quoi qu'il en soit, M. de Quelen recommande aux fidèles les dévotions au sacré cœur de Jésus-Christ, au sacré cœur de Marie, imposées par la congrégation aux sectaires du jésuitisme; afin que personne ne s'y trompe, il dit : « On trouve dans les livres d'église des religieuses « de Sainte-Aure et des hermites du Mont-Valérien, un « office du saint cœur de Marie, approuvé par M. de « Beaumont, archevêque de Paris. » L'on ne saurait pousser plus loin la déférence aux injonctions de Montrouge, qui publie, dans le même instant, une circulaire et ordonne une neuvaine pour célébrer la fête de *saint Ignace* et demander au ciel la conservation des jésuites. Peu s'en faut que la France ne soit rappelée, dès cet instant, à la bulle *Unigenitus*, à la *constitution*, aux querelles du *molinisme* et du *jansénisme*, aux billets de confession. Ce n'est pas assez de professer les doctrines de Montrouge, l'archevêque de Paris prescrit jusqu'à la liturgie du jésuitisme; on le verra bientôt proclamer dans ses mandemens les maximes du pouvoir absolu de la couronne, et invoquer, au nom de Dieu, les persécutions religieuses et les discordes civiles ; c'est M. l'archevêque de *Beaumont*, sorti des antichambres impériales !

5. — Ouverture de la session des chambres, faite par le roi, au Louvre. — Elle est précédée par une circonstance remarquable : une brochure, intitulée *Défense des jésuites*, vient d'être distribuée aux députés. Le parti-prêtre règne, les jésuites gouvernent, et la sacristie écrit sur la politique.

Le roi prononce le discours suivant. Il dit : « Messieurs, c'est toujours avec la même satisfaction que je vous vois réunis autour de mon trône, et que je viens vous faire connaître la situation de la France. »—« Mes relations avec les puissances de l'Europe continuent à être amicales et satisfaisantes : les affaires d'Orient présentent seules *quelques difficultés*; mais le traité que j'ai signé avec le roi d'Angleterre et l'empereur de Russie a posé les bases de la *pacification* de la Grèce, et j'ai lieu d'espérer encore que les efforts de mes alliés et les miens triompheront, sans le secours de la force, des résistances de la Porte-Ottomane. » — « Le combat *imprévu* de Navarin a été à la fois une occasion de gloire pour nos armes, et le gage le plus éclatant de *l'union* des trois pavillons. » — « La péninsule fut long-temps pour nous une cause de *sacrifices*; ils touchent à leur terme. Rassurée sur ses frontières, l'Espagne s'occupe avec persévérance du soin *d'étouffer* dans son sein le déplorable germe des discordes civiles ; tout m'annonce que je pourrai, très-incessamment, *d'accord avec le roi mon neveu*, rendre *mes soldats* à leur patrie, et soulager mes peuples d'un pesant fardeau. »—« Un blocus rigoureux, dont le terme est fixé au jour où j'aurai reçu la satisfaction qui m'est due, contient et punit Alger, et protège le commerce français. »—« Dans des parages lointains et sous la domination incertaine de gouvernemens naissans, notre pavillon a éprouvé quelques agressions ; mais j'ai ordonné qu'on exigeât de justes réparations, et j'ai prescrit des mesures qui mettront désormais à l'abri de tout dommage la fortune de mes sujets. » — « Si je puis ainsi, messieurs, porter au dehors un regard satisfait, l'état intérieur de mon royaume *ne m'offre pas moins de motifs de sécurité.* »—« Vous verrez, par les documens qui seront mis sous vos yeux, que si les produits des contributions diverses ont subi *quelque diminution*, les sources de la richesse publique n'ont éprouvé aucune altération durable. Des circonstances extraordinaires ont produit un *excédant de dépenses* auxquelles il sera *nécessaire* de pourvoir. J'ai ordonné à mes ministres de vous en rendre compte, et je leur ai prescrit de marcher constamment vers une *économie sévère* et bien entendue. » — « J'ai appelé mon fils à *intervenir* dans les promotions militaires ; l'armée trouvera dans cette disposition *nouvelle* le témoignage le plus assuré de ma bienveillance pour elle. » — « Le développement progressif du commerce et de l'industrie, cette gloire des États pacifiques, a accru leurs *besoins* et sollicité des *débouchés* plus nombreux. J'ai voulu qu'un ministre créé dans leur intérêt reçût la mission spéciale de *me proposer* tout ce qui sera propre à seconder leur *activité toujours croissante.* » — « Quelle que soit *l'intimité des rapports* qui doivent exister entre la religion et l'éducation des hommes, l'instruction publique et les affaires ecclésiastiques m'ont paru exiger une direction *séparée*, et j'en ai ordonné la division. »—« Voulant *affermir* de plus en plus, dans mes États, la *Charte* qui fut *octroyée* par mon frère, et que j'ai *juré* de maintenir, je veillerai à ce qu'on travaille avec *sagesse* et *maturité* à mettre notre législation en *harmonie avec elle.* »—« Quelques hautes questions d'administration publique ont été *signalées* à ma sollicitude. Convaincu que la véritable force des trônes est, après la protection divine, dans *l'observation des lois*, j'ai ordonné que ces questions fussent *approfondies*, et que leur discussion fît briller *la vérité*, PREMIER BESOIN DES PRINCES ET DES PEUPLES. » — « Messieurs, le bonheur de la France est l'objet de tous mes vœux et de toutes mes pensées. Pour l'assurer, je saurai conserver l'autorité *forte* et tutélaire qui *appartient à ma couronne*. Je compte aussi, messieurs, je compte beaucoup sur le concours de vos lumières et sur l'accord de vos sentimens. *La parole* de votre roi, appelant l'union des *hommes de bien*, ne peut trouver ici que des cœurs disposés à l'entendre et à lui répondre. »

Nous rapportons en son entier le discours royal, parce qu'il signale une nouvelle ère ministérielle; nous nous sommes permis d'en souligner quelques passages ou expressions, parce que ce discours est le programme de l'administration de M. de Martignac, principal rédacteur des résolutions du conseil.

Après les éloges d'obligation donnés à l'échauffourée de Navarin, et la sanction accordée au système d'oppression suivi par le gouvernement d'Espagne, que secondent les baïonnettes françaises; après quelques mots vagues sur les affaires d'Alger et les relations politiques de la France avec les nouveaux États de l'Amérique méridionale, le monarque expose les motifs qui l'ont décidé à opérer dans la haute administration de l'État les changemens et les modifications relatifs au ministère de la guerre, à la direction du commerce et de l'industrie, à la direction de l'instruction publique et des affaires ecclésiastiques. Il annonce une diminution de recettes et un excédant de dépenses, et demande les moyens de pourvoir à ce *déficit*, c'est-à-dire une augmentation d'impôts ou d'emprunts, ainsi que cela se pratique depuis la restauration des princes de Coblentz, dont les promesses d'économie se transforment, d'année en année, en dilapidations toujours croissantes ; mais, en dédommagement des sacrifices demandés à la nation, le roi promet de mettre *la législation en harmonie* avec la Charte *octroyée* qu'il a juré de maintenir : c'est une déception à ajouter à toutes les déceptions mises en pratique depuis quatorze ans pour rétablir *légalement* l'ancien régime, ce régime d'abus, de priviléges et de despotisme ministériel. Pas un mot en faveur de la régénération du système municipal et du système départemental, régénération qu'appellent de toutes parts les vœux et les besoins de la France ; pas un mot en faveur de la liberté de la presse, toujours sous le joug de la censure facultative ; pas un mot en faveur de la réorganisation de la garde nationale parisienne, dont la brutale dissolution est un outrage sanglant fait à la France entière ! Tout est mensonge dans le discours de la couronne : il est question de *l'observation des lois*, mais elles continueront à être violées impunément, et au nom même de la constitution de l'État ! Les jésuites conserveront donc le monopole de l'instruction publique, les communautés religieuses d'hommes et de femmes se multiplieront dans tous les départemens, et le clergé ultramontain, objet constant de la protection et des bienfaits du prince, s'emparera ouvertement de toutes les parties de l'administration. Quant à cette *vérité*, PREMIER BESOIN DES PRINCES et des peuples, les courtisans auront soin qu'elle ne parvienne au pied du trône que sous le nom de *révolutionnaire ;* ils sèmeront la défiance et les craintes dans l'esprit du prince, et le pousseront à sa perte en l'enfonçant de jour en jour dans la voie contre-révolutionnaire qu'il suit presque sans détour depuis son avénement à la couronne.

6. — Ordonnance du roi qui détermine la classification des services dont la direction est confiée au ministère des finances, et arrête la répartition du travail entre les divisions administratives qui le composent. — Cette ordonnance spécifie les attributions particulières affectées aux bureaux du ministère, savoir : l'administration des revenus publics, l'administration des monnaies, la direction du mouvement général des fonds, la direction de la dette inscrite, la direction de la comptabilité générale des fonds, la direction du contentieux des finances, le secrétariat général, le secrétariat particulier, les caisses, les travaux temporaires.... Il y aura, sous le ministère de M. Roy, moins de confusion dans les affaires du trésor que sous l'ancien ministère des finances ; mais ces arrangemens domestiques ne produiront, en résultat, aucune amélioration sensible dans l'administration des finances, et les dettes de l'État augmenteront sous M. Roy comme sous M. de Villèle, mais seulement avec plus d'ordre ou de méthode.

6 — 20. — Chambre des députés. Vérification des pouvoirs. — La chambre consacre plusieurs séances à cette vérification ; les discussions auxquelles l'examen donne lieu démontrent que le ministère Villèle a faussé, altéré, dénaturé, violé autant qu'il était en son pouvoir, les dispositions les plus textuelles des lois électorales : fraudes, menaces, violences à main armée, corruption, accaparemens de journaux, conflits élevés entre l'ordre judiciaire et le pouvoir préfectoral pour maintenir ou annuler, sur les listes d'électeurs, les citoyens que l'autorité ministérielle envisage comme amis ou ennemis, faux

patemment commis dans les listes d'inscriptions, violation flagrante du secret des votes, injonctions impératives aux fonctionnaires publics de toutes les classes de voter selon les ordres de l'autorité, tout a été mis en usage par le ministère Villèle; au nom de la religion et des lois, il a ordonné le parjure et les faux; au nom de la morale, il a commandé à tous ses agens de mentir à leur conscience, sous peine de destitution; au nom de la liberté constitutionnelle, il a employé les deniers de l'État à corrompre, à asservir l'opinion nationale, à calomnier, à diffamer les citoyens dont il redoute l'indépendance et le patriotisme; en un mot, le ministère Villèle n'a reculé devant aucune des dilapidations, des violations de loi qu'il a jugées nécessaires pour obtenir dans les colléges une majorité vendue au pouvoir arbitraire.

Les pétitions adressées de toutes les parties de la France à la chambre des députés ont révélé les turpitudes et, faut-il le dire, les crimes de la dernière administration. Aujourd'hui, grâce aux révélations de la tribune nationale, la France peut juger, en parfaite connaissance de cause, la conspiration ourdie contre elle par le parti-émigré et le parti-prêtre; elle est également étonnée de l'audace des ennemis de la Charte et de l'impunité dont ils jouissent; elle ne croit plus à leurs fallacieuses promesses, à leurs hypocrites protestations d'amour pour la loi fondamentale de l'État : elle ne se laissera plus abuser par ces hommes qui disent sans cesse : *Dieu et le roi*, et qui se jouent de ce qu'il y a de plus saint sur la terre pour assouvir leur cupidité et leur ambition.... Mais les jours de la justice nationale arriveront enfin, et la France sera sauvée (V. 27, 28, 29 juillet 1830).

6. — Le marquis de Loulé et l'infante son épouse (V. *Hist. de France*, etc., *suite*, tome 2, 23 et 26 décembre 1827, p. 245) s'embarquent à Lisbonne pour se rendre à Gibraltar; leur départ est motivé par l'assurance de la prochaine arrivée de don Miguel en Portugal.

9. — L'infant don Miguel s'embarque à Plymouth, sur la frégate portugaise *la Perle*, accompagnée des vaisseaux de S. M. Britannique *l'Océan*, *le Windsor* et la frégate *le Briton*, à bord de laquelle est embarqué M. Lamb, ambassadeur d'Angleterre à Lisbonne, ainsi que sa suite. — Le prince assassin de son père, de son roi, a été accueilli à Paris, à Vienne, à Londres, avec une distinction marquée; il y a reçu les plus honorables témoignages d'affection de la part des souverains, des princes, des ministres, qui se sont confiés, à tort ou à raison, en la loyauté de ses sentimens, en la générosité de ses résolutions. Ce monstre de perfidie et de cruauté s'emparera de la couronne; il ensanglantera le royaume dont il est institué régent au nom de la fille de don Pedro (la reine dona Maria), et le Portugal aura un Néron dans la personne de cet usurpateur couronné, un Néron dont les écrivains périodiques salariés par le gouvernement du roi de France ne cesseront de chanter les vertus!

10. — Ordonnance du roi qui met l'instruction publique sous la direction d'un ministre, et détermine ses attributions.... Ordonnance du roi qui nomme le sieur Vatimesnil ministre secrétaire d'État au département de l'instruction publique. — Les écoles ecclésiastiques, les collèges de plein exercice, les pensions ressortant de l'Université et l'instruction primaire sont dans les attri-

butions directes du ministre de l'instruction publique, puisque la première de ces ordonnances, se référant à celle du 4 janvier (V. cette date), qui porte qu'à l'avenir l'instruction publique ne fera plus partie du ministère des affaires ecclésiastiques et sera dirigée par un ministre secrétaire d'État, statue en même temps que ce ministre exercera les fonctions de grand-maître de l'Université, telles qu'elles sont déterminées par les *lois* et *réglemens*..... Des lois, qui n'ont pas été *abrogées*, et qui sont par conséquent en vigueur, excluent formellement les ministres des cultes des fonctions de l'enseignement ; il résulte virtuellement de l'ordonnance ci-dessus, que le pouvoir de surveillance et de participation exercé par les évêques dans l'Université et l'instruction publique, doit cesser dès ce moment, si M. Vatimesnil se conforme aux lois de l'État ; mais il en sera tout autrement : le ministre adressera de très-belles, de très-constitutionnelles circulaires aux recteurs de l'Université ; il condamnera la conduite du précédent ministère et des chefs de l'Université, relativement à la direction donnée à l'instruction publique ; il commandera le respect pour la Charte, surtout en ce qui intéresse la *liberté de conscience*, et fulminera contre les révoltans abus que l'influence du parti-prêtre a introduits et enracinés dans les collèges : que résultera-t-il, en dernière analyse, de ces généreuses circulaires? Les faits ne tarderont pas à nous l'apprendre.

M. Vatimesnil promet sa protection à l'enseignement mutuel, et déclare que « l'instruction primaire doit être « le premier objet de la sollicitude de toute administra- « tion : » enfin, le nouveau ministre prononce, avec une sorte d'édification, le grand mot de *tolérance* religieuse, et avoue qu'il ne suffit pas de former des sujets fidèles, qu'il faut former des *citoyens éclairés*. Cette circulaire est un éclatant hommage rendu à la religion, à la morale, à la Charte, aux lois du royaume, aux libertés de l'église gallicane, à la liberté des consciences et à l'autorité paternelle ; elle est d'autant plus inattendue et satisfaisante, que M. Vatimesnil, accusé, sans doute à tort, nous en sommes persuadé, d'être affilié à la secte des jésuites, proteste ici solennellement contre leurs doctrines et leurs actes. Malheureusement les bonnes intentions du nouveau ministre de l'instruction publique resteront sans effet ; le parti-prêtre et les jésuites conserveront toute leur influence, et le pouvoir de la congrégation, loin d'être diminué, ou affaibli, acquerra une extension et une force nouvelles dans toutes les divisions de l'enseignement public. Cela doit être : les préfets sont tous, plus ou moins, aux ordres des évêques, et les préfets disposent à volonté des conseils de départemens et d'arrondissemens.

13. Ordonnances du roi, qui nomment : le sieur Bacot de Romans, député, directeur général de l'administration des contributions indirectes ; le sieur baron de Villeneuve, préfet du département de Saône-et-Loire et membre de la chambre des députés, directeur-général de l'administration des douanes ; le sieur Bourdeau, membre de la chambre des députés, directeur-général de l'administration de l'enregistrement et des domaines ; le sieur Benoit, conseiller d'État (ex-directeur-général de l'administration des contributions indirectes), ministre d'État et membre du conseil privé. — Toujours les mêmes prodigalités, le même système, la même corruption... Les fonctionnaires qui sortent des directions générales, sont dotés d'une sinécure de ministre d'État ou colloqués à la chambre des pairs, et les lucratives fonctions de la haute administration sont conférées à des membres de la cham-

bre des députés, dont on achète ainsi la conscience et les votes.

13. — *Espagne.* — Bozoms (Jep dels Estanys), chef d'une bande de contre-révolutionnaires, âgé de soixante-dix ans, est fusillé par derrière à Olot, ville manufacturière de la province de Catalogne, sur la rivière de la Fluvia, à dix lieues O. N. O. de Gironne. Son exécution a eu lieu, ainsi que celle de trois de ses complices, sur les hauteurs de cette ville, de grand matin, et dans l'endroit dit *le Calvaire*... C'est ainsi, Charles x vient de l'assurer à la France, « que l'Espagne s'occupe avec per-« sévérance du soin d'étouffer dans son sein le déplorable « germe des discordes civiles; » des échafauds pour les amnistiés!

Le comte d'Espagne, capitaine général de la Catalogne, exerce dans cette province les plus sanglantes proscriptions, et se livre, de sa personne, à l'espionnage le plus crapuleusement actif. Cet émigré français, ancien laquais, épouvante la province par ses machinations révolutionnaires; il est à la fois capitaine-général, ou vice-roi, agent provocateur, espion, délateur, juge et bourreau... La condamnation et l'exécution de Bozoms sont remarquables; Ferdinand vii s'est fait apporter tous les papiers saisis sur ce conspirateur, dont l'exécution sera officiellement annoncée par ordre exprès du roi, dans le *Diario* du 15 février, publié à Barcelonne, où se trouve dans ce moment le roi. Bozoms a refusé, avec la plus extrême opiniâtreté, de faire les importantes déclarations que demandait Ferdinand vii; tous les moyens de rigueur et de séduction ont été inutiles; il repousse les secours de la religion, et fait éclater, en marchant au supplice, une haine violente et le plus profond mépris pour les curés et les moines dont les lâches et cruelles intrigues ont entraîné sa perte..... L'Espagne est sous le paternel régime du droit divin, et jouit de toutes ses douceurs depuis que Louis XVIII et les jésuites ont rétabli, à main armée (1823), Ferdinand VII en sa prérogative de rey *netto*, ou roi absolu.

14. — Arrêt de la Cour royale de Paris, qui rejette le pourvoi de M. Cauchois-Lemaire, et confirme le jugement prononcé contre lui (V. 12 janvier). — L'organe du ministère public, M. Vaufreland, avocat-général, « a trouvé la peine de quinze mois d'emprisonnement et de 2,000 francs d'amende *hors de proportion* avec la gravité du délit ; il a conclu contre lui à cinq années de prison et 6,000 francs d'amende : » c'est le *maximum* de la peine. MM. Barthe et Berville ont défendu l'auteur et le libraire avec l'énergie, le talent et l'éloquence qui distinguent ces deux avocats de la liberté constitutionnelle ; vains efforts, les jésuites et les ennemis de la Charte ont triomphé, et la dette léguée par le ministère Villèle au ministère Martignac a été acquittée.

17. — Adresse de la chambre des pairs au roi. — Rien de plus insignifiant, depuis 1821, que les adresses de cette chambre en réponse aux discours de la couronne ; elles en sont une paraphrase en style plus ou moins servile : mais l'adresse de ce jour se distingue entre toutes celles que la chambre a présentées au roi pendant le déplorable ministère ; elle garde un profond silence sur la monstrueuse création de pairs dont M. de Villèle a fait présent à l'ancien régime, à la contre-révolution ; elle se tait sur le changement de l'administration, et loin de féliciter le roi du bienfait qu'il vient d'accorder à la nation, elle lui cache la vérité, *premier besoin des princes et des peuples ;* elle pousse à leurs derniers termes la

flatterie, la condescendance, la servilité législative, et dit : «... L'armée, fière d'avoir cueilli des *lauriers* sous les ordres de votre fils bien-aimé, voit avec une pleine confiance un prince aussi *sage* dans le conseil que *vaillant* au combat, s'occuper spécialement de ses premiers intérêts....» Les événemens de 1830 répondront aux adulations de la chambre des pairs ; disons néanmoins, à sa décharge, que l'indépendance et la dignité de la chambre ont été attaquées, violées et détruites par la couronne elle-même, qui y décharge, depuis l'avénement de Charles x au trône, l'essence de l'absolutisme, le trop plein du jésuitisme, et toute la médiocrité politique de la chambre des députés.

17. — Ordonnance du roi, portant création d'un conseil supérieur de la guerre, sous la présidence de S. A. R. le Dauphin, et nomination des membres de ce conseil. — Ce conseil est chargé d'examiner les lois et ordonnances actuellement en vigueur sur l'organisation et la législation de l'armée, de discuter et présenter à l'approbation du roi les projets de lois, d'ordonnances, de réglemens et de décisions relatifs à l'organisation et à la législation militaire... Le maréchal Victor Perrin, duc de Bellune ; le maréchal Marmont, duc de Raguse ; le comte de Bourmont, le comte de Loverdo, etc., font partie de ce conseil, dont les séances se tiendront aux Tuileries. L'armée française y est dignement représentée.

Il faudrait avoir assisté à une séance du conseil supérieur de la guerre pour se faire une idée des excessifs égards, des lâches complaisances, du respect ou plutôt du culte d'adoration des courtisans militaires titrés de l'empire et de la restauration, envers le prince *pacificateur* de l'Espagne et *héros* du *Trocadéro*. Ce conseil est le coup de grâce donné à la vieille armée.

17. — Ordonnance royale qui fixe la répartition du crédit de 1,825,000 francs, accordé par la loi du 24 juin 1827, pour les dépenses de l'instruction publique pendant l'année 1828. — 927,700 fr. sont affectés pour les dépenses *fixes*, les proviseurs et professeurs ; 822,300 fr. pour les bourses royales et dépenses *diverses* ; 25,000 fr. pour l'école royale de Bourbon-Vendée ; 50,000 fr. pour encouragement à *l'instruction primaire*..... Les jésuites disposent de la totalité de ce crédit, moins la dérisoire allocation de la somme de 50 mille francs pour *encourager* l'instruction publique dans toute l'étendue du royaume. Mais rien n'est plus simple, les jésuites ne sont-ils pas les maîtres du budget ?

19. — Mandement du cardinal archevêque de Toulouse (Clermont-Tonnerre), à l'occasion du carême. — Ce mandement est une oraison funèbre sur la chute ministérielle de M. de Villèle, de l'homme politique dont l'hypocrisie, la fraude, le despotisme, l'ambition, la fiscalité, l'amour-propre et la servilité constituaient le caractère ministériel et formaient le génie comme homme d'État ; pour lui offrir une ovation digne de lui, il fallait calomnier au nom de la religion, et diffamer au nom de la modération ordonnée par le divin Sauveur, la majorité de la chambre des députés et la nation française tout entière, moins le petit nombre d'hommes vendus à la *déplorable* administration.

Le cardinal archevêque ne craint pas de mentir impudemment, du haut de la chaire de vérité ; il dit, le croirat-on ? « Considérez cette France, *jadis* si chrétienne, si féconde en grandes vertus, qui brillait d'un si bel éclat par son attachement à la foi catholique, par sa profonde vénération pour le chef de l'Église universelle, et par son amour pour ses rois légitimes ! aujourd'hui, cruellement agitée par des passions qui n'ont pas de frein, et qui trouvent chaque jour un nouvel aliment dans les *infernales* productions d'une presse licencieuse; menacée de toutes sortes de malheurs par l'audace et la multitude des ennemis de tout bien : le génie du mal peut maintenant contempler, avec la joie barbare qui le caractérise, ses triomphes; car nous ne pouvons plus lui contester ses succès. La religion de saint Louis a vainement été proclamée la religion de l'État; elle est *calomniée, persécutée* même dans ses ministres (Mingrat, Molitor, Contrafatto, Frilay, etc., sans doute!), insultée jusque dans ses temples, profanée dans son sanctuaire et ses plus adorables mystères, tournée en dérision dans les plus augustes cérémonies de son culte, et dans les dogmes les plus sublimes de la foi... La royauté légitime n'éprouve pas moins de contradiction, elle est ouvertement attaquée..... »

Nous ne pousserons pas plus loin les citations; ces lignes suffisent pour montrer l'esprit d'intolérance et de calomnie qui inspire l'archevêque de Toulouse : et c'est ce même Clermont-Tonnerre, ce même évêque de Châlons-sur-Marne avant la révolution de 1789, déshonoré dans son diocèse par le concubinage dans lequel il vivait, par les débauches dont il faisait trophée dans le palais épiscopal, par l'impudence avec laquelle il répandait de toutes parts le scandale, c'est ce même prêtre qui accuse aujourd'hui la France d'immoralité et d'impiété! Dans le discours prononcé à l'ouverture de la session, le roi parle avec satisfaction de la situation intérieure du royaume qui lui offre *tous les motifs de sécurité;* n'importe, l'archevêque de Toulouse voit ce royaume agité par des passions qui n'ont plus de frein, et, à ses yeux, la royauté est ouvertement attaquée! La religion est respectée et jouit d'une éclatante protection, tous les pouvoirs de l'État la lui assurent; elle est richement rétribuée dans la personne des prélats, et les dons des fidèles abondent pour les besoins et le luxe du service catholique; les séminaires, les couvens, les écoles ecclésiastiques, les congrégations, même celles que proscrivent les lois de l'État, sont dotés aux dépens du trésor public; la religion catholique est déclarée par la loi fondamentale religion de l'État, c'est-à-dire religion dominante; elle est représentée, dans la première chambre, par un grand nombre d'archevêques et d'évêques; elle a obtenu, de la puissance législative, la loi du sacrilége; ses missionnaires couvrent le sol de la France, et l'instruction publique est remise aux mains de ses ministres : et c'est dans un semblable état de choses, dans cette domination presque absolue du pouvoir spirituel sur l'autorité temporelle, et lorsque le sceptre royal s'abaisse de jour en jour devant la mitre épiscopale, que M. l'archevêque de Toulouse a l'inconcevable impudence de dire que la religion est *persécutée* jusque dans la personne de ses ministres, et *profanée* jusque dans son sanctuaire et ses plus adorables mystères!!!!.

Mais rien ne doit étonner de la part du clergé ultramontain, lorsque le gouvernement lui permet de se mêler des affaires temporelles, et le rend partie intégrante de l'administration publique : le roi de France est d'une dévotion, d'une générosité exemplaires; il chante au lutrin et ouvre ses coffres aux prêtres ; ce n'est pas assez : il leur faut la domination exclusive des consciences ; ils veulent être dispensateurs et juges de la liberté politique et civile; il leur faut l'inquisition, la bulle Unigenitus, une entière et aveugle soumission de la couronne aux ordres du Vatican, l'ignorance et l'abrutissement du peuple, et le double triomphe de la superstition et du despotisme. Voilà le clergé ultramontain tel que l'a fait la restauration de 1814, et tel qu'il sera, malgré la Charte et les lois, si le gouvernement ne le tient pas renfermé dans le sanctuaire, si des lois sages, fortes et empreintes du véritable esprit de l'Évangile, ne mettent pas, et tout à l'heure, un frein à ses usurpations, et si ces lois ne sont pas exécutées. Les prêtres ultramontains sont essentiellement intolérans et n'ont pas de patrie : l'auteur du *Génie du Christianisme* l'a dit et en a administré la preuve dans ses écrits; il aurait pu ajouter que le clergé catholique romain est ennemi né des libertés nationales. Voyez l'Espagne, le Portugal, le royaume de Naples et les États romains, et même plusieurs cantons catholiques de la Suisse, où l'oppression et la misère du peuple, où la corruption et les vices du clergé ont détruit ou considérablement altéré le caractère national et plongé l'État dans le dernier degré d'affaiblissement, de servitude et de honte.

22. — Traité de paix entre la Russie et la Perse. — L'état d'abaissement et de faiblesse, ou plutôt de nullité et de honte politiques, où la restauration de la maison de Bourbon a placé et maintient la France depuis 1814, permet au cabinet de Saint-Pétersbourg de poursuivre l'exécution des projets formés par Pierre 1er et Catherine II; il tient la Pologne sous son joug, et le congrès de Vienne lui a livré (1815) les frontières de l'Europe; il étend de jour en jour ses conquêtes au-delà de la mer Noire et de la mer Caspienne, et s'il a suspendu ses hostilités contre la Turquie, c'est pour les reprendre avec plus de succès lorsqu'il aura terminé sa guerre contre la Perse; aucune des grandes puissances européennes ne s'oppose à l'agrandissement de l'empire russe, elles semblent, au contraire, le favoriser; tant leur haine et leur jalousie contre la France, qui les a si long-temps vaincues et humiliées, sont vives et pro-

fondes; elles mettent tous leurs soins et emploient toute leur influence à comprimer en France les principes de liberté et d'égalité proclamés et développés par la révolution de 1789 ; la Russie les seconde, à cet égard, de sa puissante influence politique, et leur promet, au besoin, l'appui de ses armées : à ce prix, elles laisseront le cabinet de Saint-Pétersbourg tout-à-fait libre d'opérer le démembrement de la Perse, et de préparer celui de la Turquie. Cependant, les *libéraux* français, passionnés pour les Grecs, dont les Turcs sont les barbares oppresseurs, font des vœux pour les Russes : tant nous sommes dénués de connaissances politiques, et ignorans des véritables intérêts de la France!.....

La Perse attaquée en violation et au mépris des traités conclus avec la cour de Russie, a vu ses armées facilement vaincues ou dispersées, et la trahison achève ce que la force n'a pu faire ; le schah de Perse se soumet aux conditions qui lui sont imposées. — Par l'article 3 du traité de paix et d'amitié, la Perse cède à l'empereur de Russie le khanat d'Érivan, tant en deçà qu'en delà de l'Araxe, et le khanat de Nakhitchhévan... L'article 4 détermine et fixe la ligne de démarcation des frontières des deux États ; cette démarcation ouvre et commande militairement les provinces persanes, et démantèle en quelque sorte toutes leurs capitales... L'article 6 impose au schah de Perse le paiement d'une somme de 20 millions de roubles d'argent (environ 80 millions de francs), pour indemniser la Russie des frais de la guerre... L'article 7 n'est pas le moins curieux, le moins *bienveillant* du traité : l'empereur de toutes les Russies afin de donner à S. M. le schah de Perse un témoignage public de ses dispositions amicales, « s'engage à « reconnaître dès aujourd'hui dans l'auguste personne de « S. A. R. le prince Abbas Mirza, le successeur et l'hé-

« ritier présomptif de la couronne de Perse, et à le
« considérer comme *légitime* souverain de ce royaume
« dès son avènement au trône: » (Il n'est pas inutile
d'observer que le prince Abbas Mirza avait été désigné
par le Schah de Perse, son père, pour son successeur et
héritier présomptif.) Ainsi, la succession du trône et la
légitimité royale dépendent en Perse de l'assentiment de
l'empereur de Russie; et il n'y a pas de raison pour que
ce souverain ne s'arroge en Europe les prétentions qu'il
exerce en Asie, lorsqu'il pourra les appuyer par la force.

L'on pense bien que les intérêts commerciaux de la
Russie ne seront pas oubliés dans un traité où le Schah
de Perse passe sous les fourches-caudines; tout est sacrifices de la part du cabinet de Téhéran; tout est extorsion
de la part du cabinet de Saint-Pétersbourg.

A peine ce traité excite-t-il quelque sensation en Europe; on n'y fait pas attention en France, et le cabinet
des Tuileries ne s'inquiète pas le moins du monde des
usurpations territoriales et commerciales auxquelles se
livre sans relâche le cabinet de Saint-Pétersbourg... Et
cependant, la Russie est aujourd'hui maîtresse de toute
la côte orientale de la mer Noire jusqu'à l'embouchure
du Phase; cette position découvre les frontières de la
Turquie, et donne à la Russie la facilité de s'avancer
militairement et directement sur Erzéroum et Trébizonde, aux premières hostilités qu'elle voudra commettre
contre l'empire turc. De plus, le traité de ce jour rend
la Russie maîtresse des côtes occidentales de la mer
Caspienne, depuis l'embouchure de l'Oural jusqu'à
celle du Kour : de ce côté les frontières russes sont
contiguës à celles de la Perse, dont la capitale, Téhéran,
n'est qu'à soixante-dix lieues de distance.

Mais le cabinet des Tuileries n'a pas l'air de s'apercevoir que l'influence commerciale de la Russie va s'étendre et se fortifier dans le Levant et la Méditerranée, au détriment de tous les intérêts commerciaux de la France dans cette partie du globe! Le cabinet de Londres ne devrait pas considérer sans inquiétude le préjudice que le traité de Tourkmantchaï, en date de ce jour, traité bien autrement funeste à la Perse que ne l'était celui de Gulistan, doit nécessairement causer au commerce anglais ; mais il n'élève aucune réclamation, il ne témoigne aucun ressentiment, et l'on dirait qu'il ne voit pas que la Russie s'avance de plus en plus, et chaque jour, vers les portes de l'Indoustan. Les puissances européennes ne chercheront à arrêter la Russie, que lorsqu'elle sera maîtresse de l'Europe et de l'Asie.

22. — Portugal. — L'infant D. Miguel arrive à Lisbonne; il est reçu, à bord de la frégate, par la reine mère et l'infante régente, et traverse la capitale aux cris de *vive l'infant D. Miguel!* Quelques cris de *vive LE ROI D. Miguel 1er!* se font entendre ; le jeune et hypocrite prince en témoigne son mécontentement, et fait cesser ce cri *inconstitutionnel!* Il se montrera fidèle à ses sermens et à ses devoirs jusqu'au moment où il aura usurpé la couronne; mais, dès ce jour, le Portugal va tomber sous le joug de la plus perfide, de la plus sanglante tyrannie dont les annales de notre temps puissent faire mention.

26. — Séance extraordinaire des cortès du royaume de Portugal. — L'infante régente se démet des fonctions du gouvernement, elle dit : «... Mon très-cher frère, l'infant D. Miguel, désigné pour prendre la régence de ces royaumes, y arrive enfin (V. 22 février), et vient aujourd'hui, au milieu de la nation, ratifier, par l'acte le plus solennel, ce même serment qu'il prêta loin d'elle non moins solennellement. — Dans cette cir-

constance, mon auguste frère, l'infant D. Miguel, appelé *légitimement* à cette heureuse destinée où l'appellent aussi *les désirs de toute la nation*, et accompagné des *vœux unanimes de toutes les puissances*, qu'une politique éclairée enchaîne religieusement par le nœud sacré de l'intérêt commun de l'Europe, va se trouver, pour le bonheur de la patrie, placé dans une position qui lui permettra, sous tous les rapports, de déployer la *sagesse de ses intentions, la fermeté de son caractère et la modération de ses principes*, principes dont la nation a déjà reçu un gage certain par ses paroles mêmes....... — Quant à moi, messieurs, soulagée aujourd'hui d'un fardeau au-dessus de mes forces, que j'acceptai par résignation, par obéissance, et que je restitue de même, je fais des vœux fervens pour la prospérité d'une nation dont les véritables intérêts me seront toujours chers, et je me ferai toujours gloire de l'honneur de l'avoir régie. »

Le Portugal est, aujourd'hui, sous le gouvernement de l'infant don Miguel : les peuples de ce royaume ne tarderont pas à subir tous les maux que peut enfanter la plus exécrable des dominations ; le sang ruissellera sur les échafauds, et le Portugal ne sera plus qu'une vaste prison, où le bourreau couronné signalera chaque heure de son usurpation par l'assassinat et le brigandage.

27. — Chambre des députés. — M. Benjamin Constant dépose sur le bureau de la chambre une proposition tendant à obtenir la présentation d'un projet de loi qui rapporte l'article 4 de la loi du 17 mars 1822 (V. cette date)... Cet article attribue aux ministres la faculté de rétablir *la censure, pour circonstance.*

M. Benjamin Constant ne cessera de demander l'abrogation de toutes les lois exceptionnelles que les hommes de la restauration et du droit divin ont imposées à la France.—M. Dupin, aîné, a déposé également une proposition tendant à obtenir le rapport dudit article 4 de la loi du 17 mars 1822, relative à la censure facultative : cette proposition honore M. Dupin, qui a défendu, avec un si grand talent, les écrivains politiques traduits en justice.

L'énergie que les éloquens défenseurs de la liberté constitutionnelle déploieront à la tribune nationale contre les entraves dans lesquelles gémissent et se débattent les écrivains de la presse périodique ; cette énergie, appuyée des réclamations et des pétitions adressées, de toutes les parties de la France, aux chambres législatives, forcera le gouvernement de modifier la sévérité des lois concernant la police de la presse (V. 18 juillet). Honneur et gloire aux membres de l'opposition législative !

28. — Rapport fait au roi, par M. de Martignac, et approuvé par S. M., pour la formation d'une commission chargée d'opérer le travail préparatoire d'un projet de loi relatif à l'organisation de l'administration départementale et municipale. — Cette organisation si vivement sollicitée, depuis plusieurs années, par divers conseils-généraux et par les chambres législatives, a été constamment promise et éludée par le ministère Villèle... Une commission est nommée ; les membres en sont pris « parmi ceux de MM. les pairs et de MM. les députés « qui ont rempli des fonctions administratives, et parmi « les membres du conseil d'État, » dit le ministre. Malheureusement on trouve, et en majorité, dans la liste, des administrateurs, des pairs, des députés notoirement connus par leur dévouement servile au système d'oppression et de fraude, érigées par M. de Villèle en principes de haute administration. Le génie de cet ex-ministre domine le cabinet du prince ; et déjà le nouveau ministère

3 mars 1828.

laissé entrevoir qu'il n'aura pas le pouvoir, ou qu'il n'a pas la volonté d'entrer franchement, les lois à la main, dans la voie constitutionnelle. Il en sera donc de cette commission comme de toutes celles qui ont été nommées pour *améliorer* les diverses parties de l'administration ; *verba et voces ; prætereàque nihil ;* les jésuites en ordonnent ainsi.

3. — Ordonnances du roi qui nomment : le sieur Hyde de Neuville ministre secrétaire d'État au département de la marine et des colonies ; — le sieur Feutrier, évêque de Beauvais, ministre secrétaire d'État au département des affaires ecclésiastiques ; — les sieurs comte de Chabrol de Crousol et comte Frayssinous, ces deux restes du ministère Villèle ; ministres d'État, membres du conseil privé.

3. — Ordonnance du roi portant mutation, nomination, admission à la retraite et remplacement de vingt préfets. — Cette ordonnance, qui change dans vingt départemens les chefs de l'administration préfectorale, ne met que trois préfets à la retraite, et ne destitue véritablement que celui du Lot, le sieur de Saint-Félix, dont il est devenu impossible de refuser le sacrifice à l'indignation et à la vindicte des électeurs du département..... La France entière à manifesté son indignation des violations commises par plusieurs préfets ; de nombreuses pétitions viennent de les signaler à la tribune nationale, et le nouveau ministère se borne à les changer de résidence !

Le public voit avec méfiance ces premiers actes du ministère Martignac, et l'opinion nationale se plaint avec raison d'être dédaignée et mise en quelque sorte de côté..... Les mandemens publiés par divers archevêques et évêques, à l'occasion du carême, ajoutent encore au

mécontentement des esprits ; l'on est affligé et courroucé d'entendre ces prélats prononcer impunément, du haut de la chaire de vérité et de tolérance, ces paroles remplies de calomnies et de persécutions : « .... Les artisans
« de mensonge rajeunissent toutes les vieilles erreurs,
« tous les systèmes les plus impies, tous les blasphèmes
« les plus horribles, tous les paradoxes les plus ab-
« surdes, tous les écrits les plus pestilentiels. L'impiété
« trouve partout des défenseurs et des apologistes : elle
« en a dans toutes les classes de la société, dans toutes
« les conditions; le venin de l'erreur fait des progrès si
« déplorables qu'il corrompt les esprits et les cœurs les
« moins susceptibles de recevoir ses atteintes.... Il est
« temps de *venger* la piété chrétienne des outrages et
« des mépris des ennemis de Dieu et de la société... On
« ne cherche plus la justice, elle est méprisée, insul-
« tée, et l'on pousse l'audace jusqu'à vouloir dépouiller
« Dieu lui-même de ses droits... Quand, pour détruire
« la monarchie, les hérétiques appelèrent l'empire la
« bête de l'Apocalypse qui dévorait les saints, dirent
« que les Turcs étaient meilleurs chrétiens que les mo-
« narques, et que ceux qui respectaient les princes
« étaient idolâtres, par qui furent-ils confondus, si ce
« n'est pas par les écrits et les discours du clergé?... Mais,
« hommes d'iniquité, hommes à paroles séditieuses,
« hommes aux insinuations et aux conseils perfides,
« nous ne vous craignons pas, nous vous *abattrons* au
« nom de notre sainte religion.... Le peuple français
« est livré à un esprit de vertige, de sédition et d'im-
« piété ; même dans les hauts rangs de l'État, on ne
« voit que conspirateurs, artisans de troubles et de sé-
« ditions.... Le peuple français *n'existe plus*........ »
Telles sont les séditieuses vociférations que se permettent les ministres d'un Dieu de paix et de charité, au mo-

ment où le monarque vient de dire, du haut de son trône, qu'il jette un regard *satisfait* sur l'intérieur de son royaume. Ils mentent à leur conscience, sèment la division parmi les fidèles, et se répandent en invectives contre les meilleurs citoyens, contre les élus de la nation ; loin de calmer les passions politiques, ils les irritent ; au lieu d'unir les citoyens dans un même esprit de concorde et d'amour, ils excitent les discordes et les haines, et c'est ainsi qu'ils préparent les nouvelles catastrophes auxquelles la nation et le trône se trouveront bientôt en proie !

3. — Abdication de S. M. le roi de Portugal, empereur du Brésil, D. Pedro, de la couronne de Portugal en faveur de sa fille, la princesse D. Maria da Gloria II. — « Étant arrivé le moment que j'avais fixé dans ma pensée pour accomplir le dessein de ma renonciation à la couronne de Portugal, aux termes de mon édit du 3 mai 1826 (V. cette date), et désirant donner à la nation portugaise, toujours jalouse de son indépendance, une preuve évidente du désir que j'ai non-seulement de la voir séparée à perpétuité de la nation brésilienne (sur laquelle je me fais un plaisir de régner), mais aussi d'effectuer cette séparation de telle manière que la réunion des deux royaumes ne puisse avoir jamais lieu dans l'avenir : à ces causes, j'ordonne par ce décret royal, de ma libre et pleine volonté, et après avoir réfléchi mûrement sur cet important objet, que le royaume de Portugal soit gouverné dorénavant au nom de ma fille bien-aimée la reine D. Maria II (que j'ai appelée d'avance à cette succession), et conformément à la Charte constitutionnelle que j'ai décrétée et *octroyée* avec injonction qu'on lui prêtera serment, comme on l'a fait. En conséquence je déclare expressément que je renonce à tout droit et à toute prétention à la couronne de Por-

tugal et ses possessions. Mon très-cher et très-aimé frère, l'infant D. Miguel, régent et mon lieutenant-général dans les royaumes de Portugal et des Algarves, est chargé de l'exécution du présent décret, et le fera publier et observer. »

Ce sera une singulière destinée que celle de D. Pédro : *il octroie* à ses peuples d'Europe et d'Amérique une Charte et des institutions constitutionnelles ; il se dépouille avec une sorte d'orgueil du pouvoir absolu, et appelle ses peuples à la liberté ; égaré par de perfides conseillers, et professant peut-être en secret les doctrines du *droit divin*, qu'il répudie en public, il voudra se ressaisir en Amérique du pouvoir arbitraire qu'il abdique définitivement en Europe ; D. Pédro sera détrôné en vingt-quatre heures, dans le sein même de sa capitale, et la couronne impériale du Brésil tombera de sa tête sur celle de son fils encore enfant sans qu'il fasse le moindre effort pour la défendre : il viendra en Europe, exilé, banni, sans appui, sans ressources, pour y reprendre, au nom de la reine sa fille, la couronne de Portugal, et donner au monde le spectacle d'un prince courant les aventures royales, n'ayant plus d'États, de sujets, de domicile, et obligé de faire la guerre à son frère pour lui arracher une couronne, placée sur la tête d'une princesse à peine adolescente. D. Pédro est, nous n'en doutons pas, animé par de généreuses intentions ; mais peu de princes, au milieu des révolutions qui agitent depuis cinquante ans les deux mondes, auront montré autant d'irrésolutions et si peu de jugement.

3. — États-Unis, Washington. — Bill sur la suppression du duel ; il a passé dans la chambre des représentans à la majorité de 61 voix contre 37.... Le bill déclare que l'homicide en duel est meurtre ; le meurtrier

est puni de 14 ans de réclusion dans la prison d'État; les seconds sont coupables de félonie, lors même que le combat en champ-clos n'occasionne pas la mort de l'un des combattans ; les seconds, assistans et chirurgiens, sont punis de la perte des droits civils et d'une amende de mille dollars (5,200 fr. environ).

La session législative des États-Unis, ouverte le 4 décembre 1827, a été remarquable par un bill portant abolition de la peine d'emprisonnement pour dettes, dans le cas où le gouvernement est créancier ; un bill qui donne au président des États-Unis la faculté de diminuer les droits de tonnage, en faveur des nations qui diminueront les droits de tonnage à l'égard des États-Unis, et dans les mêmes proportions ; un bill portant nouveau tarif des douanes, qui soumet à des droits exorbitans l'introduction des produits de l'industrie étrangère, particulièrement les draps et les quincailleries.... Ce bill excitera un grand mécontentement dans plusieurs provinces, notamment dans celles du midi, qui se plaindront de voir les intérêts agricoles sacrifiés, en quelque sorte, à la prospérité manufacturière ; il causera des agitations politiques dans plusieurs États de l'Union; mais le bon sens des Américains, la liberté de la presse et la sagesse du gouvernement mettront un terme à ces agitations.

A ce jour, la population des États-Unis s'élève, d'après les états officiels soumis au congrès, à 12 millions 700,000 habitans ; la milice nationale se compose de 1,150,000 hommes exercés au maniement des armes. La force navale consiste en 14 vaisseaux de ligne, à flot ou sur chantier, 17 frégates et un plus grand nombre de sloops ou schooners.

4. — Installation du conseil supérieur de la guerre, sous la présidence de S. A. R. le Dauphin. — Il a été

question, dans cette première séance, de fixer l'ordre du travail et des délibérations du conseil. Le prince a déclaré qu'il laisserait à tous les membres du conseil *pleine et entière liberté* dans la discussion et dans l'expression des votes. Il a été décidé qu'en cas d'égalité dans le nombre des votes, les deux opinions seraient insérées dans le procès-verbal du conseil et transmises en même temps au ministre de la guerre.... Autant valait dire que le conseil supérieur de la guerre discuterait sous le bon plaisir de M. le Dauphin, et déciderait sous le bon plaisir du roi : c'est tout uniment une commission royale, présidée par l'héritier présomptif du trône ; et, il est inutile de le dire, elle n'apportera que peu ou point d'amélioration dans l'organisation et les réglemens militaires ; mais il en est toujours ainsi, en France, des commissions législatives, administratives et judiciaires : beaucoup de paroles, peu d'effets.

5. — Décret du prince régent de Portugal relatif au maintien de la tranquillité de ce royaume. — « .....De grandes et extraordinaires démonstrations de joie (est-il dit dans le décret) ont éclaté à l'occasion du très-heureux retour de son altesse royale dans ce royaume, » En effet, dès le 26 février, on a insulté et maltraité, dans le palais, sous les yeux du prince, les personnes qui ne criaient pas : « Vive le *roi* D. Miguel ! Vive le *roi* absolu ! » Les scènes les plus scandaleuses ont eu lieu dans le palais d'Ajuda, le jour de l'audience d'étiquette fixé pour les ambassadeurs étrangers : le prince de Schwartzemberg y a été grossièrement insulté ! En conséquence des réclamations de plusieurs ambassadeurs étrangers, D. Miguel a bien voulu ordonner à l'intendant-général de la police « qu'il déclarât aux ministres territoriaux, pour qu'ils en instruisent les habitans de leurs districts respectifs,

le prix que son altesse royale attache aux démonstrations *de joie* d'une nation toujours loyale et remplie d'honneur, qui sont un titre à sa bienveillance, et qu'ils leur recommandent (sans que l'intention de son altesse soit que ces *démonstrations éprouvent la moindre entrave*) de tâcher, par tous les moyens possibles, de conserver la tranquillité publique, qui souvent se trouve altérée dans ces sortes d'occasions, chose qui serait fort désagréable à son altesse; que ces ministres sachent qu'en même temps qu'ils ne doivent entraver ces démonstrations en *aucune manière*, ils ne doivent pas non plus permettre qu'on insulte les citoyens, etc..... »

L'enthousiasme en faveur de D. Miguel s'est exprimé à Lisbonne, à Oporto et dans plusieurs grandes villes du Portugal par des rixes sanglantes et même des assassinats, le 27 et le 29 du mois dernier, principalement le 3 de ce mois; c'est le joyeux avénement de D. Miguel; en conséquence, le sérénissime monstre régent déclare que les citoyens ne doivent être insultés sous quelque prétexte que ce soit, et ordonne que les démonstrations *de joie*, excitées par son retour, n'éprouvent pas la moindre entrave; c'est-à-dire, que les assassinats suivront leur cours.

5. — Accusation portée, devant l'opinion publique, contre M. le marquis de Vaulchier, directeur-général de l'administration des postes. — Un journal très-répandu s'exprime de la manière suivante : « Dans un écrit très-
« remarquable par la puissance des faits et la force du
« raisonnement, M. Germain, avocat à la cour royale
« de Paris, demande la mise en accusation de M. le mar-
« quis de Vaulchier, et prouve la nécessité de cette accu-
« sation pour raffermir la conscience et venger la morale
« outragée par la multiplicité des vols commis à la poste,

« surtout par l'impunité des voleurs. » L'écrit de M. Germain signale une foule de désordres, de malversations, de vols, de soustractions frauduleuses qui ont eu lieu dans la direction générale des postes ; il dénonce à la France ce foyer d'immoralité et de corruption, où l'on viole sans pudeur le secret des familles et tous les droits de la propriété : « Si le nom du chef de cette
« administration vient se placer sous ma plume, dit
« M. Germain, qu'il ne s'en prenne qu'à sa position !
« Comment se dispenser de parler de l'homme sur la
« tête duquel repose la responsabilité des actes que
« j'incrimine ?..... »

Tels sont les résultats de ce système de fraude, de corruption et d'iniquité mis en pratique sous le ministère Villèle. Il n'y a plus de sécurité pour les familles, de confiance pour le commerce ; toutes les lois relatives à la liberté, à la prospérité, à la sûreté individuelles sont méconnues ; les tribunaux eux-mêmes se voient réduits à l'impuissance de connaître des délits qui attentent directement aux premiers intérêts de la société, parce que les fonctionnaires publics de tous grades ne peuvent être recherchés et poursuivis qu'avec l'approbation du conseil d'État, c'est-à-dire avec le consentement d'un ministre dont ils sont les agens, les créatures et les séides..... M. Vaulchier quittera plus tard la direction générale des postes, pour prendre celle des douanes ! ! ! Nous sommes loin d'inculper le caractère ou la personne de ce fonctionnaire public ; mais les plus révoltans abus sont reprochés à l'administration dont il a le malheur d'être directeur-général.

6. — Ordonnance du roi, relative au rétablissement dans les dépôts publics, des minutes de tous actes publics, jugemens, etc. — L'article 3 de cette ordon-

nance en renferme le motif ; il dit que les expéditions de ces actes, qui se trouvent déposées dans les archives publiques par suite de l'exécution des lois de confiscation (des biens des émigrés), ne pourront être remises aux anciens propriétaires ou à leurs ayans droit, qu'autant qu'ils justifieront qu'il existe une minute ou une autre expédition qui en tienne lieu dans un dépôt où toute autre partie intéressée puisse recourir au besoin, etc. »

Les émigrés ont soustrait, depuis la restauration de 1814, quantité de pièces déposées dans les archives ministérielles, dans les mairies, greffes de tribunaux, etc.; ils ont fabriqué de fausses expéditions d'actes, après avoir enlevé les minutes; plusieurs grands seigneurs se sont libérés, au moyen de ces faux, des dettes contractées avant leur émigration. L'ordonnance de ce jour a pour objet de mettre un terme à de tels scandales, et de faciliter en même temps aux émigrés de toutes les opinions et de toutes les classes, ainsi qu'aux déportés et aux héritiers des condamnés à mort, les moyens de retrouver les titres qui leur sont nécessaires, d'après la loi du 27 avril 1825, pour toucher la part qui leur revient dans le *milliard de l'indemnité*.

6. — Ordonnance du roi, relative à la formation du tableau de *rectification* de la liste électorale des Vosges. — Elle est rendue, sous prétexte que des réclamations se sont élevées contre la rédaction de cette liste, arrêtée en novembre dernier, et parce qu'il est constant que des erreurs ont été commises (dit le ministre de l'intérieur dans son rapport au roi); mais le véritable motif est de diminuer l'influence des électeurs constitutionnels réunis dans un seul collège : l'article 3 dit textuellement : « Nous nous réservons de déterminer ultérieurement, par une ordonnance spéciale, la réunion en un *ou plusieurs col-*

léges, des électeurs de ce département, et de fixer l'époque de la convocation..... » Cette ordonnance est illégale, car il n'appartient qu'à la loi, c'est-à-dire aux trois branches du pouvoir législatif, de décider de la création et du nombre des colléges électoraux ; mais le ministère n'y regarde pas de si près ; avant tout, il lui importe de fausser le vœu national et de restreindre, en le rendant plus difficile, l'exercice des droits électoraux : il faut, en un mot, introduire la fraude à côté de la loi. Le système électoral, déjà si vicieux dans ses bases, est tous les jours chargé de nouvelles entraves ; le gouvernement veut, de manière ou d'autre, faire naître l'insouciance, l'apathie des électeurs dont les votes n'appartiennent pas au ministère.

9. — Adresse de la chambre des députés au roi. — Depuis la restauration, aucune des adresses en réponse au discours de la couronne n'a été plus longuement élaborée, et n'a donné lieu à de si vifs débats dans le sein des commissions, ou dans les comités secrets de la chambre. Sous le ministère Villèle, l'adresse se bornait à paraphraser, avec un peu plus ou un peu moins de flatterie et de servilité, le discours du roi ; tout allait à merveille, et aucun pays n'était gouverné avec plus de dignité, d'économie et de légalité : la chambre louait le ministère, elle approuvait avec une édifiante complaisance tous les actes de l'administration, et surtout ceux qui attentaient directement à l'esprit et au texte de la Charte ; cette formalité législative remplie, les députés formant la majorité corrompue et corruptrice de M. de Villèle, recevaient le salaire de leur dévouement à ce ministre, et continuaient à lui sacrifier les vœux de leurs commettans et tous les intérêts nationaux ; ils lui livraient le budget : tout allait au mieux !

L'adresse de la chambre de 1828 est aussi ferme que respectueuse ; la majorité s'y montre digne de la nation et du roi. Après les éloges accoutumés sur l'esprit de bonne intelligence qui règne entre les puissances étrangères et la France, sur les sentimens de bienveillance mutuelle dont les cabinets de l'Europe sont animés pour nous ; après les éloges obligés sur la politique suivie par le cabinet des Tuileries dans les affaires de la Grèce, d'Espagne et d'Alger, la chambre ne craint pas de porter au pied du trône les vœux et les besoins de la nation ; elle dit au roi : « .....Si les produits de nos contributions
« diverses ont souffert quelque diminution : si les sour-
« ces de la richesse publique ont éprouvé une altéra-
« tion *passagère ;* si enfin des dépenses *inattendues*
« ont excédé les prévisions législatives, nous en *recher-*
« *cherons* les causes ; et, jaloux de seconder les intentions
« bienfaisantes de votre majesté, *nous entrerons* avec
« elle *dans les voies d'une économie* éclairée et *sé-*
« *vère.* » — « Attentive aux progrès du commerce et
« de l'industrie, votre majesté désire en favoriser le
« développement par la création d'un nouveau minis-
« tère. Elle veut entendre de plus près des besoins si
« étroitement unis à ceux de l'agriculture. *Leur premier*
« *besoin*, sire, est LA LIBERTÉ. Tout ce qui gêne sans
« nécessité la facilité de nos relations, porte au commerce
« un préjudice dont le contre-coup se fait sentir aux in-
« térêts les plus éloignés..... » La chambre se permet de parler indirectement de ces prodigalités, de ces dilapidations qui épuisent le trésor public et nécessitent chaque année de nouveaux impôts, de nouveaux emprunts ; mais elle ne craint pas de signaler le despotisme fiscal sous lequel gémissent l'agriculture, le commerce, l'industrie ; c'est accuser hautement le ministère Villèle et la congrégation jésuitique dont il était l'agent. L'adresse

va flétrir et livrer à l'éternel mépris de la postérité ce ministère vil et odieux! « ......Les hautes questions « signalées à votre sollicitude se résoudront par l'ordre « légal qui repousse également l'oppression et la faiblesse. « Quelques parties de l'administration publique ont sou- « levé de *graves ressentimens*. Nous le voyons *avec* « *douleur ;* et pour fermer une *plaie si profonde*, votre « majesté, dans sa prévoyance, a devancé l'expression « de nos vœux : les commissions formées par ses ordres « *se hâteront* d'en préparer l'accomplissement ; *nous* « *aimons à le penser*. » — « Depuis long-temps, sire, « *l'instruction publique attend* une organisation défini- « tive qui embrasse tous les degrés et les divers modes « de l'enseignement..... » — « *Une nécessité* d'un au- « tre ordre réclame le complément de nos lois électo- « rales ; et pour asseoir sur sa véritable base l'édifice de « nos libertés, votre cœur paternel, sire, nous rendra « ces *institutions municipales*, monument de nos ancien- « nes franchises..... » — « Vous appelez du fond des « cœurs la *vérité*, vous la proclamez hautement LE « PREMIER BESOIN DES PRINCES ET DES PEUPLES. Sire, « elles retentiront dans la postérité, ces paroles mémo- « rables. La France les recueille dans un profond atten- « drissement ; objet de vos pensées, pourrait-elle douter « de son avenir, au milieu de *tant d'amour* que votre « bonté lui *révèle ?* Ses vœux ne demandent aux dépo- « sitaires de votre pouvoir que LA VÉRITÉ DE VOS BIEN- « FAITS. Ses *plaintes* n'accusent que le *système* DÉPLO- « RABLE qui les rendit trop souvent illusoires..... »

Certes, il est difficile d'apporter plus de ménagemens dans une adresse législative, de tenir un langage plus modéré, et en même temps plus ferme, plus respectueux, plus fidèle que celui dont le président de la chambre des députés fait hommage à l'autorité royale, au nom de la nation. L'adresse entière est empreinte de ces sentimens ; mais elle n'excitera aucuns remords dans l'âme du prince, elle ne lui inspirera aucunes velléités de patriotisme ou d'orgueil vraiment royal, et Charles x recevra avec hauteur, avec l'indignation d'un despote auquel les lois doivent obéir, cet avertissement donné par les représentans d'un peuple qui, depuis quatorze années, prodigue ses sacrifices en faveur d'une dynastie ramenée en France par les Cosaques et les Pandours!

Charles x répond aux représentans de ce peuple : « Messieurs, en vous faisant connaitre ma volonté d'af-
« fermir vos institutions, et en vous appelant à travailler
« avec moi au bonheur de la France, j'ai *compté* sur
« *l'accord* de vos sentimens, comme sur le *concours*
« de vos lumières. » — « Mes paroles avaient été
« adressées à la chambre *entière*, il m'aurait été bien
« doux que sa réponse eût pu être *unanime*. » — « Vous
« n'oublierez pas, j'en suis sûr, que vous êtes les gar-
« diens *naturels* de la majesté du trône, la première et
« la plus noble de ses garanties (et la chambre des pairs,
« qu'en dira-t-elle?). Vos travaux prouveront à la
« France votre profond respect pour la mémoire du
« souverain qui vous *octroya* la Charte, et votre juste
« confiance dans celui que vous appelez le digne fils
« d'Henri iv et de saint Louis. »

Ces communications entre le trône et le peuple, ces discours d'apparat ou de nécessité, si importans ou si futiles qu'ils paraissent, tout cela est étudié, discuté, et ordinairement concerté et convenu entre les parties ; il faut donc, pour sentir la portée de l'adresse de la chambre de 1828, mettre de côté les locutions académiques ou les phrases de cour qui habillent la pensée!..... L'adresse de la chambre des députés a été jusqu'au cœur ministériel : elle est comprise, bien entendue, généralement approuvée par l'opinion nationale. Cette adresse indique la révolution qui doit inévitablement éclater, si les conseillers de la couronne persévèrent dans leurs projets hostiles, dans ces systèmes de contre-révolution et d'ancien régime dont ils se bercent depuis 1814. On ne peut plus tromper, il faudra effrayer : décidément on ne veut pas exécuter la Charte ; il faudra donc lancer un coup d'État : et quels en seront les résultats (V. 27, 28, 29 juillet 1830) ?

12. — Chambre des députés. — Le ministre des finances expose les motifs de plusieurs projets de loi concernant le réglement définitif du budget de 1826, les supplémens de crédits nécessaires pour 1827, et la fixation du budget de 1829..... Les révélations faites par le ministre établissent un déficit de 217,000,000 fr.

Présentation d'un projet de loi, portant allocation au ministère de la guerre d'un crédit extraordinaire de 11,002,000 fr. sur l'exercice de 1827.

Présentation d'un projet de loi, portant allocation au ministère de la marine d'un crédit extraordinaire de 5,400,000 fr. sur l'exercice de 1827.

Présentation d'un projet de loi, portant allocation au ministère des finances d'un crédit extraordinaire de 1,894,425 fr. sur l'exercice de 1827.

Présentation d'un projet de loi, relatif à la fixation du budget des dépenses de l'exercice de 1829..... Les dépenses générales du service sont portées à la somme de. . . . . 731,602,080 fr.

Le budget de la dette consolidée et de l'amortissement est porté à la somme de. 244,100,947

Total des dépenses. . . . . 975,703,027 fr.

Projet de loi relatif à la fixation du budget des recettes de l'exercice de 1829.....

» Le budget des recettes est évalué à la somme de. . . . . 989,156,821 fr.

M. de Villèle est sorti du ministère des finances et de la présidence du conseil des ministres, en faisant présent à la France d'un déficit de *deux cent dix-sept millions*. Les fonds de l'État ont été détournés de la destination spéciale qui leur était affectée par le budget, et employés à solder les jésuites, les congrégations, les agens provocateurs; ils ont été divertis pour exciter des troubles à Paris et dans les départemens, pour corrompre les élections et acheter dans les colléges les votes des électeurs. Le système financier du Calonne de Toulouse consistait à écraser la France d'impôts et d'emprunts, afin de fournir aux prodigalités de la cour, et de rassasier (chose bien difficile, pour ne pas dire impossible) la cupidité des nobles, des prêtres, des émigrés et de cette armée de quinze cent mille hauts et bas fonctionnaires de toutes les classes qui encombrent la France. Le système politique du Maupeou de l'île Bourbon consistait : à rétablir le despotisme de l'ancien régime, en ôtant à la France les institutions constitutionnelles consacrées par la Charte, en dénaturant la loi fondamentale, en foulant aux pieds toutes les libertés publiques : M. de Villèle a été, comme homme d'État ou ministre, l'homme des fraudes politiques, des dilapidations financières, des priviléges et des abus de toute nature; son administration s'est montrée aussi ignoble que funeste; il a opprimé et ruiné la nation; il a déconsidéré et compromis le roi; il a répandu, à pleines mains, l'iniquité dans les diverses parties de l'administration, et fait à la France des plaies tellement profondes qu'elles ne pourront être guéries que par un changement de gouvernement; et un remède aussi violent, ou une révolution dans l'État, est toujours, quoi qu'il arrive, une grande calamité nationale et royale!

Il ne reste plus au trône, pour se perdre, qu'une faute à commettre, c'est de persévérer dans le système déplorable que vient de signaler la chambre des députés : la couronne n'évitera pas cette faute, et déjà le nouveau ministère laisse entrevoir l'intention d'entrer dans les voies tracées par l'ancienne administration ; il tient à peu près le même langage, il y met seulement plus d'esprit, plus d'adresse ; il ne brise, il ne dépose aucune des armes dont cette administration a fait usage contre les libertés nationales et justifie, en quelque sorte, ses actes, c'est-à-dire ses crimes.

La chambre des députés est à peine entrée en fonctions, et la tribune nationale retentit déjà des dilapidations exercées par l'ancien ministère ; bientôt se dérouleront, aux yeux de la France, ces longues séries d'actes arbitraires et inconstitutionnels auxquels l'on promet de mettre un terme. Tout sera connu, mais le mal sera-t-il réparé? Non, le gouvernement se contentera de présenter quelques palliatifs, et l'esprit de contre-révolution ira son train.

13. — Portugal. — Décret rendu par D. Miguel, régent, au nom du roi, qui dissout la chambre des députés. — C'est au nom de la Charte constitutionnelle que le régent propose cette dissolution, sans annoncer, ainsi que le prescrit la Charte, la convocation d'une chambre nouvelle. Le régent avant d'ordonner cette convocation, veut opérer une réaction complète dans les esprits et dans les choses ; tous les partisans de la liberté constitutionnelle seront destitués, menacés dans leurs libertés et propriétés, abandonnés enfin aux insul-

tes, aux outrages, aux poignards de la plus vile populace; les séides du pouvoir absolu entreront dans les conseils du prince, et dans l'administration de l'État; ils seront chargés d'organiser une chambre de députés qui proclamera D. Miguel *roi* de Portugal et des Algarves, et abolira la Charte que ce prince a solennellement, itérativement juré de maintenir et de défendre. Le Portugal aura, comme la France, une chambre *introuvable*, et D. Miguel, favori de la sainte-alliance, suivra de tous points les leçons de perfidie et de despotisme qui lui ont été données à Vienne, à Paris et à Londres.

13. — Chambre des députés. Développement en comité secret : 1° De la proposition de M. le vicomte de Conny, tendant à supplier le roi de présenter un projet de loi pour soumettre à une réélection nouvelle tout député auquel serait conférée une place rétribuée. 2° De la proposition de M. Benjamin Constant, tendant à supplier le roi de proposer une loi qui abroge l'article 4 de la loi du 17 mars 1822, sur la censure facultative. 3° De la proposition de M. Dupin aîné, tendant à supplier le roi de proposer une loi qui abroge la censure facultative.

Ces propositions montrent de quels vices sont entachées les lois concernant les élections et les droits électoraux, les lois concernant la liberté de la presse.... Les libertés électorales et de la presse sont enchaînées, violées ou dénaturées par le gouvernement : les premiers élémens du régime constitutionnel, les seules garanties réelles que puisse avoir le régime représentatif ont été mis à la merci du gouvernement. La nation demande en vain, depuis 1814, ces droits et ces garanties; elle n'obtiendra du ministère que les faibles et astucieuses améliorations qu'il lui sera impossible de refuser plus long-temps sans danger, et il les rendra même illusoires en confiant l'exécution des lois nouvelles aux mêmes agens qui se sont montrés jusqu'à ce jour les ennemis acharnés de toute liberté constitutionnelle.

14. — Hémisphère austral... Vanikoro (ile). — Monument élevé à la mémoire de Lapeyrouse et de ses compagnons (V. 16 août 1828), par M. Dumont-d'Urville, capitaine de vaisseau, commandant la corvette *l'Astrolabe*.... (V. *Moniteur*, 11 décembre 1829).

14. — Mort du duc de la Vauguyon, pair de France, chevalier des ordres du roi et de celui de la Toison-d'Or, *ancien menin*, âgé de 82 ans. — Ce personnage avait rempli sous les règnes de Louis xv et de Louis xvi diverses fonctions diplomatiques; il se prononça fortement contre la révolution de 1789, qui le dépouillait de ses titres et dignités, auxquels il attachait la plus haute importance; il fit long-temps partie, dans l'émigration, des conseils du *prétendant* (Louis xviii), qui ne l'estimait ni ne l'aimait... Par une inconséquence remarquable, M. de la Vauguyon admettait les principes de la révolution française et en repoussait les conséquences. Après avoir conspiré en faveur de l'ancien régime et perdu la confiance des princes français, il rentra en France, prêta serment à la république consulaire, obtint une pension du gouvernement impérial, et poussa la bassesse du courtisan au point de faire sa cour à Cambacérès, Fouché, Lebrun et autres princes de la révolution qui administraient le despotisme au poids de l'or, et pour le compte de *l'usurpateur* du trône des Bourbons. Nommé, en 1814, membre de la chambre des pairs, il y fut l'un des défenseurs des institutions constitutionnelles, sans rien rabattre, toutefois, de ses prétentions nobiliaires et féodales : mais toutes ses intrigues pour parvenir au

pouvoir ministériel demeurèrent sans succès. Louis XVIII souffrait avec peine sa présence, et disait de ce duc : « Il est *légitimement* révolutionnaire. »

M. de la Vauguyon avait été mauvais fils, il fut mauvais père et mauvais citoyen ; on lui attribue, et non sans vraisemblance, une partie des égaremens et la mort violente de son fils aîné, si connu sous le nom de prince de Carency. Cet ancien ambassadeur et ministre était un homme médiocre, rempli de vanité, d'un caractère faux, d'un esprit astucieux ; il était, par-dessus tout cela, cupide et avare, dominé par de petites passions de femme, toujours prêt à se mettre à genoux devant une pièce d'or! Ministre des affaires étrangères, il eût vendu la France à la sainte-alliance ; ministre de la police, il l'eût vendue à l'ancien régime. Peu de grands seigneurs ou de courtisans de Versailles ont offert autant de lâchetés, de déréglemens et de bassesses dans leur caractère politique et dans leur conduite privée. Dans son ambassade d'Espagne, le duc fit, et d'une manière infâme, la contrebande des mousselines et des tabacs. Dans l'émigration, il *grappillait* (l'on ne peut pas se servir d'une autre expression) sur toutes les missions que lui confiait Louis XVIII : « Attendez du « moins que je sois monté sur le trône pour escompter « ainsi mes finances, » lui dit un jour le comte de Lille. Nous tenons le fait d'un *ministre* même de *Blankembourg*... Combien Mirabeau avait raison de dire : « A Versailles et à Paris les vices sont en haut, et les « vertus en bas. » Faut-il donc s'étonner de la violence avec laquelle s'exprima, en 1789, l'opinion publique contre les hautes classes de l'État?

15. — Portugal. — Ordre du jour adressé par le ministre de la guerre aux commandans des corps et aux généraux des provinces..... Il a pour objet d'assurer les

soldats « que son altesse, le seigneur infant-régent, au
« nom du roi a, et continue à avoir la plus grande con-
« sidération pour tous les militaires qui suivront sans
« s'en écarter le chemin de l'honneur. Son altesse a pour
« preuve, de tout ce que les soldats portugais sont ca-
« pables de faire, la vaillante et généreuse *résolution*
« qu'ils prirent en 1823, pour l'aider à renverser la
« *faction* qui existait alors, et qui avait pour but de ren-
« verser la *sainte religion* et la *monarchie*. Son altesse
« compte sur le même zèle de leur part, elle est convain-
« cue qu'ils agiront toujours de même lorsqu'ils en
« trouveront l'occasion, et surtout si des *impies* pré-
« tendaient, par quelque manière que ce fût, attaquer
« les deux objets ci-dessus, toujours si chers aux Portu-
« gais..... Le même auguste seigneur se propose d'être
« *inexorable* pour tout militaire qui oublierait que le
« premier de ses devoirs est *l'obéissance*..... » Cet
ordre du jour annonce clairement la vaillante et généreuse intention où est D. Miguel de détruire, au moyen
de ses baïonnettes, la constitution *octroyée* par D. Pédro, et d'établir le pouvoir absolu...... Pour y parvenir
plus sûrement et avec quelque apparence légale, l'infant
D. Miguel rend un décret qui crée une commission supplémentaire « pour les élections, » et en nomme membres, à l'exception d'un ou deux individus, les plus
violens ennemis de la liberté constitutionnelle.

Le prince régent a soulevé toutes les passions de cette
vile populace qui encombre les rues de Lisbonne; les
séides du fanatisme et de l'absolutisme se rendent au
campo de Santa-Anna, situé à une petite distance du
palais de Bemposta, cet ancien théâtre de la rebellion et
du parricide de D. Miguel (1824); ils y brûlent, en
grande pompe, un mannequin représentant le roi *dos
macacos* (des singes), sobriquet que les factieux don-

nent à l'empereur D. Pédro ; les cendres en sont jetées au vent, au milieu des danses et des hurlemens de cette horde de cannibales ; les *fidèles* sujets de D. Miguel ne se bornent pas à cet exploit contre-révolutionnaire ; ils enterrent un second mannequin représentant la Charte constitutionnelle donnée, par D. Pédro, à la nation portugaise..... Ces deux mannequins venaient, l'un, de chez le frère du chambellan de la reine douairière, l'autre, du palais de l'Infantado, propriété particulière de D. Miguel.

Des mesures et des actes aussi révoltans paraissent encore insuffisans pour préparer l'usurpation du trône : le prince régent va proclamer l'impunité légale de tous les crimes que les absolutistes jugeront à propos de commettre !

18. — Portugal. — Décret de son altesse l'infant régent pour punir les juges qui ont poursuivi les absolutistes..... Nous le rapporterons tout entier, pour montrer jusqu'où peut aller le despotisme en fait d'audace, d'immoralité, de perversité. — « Au nom de son altesse royale l'infant D. Miguel ; des plaintes avaient été portées à son altesse royale l'infant-régent contre des juges territoriaux qui, oubliant leur *caractère,* et emportés par l'esprit de parti, ont continué, *depuis le retour* de son altesse royale, à exercer un rigoureux despotisme et à *instruire des procédures* scandaleuses contre des *citoyens* dont le seul crime est d'être *attachés* à la personne de son altesse et à la royauté, *sans que jamais ils aient porté atteinte à la tranquillité publique;* le ministre de la justice est invité à prendre tous les renseignemens *possibles* sur ce sujet, pour qu'ils puissent servir à *punir,* selon toute la rigueur des lois, les magistrats qui ont tenu une conduite aussi indigne que criminelle. »

Toutes les notions du juste et de l'injuste disparaissent dans un gouvernement qui promulgue de tels décrets. Les excellens citoyens auxquels l'infant-régent prodigue une si éclatante protection sont les mêmes révoltés, les mêmes incendiaires, les mêmes assassins qui conspiraient, sous ses ordres et à main armée, contre l'autorité et la vie du roi Jean VI, son père. D. Miguel ne se contente pas de les avoir eus pour honorables complices de sa révolte et de ses assassinats, il les assure de toute sa bienveillance ; il ordonne aux lois de se taire, et à la justice de cesser ses poursuites ; il punit les magistrats qui ont fait exécuter les lois de l'État ; il provoque les délations contre les magistrats chargés de leur exécution. Voilà les doctrines des jésuites de Saint-Acheul et de Montrouge, dignement appliquées à l'ordre politique et civil : voilà le *gouvernement-modèle* d'Espagne (expression si heureusement trouvée par M. de Châteaubriand) mis en pratique dans le royaume de Portugal.

Les affaires de tous les gouvernemens où la restauration de 1814 a rétabli les jésuites, sont en partie les affaires de la France ; sous ce rapport, nous ne pouvons nous dispenser de parler, et plus souvent que nous ne le voudrions, des actes du gouvernement espagnol ou portugais.

19. — Portugal. Lisbonne. — Les troupes anglaises prennent une position militaire ; elles ne tarderont pas à évacuer, en grande partie, le Portugal (V. 2 avril).

19. — On lit dans *le Constitutionnel* que le journal intitulé *la Quotidienne* est acheté moyennant une somme de 200,000 francs, par la congrégation des jésuites. — Le grand principe de l'administration de

M. de Villèle, était *d'amortir* ou *d'enchaîner* les feuilles périodiques; il prodiguait en conséquence les deniers des contribuables à ces honteuses acquisitions de consciences, ou plutôt de plumes disposées, sous tous les régimes, à se vendre au plus offrant et dernier enchérisseur ; des millions * furent employés à corrompre la presse périodique, à tuer l'esprit public, à préconiser l'absolutisme ministériel et monacal! L'esprit de liberté et de nationalité l'emporta néanmoins sur l'esprit de ténèbres et de despotisme! Le ministère Villèle fut renversé, ainsi que le sera tout ministère qui voudra tirer des coups de fusil aux idées et étouffer la révolution de 1789 pour remettre la France dans les chaines de l'ancien régime.

Rien ne corrige les ennemis de la tolérance religieuse, les ennemis de la liberté et de l'égalité politiques et civiles. Périssent les trônes et les peuples, mais que les jésuites et les nobles de la révolution et de la contre-révolution triomphent!

Voici comment s'exprime le plus répandu des journaux français, *le Constitutionnel*, auquel, certes, l'on ne refusera pas, dans cette partie, des connaissances qui doivent faire autorité. On lit dans ce journal, 20 mars : « *La Quotidienne* vient d'être achetée par la congrégation, moyennant la somme de 200,000 francs : ce qui prouve que la congrégation ne manque pas d'argent et qu'elle a plus d'activité que jamais. On a fait des *déficits* en achetant des journaux, et c'est toujours avec la caisse des déficits qu'on en achète encore. On niera

---

* D'après des renseignemens qui méritent toute confiance, l'on ne croit pas s'éloigner de la vérité en évaluant à la somme de *sept à huit millions* les fonds consacrés, par le ministère Villèle, à acheter divers journaux et à subventionner les écrivains dont la plume était à vendre.

sans doute cette nouvelle, mais tous les démentis possibles ne l'empêcheront pas d'être vraie. »

La *Gazette de France* est, dit-on, la propriété de MM. Peyronnet et Villèle; le *Journal de Paris* est, dit-on, la propriété du ministère actuel, comme il avait été celle du précédent ministère; le *Journal des Débats* est, dit-on, sous l'influence directe de la haute aristocratie..... Qu'importent à la nouvelle France ces servilités ou ces complaisances périodiques? Le siècle marche, la liberté constitutionnelle le suit, les lumières pénètrent dans toutes les classes de la société, et l'opinion nationale fait justice des écrivains qui cherchent à l'égarer ou à la corrompre. Ah! qu'elle est noble et salutaire la profession de l'écrivain qui ne craint pas de dire la vérité aux princes et aux peuples! qu'elle est, au contraire, vile et malfaisante la profession du journaliste qui, pour de l'or, pour une célébrité passagère et de mauvais aloi, fait commerce de fausses doctrines, de mensongères théories, de fraudes, d'impostures, de calomnies officielles! Nous ne désignons personne : *qui potest capere, capiat*.

20. — Les prêtres Contrafatto et Molitor sont extraits, avant le jour, de la prison de Bicêtre, et dirigés sur Brest dans une voiture particulière, la grande chaîne ne devant partir que sous quelques jours. — Les jésuites n'ont pu empêcher le jugement des deux scélérats, ils n'ont pu obtenir leur grâce après la condamnation, ils parviennent du moins à les séparer de leurs camarades de route, à les soustraire aux regards du public au moment du départ de la chaîne.

21. — Ordonnance du roi, qui autorise les officiers en non-activité de service à faire valoir leurs droits au

traitement de réforme. — Depuis la restauration de 1814, la vieille armée est le constant objet des défiances du gouvernement; les officiers sont particulièrement traités avec une injustice et une rigueur qui leur laissent à peine quelques moyens d'existence; on les a partagés en catégories de réforme, de non-activité, de disponibilité, afin de les priver de toutes les chances d'avancement, de toutes les espérances de retraite auxquelles de glorieux et utiles services leur donnaient des droits sacrés. Après avoir abreuvé la vieille armée d'humiliations, le gouvernement des émigrés l'a mise en surveillance; elle se voit, aujourd'hui, réduite à une espèce de secours qui peut encore lui être retiré selon les caprices d'un ministre.

L'ordonnance de ce jour laisse entrevoir plutôt qu'elle ne l'accorde une amélioration dans le sort des officiers en non-activité; c'est à M. de Caux, ministre en *demi-activité* de la guerre, qu'ils doivent cette espèce d'amélioration; ils ne mourront pas tout-à-fait de faim! Leur demi-solde est transformée en cinq ou en quatre années de *traitement de réforme*, mais *sans espoir de retraite*, quoiqu'ils comptent 18 à 20 ans de service actif........ Le 27 de ce mois, le ministre de la guerre présentera un projet de loi, tendant à demander un crédit de 300,000 francs pour les traitemens de réforme à payer aux officiers en non-activité, dans les six derniers mois de 1828.
— Telle est la munificence de l'émigration envers une armée qui a fait la gloire de la France et couvert l'Europe de ses trophées! Mais, en revanche, les rebelles, les assassins, les incendiaires, les traitres, les conspirateurs de toutes les classes qui ont déchiré le sein de la patrie, excité la guerre étrangère et entretenu la guerre civile, seront richement dotés aux dépens du trésor public, et obtiendront de lucratives retraites.....

22. — Côtes d'Afrique. — La frégate française *l'Astrée* prend et brûle, à l'entrée de la baie de Tunis, un corsaire algérien, armé de 6 canons et ayant 60 hommes d'équipage.

25. — Chambre des députés. — Présentation d'un projet de loi sur la révision annuelle des *listes électorales*.

Ce projet de loi constate officiellement les fraudes et les turpitudes du ministère Villèle, et, ce qui n'est pas moins remarquable, il les approuve et les consacre en partie; le projet laisse les droits électoraux à la merci de l'administration, qui se réserve l'exercice de son influence sur les électeurs; il leur signale comme *ennemis* du roi les citoyens qui censureraient ou désapprouveraient les actes de l'administration, qui ne seraient pas dans les vues ou les opinions du ministère; il ne présente aucune garantie pour le secret des votes, et laisse, à peu de chose près, aux fonctionnaires publics, aux agens de l'autorité, la faculté de violer la loi, ou de l'interpréter au préjudice des électeurs; il déclare enfin que le gouvernement veut et doit exercer une grande influence sur les élections, et qu'il ne se dessaisira jamais de ce droit.

M. de Martignac a mis beaucoup de finesse dans l'exposé des motifs du projet de loi; son discours est plein de franchise, de bienveillance, mais la fin de cette pièce oratoire dissipe les illusions qu'il a fait naître : c'est toujours le ministère qui entend diriger les élections et se rendre maître, comme sous M. de Villèl., du suffrage des électeurs qu'il distingue en *amis* et en *ennemis* du roi. Nous reviendrons sur un objet de si haute importance pour les libertés nationales : il s'agit, ici, de la liberté ou de l'esclavage.

26. — Chambre des députés. — Présentation d'un projet de loi, relatif à l'interprétation des lois par la puissance législative.

26. — Ordonnance du roi, qui détermine le mode de comptabilité du sceau, et applique au trésorier les règles suivies pour les comptables des deniers publics. — Jusqu'à ce jour, le budget du sceau a été réglé et administré par le garde-des-sceaux, ministre de la justice, qui a disposé, sous le bon plaisir de la couronne, des sommes versées à la caisse du sceau : aucun contrôle législatif n'est exercé sur cette partie des revenus publics, les favoris du ministère en sont gratifiés ; et le garde-des-sceaux lui-même y puise, comme dans sa propre bourse, pour satisfaire ses besoins ou ses fantaisies de luxe, pour donner des pensions à ses parens et à ses amis. Les scandaleuses malversations de M. Peyronnet obligent enfin le gouvernement à soumettre la caisse du sceau à des dispositions qui obvient, pour l'avenir, à de semblables abus. Quand le mal est fait, on le prévient; c'est l'usage, en France, depuis la restauration de 1814.

27. — Allemagne. Grand-duché de Hesse. — Ordonnance du grand-duc de Hesse, qui règle les rapports de commerce entre le grand-duché et la Prusse.

1er Avril. — Relevé des ordonnances royales rendues en 1826 et 1827, à l'effet d'autoriser l'acceptation de dons et de legs en faveur des hospices, des communes et des différens *cultes reconnus ou autorisés en France*. — Ces ordonnances sont au nombre de 1642 pour l'année 1826, et de 2459 pour l'année 1827.

Les donations faites, en 1826, au culte catholique, se sont élevées à la somme de 2,316,369 francs 67 centimes; celles aux cultes non catholiques, à 11,493 fr.

Les donations faites, en 1827, au culte catholique, se sont élevées à la somme de 8,587,688 fr. 81 centimes; celles aux cultes non catholiques, à 6,000 fr.

Le culte catholique, les fabriques des églises et les communautés religieuses ont été enrichis, dans le court espace de deux années, de près de *onze millions* de francs, tant en meubles qu'immeubles. Si l'on joint à ces libéralités pieuses les sommes considérables que le roi accorde personnellement, et les sommes immenses que le budget des affaires ecclésiastiques distribue annuellement aux salariés du culte catholique, aux séminaires, aux écoles ecclésiastiques, aux communautés religieuses, etc., etc., l'on verra combien le clergé accumule de traitemens et de richesses....... Voilà les persécutions éprouvées par l'Église, et l'impiété qui règne en France; voilà comment le clergé est avili et ruiné, ainsi que ne cessent de le dire les jésuites, et de le proclamer les princes de l'Église dans leurs mandemens..... « Il y a,
« dit M. Cormenin, tel prince de l'Église qui jouit d'un
« premier traitement de 50,000 francs comme cardinal;
« plus, d'un second traitement de 25,000 francs comme
« archevêque; plus, d'un traitement de 15,000 francs
« sur les fonds départementaux; plus, d'un quatrième
« traitement de 15,000 francs sur la dotation du sénat;
« plus, d'un beau palais archiépiscopal avec tous ses
« accessoires; plus, d'un logement gratuit à Paris..... »
Pauvres cardinaux! pauvres archevêques!!! Il faut gémir sur la misère, sur les persécutions auxquelles sont en proie ces princes de l'Église.

2. — Portugal. — Évacuation de Lisbonne par les troupes anglaises : l'escadre qui les transporte met à la voile pour Portsmouth, où elle arrivera le 10. Le gou-

vernement anglais laisse à Lisbonne un vaisseau de ligne et deux régimens qui gardent les deux forts, ou Tours du Rugio et de San-Juliao, qui dominent le Tage..... Le cabinet de Saint-James abandonne les Portugais à eux-mêmes, et laisse les mains libres à D. Miguel. Le despotisme de ce prince pourra s'exercer sans obstacles : seulement, le ministère anglais conserve dans le Tage une force suffisante pour protéger les intérêts commerciaux de la Grande-Bretagne; quant à la liberté constitutionnelle, il la livre, pieds et poings liés, au très-clément prince D. Miguel.

3. Cour royale de Paris. — Arrêt rendu dans l'affaire des 19 et 20 novembre 1827 (V. cette date), relative aux troubles de la rue Saint-Denis. — Le considérant de cet arrêt écarte les demandes en sursis et en supplémens d'instruction; le dispositif dit qu'il n'y a pas lieu à suivre contre les inculpés (ils sont au nombre de 48 individus); il ordonne la mise en liberté de quatre détenus, et déclare qu'il n'y a pas lieu de suivre, *quant à présent*, sur les autres chefs de la plainte du procureur du roi..... sauf l'action pour les faits purement militaires, *s'il y a lieu*; enfin, l'arrêt renvoie les parties civiles à se pourvoir, s'il y a lieu, contre qui et ainsi qu'il appartiendra, toutes défenses au contraire réservées.

Ainsi se terminent les poursuites, les réclamations, les plaintes suscitées par les scènes sanglantes de la rue Saint-Denis; le ministère est plus que jamais certain de l'impunité : il ne reste plus aux citoyens que la dérisoire ressource du recours au conseil d'État, ou, pour mieux dire, au ministère qui se joue de l'art. 56 de la Charte; car la responsabilité ministérielle est et sera une plaisanterie, aussi long-temps que des lois précises n'auront pas spécifié la nature des délits dont ces hauts fonctionnaires peuvent se rendre coupables, ainsi que la poursuite de ces délits. La restauration de 1814 a mis de fait l'arbitraire sous la protection de la Charte *octroyée*.

L'arrêt de la cour royale absout M. de Villèle, par rapport aux *troubles* de la rue Saint-Denis; mais l'histoire flétrira à tout jamais l'administration dont il fut le président, l'ordonnateur et le trésorier!

5. — Chambre des députés. — Présentation d'un projet de loi, tendant à accorder une pension de 1,500 francs à la sœur de l'enseigne Bisson, « commandant la « prise nommée *la Panayolis*, qui a succombé après un « combat sanglant contre des pirates qui, avec des forces « très-supérieures, étaient parvenus à s'emparer de son « bâtiment..... » La chambre adoptera cette proposition : elle sera convertie en loi le 17 mai.

Le dévouement de l'enseigne Bisson est, sans doute, fort honorable ; cet officier ne veut pas tomber de sa personne entre les mains des vainqueurs, il fait sauter son bâtiment et s'engloutit avec lui dans les flots. Nous n'examinerons pas s'il est permis au commandant d'un bâtiment de l'État qui, après avoir rempli tous les devoirs de l'honneur et opposé la plus courageuse défense à l'ennemi, se trouve dans l'impossibilité absolue de résister plus long-temps à des forces très-supérieures aux siennes; nous n'examinerons pas, disons-nous, s'il lui est permis de disposer de la vie des hommes qui restent et de faire sauter en l'air le bâtiment qu'ils ont vaillamment défendu : l'héroïsme du dévouement personnel est le plus noble sentiment qui puisse animer le cœur d'un militaire, mais il faut aussi compter pour quelque chose la vie des hommes placés sous son commandement, et le sacrifice n'en doit pas, ce nous semble, être fait sans une nécessité urgente ; car, c'est enlever à la patrie des hommes qui peuvent encore la servir. Aucune des lois ou ordonnances relatives à l'arme et au service de la marine ne prescrit, n'autorise la mesure de faire sauter en l'air un bâtiment obligé de se rendre à l'ennemi après un combat qui le laisse sans moyens de résistance.

9. — Amérique méridionale. Colombie-Ocana. — Installation de la grande convention colombienne, et élection de son président.

9. — Mort du vicomte d'Agout, pair de France, gouverneur du château de Saint-Cloud, et premier écuyer de son altesse royale monseigneur le Dauphin, à l'âge de 78 ans. — Ce personnage s'était perdu de réputation, sous le ministère *Brienne*, en violant à main armée le sanctuaire des lois; sbire du despotisme, il fut couvert du mépris public : les princes de Coblentz lui en devaient la récompense, ils l'accablèrent de grâces et de bienfaits ; aussi M. d'Agout se montra-t-il constamment l'un des plus violens ennemis des libertés publiques. C'était un homme médiocre, mais un excellent courtisan : il avait tous les vices d'un grand seigneur, sans posséder aucune de ces qualités brillantes qui les font quelquefois excuser ou tolérer.

10. — Chambre des députés. — Adoption de la proposition de M. Bacot de Romand (présentée à la chambre le 10 mars), tendant à abroger la disposition ajoutée au réglement de la chambre par une délibération en date du 24 avril 1827 (V. cette date).

M. La Boessière, qui a trouvé le moyen de se distinguer entre les députés les plus serviles de la chambre *septennale*, avait proposé, par ordre de M. de Villèle, de bâil-

lonner la tribune nationale et de la placer sous la police de M. *Franchet*, l'élu de Montrouge : c'était le véritable moyen d'imposer silence à l'opposition parlementaire, et d'assurer au ministère toutes les facilités de corruption et d'arbitraire qu'il lui plairait d'imposer à la représentation nationale. Mais d'énergiques réclamations s'élèvent de tous les coins de la France : en conséquence, M. La Boessière fait amende honorable de son avilissante proposition, désavoue ses doctrines de la dernière session, et ne s'oppose plus que pour la forme, et en térmes très-ménagés, à la dissolution de la *commission de police* déjà installée au sein de la chambre afin de la mettre au secret, c'est-à-dire sous le bon plaisir des membres désignés par le ministère...... Dans une éloquente et nationale improvisation, M. de Tracy flétrit d'un nouvel opprobre cette administration Villèle, la honte et le fléau de la France ; il peint à grands traits la violation des droits électoraux, la corruption, la violence, la fraude, et ce « *luxe d'effronterie* qui a fait, dit-il, des élections
« de 1824 le chef-d'œuvre de ce genre de tours de force
« ministériel..... * Si la chambre *qui se fit* septennale

---

* Voici un exemple de l'impudence et de l'arbitraire ministériels que M. de Tracy signale à l'indignation publique. — M. Billot, créature de M. le garde-des-sceaux Peyronnet et allié à sa famille, adresse, en sa qualité de procureur-général, à tous les officiers de police judiciaire de son ressort, une circulaire où il dit : «... Lorsque vous avez accepté des fonctions publiques, il s'est formé un contrat de *confiance* réciproque, dont vous ne voudrez pas briser vous-même le lien. *Conserver* un emploi conféré par le gouvernement, et, en même temps, favoriser par ses actes, ou même par son *inertie*, le succès de *l'opposition*, c'est, de la part d'un fonctionnaire, *trahir* sa foi, et encourir sa *révocation... Le gouvernement ne doit plus rien à celui qui ne lui rend pas tout ce qu'il lui doit*. Cette vérité, qu'on ne peut méconnaître sans contester l'un des principes qui servent de base

« a dû avoir horreur de la publicité et la poursuivre
« partout où elle l'apercevait, placés comme nous le
« sommes dans une position toute contraire, nous de-
« vons la respecter et la protéger sous toutes ses for-
« mes....... Cette chambre ministérielle, ne pouvant
« conquérir l'approbation, voulut commander le silence;
« que dis-je! le silence même devient un délit punis-
« sable..... Elle avait semé le mécontentement et la dé-
« considération, elle prétendit recueillir la reconnais-
« sance et le respect..... Telle fut, messieurs, l'origine
« de cette malheureuse conception (la commission La
« Boessière), qui, tout empreinte du vague de l'arbi-
« traire, portant en elle-même le germe de son insuffi-
« sance, est tombée dans le mépris qui lui est dû. Puisse

à tout gouvernement, vient de nous être rappelée par le DIGNE *chef que la magistrature française* s'HONORE *d'avoir à sa tête*, et que sa LOYAUTÉ et sa fermeté distinguent si éminemment. Il EXIGE, dans cette occasion importante (les élections), de tous les fonctionnaires du département de la *justice*, une coopération franche et *active*. J'aime à croire que je n'aurai qu'un compte *favorable* à lui rendre de tous ceux de ce ressort....» — «Le gouvernement n'a pas seulement droit à votre vote, si vous êtes électeur; vous lui devez, dans tous les cas, vos efforts et votre influence. Vous les emploierez surtout à prévenir toute division de votes. Les électeurs feront abnégation de leurs affections comme de leurs préventions personnelles, pour donner leurs suffrages aux candidats désignés par la majorité, si l'on est bien convaincu que le but principal est d'enlever à l'opposition toutes les chances de succès...»

Rien de plus explicite, de plus impératif! M. Billot est le digne rival des procureurs-généraux Bellart, Marchangy, etc.; le garde-des-sceaux Peyronnet a dans ce personnage un digne allié de sa tyrannie politique: les Jeffries et les Laubardemont n'auraient pas écrit en meilleur style à leurs subordonnés... Mais le croirait-on? le séide de l'administration Villèle-Peyronnet est récompensé de ses services de 1827 par l'administration Martignac-Portalis de 1828.

« l'acte de cette tentative infructueuse, digne des temps
« de terreur révolutionnaire, servir de leçon à ceux qui
« seraient jamais tentés de la reproduire!.... »Dans cette
improvisation, M. de Tracy marque sa place à côté de
Benjamin Constant; de Manuel, de Foy, etc., et des
plus nobles défenseurs de la liberté ; il mérite la reconnaissance et les respects de la France.

14. — Russie. — Manifeste de l'empereur de Russie, Nicolas 1er, contre la Porte-Ottomane..... Déclaration de guerre de la Russie contre la Porte-Ottomane..... Proclamation du comte Wittgenstein aux habitans de la Moldavie et de la Valachie.

Le cabinet de Saint-Pétersbourg, dont l'ambition ne connaît plus de bornes depuis les événemens de 1814 et 1815, qui lui ont donné une influence prépondérante dans les affaires de l'Europe, ce cabinet fait, après la mort d'Alexandre 1er, d'immenses préparatifs pour attaquer l'empire turc; il profite, avec autant de perfidie que d'habileté, des embarras intérieurs où se trouvent les grandes puissances de l'Europe pour *stationner* sur ses frontières méridionales une grande masse de forces toutes prêtes à entrer en campagne ; il excite et entretient en Grèce les divisions intestines; il fomente la révolte en Bosnie et en Servie, et favorise ouvertement les rebellions en Moldavie et en Valachie. A peine a-t-il conclu la paix avec la Perse (V. 22 février), qu'il lance contre la Porte-Ottomane un manifeste de guerre, en représailles, dit-il, des violations des traités de Bucharest et d'Akerman opérées par le divan ; loin de remplir les obligations qui lui étaient imposées par ces traités, le cabinet de Saint-Pétersbourg a contrevenu patemment à plusieurs de leurs articles, et il accuse de mauvaise foi la Porte-Ottomane, parce qu'elle en réclame l'exécution;

il déclare « que les démarches hostiles du gouvernement « turc avaient épuisé la généreuse longanimité de l'em- « pereur Alexandre !!! »

Les manifestes que les souverains publient avant de déclarer la guerre, ne sont, pour l'ordinaire, que des impostures plus ou moins habilement rédigées en style diplomatique, afin de tromper l'opinion publique ; ils parlent toujours au nom de la justice, de la morale, de l'honneur, de la dignité de leur nation, du bien de leurs sujets ; la guerre qu'ils vont entreprendre, ils ont tout fait pour l'éviter, et l'ennemi contre lequel ils se voient forcés de prendre les armes a violé toutes les lois du droit public qui régit les nations : tous les cabinets s'efforcent, et chacun dans ses intérêts particuliers, de montrer la *pureté* de leurs vues, le *désintéressement* de leur conduite; mais nulle chancellerie n'est aussi machiavéliquement habile à colorer ses manifestes que celle de Saint-Pétersbourg ; ce sont des homélies en faveur de la paix et de l'humanité ! Après avoir exposé une longue suite de ses griefs contre la Porte, griefs qu'il a provoqués de toutes les manières et en toutes circonstances, l'autocrate du nord se complaît à parler de son *évidente modération*, et met en avant *les éclatans témoignages de ses intentions les plus pacifiques*; il dit : « ..... Les « *sacrifices* que la Russie s'est constamment imposés « dans le but d'assurer au monde une paix solide, de- « puis l'époque à jamais mémorable qui détrôna en même « temps le despotisme militaire et le génie des révolu- « tions ; ces sacrifices, dictés par une politique *géné-* « *reuse*, et aussi spontanés qu'ils sont nombreux, l'uni- « vers les connaît, l'histoire des dernières années les at- « teste, etc. » En effet, la Russie s'est emparée du royaume de Pologne, elle a démembré la Perse, et ses préparatifs de guerre ont pour but de démembrer l'empire turc ; elle a forcé la France de porter la guerre en Espagne pour y rétablir le despotisme, et elle s'est placée, dans les congrès de Laybach et de Véronne, à la tête d'une coalition dont le but est de détruire en France les libertés constitutionnelles que la restauration de 1814 lui a *octroyées*. Oui, l'univers connaît les *sacrifices généreux* faits par la Russie à la paix et au bonheur des nations, et l'histoire en transmettra le souvenir à la postérité!!!...

Les cabinets de Londres, de Paris, de Vienne, de Berlin, n'interviendront en aucune manière pour prévenir la guerre qui va éclater sur les rives du Danube et du Bosphore; ils abandonneront les Turcs à leur propre faiblesse, aucune diversion active ne sera tentée en leur faveur, et la Russie sera maîtresse de poursuivre le cours de ses envahissemens et de reculer de tous côtés les frontières de son empire. Que devient donc cet *équilibre de l'Europe*, si prôné dans les congrès des souverains? Il est dans le cabinet de Saint-Pétersbourg.

14. — Chambre des députés. — Présentation d'un projet de loi sur les journaux et les écrits périodiques.

La liberté de la presse est la question vitale du régime représentatif et constitutionnel ; ce régime n'existe point de fait, il n'est qu'une *déception* dans tout pays où la liberté de la presse se trouve enchaînée ou entravée par le gouvernement : cet axiome politique est et sera éternellement de la plus incontestable vérité.

La Charte *octroyée*, en 1814, par Louis XVIII, dit textuellement : « Les Français ont le droit de publier « et de faire imprimer leurs opinions, en se conformant « aux lois qui doivent *réprimer les abus* de cette li- « berté. » Rien de plus positif, de moins susceptible d'interprétation ; le *droit* est reconnu et consacré, l'*abus* seul de son exercice peut et doit être réprimé par les lois.

Tous les ministres qui se sont succédé au pouvoir depuis 1814 jusqu'à ce jour ont, plus ou moins, attenté à la liberté de la presse ; elle a été soumise à des restrictions, à des entraves, à des poursuites multipliées, ayant toutes pour but de placer la presse périodique sous la dépendance absolue du gouvernement ; il voulait, à tout prix, détruire cette liberté, base fondamentale, seule garantie véritable des libertés politiques et civiles ! On a fait revivre sous un gouvernement constitutionnel des édits et des réglemens promulgués depuis un siècle, par un gouvernement absolu, sur ou plutôt contre l'imprimerie et la librairie ; l'on a ôté le jury aux délits de la presse, et l'on est arrivé enfin à poursuivre dans les écrivains, non pas un délit, mais une *tendance* d'opinion qui *présume* le délit... L'opinion nationale a opiniâtrément défendu ce grand principe, ce premier de tous les droits de l'homme : *la liberté de la presse !* Le gouvernement, forcé dans ses derniers retranchemens par le rejet de la *loi d'amour* qui devait tout à la fois bâillonner la pensée et enchainer l'imprimerie, le gouvernement s'est vu réduit à présenter une nouvelle loi pour régler l'exercice d'un droit contre lequel ont été épuisés la mauvaise foi, les sophismes, les chicanes, les emprisonnemens, les amendes, toutes les sévérités enfin que peut enfanter le machiavélisme du pouvoir absolu.

Le projet de loi, soumis à la Chambre des députés, abolit la *censure*, déclare qu'on pourra publier une feuille périodique sans avoir besoin d'obtenir *permission* et *privilége* de l'autorité, et abolit ce délit de *tendance* que l'inquisition jésuitique avait créé sous l'administration Villèle et Peyronnet ; sous ces rapports, le projet de loi améliore la législation de la presse : mais il y introduit, par compensation, des vices nouveaux et conserve soigneusement plusieurs de ceux dont elle était affectée ; enfin, et c'est peut-être le plus grand reproche qu'aura mérité le ministère Martignac, toutes les questions relatives à la liberté de la presse ne sont plus du ressort du jury ; l'inviolabilité et, par conséquent, l'irresponsabilité même morale des agens de l'administration, sont consacrées et maintenues comme dans le bon temps du ministère Villèle : c'est rendre *sacrés*, en quelque façon, les actes arbitraires des fonctionnaires publics, et *interdire* toute publicité de ces actes ; c'est encore *distraire* les écrivains de leurs juges naturels, et violer effrontément le premier article de la loi fondamentale de l'État, qui dit : « Les Français sont égaux devant la loi ».

Évidemment, il y a de la supercherie ministérielle dans le projet de loi ; les concessions qu'il fait à l'opinion publique, à la nécessité des circonstances, il les accorde à des conditions qui les rendent presque illusoires : on peut le dire, sans prévention aucune, sa justice et sa bienveillance sont loin d'être gratuites, tant les concessions auxquelles il se résigne sont faites à titre onéreux !

Nous rendrons plus tard un compte succinct des discussions auxquelles donnera lieu, dans les deux Chambres, ce projet de loi qui importe si essentiellement à la liberté politique et civile ; car, la liberté de la presse, on ne saurait trop le répéter, est la meilleure, la plus forte ou, pour mieux dire, l'unique sauvegarde que puissent avoir les citoyens contre les actes arbitraires des ministres et des agens secondaires de l'autorité publique.

14. — Chambre des députés. — Lettre de M. l'abbé de Pradt, ex-archevêque de Malines, au président de la Chambre : « L'altération toujours croissante de ma santé « m'interdit de suivre les travaux de la Chambre. Il est « de mon devoir de ne pas priver le département du

« Puy-de-Dôme d'un représentant valide; en consé-
« quence, je prie M. le président de faire agréer ma
« démission à la chambre. *Signé* de Pradt. »

Ce député du Puy-de-Dôme avait paru à la chambre sous le costume de sa profession, ayant la croix de dignitaire de la Légion-d'Honneur et la croix archiépiscopale, vêtu de noir, portant rabat, le chapeau et le manteau court des ecclésiastiques. — Dans son habitation, au Breuil, il mettait, dit-on, l'habit vert, portait petit chapeau à trois cornes, chaussait des bottes à l'écuyère et tenait une cravache à la main... M. de Pradt n'est pas gentilhomme (comme on disait dans l'ancien régime), et son nom de famille est Dufour.

Membre ignoré du clergé, et membre encore plus ignoré du côté droit de l'assemblée constituante, mais ardent ennemi des principes de liberté et d'égalité qu'elle consacrait *, M. l'abbé *Dufour*, dit *de Pradt*, se distingua parmi les émigrés qui excitaient avec le plus d'acharnement les puissances étrangères à s'armer contre la France; ce prêtre accabla de ses conseils, de ses mémoires, les souverains, les ministres et les généraux de la coalition; et ce ne fut certainement pas sa faute s'ils ne réussirent point alors dans leurs projets d'invasion, de conquête et de contre-révolution. Mais les princes de Coblentz n'ayant voulu ni de son zèle ni de ses talens,

---

* Nous tenons de plusieurs membres de l'assemblée constituante, encore existans, que M. l'abbé de Pradt se plaçait habituellement au pied de la tribune, criant et poursuivant de ses diatribes les députés patriotes. Lorsque l'assemblée rendit le décret relatif aux biens du clergé et à la diminution du traitement des prélats et des hauts bénéficiers de l'Église, M. l'abbé de Pradt allait partout s'écriant : « Les scélérats, qui ne laissent
« à mon oncle (le cardinal-archevêque de Rouen) que 80 mille
« livres de rente!... »

il profita avec empressement de l'amnistie consulaire pour rentrer dans sa patrie, où il eut le bonheur de trouver dans un parent éloigné, M. Blanquet-Duroc, un aide-de-camp favori du premier consul, général Bonaparte, qui lui donna l'évêché de Poitiers et une gratification considérable. Sorti enfin de l'obscurité, le prélat prodigua sa fidélité et ses adulations au maître de la France, dont il devint l'un des aumôniers de palais. Napoléon se connaissait, dit-on, en hommes; il confia néanmoins l'importante ambassade de Pologne à M. de Pradt dont la légèreté et le défaut de jugement en affaires politiques éclatèrent à Varsovie d'une manière funeste aux intérêts de la France; Napoléon destitua et renvoya brutalement l'ambassadeur dans son diocèse; l'ex-*aumônier du dieu Mars*, titre dont s'était plaisamment affublé M. de Pradt, voua dès cet instant une haine éternelle au conquérant vaincu par les frimas dans la retraite de Moscow: la campagne de Russie et celle de Saxe ayant porté de fortes atteintes à la puissance de Napoléon, M. de Pradt ne s'occupa dès-lors que des moyens de la renverser. Il redevint homme de l'ancien régime et ardent royaliste de 1789, aussitôt que les armées alliées eurent envahi le territoire français; la contre-révolution n'eut pas de plus chaud partisan, d'agent plus infatigable; M. de Pradt eut l'honneur sinon d'entraîner, au moins de provoquer la restauration de la maison de Bourbon: il a pris soin de consigner, lui-même, cette grande intrigue dans une brochure dont nous parlerons tout à l'heure.

Louis XVIII n'était pas homme ou monarque à reconnaître comme ils le méritaient de si éclatants services; M. de Pradt passa du camp de la cour dans celui de l'opposition, dont il se fit l'inévitable publiciste: pas de révolution politique ou d'événement tant soit peu important qui n'ait été tributaire de sa plume depuis 1814; c'est l'écrivain qui a donné le plus d'avis aux rois et aux ministres; il s'est fait le grand prevôt de la politique intérieure et extérieure, le prophète de tous les événemens passés ou présens, le garde-note de toutes les causeries de salons, le metteur en presse de toutes les anecdotes qu'il peut découvrir, et malheur aux ministres, aux hommes d'État qui ne sont pas de son avis ou qui froissent son amour-propre! Napoléon n'était pas plus despote en fait de gouvernement que M. de Pradt en fait de publicisme..... Louis XVII et Charles X ne récompensent pas M. l'abbé de Pradt d'une manière *digne de lui*; il ne peut en obtenir porte-feuille, archévêché, pas même siége à la chambre des pairs; aussi se dévoue-t-il à la cause des libéraux, quoiqu'il se soucie peu de la liberté, et encore moins de l'égalité politiques et civiles... Le fond de son caractère politique est le despotisme.

Enfin, l'ex-archevêque de Malines parvient à être nommé membre de la chambre des députés; toujours emporté dans ses vues, toujours pressé de faire adopter ses opinions et d'imposer ses théories politiques, le père de tant de pamphlets est écouté avec défaveur dans la réunion préparatoire de la rue Grange-Batelière où les députés du côté gauche de la chambre se concertent sur le système de conduite à suivre dans la session; M. de Pradt donne de suite sa démission, et s'empresse d'en déposer le touchant motif dans les feuilles publiques :
« Il me semblait (dira-t-il) que le moment était arrivé
« de *terminer* une lutte de quarante années; de *décider*
« enfin, au profit de la France, la question de la réfor-
« mation sociale dont *elle a donné le modèle au monde*....
« Le *mouvement d'un grand peuple* ne me paraissait
« pas devoir aboutir seulement à l'effacement de quelques
« difformités dans son code ni dans sa police : à mes

« yeux la session de 1828 devait être au régime im-
« porté depuis 1814, *ce que l'assemblée constituante*
« *avait été pour l'ancien régime;* il faut que j'aie eu
« tort, puisque je suis resté *seul**. » Voilà qui est naïf et
fier. M. de Pradt voulait donc que la chambre des députés de 1828 se déclarât *assemblée constituante* à l'exemple des états-généraux de 1789, et bouleversât l'ordre de choses existant : mais alors que devenait cette restauration de 1814 que l'archevêque de Malines se glorifie (dans son pamphlet du 31 mars) d'avoir fomentée et décidée, restauration qu'il dira, au reste, en 1830, avoir été *faite dans un esprit de vertige?* On est forcé de le dire : le clergé, la noblesse et le tiers-état n'ont pas eu de publiciste plus inconséquent que M. de Pradt, qui tient à ces trois ordres par sa naissance plébéienne, ses prétentions à la gentilhommerie et son caractère ecclésiastique. Et c'est, redisons-le, un membre ignoré de l'assemblée constituante ; un homme qui, pendant dix années, s'était montré l'un des ennemis les plus acharnés des principes qu'elle avait proclamés, c'est ce cardinal de Retz en herbe qui s'indigne de la modération du parti *libéral* à l'ouverture de la session, et qui, dépité de se voir sans crédit et sans influence dans la chambre, déserte son poste de législateur ! Heureusement, ce petit acte d'amour-propre offensé sera sans conséquence pour la France et pour la chambre des députés.

M. l'abbé de Pradt s'est attribué et, pendant longtemps, on lui a concédé une espèce d'autorité politique

---

* Cet homme, *seul*, on le verra en 1832 fournir au journal ministériel de son département (Puy-de-Dôme) les articles les plus contraires aux développemens et à l'application des principes libéraux et constitutionnels; mais toute sa vie, déjà longue, n'aura été qu'une suite des contradictions les plus étranges et les moins honorables.

et des principes libéraux qui lui ont valu une certaine réputation dans le parti de l'opposition ; il ne faut pas induire en erreur les historiens à venir!!! Nous ne pouvons, en conséquence, nous abstenir d'entrer dans quelques détails sur la participation de M. de Pradt à la restauration de 1814 ; il s'agit de l'un des événemens les plus importans des temps modernes!!! Ces détails sont d'ailleurs indispensables pour faire apprécier la conduite de l'écrivain qui prétend, encore, exercer une sorte de dictature sur l'opinion nationale, écrivain aussi tranchant que dépourvu de jugement.

M. l'abbé de Pradt a publié un écrit intitulé : *Récit historique de la restauration de la royauté en France, le 31 mars 1814*, imprimerie de Mme veuve Perroneau, quai des Augustins, n° 39. Paris, 1816. Il y dit : « ... La restauration du 31 mars 1814 est l'événement « le plus important de notre âge... la vérité et la justice, « pas plus l'une que l'autre, ne sont venues éclairer « cette grande époque. La France a changé de face, et « personne, ou à peu près personne, *ne sait comment*. « Comme témoin et acteur, je puis dire l'une et rendre « l'autre. Il paraît juste que les Français connaissent ce « qui leur importe le plus, et je puis être reçu à dire ce « que j'ai fait et vu... La France a considéré avec raison « la restauration comme l'événement le plus heureux...» Ainsi s'exprime M. l'abbé de Pradt (ancien archevêque de Malines) *en* 1816.

L'énorme gravité et les conséquences non moins énormes de cette restauration imposent à l'historien impartial le devoir de faire connaître les faits, tels que le plus fameux pamphlétaire de l'événement le plus heureux pour la France affirme qu'ils ont eu lieu avant et pendant l'occupation de Paris par les armées alliées. S'il faut en croire les aveux, parfois naïfs ou indiscrets, de l'écrivain, trois abbés, M. *de Talleyrand*, ex-évêque d'Autun ; M. *Louis*, ex-conseiller-clerc au parlement de Paris ; M. l'abbé *de Pradt*, ex-archevêque de Malines ; trois émigrés, comblés de bienfaits par Napoléon et les membres de la famille impériale ; trois hommes qui doivent leur fortune, leur existence sociale, aux emplois qu'ils ont exercés pendant le règne de l'empereur Napoléon dont ils se sont proclamés les fidèles sujets, ces trois hommes auraient concerté le plan de la catastrophe qui livre la France aux étrangers, et ils l'auraient exécuté avec l'aide de l'abbé de *Montesquiou*, du sieur Arnaud, dit *de Vitrolles*, baron impérial, et du maréchal *Marmont*, duc de Raguse.

Il importe essentiellement à l'histoire de notre temps de recueillir les déclarations de l'abbé de Pradt ; elles serviront à imprimer aux événemens du 31 mars leur véritable caractère : la postérité jugera, d'après cet écrivain, si les sentimens et les vœux de la nation française furent consultés, s'ils entrèrent même pour quelque chose dans cette restauration que « la France (dit-il) a « considérée avec raison comme l'événement *le plus heu-* « *reux* ». Il est vrai, et nous nous empressons de le répéter, que M. l'abbé de Pradt écrira en 1830 (après la révolution de juillet) que « la restauration de 1814 fut faite « d'après *un esprit* de VERTIGE », et cette fois le pamphlétaire aura raison. Mais un semblable aveu est précieux lorsqu'il vient d'un homme qui s'est glorifié, en 1816, de la part qu'il a prise à la restauration de 1814, « dont le souvenir doit faire toujours trouver, en lui- « même, à ceux qui y prirent part avec zèle, *oubli* « *d'eux-mêmes*, et recherche du bien de la France, « leur bonheur et leur récompense »..... *Oubli d'eux-mêmes* : il est vrai que le sieur abbé de Pradt ne s'adjugea, pour sa part du gâteau *restaurateur*, que la chancellerie de la Légion-d'Honneur, l'une des sinécures les plus largement rétribuées ; ce qui était une sanglante injure faite à l'ordre : un prêtre qui a trahi tous ses devoirs envers son empereur, envers son bienfaiteur, chancelier de la Légion-d'*Honneur!!!*

Écoutons l'*acteur et témoin* du 31 mars 1814 : il affirme que « sans l'AUTRICHE, on n'aurait pas eu les
« Prussiens et les Russes à Paris, au lieu que les An-
« glais ne pouvaient pas leur en frayer les chemins ».
Ainsi, d'après M. l'abbé de Pradt, l'Autriche devrait être envisagée comme le principal mobile qui a décidé la ruine de Napoléon et entraîné l'occupation de Paris par les armées étrangères... Et puis, fiez-vous aux beaux-pères !

Nous ne nous arrêterons pas aux injures, ou plutôt aux outrages lancés contre Napoléon par le prélat qui lui avait si souvent prodigué l'admiration et l'éloge dans la chaire évangélique : nous nous bornerons à résumer les récits historiques de l'écrivain du 31 mars.

Après son ambassade de Varsovie, où il fit preuve d'une excessive légèreté dans ses fonctions politiques et ecclésiastiques (la chapelle de l'ambassade avait été changée en magasin de sellerie), et d'un soin tout particulier pour ses intérêts pécuniaires, le prélat de l'empire fut renvoyé dans son diocèse ; il mit dès-lors toute son activité, tous ses soins à préparer la chute de l'homme qui l'avait élevé aux dignités ecclésiastiques : « Je pris (dit-il) la
« ferme résolution de travailler à mettre un terme à une
« domination qui, après avoir pris son origine dans des
« lauriers, finissait par se perdre *dans la boue.* » Le congrès de Châtillon inquiétait fort M. l'archevêque de Malines ; il pouvait en résulter un accommodement entre l'empereur Napoléon et les puissances étrangères :
« Dans cette position, les alliés, étonnés de ne recevoir

« *aucune manifestation des sentimens de la nation*, se
« sentant sur un terrain tout neuf, au milieu d'élémens
« *absolument inconnus*, désiraient s'appuyer des con-
« naissances des personnes qu'ils supposaient être les
« mieux informées de l'état intérieur de la France.
« MM. Talleyrand et de Dalberg avaient fixé leur atten-
« tion d'une manière plus particulière. Quelque peu de
« titres que je pusse avoir à *partager* cet honneur, il
« m'avait été *accordé*. On avait poussé l'attention *jus-*
« *qu'à pourvoir à notre avenir*, s'il eût été compromis
« par l'issue des événemens. » Voilà qui est positif; mais
il fallait arriver directement aux souverains alliés et
traiter avec eux du succès de la négociation et de l'occupation de la France ; la chose n'était pas aisée : « Les
« armées françaises se trouvaient interposées entre Paris
« et les alliés, les communications avec eux étaient de la
« plus extrême difficulté. Quelques personnes qui les
« avaient surmontées n'avaient pu parvenir à se faire
« écouter ; le premier qui ait joui de cet avantage, et
« qui ait réussi à triompher des obstacles qui attendent
« toute personne qui s'offre pour donner des notions
« sur l'état d'un pays, fut M. le baron de Vitrolles.
« Muni des moyens de se légitimer » (il était porteur de
deux lignes de M. Talleyrand, ainsi conçues : *Vous
pouvez tout et vous n'osez pas... avancez donc; osez
donc une fois !*) ; « il parvint à se faire écouter, et
« c'est *par lui* que les ministres des quatre grandes
« puissances commencèrent à acquérir des connaissances
« *positives* sur l'état des *affaires intérieures* qu'ils igno-
« raient tout-à-fait ». M. l'archevêque de Malines lève
ici un coin du voile ; bientôt il le soulèvera tout entier,
et en triomphateur ; poursuivons : « J'arrivai à Paris
« dans la matinée du 24 janvier.... dès le moment de
« mon arrivée, je n'avais pas balancé à m'ouvrir devant

« des hommes dont l'amitié sera toujours pour moi un
« titre d'honneur, MM. le duc de Dalberg et le baron
« Louis... Ils connaissaient tous les maux de la France;
« ils en supportaient le spectacle avec douleur, et par-
« tageaient avec un grand nombre d'hommes généreux
« et nobles l'ardent désir d'y mettre un terme. Ces dis-
« positions étaient celles que nourrissait de son côté
« M. de Talleyrand, auprès duquel, dans le cours des
« vicissitudes de la révolution, j'avais trouvé une *con-*
« *formité parfaite* de sentimens à mon égard. » En ami
généreux, M. de Pradt fait, dans cette occasion, un
pompeux éloge des talens et des sentimens élevés de
M. de Talleyrand; il ne craint même pas de dire que :
« Napoléon, parvenu au faîte du pouvoir et de la *re-*
« *nommée*, ne pouvait souffrir à ses côtés, ni des yeux
« clairvoyans, ni un esprit *indépendant*, ni une *répu-*
« *tation* qui pût former *une ombre à la sienne*. » Selon
le pamphlétaire du 31 mars, « M. de Talleyrand était
« éloigné des affaires depuis l'entreprise contre l'Espa-
« gne. Un dissentiment très-prononcé sur ce sujet avec
« Napoléon avait produit sa retraite... Une continuité
« d'improbation donnée aux guerres d'Autriche, de
« Russie, aux querelles avec le pape, avait *complété*
« l'éloignement entre M. de Talleyrand et Napoléon ».
Cet éloge du génie et du patriotisme de l'ex-évêque
d'Autun est *complet* : seulement, l'abbé de Pradt dit ici
le contraire de la vérité ! M. de Talleyrand est *complè-*
tement innocent de cette *continuité d'improbation* que
lui attribue l'écrivain du 31 mars ; les preuves du contraire ont été fournies par des personnages dignes de
toute confiance et approchant de très-près Napoléon, par
M. le duc de Frioul (Duroc), qui avait l'esprit, la pensée de Napoléon : ce serviteur intime de Napoléon a dit,
redit, que M. de Talleyrand avait conseillé l'arrestation

et la mort du duc d'Enghien, la guerre d'Espagne, la guerre d'Autriche, 1809 : nous donnerons en temps et lieu des détails curieux et authentiques à cet égard..... Revenons aux récits de M. de Pradt : « A mon arrivée à « Paris, j'entendis parler des dangers que courait M. de « Talleyrand, et je ne pus douter que, dans le cours « des derniers temps, le duc de Rovigo (Savary) n'ait « retenu plusieurs fois le bras de Napoléon levé sur « lui. » Le pamphlétaire de la restauration se met, ici, en contradiction avec lui-même, ce qui du reste lui arrive souvent ; n'a-t-il pas dit « qu'*en décembre* 1813, « Napoléon *pressa* M. de Talleyrand de reprendre le « ministère, et vit ses *prières* et *ses menaces* également « sans effet ? » Que de mensonges ! Napoléon avait quitté Paris le 26 janvier (1814), et M. de Talleyrand jouissait de toutes les facilités possibles pour se mettre à couvert ; d'ailleurs, de quels *périls* pouvait-il être menacé sérieusement, lorsque M. de Pradt représente le ministre de la police, le duc de Rovigo, comme instrument passif de la conjuration ourdie contre Napoléon, lorsqu'il va jusqu'à insinuer les plus forts soupçons contre la fidélité du duc de Rovigo (Savary). « Un jour, dit l'abbé de Pradt, « je ne craignis pas de *remonter* jusqu'au ministre de la « police, et d'*arriver* à lui par des insinuations sur sa « *situation personnelle*. Je lui demandai jour pour en « *conférer* avec lui. Sa réponse fut aussi *noble* que *me-* « *surée*. — Ne me tenez pas un pareil langage, me ré- « pondit-il, je ne puis l'entendre, *vous me gêneriez*. « — Sa position était cruelle entre ce qu'il savait et ce « qu'on lui faisait dire, entre *le vœu de la France* et « les ordres impératifs du maître. *Plusieurs fois*, il m'a « montré les vertes semonces qu'il recevait du quartier « impérial sur la *mollesse* de ses publications *contre les* « *ennemis*... Dans une contestation très-vive que j'eus

« chez lui avec un général qui était venu du quartier-
« général, vraisemblablement pour explorer l'esprit de
« Paris, il se rangea *entièrement* de mon avis et me
« soutint avec autant d'énergie que de *raison*. » Nous
ignorons si le duc de Rovigo (Savary) doit être satisfait, aujourd'hui, des déclarations de l'abbé de Pradt;
mais nous ne pouvons nous empêcher de remarquer
qu'il y a loin du dévouement du général Savary à l'époque de la condamnation à mort du duc d'Enghien
(1804), au dévouement du duc de Rovigo à l'époque
où les armées étrangères marchaient sur Paris (1814). Il
y a néanmoins identité parfaite entre le duc et le général.

Si l'écrivain du 31 mars représente le duc de Rovigo
comme favorisant, au moins par son inaction, les intrigues
pratiquées contre Napoléon, un personnage bien mieux
informé encore que l'abbé de Pradt des manœuvres de
trahison ourdies contre l'empereur, M. le comte Lavalette, dit, dans ses *Mémoires*, que : « Talleyrand, lié
« avec les ennemis de Napoléon et leur chef, voulant se
« ménager, si Napoléon avait le dessus (mars 1814),
« trompa, abusa le duc de Rovigo, le détourna de sévir
« contre les royalistes conspirateurs, et ce, dans son
« propre intérêt, en cas de la chute de Napoléon. —
« Que, Rovigo favorisa, en quelque sorte, l'évasion des
« Polignac, madame de Rovigo (née Faudoas) étant
« leur parente. — Que, après l'entrée du comte d'Artois à Paris, Rovigo dit : « Qu'ils lui avaient proposé
« de faire imprimer qu'ils lui étaient redevables de leur
« évasion. » — Que Rovigo refusa d'exécuter l'ordre
« de Napoléon, après la bataille de Montereau, d'éloigner M. de Talleyrand de Paris, et de le tenir en surveillance. »

Le prélat de Malines avait deux objets en vue: le ren-

versement du gouvernement et de la dynastie de Napoléon, le rétablissement de l'autorité et de la dynastie des Bourbons de Coblentz : en sa qualité de prêtre, d'émigré et de *gentilhomme* (quoiqu'il ne le fût pas), M. de Pradt faisait profession du *droit divin*, et était dévoué à l'ancien régime ; il l'avoue sans détour aucun : « Se soumettre à
« son semblable est l'acte le plus pénible pour l'homme ;
« tant de choses sont comprises dans cette soumission !
« Avant d'en venir là, il faut qu'on montre ses titres ; les
« *premiers*, les *meilleurs de tous*, me paraissent, sans
« contredit, ceux de *la naissance* dans ces familles à
« part qu'une *consécration particulière* a, par le con-
« sentement unanime des peuples, placées à peu près
« sur tous les trônes connus : c'est la loi commune de
« l'univers. Là, l'obéissance est pleine de dignité... » On voit que Napoléon n'ayant pas *la naissance* et n'étant pas de ces *familles à part* placées à peu près sur tous les trônes *connus*, ne pouvait être aux yeux de son aumônier d'Auvergne qu'un *usurpateur à jeter par terre ;* aussi, ne l'a-t-il pas *servi*, quoiqu'il lui dit la messe lorsque Napoléon le lui ordonnait, quoiqu'il le servit à genoux et courût au devant de ses moindres volontés : « Non,
« aucun Français n'a *servi* Buonaparte ; aucun Français
« *ne s'est senti fait* pour *servir* Buonaparte ; mais tous,
« sous Buonaparte, ont servi la France *dans la ligne des*
« *principes* que nous venons d'exposer. Tous ont servi
« leur patrie avec honneur et loyauté, et s'étant tenus
« d'accord avec les principes, se trouvent en règle *avec*
« *tout le monde.* » Sans examiner de quelle manière l'ex-émigré, le prêtre, l'ambassadeur, s'est tenu d'accord avec ses principes, nous dirons simplement que l'abbé de Pradt, employé au service particulier de l'empereur, *usurpateur*, en avait accepté sans nulle hésitation des titres, des emplois, des cordons, des honneurs, des

gratifications et des appointemens considérables, et que l'abbé doit à ces grâces de l'usurpateur du trône des Bourbons la fortune et la position sociale dont il jouit. Nous ajouterons que, pour *se trouver* (sans doute) *en règle avec tout le monde*, l'abbé de Pradt faisait une cour très-assidue au *régicide* Cambacérès.

Mais les armées alliées sont au cœur de la France, et peuvent arriver bientôt à Paris : c'est dans ces conjonctures imminentes que se déploient le patriotisme et l'activité de M. l'archevêque de Malines, commandant de la Légion-d'Honneur : « Nos réunions avec les personnes « citées ci-dessus, continuaient toujours, et souvent « plusieurs fois par jour *. Le congrès de Châtillon « (ouvert le 4 février, fermé le 15 mars) était notre « *fléau :* s'il concluait, il nous rendait Napoléon, et « laissait la France *bien réduite* et *surveillée stricte-* « *ment...* » L'on ne saurait mettre, dans ses aveux, plus d'abandon ou de légèreté, comme on voudra, que ne le fait M. de Pradt ; il faut que les étrangers et les Bourbons de Coblentz arrivent *à tout prix* à Paris, afin que la France ne soit pas *bien réduite* et *surveillée strictement !* Les souverains alliés sont invités, coup sur coup, à hâter leur marche ; on leur a préparé les voies, ils sont sous les murs de Paris!!!! Le génie de M. de Pradt, resserré jusqu'ici dans d'obscures réunions et de clandestines machinations, va briller maintenant de tout son éclat, et il assistera en premier rang aux conseils des souverains qui vont épuiser, dévaster, démembrer et enchaîner la France........

« L'approche de ces momens suprêmes ne nous avait

---

* On lit dans les *Mémoires* du comte Lavalette : « C'était chez « la princesse de Vaudemont que s'était tenue une partie des « conciliabules qui préparèrent en 1814 la chute de l'empire. »

« pas trouvés *endormis*; de moment en moment, nous
« nous réunissions pour aviser à ce qu'il y avait à faire.
« Le jour de l'attaque, nous nous portâmes, M. le duc
« de Dalberg et moi, sur plusieurs des points où l'on
« combattait... Il n'y avait pas un moment à perdre. Je
« courus chez M. de Talleyrand, pour lui faire part du
« danger qui menaçait la ville, et pour l'engager d'user
« de *l'autorité* de *ses conseils* pour mettre fin à cette
« lutte... Je trouvai chez M. de Talleyrand, M. le duc
« de Plaisance (*Lebrun*) et M. le baron *Louis*. Je leur
« parlai avec *véhémence* de la position critique de Paris,
« et de la nécessité de le préserver par la moins mau-
« vaise *capitulation* possible. Je finis, en ajoutant qu'à
« défaut de mesures de la part de l'autorité, il fallait *en
« appeler au peuple* et se sauver par lui... » M. de
Pradt n'eut pas cette peine; le duc de Raguse, *Marmont*,
trahit, capitula, et la retraite de l'armée française com-
mença. — « Paris était pris, et jamais il n'avait été plus
« tranquille... Le lendemain, 31 mars, nous nous ren-
« dîmes chez M. de Talleyrand. Il était à peu près onze
« heures : beaucoup de monde s'y trouvait. M. le duc de
« Dalberg, s'approchant d'une fenêtre qui donne sur la
« place de Louis XV, aperçut *quelques* personnes portant
« des cocardes blanches et agitant des drapeaux blancs.
« Quoique j'eusse beaucoup couru dans la matinée, *je
« n'en avais pas aperçu une seule*. On prend la cocarde
« blanche, cria M. le duc de Dalberg. Aussitôt, je me
« précipite vers lui et je l'entraîne : nous arrivons au lieu
« du rassemblement : il présentait l'apparence d'un
« groupe de *cinquante* personnes où *à peu près*, por-
« tant des cocardes blanches et agitant de petits mou-
« choirs blancs. Quelques-uns étaient à cheval. Ce groupe
« se portait vers le boulevard de la Madeleine. Il se
« grossissait, en marchant, des personnes de toutes les

« classes qui s'y joignaient, et, *quelles que fussent leurs*
« *intentions*, faisaient comme les autres. Les cris de : vive
« le roi ! vivent les Bourbons ! se faisaient fréquemment
« entendre. La nouveauté de ce cri, de cet appareil, de
« ce cortége, attirait tous les regards ; bientôt les croisées
« qui donnent sur le boulevard furent garnies de *femmes*
« *qui agitaient avec transport des mouchoirs blancs* ; les
« cocardes blanches ne tardèrent pas à pleuvoir sur les
« trottoirs. C'est là que je fus abordé par M. le comte
« de *Béthisy* qui m'invita à me *réunir* aux royalistes qui
« devaient s'assembler le soir chez M. de *Morfontaine*.
« Ce fut par lui que j'appris leur réunion. La marche de
« ce groupe ne dépassa pas le boulevard de la rue de
« Richelieu. *Hors de là, tout signe de royalisme était*
« *fort rare, et* plus loin il n'en existait aucune
« trace : je puis assurer que je n'en ai pas trouvé de
« vestige, en arrivant à la porte Saint-Denis, et que,
« sur la demande que je fis de la signification de l'écharpe
« blanche que portaient au bras gauche les premiers
« chasseurs à cheval qui entrèrent par cette partie de la
« ville, j'entendis *un bon nombre de voix menaçantes*
« *qui s'élevaient contre moi*... Les troupes alliées por-
« taient une écharpe blanche au bras gauche ; on crut
« que c'était l'écharpe française : cette heureuse *méprise*
« aida beaucoup au succès de la journée ; elle montra
« même aux tièdes un appui décisif, et aux opposans un
« obstacle désespérant... Il ne faut pas douter que cela
« n'ait eu un effet décisif sur beaucoup de personnes....
« *Cependant,* pendant cette journée, les signes exté-
« rieurs du royalisme ne se trouvaient guère que dans le
« grand carré formé par les boulevards, la rue de Riche-
« lieu, la rue Saint-Honoré et celle du faubourg de ce
« nom. (*Nota :* environ la cinquantième partie de
« Paris.) Hors de là, ils étaient *clair-semés*, et, le

« lendemain matin, les cocardes blanches *attiraient*
« *encore l'attention...* »

Nous nous sommes résignés à cette longue citation parce qu'elle montre, avec la dernière évidence, que la restauration de la royauté des Bourbons de Coblentz fut *escamotée* à la nation française : nous nous servons malgré nous de ce mot, *escamotée*, ne pouvant, en conscience, reconnaître que cette restauration fût enlevée par la force ou consentie par les suffrages du peuple. Les courtisans-jongleurs politiques de cette époque firent disparaître par un tour de main le gouvernement impérial, et substituèrent en contrebande le drapeau royal au drapeau national. Nos neveux souriront de pitié, de dédain, de honte, en voyant dans les annales françaises cette scène de boulevard! La valetaille du prince de Bénévent (Talleyrand) et les affidés de ce rare personnage sortant de son hôtel, rue Saint-Florentin, arborant une serviette, un mouchoir blanc, au haut d'une canne, d'un bâton, et marchant héroïquement depuis le boulevard de la Madeleine jusqu'à la rue de Richelieu, *passé lequel point il n'existait aucun signe, aucune trace de royalisme !!!* Dévouement curieux et sublime : M. de Pradt, après s'être apitoyé dans les rues sur le peu de sympathie que le peuple parisien montrait pour les Bourbons de Coblentz, *affirmera*, cependant, *le soir même*, se portant fort au nom de ce même peuple, que les Français désiraient avec passion le retour de ces princes, et les recevront avec enthousiasme de la main de l'empereur Alexandre! Et, ainsi que M. de Pradt, M. de Talleyrand aura recours à tous les mensonges, et emploiera tous les subterfuges pour persuader à ce souverain qu'il n'y a qu'un vœu, qu'un cri en France pour demander le rétablissement de l'ancienne dynastie, ou, pour parler plus clairement, celui de l'ancien régime.

Mais l'empereur de Russie n'est pas si crédule, si confiant que le pensent les jongleurs du 31 mars; il est *faux comme un Grec*, a dit Napoléon : il conteste à M. de Talleyrand lui-même « l'existence d'un désir dont
« on n'avait pas trouvé la manifestation sur toute la route
« traversée par l'armée, dans laquelle, au contraire,
« la population s'était prononcée d'une manière hostile.
« — On appuyait sur la résistance de l'armée, qui se
« retrouvait au même degré dans les corps de nouvelles
« levées et dans les vétérans... On résistait donc à l'idée
« que le rappel de la maison de Bourbon ne fût pas
« contrarié par les dispositions d'un très-grand nombre
« de personnes. — L'empereur Alexandre demanda à
« M. de Talleyrand quels moyens il se proposait d'em-
« ployer pour arriver au résultat qu'il annonçait; il
« répondit que ce seraient les autorités constituées,
« *et qu'il se portait fort* pour le sénat; que l'impul-
« sion donnée par celui-ci serait suivie par toute la
« France. — Quelque solides que fussent les raisons
« qu'il allégua, et quelque confiance que l'on eût dans
« *l'influence* qu'il était dans le cas d'exercer *sur le sé-*
« *nat*, la résistance durait encore, et ce fut pour la
« vaincre, qu'*il crut devoir s'étayer du témoignage de*
« *M. le baron* Louis *et* du mien, et qu'il proposa à
« l'empereur de nous *interroger, comme des personnes*
« *que, depuis plusieurs mois, il avait vu occupées des*
« *mêmes intérêts et de la recherche des moyens de les*
« *ménager*.......'. Lorsque mon tour de parler fut venu,
« *j'éclatai* par la déclaration que nous étions tous roya-
« listes, que toute la france l'était comme nous;
« que si elle ne l'avait pas *montré*, il ne fallait en accuser
« que les négociations continues de Châtillon; qu'elles
« avaient suffi pour tout *allanguir;* qu'il en était de
« même de Paris; qu'il se prononcerait aussitôt qu'il

« serait appelé à le faire, et qu'il y aurait de la *sûreté*
« (*N^a:* c'est-à-dire lorsque les Parisiens seraient enchaînés
« et hors d'état de remuer, de parler, de vouloir!); que
« d'après l'influence que Paris exerçait sur la France,
« depuis la révolution, son exemple serait décisif et
« répété partout. — L'empereur s'adressa de nouveau
« au roi de Prusse et au prince de Schwartzemberg; ils
« répondirent dans un sens parfaitement conforme à
« celui des opinions que *nous* avions émises. Eh bien !
« dit alors l'empereur Alexandre, je déclare que je ne
« traiterai *plus* avec l'empereur Napoléon : il fut observé
« que Napoléon seul se trouvait exclus par cette décla-
« ration qui n'atteignait pas sa famille; et, *sur nos re-*
« *présentations*, l'empereur ajouta : ni avec aucun
« membre de sa famille. — On obtint de ce monarque
« que cette déclaration, qui devait fixer l'opinion de la
« France, fût rendue publique; deux heures après, elle
« couvrait les murs de la capitale. — Cette déclaration
« était tout : c'est elle qui a fixé le sort de la France,
« en écartant l'obstacle qui était entre elle et ses anciens
« souverains, en liant les souverains alliés, en assurant
« à la cause des Bourbons l'appui de leurs forces. — (Si
« une déclaration contraire eût été prise, par exemple la
« régence, qu'auraient eu à opposer LES ROYALISTES,
« EN BIEN PETIT NOMBRE, aux armées étrangères, obéis-
« sant aux ordres de leurs maîtres, *aux armées fran-*
« *çaises, s'unissant à elles* pour faire prévaloir l'ordre
« qui s'éloignait le moins de leurs habitudes, *qui mena-*
« *çait le moins leurs intérêts*, et dont Napoléon lui-
« même devait le moins les détourner, puisqu'il finit
« par le solliciter? Le conseil-général du département
« de la Seine, le sénat, le corps législatif, *auraient-ils*
« osé s'élever contre cette résolution, *sans aucun moyen*
« *de prévaloir contre elle?* Paris occupé, enveloppé par

« des armées immenses et victorieuses, gouverné au nom
« du fils de Napoléon, aurait *appris* à la France à le
« reconnaître, comme il a montré à *reconnaître* le roi;
« *les royalistes sans appui* auraient dévoré en secret
« leurs douleurs; Bordeaux *aurait fait en avril* 1814
« *ce qu'il a fait en avril* 1815; la Vendée aurait jeté un
« *dernier et inutile éclat,* et le gouvernement reconnu
« et appuyé par les alliés serait *devenu et resté* celui de
« la France.) » — *Nota.* Tous les passages renfermés entre ces deux parenthèses sont supprimés dans une grande partie des exemplaires du pamphlet de M. de Pradt, au moyen d'un carton fait à la page 71 : sans doute l'indiscret écrivain s'aperçut, mais trop tard, qu'il était allé trop loin : et cependant, il n'avait lancé son *récit* dans le public que deux ans environ après le 31 mars 1814; mais il jugeait déjà, en 1816, que de telles révélations étaient intempestives et nuisibles à la cause qu'il avait servie, en faveur de laquelle il n'avait négligé aucune manœuvre souterraine : il nous l'apprend lui-même.

« A la fin du conseil, nous mîmes tous nos soins à
« empêcher l'effet des représentations que les négocia-
« teurs, au nom de Napoléon, pourraient chercher à
« produire. Si nous ne pûmes les empêcher d'arriver,
« on parvint du moins à abréger leur séjour, et à en
« *atténuer* l'effet. Dès que nous fûmes sortis du conseil,
« M. le baron *Louis et moi,* nous travaillâmes à nous as-
« surer d'un des généraux les plus influens, et *nous dé-
« pêchâmes vers lui* (M. de Pradt ne le nomme pas)...»
« Dès ce moment, la révolution fut consommée..... »

M. l'abbé de Pradt démontre : 1° Que la nation française, loin de désirer le retour des Bourbons, était disposée à s'y opposer en masse. 2° Que les souverains alliés prenaient fort peu d'intérêt à ces princes, et ne songaient même pas, en arrivant à Paris, à les placer sur le trône de France. 3° Que la trahison de plusieurs hauts fonctionnaires civils et militaires ouvrit à la maison de Bourbon les portes de la capitale. 4° Que la maison de Bourbon fut redevable de sa restauration aux baïonnettes de l'étranger. 5° Que les souverains alliés furent induits en erreur sur les véritables dispositions de la nation française. 6° Enfin, que les vœux de la nation ne furent nullement consultés, et qu'elle fut obligée, au contraire, de se soumettre *malgré elle* au monarque que les étrangers lui imposaient. — M. de Pradt n'a pas senti la portée de son *récit;* nous sommes persuadé qu'un aussi bon *royaliste* que lui ne l'aurait pas publié si long-temps après l'événement du 31 mars, pour se glorifier de la part qu'il y aurait prise : nous ne lui ferons pas, d'ailleurs, le tort de penser qu'il n'aurait pu, en livrant de tels matériaux à l'histoire, résister au besoin de parler de lui, et de ne garder aucun secret, même en ce qui le concerne le plus particulièrement.

Malheureusement pour lui, M. de Pradt ne se refuse aucune indiscrétion : son *Histoire des affaires d'Espagne*, 1808, son *Histoire de l'ambassade de Pologne*, 1812, l'attestent à chaque page : les insinuations les plus fâcheuses y sont lancées contre les personnages qui déplaisent à l'écrivain ; dans ce dernier ouvrage, M. de Pradt dénigre, et outrageusement, deux personnages infiniment estimables, M. Bignon et M. le duc de Bassano, dont l'honneur, la fidélité à leurs devoirs envers Napoléon, les services rendus à la patrie, le caractère politique et le patriotisme sont honorés et chéris par la nation française : M. de Pradt en a été, il est vrai, *châtié* publiquement par M. Bignon sur les boulevards ; et, pédestrement, dans les appartemens, en présence même de M. de Talleyrand (qui en a fait d'excellentes

plaisanteries), par M. le duc de Vicence (Caulaincourt)!!!
Il faut dire ces choses, afin que les historiens à venir sachent à quoi s'en tenir sur la vérité des faits mis en avant par M. de Pradt; faits dénaturés et tronqués selon les passions de l'écrivain.

Les matériaux dont il a *enrichi* le 31 mars sont précieux sous le rapport de leur authenticité, quant aux personnes, puisque aucune des parties intéressées ne les a démentis : le silence observé à cet égard, depuis seize ans, par M. le prince de *Talleyrand*, le baron *Louis*, le duc de *Dalberg*, le maréchal *Marmont*, duc de *Raguse*, le baron *Vitrolles*, etc., etc., ne saurait laisser aucun doute sur la véracité, la franchise, les *services*, le royalisme de l'écrivain du 31 mars 1814. Au surplus (et tout bon Français s'en réjouit), M. l'abbé de Pradt trouvera dans la *restauration*, malgré *son oubli de soi-même*, un juste et solide dédommagement de ses courses, de ses intrigues, de ses peines infinies : le *gouvernement provisoire* le nommera *commissaire aux grandes chancelleries réunies de la Légion-d'Honneur et de l'ordre de la Réunion, dont les chefs étaient absens.* A son arrivée à Paris, Louis XVIII le nommera *chancelier* de la Légion-d'Honneur : M. de Pradt conservera cette place pendant quelques mois, et destituera la moitié des employés de cette administration qui témoignera hautement son indignation; plusieurs de ces honorables pères de famille, privés de leurs emplois, sans motifs, contre toute justice, diront-ils, maltraiteront M. le *chancelier;* l'un deux, M. *Dupays*, ira le relancer jusque dans son cabinet et menacera le prélat de lui brûler la cervelle, s'il ne rétracte *à l'instant*, et *en bonne et due forme*, sa destitution; le prélat obtempérera de suite..... Le 9 février 1815, l'ex-chancelier *obtiendra*, sur les fonds de la Légion-d'Honneur, une pension de 10,000 francs dont il jouit encore, 1834 ; il jouira, en outre, de son traitement de commandeur de la Légion-d'Honneur. Nous ignorons s'il n'a pas obtenu ; en 1814, une pension sur les fonds du ministère des affaires étrangères, en sa qualité d'ancien ambassadeur. M. de Pradt traitera, avec le roi des Pays-Bas, de son archevêché de Malines ; il en demandera 12,000 francs de pension annuelle, avec *garantie*; le roi des Pays-Bas accèdera au marché, et M. de Pradt lui dira : « Maintenant, sire, l'archevêché « de Malines est à votre majesté. » Le fait est positif, nous l'avons entendu raconter par M. de Pradt. — Très-bon royaliste en France ; M. de Pradt sera meilleur républicain encore dans l'Amérique du Sud ; il enverra d'excellens mémoires constitutionnels et *libéraux* à Bolivar, *libérateur* de la Colombie ; qui le gratifiera d'une pension de deux mille piastres fortes (10,500 fr.). — Ainsi, royaliste, ecclésiastique, libéral, M. l'abbé de Pradt recevra, dans ces trois qualités, une honorable récompense de ses travaux politiques, scientifiques et apostoliques.

Nous ne pouvions nous dispenser d'entrer dans les détails ci-dessus ; il était nécessaire de faire connaître l'ouvrage et l'auteur, puisqu'il s'agit de « l'événement le « plus important de notre âge, la restauration du 31 « mars 1814 : » M. de Pradt a été *témoin* et *acteur*, il dit ce qu'il a *fait* et *vu*, et il ajoute : « que tout le « monde en fasse autant, et ne fasse que cela, et dans « le moment l'histoire reprend ses droits à la confiance. » Nous croyons répondre à ce noble appel historique, en reproduisant les passages les plus saillans du *récit* de M. l'abbé de Pradt ; nous ne ferons plus qu'une observation : les délibérations du conseil-général du département de la Seine, du sénat *conservateur*, du corps-législatif, relativement à la déchéance de Napoléon Bona-

parte, et à la restauration de la maison de Bourbon, ces délibérations furent prises par *moins de la moitié* des membres de ces corps politiques ou administratifs : en conséquence, elles ne sauraient sous aucun rapport être considérées comme exprimant le consentement, encore moins le vœu de la nation française.... Nous voulons dire la vérité, et il faut que nos neveux sachent bien comment on trahit la patrie et le prince, comment on livre et on vend la capitale d'un empire, comment l'on met une nation et un royaume à la disposition des étrangers ; ici nous n'entendons nullement parler de M. de Pradt, dont les intentions étaient irréprochables et toutes loyales, nous en sommes persuadé ; mais il faut que nos neveux sachent comment on *escamote* l'esprit public ; nous reproduirons quelques traits d'un tableau de l'entrée de l'empereur Alexandre à Paris, tableau tracé par un témoin oculaire digne de foi : — « Son cortége, en
« avançant sur les boulevards, fut bientôt augmenté
« d'une foule de Français que nos armées n'avaient ja-
« mais vus dans leurs rangs ; des *Montmorency*, des
« *Doudeauville* (la Rochefoucauld), des *Noailles*, etc.,
« qui voyaient l'ennemi pour *la première fois*, s'em-
« pressaient de lui faire les honneurs de la capitale, et
« de mettre à ses pieds les *hommages* et *la joie* du peu-
« ple français. A les entendre, toute la France soupi-
« rait après lui depuis vingt ans. » — « Des femmes (des
« salons de la Chaussée-d'Antin et du faubourg Saint-
« Germain) parées comme pour une fête, ivres de joie
« et comme frappées de folie, agitaient leurs mouchoirs
« en l'air, en criant : vive l'empereur Alexandre ! Je
« n'étais pas assez éloigné pour ne pas reconnaître parmi
« elles beaucoup de dames dont les maris avaient pen-
« dant long-temps rempli des fonctions élevées à la cour
« déchue, et qui, elles-mêmes, comblées d'honneurs et

« de richesses, avaient été attachées au service des deux
« impératrices. Je pourrais les nommer ; mais pourquoi
« flétrir leurs noms ? — L'empereur Alexandre n'avait
« trouvé nulle part, sur sa route, cet enthousiasme tant
« vanté des Français pour le roi et sa famille ; il eut
« la franchise d'en convenir au conseil tenu chez M. de
« Talleyrand.... » (*Mémoires* du comte Lavalette).—
Cet enthousiasme avait été fabriqué par M. de Talleyrand, et par des subalternes, l'abbé de Pradt, Maubreuil, l'abbé Louis, M. Sosthène de la Rochefoucauld, Vitrolles, La Combe-Montbadon, Colleville, etc.

Que d'ignominies dans un seul jour (31 mars 1814) ; et que de désastres suivront ce jour d'ignominie !

Que d'avertissemens, que de leçons pour la nation française dans les deux années 1814 et 1815 ! — Saura-t-elle les mettre à profit ?

Nous terminerons cette digression par la citation suivante : « M. de Pradt, qui a été tour à tour publiciste, évêque, diplomate, puis écrivain politique, et qui a publié vingt ouvrages pour la propagation et l'affermissement du régime constitutionnel ; M. de Pradt, dis-je, vient d'entrer dans une nouvelle carrière ; il s'est fait agriculteur en grand, *et par pure philantrhopie*. Privé de son siége de Malines, il a formé, en Auvergne, un établissement pastoral d'un autre genre. S'il n'a pas un troupeau à conduire au figuré, il a du moins un haras et des vaches de Suisse ; il fera des expériences, il croisera des races, il établira un centre d'instruction agricole. De tels soins, diront les médisans, ne conviennent pas trop à un évêque ; les ingrats ! n'était-ce pas assez de se moquer de ses écrits, et ne devaient-ils pas admirer la conduite de ce philanthrope vénérable qui se venge si noblement de leurs sarcasmes par des bienfaits, qui, après tant d'efforts pour l'amélioration de l'espèce humaine, travaille avec un surcroît de zèle à l'amélioration de l'espèce bovine et des jumens poulinières, et qui, s'oubliant lui-même sur le déclin de l'âge, s'occupe, par un sacrifice héroïque, de fourrages, de céréales, de prairies, de bestiaux, d'étalons, de perfectionnemens des races, et d'autres essais agricoles? Aussi, *le Constitutionnel*, digne appréciateur de son mérite, l'a célébré avec effusion ; et la ferme de Pradt partagera désormais, avec celle de Roville et d'autres établissemens patriotiques, les éloges de tous les admirateurs des nouvelles méthodes. » (*Ami de la religion et du roi*, n° 1355, tome 52°, page 397, 4 août 1827.)

Malheureusement M. de Pradt abjurera, en 1830, son titre de *libéral*; il abandonnera la cause constitutionnelle, et les journaux qui célébraient cet écrivain, le *Constitutionnel*, le *Courrier français* et toutes les feuilles périodiques attachées au système représentatif, l'accableront de critiques et de sarcasmes : mais, par compensation, M. l'abbé de Pradt sera l'écrivain prôné par *la Quotidienne*, la *Gazette de France*, le *Journal des Débats* : ainsi va le monde.

14. — Présentation d'un projet de loi, portant création de quatre millions de rentes, 5 pour cent. — Cet emprunt a pour motif « les complications amenées par les affaires de Turquie et de Grèce, dans les affaires de quelques puissances, complications auxquelles la France ne doit pas demeurer étrangère ; » il a pour objet de donner au roi « les moyens nécessaires pour mettre sur un pied convenable ses armées de terre et de mer. » — Ce projet sera converti en loi, le 19 juin.

Les armées de terre et de mer resteront à peu près sur le pied d'affaiblissement où elles sont réduites, et les affaires de la Grèce se compliqueront de jour en jour, au détriment de l'influence française et de ses intérêts commerciaux; seulement la dette publique sera augmentée d'un capital de quatre-vingts millions : bagatelle !

15. — Chambre des pairs. — La chambre déclare vérifiées les lettres de grande naturalisation accordées par le roi (le 28 novembre 1827) à M. le maréchal prince de Hohenlohe-Bartenstein (Louis-Aloys-Joachim-Francois-Xavier-Antoine) et à M. le prince d'Aremberg (Pierre-d'Alcantara-Charles-Marie)... Ces deux étrangers ont été nommés pairs de France; le premier a été créé maréchal de France, à raison des « preuves de dé- « vouement qu'il a données aux princes » de Coblentz, en leur prêtant de l'argent, en levant un régiment à leur sollicitation, et en portant constamment les armes contre la France; il n'est connu par aucun fait d'armes, et ne jouit d'aucune réputation militaire : le second a secondé de ses intrigues et de ses efforts la restauration de la maison de Bourbon en 1814.

La chambre des députés *déclarera vérifiées* (25 avril) les lettres de grande naturalisation accordées à ces deux personnages : mais il y aura 83 voix *contre*, sur 217 votans, dans l'affaire du prince de Hohenlohe; et 78 voix *contre*, sur 239 votans, dans l'affaire du prince d'Aremberg.....

Dans la chambre des pairs, la vérification de ces lettres ne donnera lieu à aucune discussion; le rapport de la commission nommée pour leur examen sera fait par M. le baron *Pasquier*.

Dans la chambre des députés, le rapport de la commission nommée pour leur examen a été présenté par M. *Girod* (de l'Ain); on y trouve ces observations : «... L'introduction des étrangers dans les hautes positions de l'État a toujours excité de vives et légitimes sollicitudes. Lors de l'avénement à la régence de la reine Blanche, mère de saint Louis, on demanda à cette princesse, en sa qualité d'*étrangère*, *caution* pour son gouvernement ; il fallut tout l'ascendant que lui donnaient ses vertus et la certitude de sa tendresse maternelle pour qu'elle fût dispensée de cette caution. On conçoit en effet, Messieurs, quelle dangereuse influence pourraient exercer sur nos affaires des étrangers appelés à en partager la direction, par l'effet de séductions de palais, d'entrainemens de famille, peut-être de combinaisons de politique ennemie, et qui, liés à une autre patrie par leurs affections, leurs habitudes, leurs principaux intérêts, n'apporteraient dans leur patrie nouvelle aucun de ces généreux sentimens qui font palpiter le cœur du *citoyen*. On sent combien cette influence pourrait devenir funeste en des temps de minorité, dans des momens de trouble. Aussi, les états du royaume ont plus d'une fois réclamé des garanties contre ce danger, et il y a été pourvu par diverses ordonnances de nos rois, qui ont déclaré les étrangers *incapables* de posséder des offices ou bénéfices, et même *de remplir aucune fonction publique en France*..... Il semble indispensable que l'étranger que le roi veut élever à l'éminente dignité de pair de France obtienne *préalablement* sa naturalisation. S'il en était autrement il se pourrait que, lors de leur vérification, les lettres, par un motif quelconque, n'étant pas adoptées, l'étranger fût investi d'un titre irrévocable, dépendant exclusivement de la volonté du roi, donnant droit à de hautes fonctions politiques, et qu'il demeurât cependant *incapable* d'en user. Nous n'insisterons pas, *cependant*, sur les conséquences possibles de cette position... »

Louis XVIII s'était réservé, par son ordonnance du 4 juin 1814, le privilége d'accorder, pour de grands et importans services, des lettres de naturalisation qui élevassent un étranger à la plénitude de la qualité de citoyen français ; seulement, il avait laissé aux deux chambres la liberté, ou si l'on veut, la faculté de vérifier ces lettres. C'est là un acte arbitraire, et du premier ordre ! En effet, des lettres de naturalisation ont été accordées par la couronne, 1815 et 1816, au comte Loverdo, au duc d'Alberg, au banquier et agioteur Greffulhe, etc. ; elle fait présent de lettres de naturalisation au prince de Hohenlohe et au prince d'Aremberg ; et quels *grands* et *importans* services ont rendus ces divers personnages à la France? Des milliers d'étrangers en ont rendu de plus brillans, de plus utiles à la patrie dans cette lutte sanglante de 22 années qu'elle eut à soutenir contre l'Europe entière ; cependant la couronne a-t-elle accordé des lettres de naturalisation aux plus illustres d'entre eux ? Non ; une si haute récompense est décernée aux courtisans, aux favoris des princes.... C'est aux chambres, à la puissance législative, que devrait appartenir le droit d'accorder des lettres de naturalisation ; laisser un droit de si haute importance à la merci de la couronne, c'est lui livrer une des plus belles prérogatives de la souveraineté nationale : l'on peut juger par cette considération seule, combien la Charte *octroyée* est entachée d'ancien régime et se prête au bon plaisir.

Une matière d'ordre politique aussi élevé nous fait un devoir de rapporter quelques passages de l'opinion émise par M. Dupin ainé, qui démontre l'illégalité des ordonnances royales de grande naturalisation, de l'aveu même de Louis XVIII ; le député cite le préambule de l'ordonnance rendue par le monarque, le 4 juin 1814 ; préambule fort curieux : « Nous nous sommes fait représenter « les ordonnances des rois nos prédécesseurs relatives « aux étrangers, notamment celles de 1386, de 1431, et

« celle de Blois, art. 4, et nous avons reconnu que,
« par de graves considérations, et à la demande des états-
« généraux, ces ordonnances ont déclaré les *étrangers*
« *incapables de posséder des offices ou bénéfices, ni*
« *même de remplir aucune fonction publique en*
« *France.......* » Louis XVIII reconnait *l'illégalité*, il
s'en empare et l'érige en privilége royal!!! C'est ainsi
qu'il *renoue la chaîne des temps anciens aux temps
modernes.*

Dans une improvisation forte de logique et de preuves
matérielles, M. Dupin dit : « Une loi eût été nécessaire,
car donner à un étranger la plénitude des droits de citoyen, lui donner entrée dans les chambres législatives,
c'est une *dissolution du pacte social*, c'est nous *imposer*
un associé, c'est le faire entrer en partage des bénéfices
de l'association..... C'est de l'intérêt de tous qu'il s'agit,
c'est de l'intérêt même du trône : le prince ne peut mal
faire, je le sais; mais il peut être trompé, il peut être
subjugué; les lettres peuvent être *subreptices* ou *obrep-
tices :* nous contractons avec un homme qui contracte
avec nous; s'il est digne d'être notre concitoyen, nous
l'admettons; nous ne l'admettons pas s'il n'en est pas
digne..... En examinant le matériel des lettres dans leur
forme, j'y ai trouvé une chose qui m'a paru étrange, et
qui fait supposer qu'*on peut être pair de France avant
que d'être Français :* ainsi on verrait l'effet avant la
cause, l'attribut avant le sujet, la grâce avant la capacité...
On leur a accordé des lettres de grande naturalisation,
dans lesquelles on dit que ces lettres leur seront nécessaires pour jouir de la faveur *précédemment* accordée.
C'est la chose la plus grave; c'est une nullité complète,
sur laquelle personne de nous ne peut passer. »

Après avoir prouvé combien ces lettres sont vicieuses
dans la forme, *copiée sur les formules de l'ancienne*

chevalerie, prise dans les anciens protocoles, dans ceux contre lesquels les parlemens se sont souvent élevés, M. Dupin demande si les *services* sont tels que les exige l'ordonnance de 1814, et, passant au fond, il ajoute : « Il faut le dire, les lettres m'ont paru peu satisfaisantes sur ce point; elles sont peu détaillées, et, dans le rapport, je n'ai pas même trouvé le mot de *services*, je n'y ai trouvé que celui de *motifs;* il me semble qu'il faut plus que cela..... » M. Dupin réduit à leur juste valeur les *services* rendus à la patrie par M. le prince d'Hohenlohe et par M. le prince d'Aremberg : ces deux personnages ont contribué, il est vrai, de leurs vœux et de leurs intrigues, aux événemens du 31 mars 1814 ; mais ce ne sont pas là des services rendus à la France!... L'habile jurisconsulte démontre que le prince maréchal et le prince non-maréchal sont loin de mériter de si éclatantes rémunérations ; son discours produit une vive sensation ; l'honneur national sait gré à M. Dupin de ses nobles et courageuses observations.

17. — Cour royale de Paris. — Réunion de toutes les chambres, pour délibérer sur la proposition faite par M. le président Desèze, d'enjoindre au procureur-général d'exercer des poursuites en *tendance* contre plusieurs journaux, auxquels on imputait d'avoir, dans une série d'articles, manifesté un *esprit* de nature à troubler la paix publique. — La cour a décidé qu'il n'y avait pas lieu de charger M. le procureur-général de poursuivre les journaux inculpés.

C'est trois jours après la présentation par M. le garde-des-sceaux d'un projet de loi sur la presse périodique, projet dans lequel sont abolies toutes poursuites pour *tendance*, que M. le président Desèze fait sa proposition ; c'est ne pas perdre de temps pour jouir, jusqu'à la fin de la loi de *tendance,* ou d'*inquisition* de la pensée, encore en vigueur! Au demeurant, la proposition de ce président offre un luxe de *légalité* qui ne doit pas surprendre; il est fidèle à l'esprit de l'administration Villèle et Peyronnet dont il était une petite colonne judiciaire.

20. — Portugal. Lisbonne. — Déclaration de l'infante D. Isabella-Maria, dont la publication est ordonnée par D. Miguel.

21. — Suède. — Ouverture du storthing de Norwége, réuni à Christiania... Le roi prononce un discours plein de dignité, de sagesse et de patriotisme; l'on y retrouve ces sentimens généreux, cette élévation de vues et cet amour pour le peuple qui font bénir, dans les deux royaumes, le gouvernement du roi Charles-Jean, depuis le jour de son avénement au trône.

21. — Ordonnance du roi, sur l'enseignement primaire. — Elle prescrit la formation, dans chaque arrondissement de sous-préfecture, d'un comité gratuit pour surveiller et encourager l'instruction publique; il sera composé de neuf membres, savoir: un délégué de l'évêque, et, à son défaut, le curé de la ville; le maire, le juge-de-paix et six notables, dont deux à la nomination de l'évêque, deux à la nomination du préfet, et deux à la nomination du recteur. Le comité sera présidé par le délégué de l'évêque ou par le curé, et pourra délibérer au nombre de cinq membres..... Cette dernière disposition place les comités sous l'influence et la direction de l'évêque; les jésuites, et les frères des écoles chrétiennes, dits vulgairement *ignorantins*, hommes de peine du jésuitisme, continueront ainsi à tenir la haute main

dans l'enseignement primaire, qui ne recevra, par conséquent, aucune amélioration sensible.

L'ordonnance de ce jour est une ampliation de celles rendues pendant l'administration *Villèle*, dont le génie plane sur le nouveau ministère : *Saint-Acheul* et *Montrouge* applaudissent au rapport présenté au roi par le ministre secrétaire-d'état au département de l'instruction publique, Vatimesnil ; rapport, dans lequel ce ministre dit : « Il est nécessaire que l'enseignement primaire soit religieux. Il faut donc que la surveillance à laquelle on le soumet soit organisée de telle manière, que les supérieurs ecclésiastiques y prennent une part *efficace*. » M. Vatimesnil est, nous n'en doutons pas, animé du meilleur esprit et dirigé par les principes les plus constitutionnels, mais il se trompe étrangement dans les moyens mis en avant pour perfectionner l'instruction primaire ; l'ordonnance royale achève de la livrer au parti-prêtre, il pourra admettre ou refuser tout instituteur qui se présentera, le destituer sans jugement après l'avoir admis, et exiger de lui une soumission passive aux doctrines religieuses de l'ultramontanisme... M. *Frayssinous*, évêque d'Hermopolis, n'eût pas mieux travaillé en faveur du jésuitisme que M. Vatimesnil.

21. — Mort de M. Riffardeau, duc de Rivière, pair de France, lieutenant-général, gouverneur du duc de Bordeaux, etc., au château des Tuileries, à l'âge de 65 ans. Il était né dans la classe du peuple.

Violent ennemi de la révolution française, M. de Rivière quitte la France en même temps que M. le comte d'Artois, et se dévoue à la personne de ce prince dont il devient l'un des plus actifs agens de conspirations et d'intrigues politiques. Il avait fini par adopter, dans toute son étendue, cette maxime dont les soutiens de *l'autel* et du *trône* ont fait, depuis 1789 jusqu'à ce jour, une si désastreuse application à la France : « *qui veut la fin, veut les moyens* ; » il ne faut donc pas s'étonner de trouver le nom de M. de Rivière dans toutes les pages sanglantes de la contre-révolution : « J'exécutais (a-t-il dit devant nous) les ordres de mon *maître*. » Il appelait ainsi le comte d'Artois. Infatigable émissaire de la guerre civile dans les provinces de l'ouest, il courut de grands dangers dans les nombreuses missions dont il se trouvait chargé, et fit preuve d'un rare courage dans plusieurs circonstances désespérées ; à l'époque de la conjuration de Georges Cadoudal, Pichegru et Moreau, qui avait pour but l'assassinat du premier consul Bonaparte et le renversement du gouvernement existant, M. de Rivière déploya un caractère et un dévouement d'autant plus honorables que plusieurs de ses co-accusés, et notamment M. de Polignac, ne lui en donnèrent pas l'exemple ; sa conduite devant le tribunal qui allait décider de son sort, excita l'admiration de l'homme à la vie duquel il venait d'attenter ; Bonaparte savait apprécier l'honneur et la fidélité, même dans ses ennemis. Ce grand homme fit publiquement l'éloge de la conduite de M. de Rivière, lui accorda la vie et commua la peine capitale en une captivité qui fut, dans les derniers temps, adoucie au point de laisser pleine liberté à M. de Rivière.

Ce fougueux émigré servait une mauvaise cause, mais il la servait avec une inébranlable fidélité ; il apportait, si on peut le dire, de la loyauté jusque dans le crime ; il le croyait *légitime*, le commettant au nom de la religion et de la royauté ! On n'en est que plus douloureusement affecté de voir ce *chevalier sans peur et sans reproche* (ainsi le désignait le comte d'Artois) accorder sa protection, son estime et son amitié au monstre du midi, à ce *Trestaillon* dont les forfaits ont épouvanté la contre-révolution elle-même. L'opinion publique accusa M. de Rivière d'avoir été l'ordonnateur, ou tout au moins le grand complice de l'assassinat du maréchal Brune, et des assassinats médités en 1814, 1815, contre la personne de Napoléon et de divers membres de la famille impériale : il était alors gouverneur de la 8ᵉ division militaire, et l'un des commissaires extraordinaires chargés d'organiser, sur tous les points de la France, les plus sanglantes réactions... Il fut généralement soupçonné d'avoir provoqué les attentats qui ensanglantèrent à cette dernière époque Marseille, Nimes et tout le midi de la France... Sans doute l'opinion publique était égarée sur le compte de M. de Rivière, et nous aimons à penser que les accusations et les soupçons lancés contre lui étaient dénués de fondement, du moins en partie : quoi qu'il en soit, jetons un voile sur ces temps d'exécrable mémoire, ils sont trop près de nous ; nos neveux connaitront d'ailleurs, ils diront tous ces crimes dont plusieurs des principaux acteurs se glorifient encore ! M. de Rivière est mort en les déplorant ; il les rejetait sur la nécessité des circonstances, sur une fidélité jurée au nom de l'honneur : le véritable honneur ordonne le parjure, lorsque le serment est criminel !.....

M. de Rivière sera honoré, pendant sa maladie, des visites du roi, de celles des princes et princesses de la famille royale ; comblé d'honneurs et de bienfaits par Charles x, il recevra, après sa mort, des preuves signalées de la bienveillance particulière que lui portait le monarque. M. de Rivière a laissé deux fils et une fille ; on lira dans le *Moniteur :* « Le roi a ordonné que le jeune Charles de « Rivière, fils puîné du défunt et filleul du roi, conti- « nuât à habiter les Tuileries et fût élevé avec M. le « duc de Bordeaux »... Dites après cela que la *re-*

connaissance est un sentiment étranger au cœur des princes !

Nous avons parlé, en toute vérité, de l'homme public; nous n'en serons que plus empressé de rendre aux qualités privées de M. de Rivière la justice qui leur est due. M. de Rivière était naturellement doux et bienveillant; il avait des manières polies, affables, mais elles sentaient un peu trop la bourgeoisie : chez lui, le nouveau grand seigneur de la restauration se reconnaissait de suite; ce n'était ni l'homme de cour, ni l'homme de qualité de l'ancien régime : né plébéien, le favori de Charles x. payait le tribut de son origine ; on trouvait en lui le courtisan plus vain qu'orgueilleux de sa haute élévation et de tant de faveurs accumulées sur lui : mais l'*homme* était naturellement bon, il obligeait ses amis et se montrait sans vindication contre ses ennemis. D'un esprit borné, dépourvu de connaissances politiques, M. de Rivière n'avait pas même cette instruction que donne une éducation ordinaire ; il écrivait mal et sans orthographe, ce qui dénote une certaine ignorance, même dans les princes ; d'un autre côté, il appréciait les talens et ne s'en montrait pas jaloux; il les protégea plus d'une fois de sa bourse et de son crédit. Médiocre sous tous les rapports, M. de Rivière serait resté dans une profonde obscurité, si la contre-révolution ne fût venue le placer aux premiers rangs de la scène politique; elle mit le dernier sceau à ses faveurs pour lui, en le chargeant de diriger l'instruction de l'héritier présomptif de la couronne. Nommé gouverneur de M. le duc de Bordeaux, M. de Rivière avait eu le duc Mathieu de Montmorency pour prédécesseur dans cette importante fonction ; il aura pour successeur M. le baron de Damas : voilà trois illustres incapacités dans le même emploi, et presque à bout portant.

« L'on est de plus en plus étonné de la quantité d'hommes médiocres dont la restauration des princes de Coblentz a gratifié la France : quels précepteurs, quels gouverneurs pour le prince destiné à régner sur elle! Le duc de Bordeaux en aura bientôt un plus sévère, *l'exil* : mais que lui apprendra-t-il? rien. Les princes sont, de leur nature, incorrigibles; et les plus cruelles leçons de l'adversité sont perdues pour eux... Les princes royaux, particulièrement, sont tous plus ou moins corrompus par leurs courtisans ; arrivés à la couronne, ils sont bientôt enivrés par le pouvoir qu'ils exercent et l'idolâtrie qu'on leur prodigue... Alors ils n'entendent plus la vérité, ou ils la repoussent lorsqu'elle se présente..... Le plus grand des quatre cents empereurs ou rois que comptent les temps modernes, Napoléon lui-même est demeuré constamment sourd aux avertissemens que la fortune lui prodiguait en Espagne, en Moscovie, dans les plaines de la Saxe, dans celles de la Champagne; le rocher de l'île d'Elbe ne l'avait pas corrigé du despotisme, et le rocher de Sainte-Hélène l'a vu expirer avec le souvenir et les regrets du pouvoir absolu de ses couronnes... Trouve-t-on dans les histoires anciennes ou modernes un seul chef de gouvernement qui ait jamais dit du fond du cœur : *C'est ma faute, j'ai eu tort ?*

M. le comte de Sesmaisons prononcera, dans la chambre des pairs, 13 mai, un discours « pour honorer d'un juste « hommage la mémoire du duc de Rivière, ce qu'il re- « garde (dit-il) comme un devoir d'après les sollicitations « qui lui ont été adressées par les habitans de son pays, « par les compagnons de Charette et de tant d'autres « chefs de l'héroïque Vendée.... » L'éloge que fait M. de Sesmaisons du dévouement du duc de Rivière à la personne et à la cause de Charles x, notamment devant la cour d'assises à l'époque du procès de Georges Cadoudal,

Pichegru, Moreau, etc., cet éloge est mérité et l'histoire le confirmera : mais M. de Sesmaisons, entraîné par son amitié et par les doctrines du pur royalisme, va, ce nous semble, beaucoup trop loin; à propos de la lettre que M. le comte d'Artois (depuis Charles x) écrit à M. de Rivière (qui vient de le quitter à l'île Dieu) pour lui témoigner « sa joie d'apprendre qu'il est parvenu à dé-« barquer et à rejoindre *sain et sauf* les rebelles de la « Vendée, » M. de Sesmaisons dit : « Nobles pairs, « n'est-ce pas là une lettre de Henri iv à Crillon? » M. de Sesmaisons se trompe : il y a une immense distance entre les deux militaires, entre les deux princes. Crillon ne fut jamais accusé, soupçonné de conspirer avec des assassins; Henri iv n'ordonna jamais des assassinats! — M. de Sesmaisons a été induit en erreur relativement à la commutation de la peine de mort à laquelle fut condamné M. de Rivière; il ne dut pas sa grâce aux sollicitations de *l'amour fraternel*, mais à celles de l'impératrice Joséphine; du prince Murat*, etc. (V. *Histoire de France*, etc., tome vi, pag. 125-127), et à la grandeur d'âme de l'empereur Napoléon. Il ne faut jamais altérer la vérité historique, quelques louables motifs que l'on ait pour cela.

22. — Ordonnance royale qui prescrit l'érection de la statue équestre de Louis xv au rond-point des Champs-Élysées. — L'histoire a couvert d'opprobre la mémoire de ce prince, dont le règne est l'un des plus honteux et des plus funestes que la France ait subis dans cette longue

---

* M. de Rivière commit envers ce prince un acte d'ingratitude atroce; il le fit *traquer*, en 1815, comme une bête féroce; et, après avoir tout employé pour le faire assassiner dans le Midi et en Corse, il le força, en quelque façon, à se jeter dans la folle entreprise qui lui coûta la vie.

période de rois capétiens qui firent, presque tous, le malheur de leurs peuples. Charles x veut réhabiliter la mémoire du Sardanapale français; c'est l'un des actes les plus impolitiques, les plus attentatoires à l'honneur national que pût se permettre le nouveau ministère. Un roi de France qui souffrit la présence d'un commissaire anglais dans le port de Dunkerque, qui laissa démembrer la Pologne sans oser présenter une note contre cette atroce violation du droit des gens et de la dignité des couronnes, qui dilapida les finances de l'État, fit le monopole des blés et affama le peuple; qui viola toutes les lois de la monarchie et détruisit la magistrature elle-même; qui déposa son sceptre aux pieds des courtisanes, des prostituées de la voie publique, ce monarque a été jugé sans appel par le peuple, et le jour même où le royal cadavre pestilentiel fut transporté aux tombes de Saint-Denis.

L'opinion nationale avait condamné Louis xv vingt ans avant sa mort, à l'époque de l'inauguration de la statue équestre que les courtisans lui décernèrent, statue digne d'eux et de lui! Voici les réflexions de Bouchardon sur ce monument : « Le piedestal m'a paru d'une forme très-agréable et très-élégante. Il y a, aux quatre angles, quatre figures de femmes en cariatides, qui représentent quatre vertus principales... L'idée de faire porter un homme à cheval par quatre femmes m'a paru absurde. » — On lit, dans la correspondance littéraire de Grimm : « Un mécontent, et la guerre de sept ans en avait rendu le nombre bien grand en France, fit ainsi allusion à cette disposition du monument :

« Grotesque monument, infâme piédestal!
« Les vertus sont à pied, le vice est à cheval. »

Un autre se permit de faire courir les vers suivans :

« Il est ici comme à Versailles :
« Il est sans cœur et sans entrailles. »

Enfin, plusieurs arrestations eurent lieu pour découvrir l'auteur d'un placard apposé sur la nouvelle statue, et ainsi conçu : « *Statuæ statuæ.* »

Grimm n'a pas dit toute la vérité. La statue de Louis XV fut couverte, pendant plus de six mois, de placards où l'indignation et le mépris étaient versés à pleines mains sur le sigisbé de la Pompadour et de la Dubarry, sur ce crapuleux débauché dont la mort et le convoi excitèrent une allégresse générale et spontanée.

Voilà le roi que le gouvernement de Charles X vient imposer à l'amour et aux respects de la nation française, après 40 années d'une révolution qui a détruit le régime du bon plaisir, et renversé de fond en comble le triple despotisme royal, nobiliaire et sacerdotal renfermé dans le *droit divin !*

23. — Chambre des députés. — Adoption de la proposition faite le 13 mars (V. cette date) par M. de Conny, tendant à soumettre à l'épreuve de la réélection les députés qui, pendant la durée de leurs fonctions, seraient nommés à un emploi du gouvernement. Sur 277 votans, 144 se sont prononcés *pour*, et 133 *contre*. Majorité 11. — Une aussi faible majorité montre l'influence déplorable qu'exerce encore l'administration Villèle.

Cette mesure est dans l'esprit du système constitutionnel, mais les vices dont regorge la législation électorale en paralyseront l'effet : la corruption et les intrigues employées par le gouvernement renverront presque toujours à la chambre des députés les fonctionnaires publics soumis à la réélection. Il fallait attaquer le mal dans sa source, mais c'est ce que le gouvernement se gardera bien de faire ; il l'aggravera, au contraire, au moyen des formes *légales;* et la chambre élective sera remplie de ses affidés de toutes les classes, dont les consciences et les votes lui appartiennent à prix d'argent ou d'emplois.

24. — Intérieur. — Mort du lieutenant-général comte Ruty, pair de France, directeur-général des poudres et salpêtres, conseiller d'État, etc., âgé de 54 ans.

Né à Besançon (Doubs), d'une famille honorable, il fit ses études avec la plus grande distinction au collége de cette ville, se dévoua dès 1789 à la cause nationale, et vola aux frontières, à l'âge de 17 ans, pour défendre le territoire et l'indépendance de sa patrie ; son courage et ses talens militaires le firent remarquer sur tous les champs de bataille : c'était un bon général et un bon citoyen... Le vicomte Dode de la Brunerie rendra un juste hommage à sa mémoire.

La mort moissonne, chaque année, dans les rangs de cette armée qui fit la gloire de la France : on serait ingrat envers elle si l'on ne rendait pas aux braves de cette armée la justice qui leur est due.

25 avril. — 9 juin. — Commencement des hostilités entre la Russie et la Turquie (V. 14 avril). — Le 25 avril, les Russes effectuent, sans grandes difficultés, le passage du Pruth, et entrent à Jassy, capitale de la Moldavie... Le 30, Bucharest, ville considérable de la Turquie d'Europe, capitale de la Valachie et résidence d'un hospodar, tombe au pouvoir de l'armée russe qui s'en empare sans coup férir. Les machinations et les conspirations ourdies par les agens du cabinet de Saint-Pétersbourg ont préparé l'envahissement de ces provinces que la Russie ne cesse, depuis son traité avec la Turquie

(1812), d'exciter à la révolte contre la Porte Ottomane.....
Le 30 mai, l'armée russe, par suite d'une capitulation, occupe la forteresse d'Isaktscha qui lui livre toute la province de Bessarabie... Le 6 juin, Bràhilow, ville forte sur le Danube, investie le 3 mai, capitule après une vive résistance. L'armée russe éprouve devant cette place des pertes considérables... Le 9 juin, la forteresse de Kustendji, sur le Danube, se rend par capitulation à l'armée russe.

Ces premiers succès militaires assurent l'occupation de la Moldavie, de la Valachie et de la Bessarabie, et permettent aux armées russes de se porter en avant sans crainte d'être coupées sur leurs derrières : ils sont dus, en grande partie, à l'inhabileté et à la lenteur avec lesquelles le divan a préparé ses plans et ses moyens de défense; les forces que les Turcs ont à opposer aux Russes ne sont ni concentrées, ni définitivement formées en corps d'armée; à peine une partie de ces forces est elle-même rassemblée sur certains points ; de grands mouvemens de troupes ottomanes ont lieu dans les diverses provinces européennes de la Turquie, mais aucun concert ne règne entre elles, et le grand-seigneur qui a manifesté, avant le commencement des hostilités, la résolution de prendre, en personne, le commandement de ses armées, n'ose point quitter sa capitale, dont les Russes excitent les habitans à la révolte. A peu près abandonnés à eux-mêmes par toutes les puissances de l'Europe, les Turcs doivent nécessairement succomber dans cette lutte où le nombre et la force, où l'art et la discipline militaires se trouvent du côté des Russes ; ceux-ci seront encore aidés dans cette guerre par les intelligences entretenues dans le sein du divan, et par les tentatives de corruption et de trahison pratiquées auprès des commandans des places fortes.

26. — Ordonnance du roi qui nomme le baron de Damas, pair de France, ministre d'État, lieutenant-général, etc., gouverneur du duc de Bordeaux. — Cette nomination porte le contre-seing de M. Roulet, dit *La Bouillerie*, intendant-général de la maison du roi, c'est-à-dire, homme d'affaires chargé d'administrer la liste civile et les domaines de la couronne..... L'éducation du prince héritier du trône est restée en dehors de la Charte, et l'État ne paie pas les gages du gouverneur de ce prince ; ainsi, le choix de ce gouverneur appartient naturellement au roi, comme officier de la couronne, et il peut être nommé par brevet, sans contre-seing ministériel. — Les nominations des deux précédens gouverneurs du duc de Bordeaux furent contre-signées par *le ministre secrétaire d'État au département de la maison du roi :* mais les ministres de la maison du roi n'ont jamais dû être, ils ne peuvent pas même être des secrétaires d'Etat à porte-feuilles et responsables ; leur seule mission est l'administration de la liste civile, et le titre d'intendant est le seul qui leur convienne.

En ne qualifiant M. Roulet de La Bouillerie que du titre d'intendant, l'ordonnance de ce jour semblerait donc indiquer une espèce de retour aux principes constitutionnels ; il y avait eu dérogation à ces principes en fesant contre-signer, dans les deux ordonnances précitées, la nomination du personnage chargé des plus importantes fonctions de l'État, celle de gouverneur de l'héritier du trône, par des *ministres secrétaires d'État* de la maison du roi, qui n'étaient au fond, malgré ce titre pompeux, que des intendans non responsables ; il y a encore dérogation à ces principes, ou tout au moins grande inconvenance à faire contre-signer une ordonnance aussi importante par un homme, le sieur Roulet La Bouillerie, qui n'est pas même qualifié de ministre et ne porte que le titre qui lui convient, celui d'intendant de la liste civile.

S'affranchir de toute forme constitutionnelle, de toute espèce de déférence, d'égards, même de billets de faire-part, vis-à-vis des chambres législatives, dans une nomination d'une aussi grande conséquence pour la nation que celle du personnage chargé de l'éducation du prince qui doit la gouverner un jour, c'est faire, quoi qu'on en puisse dire, un grand pas vers l'absolutisme et annoncer un grand dédain pour l'opinion nationale : mais les jésuites commandent au conseil royal, il faut leur obéir..... En définitive, si la nation tolérait, et devait se résigner encore à tolérer le petit-fils de Charles x, à l'ombre d'une constitution menteuse, ce ne pouvait être qu'à la condition que le gouverneur choisi pour le duc de Bordeaux formerait le jeune héritier du trône pour régner, enfin, avec franchise et loyauté, suivant l'esprit et les mœurs du siècle! Mais, en confiant l'éducation de son petit-fils à des nobles et à des prêtres, c'est-à-dire à l'aristocratie et au jésuitisme, Charles x, ce royal aveugle, n'a jamais senti que c'était le frapper, dès l'enfance, du sceau de la réprobation!!! Et qui sait ce qui serait advenu d'un système contraire, pour son petit-fils, lorsque le peuple se leva (juillet 1830) contre ces princes de Coblentz qui furent, qui sont et qui veulent rester antipathiques à la nation?...

S. A. R. le duc d'Orléans a été plus généreusement inspiré : ce prince a fait élever ses enfans avec les enfans des autres citoyens; pas de gouverneurs grands seigneurs, pas de prêtres, de jésuites; il veut faire de ses enfans des *citoyens* : la nation lui tiendra compte de ces nobles et patriotiques sentimens, au moment de la révolution de juillet.

Revenons au féodal gouverneur du duc de Bordeaux.

Il serait impossible de trouver, parmi les hauts personnages de la contre-révolution et de l'émigration, un individu plus nul que M. le baron de Damas, un homme moins propre à faire l'éducation du prince destiné à monter sur le trône constitutionnel de France, à lui inspirer le respect des lois, l'amour des libertés nationales, à le rendre en un mot *citoyen* et *Français*. M. de Damas est sans réputation militaire, sans talens politiques, sans instruction littéraire, historique, scientifique, administrative. Pendant 25 ans, il a cherché des ennemis à la France et s'est glorifié de combattre dans leurs rangs; rentré avec eux dans sa patrie, il y a versé le sang français sur les hauteurs de Montmartre (30 mars 1814). Comme homme politique, cet émigré n'a cessé de manifester sa haine contre la Charte constitutionnelle; il a professé à la chambre des pairs les opinions les plus anti-nationales, les plus attentatoires aux libertés publiques; dans toutes les circonstances, ce Franco-Russe a fait montre d'une dévotion poussée jusqu'à la plus ridicule bigoterie. Il est l'homme des jésuites, du despotisme, de l'étranger : que de titres pour succéder à M. le duc Mathieu de Montmorency et à M. le duc de Rivière! Mais, si M. de Damas venait à mourir avant la majorité du duc de Bordeaux, l'on serait en vérité fort embarrassé de découvrir un remplaçant qui possédât autant de droits pour former l'éducation contre-révolutionnaire de l'*enfant du miracle*.

La nomination de M. de Damas fait une vive sensation; l'on ne voit pas, sans surprise et mécontentement, un membre de la déplorable administration de M. de Villèle, administration flétrie par la chambre des députés, par la France entière; l'on ne voit pas sans indignation un tel personnage appelé à remplir les fonctions des Montausier, des Beauvillier, des Fénelon : la couronne ne pouvait pas commettre une plus grande faute sous le rapport constitutionnel. C'est déclarer à la nation française, répétons-le, que le gouvernement patent ou occulte est décidé à persévérer dans son système de despotisme et d'avilissement, et que les libertés nationales n'ont rien à attendre de lui, même dans *l'avenir.*

28 AVRIL — 12 MAI. — Chambre des députés. — Ouverture de la discussion du projet de loi relatif à la révision annuelle des listes électorales et du jury. — Le projet a été présenté le 25 mars ; plusieurs séances ont été consacrées à la discussion générale, elle sera fermée le 30 avril ; la délibération sur les articles du projet, et sur les nombreux amendemens qu'il subit, commence le 1er mai et se prolonge jusqu'au 12 mai... Il est procédé au vote, par scrutin secret, sur l'ensemble de la loi ; elle est adoptée. Nombre des votans, 362; *pour,* 257; *contre,* 105 ; *majorité* en faveur de la loi, 152.

Une aussi forte majorité annonce que la nouvelle chambre n'est pas disposée, comme la chambre *septennale* de M. de Villèle, à faire le sacrifice des droits nationaux et des libertés publiques en faveur de l'arbitraire ministériel et du bon plaisir de la couronne. Les *trois cents* de l'administration déplorable se trouvent réduits, aujourd'hui, à *cent cinq.* Puisse la chambre de 1828 persévérer dans l'esprit constitutionnel dont elle paraît animée !

Pour que les droits politiques et civils des Français, droits que la Charte *octroyée* par Louis XVIII, a proclamés en douze articles et sous le titre de *Droits publics des Français;* pour que ces droits soient assurés *de fait* comme ils ont été reconnus en *droit* à l'universalité des citoyens, il faut que la presse soit libre et que le système électoral se trouve en harmonie avec les vœux, les besoins et les intérêts de la nation. Ces deux garanties sont d'une nécessité indispensable, et, l'on ne doit pas craindre de le dire sans cesse, elles sont les seules efficaces pour arrêter les empiétemens du pouvoir; car, dans tous les temps, dans tous les pays, les États-Unis exceptés, le pouvoir tend sans cesse à restreindre les libertés publiques et à accroître le despotisme du gouvernement. Ces deux garanties doivent être considérées comme les deux ancres de salut du régime représentatif et constitutionnel; là où ces deux institutions vitales, la liberté électorale et la liberté de la presse, n'existent pas dans toute leur plénitude, ce régime est un mensonge, et la loi opprime au lieu de protéger, parce qu'il dépend des dépositaires de l'autorité de violer la loi fondamentale de l'État au nom même de cette loi. Mais, d'une part, la presse tient en éveil l'opinion nationale, elle l'éclaire et en fait une puissance irrésistible; d'autre part, les colléges électoraux donnent à la nation des représentans dignes d'elle, des mandataires animés de son esprit et ayant droit et qualité pour défendre ses droits, ses libertés, ses intérêts : alors un peuple est constitutionnellement libre; tandis qu'il est esclave, de quelques apparences de liberté que se colore le gouvernement, si les gens de l'autorité peuvent impunément enchaîner la presse et corrompre les élections dans leur source et dans leur exercice.

Un intérêt d'une si haute considération, d'où dépendent les destinées de la France, nous fait un devoir d'entrer dans quelques détails sur la loi concernant la révision des listes électorales et du jury, loi qu'on peut appeler la bataille de la liberté constitutionnelle et du pouvoir absolu : l'un et l'autre ont cherché à prendre les meilleures positions possibles. La loi nouvelle, on doit en convenir, introduit quelques améliorations dans le régime électoral; mais le gouvernement conserve toujours l'arme du *double vote* et la *septennalité* législative; il est, en outre, retranché dans le *cens* et dans l'*âge* imposés par la Charte, à l'électorat et à l'éligibilité : aussi, tant que la France ne sera pas débarrassée de ces entraves, elle n'aura qu'une représentation tronquée et fictive.

M. Favard de l'Anglade, rapporteur du projet de loi, entre dans les principes et les vœux du ministère beaucoup plus que dans ceux de la liberté constitutionnelle; il cherche à ménager tous les partis, toutes les opinions; il les caresse tour à tour, et s'attache principalement à justifier d'avance les préfets; il les dit *incapables* de fraudes! Ce rapporteur si moral ajoute : « A l'égard des peines que *quelques personnes* auraient voulu que la loi prononçât contre les préfets, la commission s'est vue dans l'impossibilité de les admettre... Quel est le préfet qui, *instruit* du serment imposé à l'électeur, ne reculerait pas devant l'idée de faire une inscription illégale...? Croire à la possibilité d'une inscription contraire à la loi avec la nécessité du serment, ne serait-ce pas supposer une espèce de *solidarité* de honte et de déshonneur entre le préfet et ceux dont il tenterait de faire des électeurs. * *Allons*, messieurs, *plus de confiance* dans les dépositaires de l'autorité!... » Et c'est lorsqu'on vient de dérouler à la tribune nationale la longue nomenclature des fraudes électorales commises par un grand nombre de préfets, que M. Favard de l'Anglade réclame en leur faveur la confiance des électeurs ; et il ne craint pas d'assurer que, « dans le système de la loi actuelle, on a pris de telles « précautions que la fraude cesse d'être *présumable!* »... *Aussi :* la loi actuelle est dépourvue de toute pénalité envers les préfets; l'inviolabilité et l'impunité des dépo-

---

* Oui, M. Favard de l'Anglade, c'est bien cela!

sitaires de l'autorité sont même consacrées de nouveau, parce que (selon le moraliste rapporteur) « il faut craindre « de les priver de la *considération* sans laquelle ils ne « peuvent faire de bien......» Rare scrupule législatif!!!

Le rapport de la commission renferme un grand nombre d'obscurités, d'omissions ; il est d'une faiblesse de raisonnement qui saute aux yeux ; l'on y remarque une foule de dispositions vicieuses, et l'on n'y aperçoit aucune garantie réelle contre les faux bulletins et les votes commandés; il garde un silence absolu sur tout ce qui se rattache à l'exercice du droit électoral ; la question des conflits élevés par les préfets est loin d'y être résolue, ou plutôt elle est laissée à la merci du gouvernement, puisque le jugement des contestations élevées relativement à la régularité des rôles, à la nature et à l'assiette des contributions, est attribué aux conseils de préfecture et au conseil d'État, c'est-à-dire à deux institutions dont les membres, révocables à volonté, sont sous la dépendance absolue du ministère de l'intérieur et du ministère de la justice.

Il serait oiseux de s'appesantir sur les vices d'un rapport complètement défectueux dans toutes ses parties principales ; il suffit de dire qu'il est empreint d'un bout à l'autre de l'esprit et des principes de l'administration *Villèle*, quelque astuce que la commission ait employée pour faire illusion sur le véritable but du gouvernement. Mais dans une question qui touche de si près aux premiers intérêts de la nation, les amis de la liberté constitutionnelle se prononceront avec autant d'énergie que de talent ; et si la majorité de la chambre n'obtient pas en faveur du système électoral toutes les garanties qu'il sollicite, elle réussira du moins à corriger une partie des abus dont il a été infecté jusqu'à ce jour.

La discussion du projet de loi est remarquable par les

efforts que déploient la plupart des membres du côté gauche de la chambre ; MM. Jars, Cunin-Gridaine, de Tracy, Dumeilet, Pataille, Benjamin Constant, Eusèbe Salverte, l'intrépide et vertueux Dupont (de l'Eure), Marschal, Duchâtel, Béranger, Humblot-Conté, Thil, Alexandre de Laborde, Mauguin, Dupin (ainé); Étienne, et surtout M. de Lafayette, etc., défendent, avec une grande force de raisonnement, les vrais principes du régime constitutionnel : les discours de MM. Mauguin et Dupin (ainé) doivent être médités par l'homme d'État ; ces deux députés obtiennent l'approbation et méritent les éloges de tous les bons Français. Il en est de même des opinions émises par M. Béranger, profond jurisconsulte, qui fait autorité en matière de législation ; ce député prouve que le projet de loi conservant aux préfets la juridiction que les précédentes lois leur ont irrégulièrement donnée, la fraude reste toujours possible, et que l'absence de toute pénalité rend la répression de cette fraude à peu près nulle....
M. Chantelauze, homme du pouvoir, ne craint pas, cependant, de reconnaître que le projet de loi renferme plusieurs contradictions et des dispositions mal coordonnées entre elles, qu'il n'offre qu'un bienfait à peu près illusoire.... Les discours de ces deux *magistrats députés* méritent une attention particulière ; les principes sur lesquels se fonde leur raisonnement politique sont d'une grande justesse, et les conséquences qu'ils en déduisent ne sauraient être contestées par un ministère qui ferait de la bonne foi politique la règle de ses devoirs.

Afin de bien éclairer une question de si grand intérêt, nous citerons quelques passages des opinions émises par M. Étienne, par M. Dupont (de l'Eure), et par M. de Lafayette, dont le patriotisme et l'énergie brillent d'un nouvel éclat dans cette occasion solennelle.

M. Étienne, dont le style brillant, et poli avec tant de soin, ne paraît pas appartenir aux discussions politiques, aux grandes questions législatives, fait preuve de courage, il dit : « Des lois toujours incomplètes et toujours à refaire sont nécessairement de mauvaises lois. Voici la quatrième sur les élections, et certainement ce ne sera pas la dernière... Je ne fatiguerai pas votre attention de détails trop pénibles pour l'orgueil national. Je ne reviendrai pas sur un passé qui est encore si près et qui est déjà si loin de nous ; seulement je prendrai la liberté de répondre à quelques orateurs, que si la délicatesse française peut souffrir de la révélation d'abus aussi intolérables qu'ils furent scandaleux, elle ne serait pas moins blessée du soin qu'on prendrait de les *atténuer* *, et que nier le mal n'est pas un sûr moyen d'en prévenir le retour. » — « On a prétendu, messieurs, qu'il avait été singulièrement exagéré ; on a mis sur le compte de la précipitation ce qui appartenait à un système justement flétri par cette chambre. » — « L'erreur était inévitable, nous a-t-on dit ; non, messieurs, c'est la mauvaise foi qui était la suite nécessaire de ce système. En effet, le corps électoral, tel qu'il est organisé chez nous, *est* l'expression réelle des intérêts généraux (M. Étienne se trompe, il fallait dire *devrait être*), et un ministère qui en combinait la ruine devait, par sa nature même, corrompre d'abord et fausser ensuite les véritables élémens du gouvernement représentatif..... De là ces longs scandales dont le récit a affligé cette tribune ; de là cette déconsidération *fâcheuse* qui a frappé les agens du pouvoir, et qui est un des plus grands crimes du dernier ministère ; de là cette loi nouvelle dont la nécessité est

---

* Ce mot, en y ajoutant celui *déguiser*, sera toute l'histoire du ministère Martignac.

un des plus terribles reproches qu'il ait encourus..... »
Tout en exprimant la nécessité de cette nouvelle loi,
M. Étienne essaie de prouver que la loi du 2 mai 1827,
loyalement exécutée, *suffirait* à la sécurité de tous les
droits ; nous n'examinerons pas jusqu'à quel point l'orateur de l'opposition s'abuse à cet égard ; il est beaucoup
plus près de la vérité, en ajoutant que « la loi nouvelle,
livrée à la mauvaise foi et à la violence, serait ou stérile,
ou impuissante... Un seul article du titre 4 lui suffirait
(au ministère) pour confisquer tous les autres. Il y a là
un germe de destruction auquel son savoir-faire donnerait le plus sinistre développement. » M. Étienne est
conséquent en ajoutant : « La loi nouvelle ne doit pas
être seulement une réparation des abus du passé, mais
une garantie des violences de l'avenir. » Il faut prévenir
ces abus, ces violences ; M. Étienne dit avec raison :
« La pénalité et la compétence sont, en effet, les deux
questions vitales du projet de loi qui nous est soumis.....
Que devons-nous donc faire, messieurs, pour échapper
à tout ce qu'une pénalité *quelconque* contre l'administration présente de difficultés à des esprits timides et
ombrageux ? Renfermons sa compétence dans les plus
étroites limites. Dépositaire des titres qui assurent les
droits des citoyens, qu'elle les fasse connaître, qu'elle
les publie, mais qu'elle ne soit pas juge souveraine de
leurs droits, parce qu'il faut bien le reconnaître : elle
devient alors juge et partie... Et remarquez, messieurs,
dans quelle confusion de juridictions vous jette un projet
présenté cependant par ceux-là même qui vous représentent sans cesse comme funeste toute idée de mélange
de l'ordre administratif avec l'ordre judiciaire! Pour les
questions de domicile, de possession annale, de délégations, l'électeur passe du huis-clos d'un tribunal révocable à l'audience publique d'une magistrature inamo-

vible. S'agit-il, au contraire, du cens, qui est la question principale de ses droits, il est dépouillé de toute garantie et renvoyé de la justice muette du conseil de préfecture à la justice lointaine et mystérieuse du conseil d'État... du conseil d'État, né d'une constitution morte, et qui n'a prolongé une sorte de vie factice qu'en se glissant par amendement dans nos institutions nouvelles. Substituez le tribunal civil au conseil de préfecture, la cour royale au conseil d'État, et la loi nouvelle sera en harmonie *avec elle-même*..... Mais ce qui, je le répète, sera plus puissant encore qu'une bonne loi, c'est la *loyauté* d'un ministre qui ne placera plus le levier du pouvoir hors des intérêts du pays, qui ne demandera pas à l'esprit de faction ce que l'intérêt public, s'il le comprend et s'il le respecte, lui accordera toujours si facilement... »

M. Étienne est regardé comme l'un des membres de l'opposition nationale; mais il fait partie, avant tout, de cette opposition qui ne veut pas entrer en guerre avec le ministère, qui se réserve toujours une porte de retraite en cas de besoin; aussi, loin de creuser jusqu'au fond la loi électorale, M. Étienne s'arrête après avoir découvert le tuf; il trouve la loi du 2 mai 1827 *suffisante* à la sécurité de tous les droits; et pourtant, cette loi consacre le *double vote*, et avec le double vote il n'y a pas et il ne saurait y avoir de véritable représentation des intérêts généraux! Car, au moyen du double vote, l'aristocratie s'empare, de droit et de fait, d'une portion des élections, affaiblit l'esprit démocratique, élément nécessaire de la chambre des députés, et fausse entièrement le régime constitutionnel.

M. Étienne, homme d'esprit et de mœurs douces, littérateur distingué, auteur dramatique, académicien, ancien censeur impérial et l'un des principaux collaborateurs du *Constitutionnel*, M. Étienne ne veut se brouiller sérieusement avec aucune doctrine politique; son opinion sur la question électorale à l'ordre du jour n'en est que plus remarquable; le député s'est élevé, dans ce discours de tribune, au-dessus de ses compositions de théâtre et de journal, et s'il persévère dans cette conduite législative, les libertés nationales auront un orateur de bon ton et d'un style pur... Quand un homme aussi modéré, aussi circonspect que M. Étienne, fait de l'opposition, il faut que l'opinion nationale soit bien forte, bien prononcée!!!

M. Dupont (de l'Eure) met plus que de l'éloquence patriotique dans ses fonctions de député ; il y apporte une sévérité de principes, un désintéressement et une énergie qui le font justement considérer comme la plus belle probité politique de la chambre de 1828, après M. de Lafayette, au-dessus duquel l'on ne peut placer personne. Écoutons le magistrat intègre, l'incorruptible représentant des droits du peuple, l'homme de bien par excellence; M. Dupont (de l'Eure) dit : « La loi qui vous est proposée n'est, en grande partie, qu'une paraphrase des lois précédentes qui ont régi, ou qui, du moins, auraient dû régir la formation de nos listes électorales... Le défaut capital qui lui est commun avec elles, c'est de ne présenter aucune sanction pénale qui en assure l'entière et finale exécution, et de n'opposer aucune digue à ce débordement toujours croissant des *conflits* à l'aide desquels l'autorité administrative, par une monstrueuse confusion de pouvoirs et sous prétexte de maintenir sa compétence, a fini par envahir celle des tribunaux, sans vouloir respecter même l'autorité de la chose souverainement jugée. » — « Or, j'en appelle à tout homme de conscience, la loi nouvelle, considérée sous ce point de vue principal, c'est-à-dire désarmée de toute pénalité et laissant au contraire dans les mains de l'administration l'arme si meurtrière des conflits, donnet-elle au pays plus de garantie que les lois anciennes contre le retour des abus et des fraudes qui ont violé la plupart de nos lois électorales? Oui, sans doute, me dira-t-on, si elle est consciencieusement exécutée..... Mais vos agens ne sont-ils pas les agens de vos prédécesseurs, dociles instrumens de leurs volontés, et que pourtant, vous avez laissés en possession du pouvoir, en vous bornant à les faire voyager d'une extrémité de la France à l'autre..... » M. Dupont (de l'Eure) représente ici l'ancien ministère et ses agens, violant ouvertement et avec impunité les lois électorales, et en dénaturant l'esprit, pour fausser les listes, imposant ses candidats à des colléges mutilés et souvent asservis, et s'emparant de la représentation nationale pour consommer la ruine de nos dernières libertés, et n'avoir bientôt plus à lui demander que le vote du milliard imposé annuellement au pays.

«... Et que voulez-vous (dit M. Dupont de l'Eure
« aux ministres du projet de loi actuel) que nous pen-
« sions de vos intentions politiques, si nous rapprochons
« de vous tout ce qu'ont obtenu de vous vos prédéces-
« seurs... qui, de votre agrément sans doute, ont été
« élevés, les uns à la pairie, d'autres admis dans le con-
« seil privé du roi, tous dotés de riches pensions et de
« hautes récompenses qui ne devraient jamais être dé-
« cernées qu'aux hommes de bien qui ont rendu
« d'éminens services au prince et au pays?....» — Il n'y a rien à répliquer à cela, si ce n'est la force des baïonnettes (juillet 1830).

Satisfaisons encore à l'honneur national, en rapportant quelques-unes des admirables paroles prononcées par le grand citoyen ; M. de Lafayette dit : «... La principale condition des gouvernemens représentatifs est que les citoyens ne soient soumis qu'aux lois et aux contributions consenties par eux ou par leurs représentans ; ce n'est même que dans la proportion d'après laquelle ce droit national est exercé, que la dénomination de *représentatif* peut être accordée à un gouvernement. Cette vérité avait été adoptée dans la première et la plus solennelle de nos assemblées nationales, et il serait peu judicieux de confondre avec nos orages politiques les doctrines de la représentation, puisque nous les voyons pratiquées ailleurs, au grand profit de la liberté, de la prospérité, de la tranquillité publique et individuelle du vaste et heureux pays où elles sont le plus complètement établies... En parcourant cette hiérarchie habilement organisée par l'impériale usurpation des droits du peuple français, religieusement maintenue jusqu'à présent par la restauration, c'est en vain que nous y chercherions un atome d'indépendance : préfets, sous-préfets, conseils de préfectures, de communes, d'arrondissemens, de départemens, mairies, assesseurs de contributions, juges de paix même, tous sont les créatures du pouvoir, révocables à volonté. Attendrons-nous, pour voter la loi, que le principe d'élection, réclamé de toutes parts, ait rendu la vie aux administrations communales, départementales et aux magistratures de paix ; qu'on ait réduit dans de justes bornes le pouvoir exorbitant de ces préfets dont le nom même a été exhumé des ruines du Bas-Empire? Non, sans doute; mais il est des moyens d'exécution que vous pouvez voter sur-le-champ...... » L'illustre et vénérable défenseur de la liberté constitutionnelle réclame la *pénalité*, sans laquelle les lois ne sont que de vains mots; il veut que l'accusation intentée aux agens de l'autorité soit portée devant un jury, et sans l'autorisation du conseil d'État ; il demande que le cens élec-

toral soit déterminé d'une manière plus conforme à la Charte; il insiste principalement sur les précautions à prendre pour assurer le secret des votes, secret impudemment violé jusqu'à ce jour par les agens de l'arbitraire ministériel; enfin, il invoque l'intervention active des citoyens, et surtout des jeunes citoyens qui ne sont pas électeurs, que le système impérial avait tous exclus des colléges électoraux ; exclusion religieusement consacrée par la Charte *octroyée*, qui, sur cent Français âgés de trente ans, n'en admet qu'un seul au droit d'élire! A ce sujet, le citoyen des Deux-Mondes dit, avec cette autorité que donnent cinquante ans de vertus patriotiques : «... Il est un droit, un devoir, un sentiment
« antérieur à tous les sénatus-consultes et à toutes les
« chartes, c'est l'amour sacré de la patrie, le besoin que
« nous avons tous de la liberté, de la prospérité, de
« l'honneur de notre pays. Messieurs, ne décourageons
« pas ce sentiment, surtout dans la jeunesse française ;
« n'oubliez pas, d'ailleurs, au nom et aux dépens de
« tout le peuple français, que la chambre vote tous les
« ans un milliard d'impôts. Au reste, là où quelques
« personnes voient un danger, un trouble, voyez-y
« plutôt un gage d'harmonie et de repos. En effet, si
« par des changemens dans les nouvelles situations so-
« ciales, si même, par une confuse association d'idées
« entre les bienfaits de la liberté et les excès ou les cri-
« mes dont on a voulu souiller son nom, il se trouve
« beaucoup de citoyens qui éprouvent une sorte de timi-
« dité, une extrême circonspection dans les prétentions
« et le langage de leur sévère patriotisme, il en est aussi
« qui, dans leur ardent amour de la liberté, sentiment
« prédominant de tous les autres, et que, pour ma part,
« je suis loin de désavouer, sont impatiens d'améliora-
« tions plus franches et plus rapides. Cette impatience,

« messieurs, comment pourrait-elle être, je ne dis pas
« éteinte, à Dieu ne plaise! mais modérée autrement
« que par la conviction que les vœux de toute leur vie
« seront accomplis? et cette certitude, partout où nous
« porterions nos regards, où la trouverions-nous, si ce
« n'est dans le patriotisme actif, éclairé, persévérant de
« ces *générations nouvelles*, qui sont la consolation de
« notre vieillesse, comme elles sont *l'espoir de la pa-*
« *trie?....* » Tel est le langage d'un homme dont le
caractère, les opinions et la conduite politiques n'ont pas
varié un seul instant depuis un demi-siècle ; à lui seul
appartient aujourd'hui, en France, le droit de tenir un
semblable langage. Pourquoi la nature n'a-t-elle pas
accordé à un homme aussi éminemment citoyen autant
de fermeté et de décision politiques qu'elle lui a donné de
sentimens et de vertus patriotiques? Elle a traité, d'une
part, M. de Lafayette avec prodigalité, et de l'autre avec
parcimonie.

M. de Martignac défend, à la chambre des députés,
le projet de loi ministériel ; il déploie toutes les ressources
de sa faconde, et entasse avec un art infini les arguties
du barreau et les sophismes de la politique pour faire
sentir à la France tout le prix des *concessions* que fait
la couronne aux libertés constitutionnelles. Il est difficile
de mettre plus d'esprit, de finesse et de *sentiment* dans
les grandes questions politiques que n'en répand M. de
Martignac sur la discussion du projet de loi ; il ne manque à ce ministre qu'une qualité, la *conviction* des propres argumens dont il se sert, et, par conséquent, la
bonne foi dans toutes les assurances de *légalité* qu'il
prodigue à la tribune nationale. Ce ministre n'est pas
précisément *libéral*, il n'est pas non plus *absolutiste;*
c'est un métis, un homme public sans caractère fixe et
prononcé ; il veut plaire à la couronne, il craint de dé-

plaire à la nation, et, flottant entre la révolution et la contre-révolution, il cherche un terme moyen pour faire vivre ensemble, *s'il se peut*, la royauté et la liberté (il en a lui-même émis le doute), et pour renouer ainsi les temps anciens aux temps nouveaux, comme disait le roi des fourbes (Louis XVIII)..... Nous sommes arrivés à l'époque de l'improbité et de l'hypocrisie politiques; aussi, Charles X, contraint par la force des choses de renvoyer M. de Villèle, a-t-il choisi pour ministre l'homme qui déguise le plus artistement l'une et l'autre sous des formes oratoires séduisantes, avec une bienveillance et une fluidité d'élocution que personne ne possède à un plus haut degré que M. Martignac : la *déplorable* administration qui vient de se retirer est en butte à la haine nationale, la couronne veut néanmoins suivre le système adopté et mis en pratique par cette administration ; il faut donc que le nouveau ministère excuse l'ancien, et assure en même temps la nation que le pouvoir est invariablement résolu à faire respecter les lois et à suivre sans déviation une marche loyale et tout-à-fait constitutionnelle.

Tous les discours, toutes les répliques de M. de Martignac, dans les discussions de la loi électorale, ont tendu à ce double but ; il a combattu jusqu'à la dernière extrémité les divers amendemens présentés par les membres du côté gauche, par les membres du côté droit, lorsque ces amendemens tendaient à restreindre le pouvoir dans les limites constitutionnelles; il n'a définitivement consenti à les admettre, et avec correction lénitive, que lorsqu'il lui est devenu impossible de s'y refuser plus long-temps sans trahir les vues ultérieures du gouvernement du roi : ce ministre s'oppose à l'insertion de toute pénalité dans la loi, il ne cesse de répéter que le gouvernement est dans la ferme intention de mettre les élections à l'abri de toutes les fraudes, de toutes les influences illégales des agens de l'autorité, et il se borne à présenter quelques formalités dont l'exécution est confiée aux préfets! Ainsi, la *bonne foi* des préfets, dont répond M. de Martignac, est la seule *garantie* qu'ait la nouvelle loi! Or, la France connaît trop bien cette bonne foi pour la regarder comme une sauve-garde des droits électoraux.

M. de Martignac est parfaitement secondé dans sa polémique ministérielle par M. Cuvier, commissaire du roi et chargé, en conséquence, de défendre envers et contre tous le projet de loi, de prouver que toutes ses dispositions, même les plus défectueuses, sont pleines de légalité et de liberté constitutionnelles. M. Cuvier est, comme M. de Martignac, rempli de confiance dans la *bonne foi* des préfets; il ne veut pas de sanction pénale dans la nouvelle loi, et soutient que, d'ailleurs, les dispositions du *Code pénal* suffisent contre les fonctionnaires prévaricateurs; mais le commissaire du roi oublie que ces fonctionnaires ne peuvent être poursuivis qu'avec autorisation du conseil d'État, avec permission ministérielle... M. Cuvier est un savant très-distingué, et en outre, un orateur éloquent et disert; mais il n'est point homme d'État, et ses doctrines politiques sont d'une grande souplesse; il a toujours été, il sera constament l'homme du pouvoir! Il en revient sans cesse à repousser toute sanction pénale à donner à la loi; il soutient « qu'on risquerait de compromettre la dignité de la magistrature en l'appelant à statuer sur des questions qui se rattachent à des mouvemens de parti et aux intérêts politiques. » Et, ce qui n'est pas moins dérisoire, il affirme que, relativement à la part de juridiction attribuée au conseil d'État, elle est tellement restreinte qu'elle n'offre *aucune importance politique.* » M. Cuvier plaide ici sa propre cause ; mais son raisonnement porte à faux et ses opinions n'étonnent personne : toutes les fois que M. Cuvier sort de sa sphère scientifique pour faire des excursions dans la haute administration, il perd en considération dans l'opinion nationale et il gagne en faveurs près du pouvoir ministériel ; il cumule un grand nombre de places salariées, et il oublie trop souvent que la seule place digne de lui est celle qui lui est acquise auprès de Buffon ; il change le sceptre des sciences naturelles, sceptre qu'il tient en Europe, contre une espèce de marotte ministérielle et à face aristocratique qui ne peut rien pour sa gloire ; bien au contraire. Il faut plaindre M. Cuvier de manquer ainsi à sa gloire, à son nom.

Nous ne nous occuperons pas des discours plus ou moins contre-révolutionnaires, et la plupart si saugrenus, des membres de l'opposition de droite ; MM. Duplessis de Grenedan, Conny, Donatien de Sesmaisons, Caqueray, Mestadier, Montuéjouls, Pina, Formont, Georget (dit Laboulaye), d'Haussez, Ravez, de Montbel, etc., composant le ban et l'arrière-ban de l'administration Villèle ; tous ces députés s'épuisent en divagations plus ou moins violentes contre le projet de loi ; ils le représentent, menaçant à la fois la royauté et les libertés publiques ; c'est, selon eux, *de l'esprit démocratique tout pur*, il doit produire des *troubles sans fin* et agiter jusque dans ses fondemens le corps social. En conséquence, ces zélés défenseurs de la *légitimité* royale et des *libertés* nationales s'évertuent à combattre et le principe et les dispositions du projet de loi ; M. Laboulaye, dont la loquacité ne tarit pas, s'attache à montrer l'inutilité et les dangers de toutes réunions d'électeurs avant le jour fixé par l'ordonnance de convocation, et ne voit que troubles et calamités si ces réunions ne sont expressément interdites. M. Ravez et M. de Monthel combattent, jusqu'au moment du scrutin, les amendemens qui tendent à donner à la loi quelques-unes des garanties dont elle est dépourvue; M. Ravez ressasse toutes les chicanes de barreau et fait usage de l'expérience que lui ont donnée ces années de présidence où il avait acquis la science de clore les discussions à point désigné par le ministère, d'enlever à la chambre ses délibérations et de lui surprendre son vote. M. de Montbel, créature politique de M. de Villèle, et l'un de ses plus affidés serviteurs, grand partisan du pouvoir absolu et petit homme de l'ancien régime, M. de Montbel dévoile courageusement à la tribune nationale la médiocrité de ses talens : homme privé fort estimable et très-propre aux fonctions de maire ou de conseiller de préfecture, il est, comme homme d'État, d'une nullité au-dessous de l'expression ; mais cette haute incapacité est rachetée, aux yeux de la contre-révolution, par un amour de l'absolutisme et une haine de la liberté constitutionnelle qui en feront sous peu l'un des ministres destinés à précipiter dans l'abime la branche ainée de la maison de Bourbon, cette dynastie de Coblentz qui n'a pas perdu un seul jour de vue, depuis 1789, l'espoir de rétablir en France les vices, les abus, et tout le despotisme du bon plaisir de Louis XIV et de Louis XV.

Enfin, malgré tous les efforts du côté droit, le projet de loi électorale sera adopté avec les amendemens qui l'améliorent, et le ministre le présentera (V. 17 mai) à la chambre des pairs, où les élus de M. de Villèle, les pairs de sa grâce spéciale et de son bon vouloir ministériel le combattront avec les mêmes armes dont *les restes de ses trois cents*, laissés dans la chambre des députés, se sont servis pour écarter et le projet et les amendemens qui en ont modifié, jusqu'à un certain point, les vices primordiaux.

2 Mai.—Mort de M. le comte Desèze, pair de France, premier président de la cour de cassation, grand trésorier, commandeur des ordres du roi, l'un des quarante de l'académie française, etc., âgé de près de 80 ans. — Destiné à la profession du barreau, il fut reçu, à l'âge de 20 ans, avocat au parlement de Bordeaux, et y acquit une certaine réputation *, mais fort au-dessous de celle de MM. Émérigon, Saget, Duranton, les premiers avocats du barreau de Bordeaux ; les avocats en second ordre étaient : MM. Ferrere, Ravez, Lainé, Martignac... Après ces derniers venaient MM. Desèze, Peyronnet, etc.

M. Desèze quitta sa ville natale et vint exercer à Paris, où il se trouvait perdu dans cette foule de grands avocats que possède la capitale, lorsque la fortune vint lui procurer le plus bel honneur que puisse désirer l'homme de loi, celui de prendre la parole pour un roi que ses sujets mettent en jugement. M. Desèze eut encore le bonheur de se trouver associé, dans ce saint ministère, à M. de

---

* Le père de M. le comte Desèze, très-bon avocat de Bordeaux, eut cinq garçons : l'aîné embrassa la profession de médecin, et fit un très-bon livre sur la *sensibilité physique;* mais il n'exerça pas la médecine ; il remplit sous le régime impérial les fonctions de recteur de l'université de Bordeaux. Le second fils embrassa la profession du commerce ; il est mort à Saint-Domingue : le troisième est devenu comte et premier président de la cour de cassation. M. Desèze le père disait : « Mon aîné était fait pour être avocat, il a embrassé la profession de médecin : le cadet (dont il est ici question) était fait pour être médecin, il a embrassé la profession d'avocat. Le quatrième remplit, sous le règne de Napoléon, les fonctions de procureur-impérial et de président de chambre à la cour impériale de Bordeaux, et, après 1814, de président à la cour royale de cette ville. Le cinquième fut aussi employé sous Napoléon ; il devint, après 1814, conseiller à la cour royale de Bordeaux.

Malesherbes, gloire et vertu de la magistrature française, et à M. Tronchet, publiciste aussi profond qu'éloquent orateur. Le zèle et le courage de M. Desèze répondirent à la grandeur de la mission qui lui avait été confiée, et l'histoire lui tiendra compte de son dévouement et de ses efforts pour sauver les jours de la royale victime des princes ses frères et des puissances étrangères ; mais, sans rien ôter du mérite de ce noble dévouement, l'histoire dira que M. Desèze fut toujours *avocat*, et ne se montra pas un seul instant *homme d'État* dans une cause si solennelle, si grande ! Il défendit l'accusé le plus auguste qui puisse être traduit devant des juges, comme on défend un accusé ordinaire ; il n'eut aucune de ces inspirations qui ont immortalisé le génie de Cicéron, de Montesquieu, de Massillon, de Bossuet, de la Chalotais, de Servan ; de Gerbier, d'Élie de Beaumont, etc. Se renfermant dans le droit juridique au lieu de s'élever à ces hautes considérations politiques qui frappent les esprits et les cœurs ; M. Desèze, toujours avocat *plaidant*, demanda humblement grâce pour son client ! Plus l'infortune royale était immense, plus il fallait rehausser la victime et lui préparer de gloire dans la postérité : M. Desèze avait fait le sacrifice de sa propre vie, il l'a dit et nous le croyons ; d'autre part, pouvait-il se faire illusion sur l'issue du procès intenté à un monarque détrôné deux fois, le 20 juin 1791 et le 10 août 1792 ? Il n'est pas permis de le penser : alors, pourquoi ne pas jeter la terreur dans l'âme des juges, et en appeler hautement à la France entière? pourquoi tenir toujours la royauté sur la sellette, et ne pas élever le roi au-dessus de la catastrophe de l'homme ? Encore une fois, loin de nous la pensée de rien diminuer du dévouement de M. Desèze ; nous respectons, nous admirons même, si on veut, ce dévouement ; nous paierons à sa mémoire le tribut que lui doivent tous les cœurs généreux; mais nous dirons que M. Desèze n'était malheureusement qu'un légiste; il n'y avait en lui, répétons-le, rien de l'homme de génie; il discutait, il plaidait! il oubliait, ou il ne savait pas que lorsqu'on met un roi en jugement, sa tête doit tomber, ou celle de ses juges!

Après cette solennelle plaidoirie du 26 décembre 1792, M. Desèze se renferma dans l'obscurité du cabinet, pour n'en sortir qu'à l'époque de la restauration des princes de la maison de Bourbon; ils lui devaient le prix du dévouement dont il avait fait preuve, ils le lui décernèrent; M. Desèze (né dans la classe plébéienne et petit-fils d'un paysan du Limousin) fut anobli, décoré du titre de comte, nommé membre de la chambre des pairs; sa conduite politique depuis 1814 fut celle d'un sujet faisant profession des doctrines du *droit divin;* il se montra constamment, à la chambre des pairs, l'un des plus chauds partisans des priviléges de l'ancien régime, l'un des adversaires les plus prononcés des libertés constitutionnelles proclamées par la Charte; à ses yeux, le roi de France possédait de *droit* et devait posséder de fait le pouvoir souverain sans limites et sans partage. M. Desèze était né pour l'obéissance passive : c'eût été un grand ministre en Russie, en Espagne, en Turquie.

Dans l'éloge de M. Desèze, prononcé à la chambre des pairs, le 18 juin, M. de Châteaubriand dira que Napoléon, « ce grand rénégat de la liberté, ne pouvait
« souffrir que la gloire eût des complaisances pour d'au-
« tres que pour lui ; il s'inquiétait de toutes les renom-
« mées; il les regardait comme un vol fait à la sienne :
« aussi le défenseur de Louis XVI *l'importunait...* »
Voilà un incroyable excès d'adulations, et de plus un

énorme mensonge; la renommée des défenseurs de Louis XVI n'importunait pas le maître de la France et de l'Europe : dans plusieurs de ses entretiens, il rendit un éclatant hommage à la mémoire de M. de Malesherbes, bien autrement sublime dans son dévouement que M. Desèze; il approcha de sa personne et combla de marques d'estime M. Tronchet, dont la renommée était supérieure, en tous genres, à celle de M. Desèze, quelque brillantes que soient les louanges prodiguées à ce dernier par l'auteur d'*Atala*... M. de Châteaubriand usait d'une grande générosité envers M. Desèze : car l'on se rappelle sa vive et ridicule altercation avec le défenseur de Louis XVI au sujet de la présentation d'une madame *Aniche* à Louis XVIII, présentation dont l'objet était de déposer sur le berceau de l'enfant du miracle les hommages des dames de la halle de Bordeaux : cet honneur appartenait de droit à *l'homme de la ville du 12 mars!* Au reste, une oraison funèbre est sans conséquence pour l'histoire; et le discours de M. de Châteaubriand fera peu de chose pour la gloire ou la renommée de M. Desèze; elle est tout entière dans le procès de Louis XVI; hors de là, rien qui annonce dans la carrière publique de cet avocat un homme supérieur, un homme distingué dans une partie quelconque, un grand citoyen. M. de Châteaubriand, qui écrit presque toujours avec son imagination, a néanmoins fait preuve de jugement en gardant le silence sur le désintéressement et la fidélité royaliste de M. Desèze sous le régime impérial.

L'*inséductible* fidélité de M. Desèze et son *invariable* dévouement à la cause de la *légitimité* ont été prodigieusement exaltés depuis la restauration ; l'on a été jusqu'à publier semi-officiellement : « Celui à qui tout cé- « dait et qui eut rarement des vœux à exciter, des « refus à craindre, devant qui tant de sceptres se sont

« inclinés, à qui des rois ont fait la cour, n'osa jamais
« essayer aucune séduction auprès de cette grandeur
« modeste qui tenait à distance le maître de la France
« et le vainqueur du monde. » (Moniteur, 13 mai 1828).
Il est impossible d'aller plus loin en fait d'éloge et d'absurdité : mais, ici, l'éloge est de toute fausseté, l'absurdité seule est réelle : M. Desèze *qui tient à distance* le maître de la France et le vainqueur du monde! le panégyrique peut donc devenir plus impudent que la satire...
Napoléon, il est vrai, *n'osa* jamais *essayer* aucune séduction auprès de M. Desèze ; mais cette *grandeur modeste* avait été au devant de la séduction et s'était prosternée au pied de *l'usurpation* impériale. Nous l'affirmons hautement, parce que M. Desèze en a fait lui-même l'aveu dans une lettre de sa main à M. D...; parce que nous avons lu cette lettre, ainsi que trois lettres et un mémoire adressés à Napoléon, et dont M. le duc de Frioul (Duroc) voulut bien nous donner connaissance, parce que nous avons lu dix à douze des cinquante lettres que M. Desèze adressait au prince archi-chancelier de l'empire (Cambacérès), ce régicide si fameux, dont le défenseur de Louis XVI réclamait la protection auprès de l'empereur, ce régicide grand seigneur, auquel M. Desèze prodiguait ses hommages, espérant obtenir à ce prix d'avilissement une place de conseiller d'État, où *tout au moins* (disait-il) une place de maître des requêtes. Dans toutes les lettres dont nous avons pris lecture, M. Desèze proteste de son admiration pour Napoléon, du zèle et de la fidélité avec lesquels il le servira ; on y trouve ces propres mots :
« Enfin, à tant de titres qui me permettent d'espérer
« que votre majesté daignera m'accorder la grâce que
« je sollicite, j'oserai en ajouter un qui, à lui seul, les
« vaut tous : *c'est moi qui ai défendu les jours du roi*
« *Louis* XVI, VOTRE ONCLE. »

A l'exemple d'une foule de personnages très-estimables et d'un grand mérite, M. Desèze désirait ardemment servir l'empereur Napoléon, et nous sommes loin d'en faire un reproche à sa mémoire, quoiqu'il nous ait imputé à calomnie et à crime d'avoir fait connaître l'admiration et le dévouement dont il faisait profession, dans ses lettres, pour le maître de la France et le vainqueur du monde ; de bonne foi, M. Desèze avait tort de se plaindre aussi hautement et de se mentir ainsi à lui-même. Que de personnages, d'ailleurs, qui ont offert leurs services à l'empereur des Français, sans avoir pour cela démérité le moins du monde aux yeux de leurs concitoyens ; sans avoir crié à la calomnie, lorsque des écrivains ont rappelé leur dévouement à l'empereur Napoléon ! et parmi les plus chauds partisans de la légitimité, que de *soutiens de l'autel et du trône* qui ont juré fidélité à l'usurpateur et à l'impie ; qui ont mendié ses faveurs, et exercé jusque dans sa domesticité des fonctions dont ils tiraient autant de vanité que de profit ! Ne trouve-t-on pas, en première ligne, dans la liste des fidèles serviteurs de *l'usurpateur*, des Montmorency, des La Rochefoucauld, des Noailles, des Talleyrand, des Broglie, des Bauffremont, des Rohan, des Clermont-Tonnerre, des Castellane, des Caumont, des Brissac, etc., etc., etc. : est-ce que ces grands seigneurs d'ancien régime en étaient, pour semblable bagatelle, moins fidèles à *la légitimité ?* plaisanteries que tout cela... Tous les grands noms de l'ancienne monarchie, ou à peu près, ont passé au creuset de *l'usurpation* impériale ; mais ils n'en sont sortis que plus purs et plus fidèles aux Bourbons ; ces messieurs le disent, il faut bien le croire. Mais, aussi, que de palinodies chantées depuis l'amnistie consulaire, par les émigrés, par les royalistes purs? La liste de leur fidélité est, tranchons le mot, celle de leurs parjures.... Certainement, personne n'a songé à faire un reproche à M. Desèze de son admiration pour Napoléon, de sa souscription pour l'érection d'un arc de triomphe en son honneur, de sa noble ambition de servir un aussi grand homme!..... Le nom de M. Desèze est inséparable du procès de Louis XVI, et l'histoire a le droit comme le besoin d'être instruite de tout ce qui concerne la conduite politique du sujet qui défendit son roi devant la convention nationale.

En refusant les services et le dévouement de M. Desèze, Napoléon n'appréciait pas, sans doute, à leur juste valeur, le mérite et l'éloquence de l'avocat; peut-être encore, et nous avons des raisons pour le penser, Napoléon savait-il que M. Desèze favorisait, entretenait même des intelligences avec les ennemis de son gouvernement; quoi qu'il en soit, la restauration l'a bien vengé du délaissement où l'avaient réduit le consulat et l'empire; rien de plus naturel, et nous ajouterons de plus juste, qu'une aussi éclatante rémunération....

Possédant bien son code et versé dans l'étude des lois, M. Desèze jouissait, comme avocat, d'une réputation méritée; ses consultations, sans être du premier ordre, étaient estimées au barreau; il écrivait mal et péniblement; toutes les productions sorties de sa plume en font foi: son style était saccadé et rocailleux, comme l'on dit en littérature; l'esprit de l'écrivain s'extravasait en petites phrases, toujours élaborées en forme de sentences ou d'apophthegmes; il était prétentieux et sec. M. Desèze avait de la hauteur et de la fierté dans l'esprit; il attachait, cependant, un grand prix aux titres et aux cordons dont l'avait chargé la restauration, et se croyait de bonne foi un grand seigneur et un grand homme; il se persuadait que son nom allait de pair avec les plus anciens et les plus illustres noms de l'ancienne monarchie* ; aussi, ses mânes doivent-ils être satisfaits du monument *gothico-féodal*, élevé à sa mémoire au cimetière du Père-Lachaise. Comme publiciste, M. Desèze était d'une médiocrité reconnue, même à la chambre des pairs, mais il avait en dédommagement toutes les qualités d'un excellent absolutiste; ses opinions et ses votes en matière législative l'affermissaient de plus en plus dans la faveur royale, et il est mort comblé de grâces, d'honneurs et de dignités. La nation française honorera dans tous les temps le défenseur de Louis XVI, mais elle est dispensée de reconnaissance envers le pair de France et envers le premier président de la cour de cassation.

3. — Brésil. — Ouverture de la session législative, à Rio-Janeiro, par l'empereur D. Pédro en personne. Le monarque se félicite, dans son discours, des assurances d'amitié qu'il reçoit de toutes les puissances européennes, excepté de l'Espagne qui n'a pas reconnu encore l'empire du Brésil; il se félicite aussi de l'ordre et de la tranquillité qui règnent dans toutes les provinces de cet empire : il dit à ce sujet : « J'y puise la conviction des progrès rapides que nous avons faits dans l'application des principes du gouvernement *monarchique constitutionnel*.... J'appelle encore l'attention des chambres sur l'administration des finances et de la justice que, dans la dernière session, je recommandai si instamment à leurs soins... des mesures législatives sont nécessaires pour mettre de l'ensemble dans les diverses branches de

---

* Nous avons dit que M. Desèze était né dans la classe bourgeoise; l'on prétend, en effet, que son père était petit-fils d'un paysan du Limousin, nous l'ignorons : mais, s'il en était ainsi l'élévation de M. Desèze n'en serait que plus honorable, puisqu'il la devrait à ses talens et à ses services.

l'administration des finances. Le pouvoir judiciaire n'a point encore reçu la moindre amélioration, et il est indispensable que dans le cours de cette session, il soit réglé d'après les principes de la constitution de l'empire... »
Peu de souverains auront fait, comparativement, autant de discours, de proclamations, d'ordonnances, de réglemens, d'actes politiques, etc.; que D. Pédro, et aucun ne se sera aussi complètement fourvoyé dans sa manière de gouverner et de juger les révolutions. L'empire du Brésil est en proie à des troubles qui renaissent sans cesse; on doit les attribuer, partie à l'Espagne, à l'influence qu'exerce à Rio-Janéiro le cabinet de Vienne, et à la préférence donnée aux Portugais sur les Brésiliens dans l'occupation des divers emplois; partie, à la précipitation, à l'incohérence et à la versatilité des mesures prises par D. Pédro. Ce prince a peu de jugement; il court au devant des résolutions les plus importantes; il se montre, dans ses constitutions politiques, zélé partisan de la liberté constitutionnelle, et la plupart des actes de son autorité royale semblent appartenir au pouvoir absolu; il tourne toujours ses regards vers le Portugal dont il paraît regretter la couronne, et autorise presque les Brésiliens à penser qu'ils ne tiennent que la seconde place dans ses affections et sa sollicitude royales : s'il était permis, en si grave matière, d'employer une expression triviale, l'on pourrait dire que D. Pédro veut *courir deux lièvres à la fois*, ce qui est peu sage, lorsqu'il s'agit de royaumes à posséder, et de sujets ou de *citoyens* à gouverner : au reste, D. Pédro ne tardera pas à donner la mesure de son génie; ne devançons pas les événemens qui doivent, de toute nécessité, avoir lieu dans le Brésil; il suffit pour le moment d'observer que ce prince, très-brave, dit-on, de sa personne, a donné au Portugal, c'est-à-dire a expédié à Lisbonne, une constitution très-libé-

rale ; mais cet acte politique dont nous ne nous permettrons de scruter ni les motifs ni la sincérité, ne lui vaudra qu'une soumission équivoque et conditionnelle de la part de ses sujets d'Amérique, que fort peu de crédit dans les cabinets européens, que de trompeuses protestations d'amitié de la part des monarques professant les principes de la sainte-alliance ou du droit divin : D. Miguel invoquera ces principes pour monter sur le trône de Portugal, et D. Pédro, dont la prévoyance politique est déjà mise en défaut au Brésil, sera bientôt forcé de venir, en Europe, déclarer la guerre à son frère pour se remettre, sous le nom de sa fille, en possession de la couronne de Portugal qu'il a abdiquée et réabdiquée.

3. — Portugal. — Décret de D. Miguel, infant régent, portant convocation des trois états du royaume.... Il ordonne leur convocation, « pour qu'ils puissent d'une « manière solennelle et légale, d'après la coutume et les « usages de cette monarchie, en suivant la forme pratiquée dans de semblables occasions, faire *l'explication* « des *droits portugais*, et rétablir ainsi la concorde et la « tranquillité publique... » La Charte constitutionnelle *octroyée* par D. Pédro au royaume de Portugal proclame et explique formellement les *droits* portugais, et D. Miguel a fait serment de maintenir et de faire observer cette Charte; mais il a formé le dessein de s'emparer du trône, lorsque toutes ses mesures seront prises ; à cet effet, il convoque les états du royaume selon les *coutumes* et les *usages* de la monarchie, ce qui veut dire qu'il va déchirer la Charte constitutionnelle; seulement, il veut couvrir de quelques apparences de légalité et de nationalité l'usurpation et la tyrannie vers lesquelles il marche à grands pas depuis le jour de son arrivée dans le royaume ; il foulera aux pieds toutes les lois, et, monté sur le trône,

le monstre épouvantera l'Europe par le nombre et l'excès de ses crimes.

Nous donnons, dans ces pages, une certaine étendue aux affaires de Portugal, parce qu'elles intéressent la France d'une manière presque directe : le combat à mort entre le pouvoir absolu et la liberté constitutionnelle est engagé depuis 1823 en Espagne *contre la Charte française*, et le Portugal n'est qu'une succursale politique de l'Espagne.

4. — Ordonnance du roi qui appelle à l'activité les jeunes soldats des classes de 1826 et 1825 laissés dans leurs foyers... Leur départ aura lieu le 15 juin prochain. — L'on prépare une expédition en Morée, une expédition contre Alger, et l'on se flatte d'un succès qui donnera un grand ascendant aux hommes de l'ancien régime; ils espèrent d'abord faire une bonne *affaire d'argent*, et trouver ensuite dans la gloire militaire dont ils se couvriront la force d'opinion nécessaire pour restreindre et annuler impunément les libertés constitutionnelles de la nation française; c'est dans ce double but que les conscrits de 1825 et 1826 sont appelés à l'activité de service; on veut faire du despotisme avec de la gloire militaire; mais le temps en est passé, Napoléon n'a pas laissé de remplaçant, et il est plus que dangereux de vouloir l'imiter en matière de gouvernement... Les Bourbons de Coblentz seront chassés du trône et du royaume........ »

11. — Ordonnance du roi qui appelle à l'activité 60,000 hommes sur la classe de 1827.... Il sera incessamment statué sur les époques de leur mise en activité. — Cette ordonnance est rendue dans le même esprit que celle du 4 de ce mois.

13. — Chambre des députés. — Ouverture de la discussion relative au projet de loi portant inscription de 4 millions de rentes. (V. 21 mai.)

15. — France, Toulouse. — Sir William Congrève, général d'artillerie anglais, à qui l'on doit l'invention des fusées si destructives qui portent son nom, meurt, à l'âge de 57 ans, des suites d'une longue et douloureuse maladie à laquelle il espérait trouver quelque adoucissement dans le climat du midi de la France.... L'on assure que, prévoyant la guerre contre la Porte, il avait envoyé à son gouvernement deux projets; l'un pour *défendre*, l'autre pour *anéantir* Constantinople. — Ce général laisse une veuve, plusieurs enfans et une fortune immense; ses obsèques auront lieu à Toulouse, et ses restes seront déposés dans un caveau du cimetière protestant.

Sir Congrève a rendu d'épouvantables services à l'art de la guerre; il avait le génie de la destruction. Ce général d'artillerie aura été l'un des fléaux de l'humanité; son infernale persévérance à inventer de nouveaux moyens d'incendie et d'extermination lui a mérité les largesses et les faveurs du gouvernement anglais, mais sa mémoire restera accablée sous la haine et le mépris de tous les amis de l'humanité. Sir Congrève était d'une cupidité extrême, et d'une insensibilité de cœur à toute épreuve.

17 Mai. — 24 Juin. — Chambre des pairs. — Présentation d'un projet de loi relatif à la révision des listes électorales et du jury, adopté par la chambre des députés.

M. de Martignac, dans l'exposé des motifs du projet de loi, s'attache à fixer particulièrement l'attention de la chambre sur trois points principaux : la permanence des listes, l'action ouverte à des tiers, la juridiction exclusive des cours royales. Le ministre examine et discute successivement les dispositions diverses dont se compose le projet de loi, et en termine ainsi l'exposé : « Ce projet tend à assurer la régularité des listes, à prévenir les erreurs, à garantir les droits réels, à écarter les prétentions mal fondées ; il tend à dégager l'administration de ces *soupçons* qui l'humilient, de ces attaques désordonnées qui la fatiguent et la *blessent* ; à lui rendre avec la confiance à laquelle elle a des droits, l'influence juste et légitime dont le gouvernement a besoin : il tend à mettre les élections opposées, à l'abri des dénonciations et des plaintes, et à éviter enfin le retour des tristes et pénibles débats qui ont marqué l'ouverture de cette session législative. »

Peu de ministres ont possédé à un aussi haut degré que M. de Martignac, l'art de présenter une mesure législative sous le point de vue le plus propre à faire ressortir la bonne foi du gouvernement et son respect pour la Charte ; il en expose les avantages et en déguise les inconvéniens avec une extrême habileté ; son élocution est facile, abondante, pleine de grâces ; il raisonne avec une aménité dont peu d'orateurs ont le secret, et se flatte de persuader et de convaincre tout à la fois : M. Martignac défendra le projet de loi devant la chambre des pairs, avec les mêmes raisons dont il a fait usage à la chambre des députés, et il donnera une nouvelle preuve de la flexibilité et des ressources de son talent oratoire.

Le projet de loi et les amendemens divers qu'il a subis à la chambre élective sont combattus avec violence par MM. Forbin des Issarts, Frenilly, Castelbajac, etc., et autres pairs de la création de M. de Villèle dont ils étaient les centurions dans la chambre des députés ; à les en croire, « la loi proposée place l'administration en *état de suspicion* devant le pays et la met *en préven-*

tion; elle porte de graves atteintes à la force et à la dignité du pouvoir royal... elle est funeste, dangereuse, impolitique... c'est une *concession arrachée à la faiblesse*... elle organise la délation, et jette la perturbation dans la société... on veut des élections vraies et libres, on aura la vérité et la liberté des élections de la minorité, comme en 1793, comme dans les cent jours, et en 1828....... » On ne saurait pousser plus loin la virulence et la mauvaise foi législative ; elles ne peuvent être comparées, ici, qu'à la faiblesse, au décousu, disons même à l'absurdité des raisonnemens de ces *nobles* pairs; car, notamment depuis la promotion Villèle qui fit des *seigneuries* de tant de plébéiens, on se sert presque à chaque phrase de la qualification de *noble* pair, lors même qu'il s'agit de les censurer pour une opinion qui n'a rien de noble.

On devait s'attendre à voir MM. de Sesmaisons, de Saint-Roman, de Rougé, le duc de Sabran, Tocqueville, Marcellus, Dubouchage, Kergorlay, etc., combattre le projet de loi; ils mettent plus ou moins de modération dans leurs discours, mais on y trouve toujours le même esprit contre-révolutionnaire, et la même faiblesse de logique ; ils invoquent à tout instant la Charte dont ils se montrent ouvertement les ennemis... Les ministres déchus, MM. Peyronnet, Corbière et Villèle, ne veulent pas du projet de loi, ils s'escriment en tirailleurs contre les amendemens qu'il a subis à la chambre élective ; ils n'osent pas encore développer, comme nouveaux membres de la chambre des pairs, leur antipathie contre les libertés constitutionnelles : elles sont défendues avec talent par le duc Decazes, et par M. Tascher ; le premier de ces deux pairs s'élève presque, dans cette conjoncture, jusqu'à l'éloquence. M. le duc de Choiseul et M. Mounier se prononcent en faveur du projet de loi dont

le rapporteur, M. Lainé*, présente et soutient les dispositions avec sa faconde ordinaire; il lui donne un nouvel essor pour relever quelques personnalités, entre autres celle-ci : « ... Fille de la loi du 5 février, celle-ci sera
« aussi funeste que sa mère.**. Jusqu'à cette séance, on
« n'avait vivement attaqué que la loi du 5 février, qui
« se croyait *amnistiée* par la loi du 29 juin 1820, et
« vous vous attendiez peut-être à entendre le rapporteur
« de votre commission se justifier d'anciens reproches
« renouvelés, après dix ans, par deux nobles adver-
« saires ; mais le respect de votre dignité ne lui permet
« qu'un mot dont la noble origine excuse la familiarité :
« ils sont *encore fâchés* ». C'est le mot le plus profond

---

* M. Lainé est un homme très-probe, sa loyauté n'a jamais été révoquée en doute, et sa conduite publique a toujours été conforme à ses opinions. Il fut républicain sous la république; agent national à Cadillac, il fit adjuger le beau moulin des Chartreux, à Barsac, au citoyen Chabré, négociant en indiennes. En sa qualité de fonctionnaire public, il fit enfermer les prêtres réfractaires au pâté de Blaye : qu'il ait porté, en cette qualité, le *bonnet rouge* (ce que nous ne croyons pas), on ne saurait en induire aucune prévention contre la moralité de M. Lainé, puisque tout fonctionnaire public était forcé d'endosser le grand signe républicain... M. Lainé était particulièrement estimé de Cambacérès; le prince archichancelier de l'empire ayant été chargé de présider le collège électoral de la Gironde, le fit nommer secrétaire du collège et élire député. M. Lainé contribua de tout son pouvoir à la chute de Napoléon et au rétablissement de la maison de Bourbon ; on lui doit la justice de dire qu'il s'est montré, depuis 1814 jusqu'à ce jour, fidèle à ses sermens : il a reçu du roi l'ordre du Saint-Esprit, mais a refusé des lettres de noblesse : M. Lainé n'est rien moins qu'un homme d'État, mais c'est un très-bon jurisconsulte et un orateur fort discret : peu de personnes sont douées de qualités privées plus estimables.

** La loi du 5 février fut présentée aux chambres par M. Lainé, alors ministre.

d'hypocrisie qu'ait jamais prononcé Louis xviii. M. Lainé profite de l'occasion pour louer M. de Martignac, il s'empresse d'ajouter : « Aussi bien le ministre, noble-
« ment animé en dissipant des accusations bien autre-
« ment graves, nous avertit de ne pas renouveler votre
« *douleur*. Son discours, dont la vive clarté fait voir la
« profondeur, a fait évanouir aussi la plupart des objec-
« tions, et abrégé la tâche du rapporteur... » De son côté, le commissaire du roi, M. Cuvier, reproduit avec fidélité en faveur du projet de loi les serviles argumens dont il s'est servi à la chambre des députés.

Tous les articles ayant été votés sans amendemens, le projet de loi est soumis à l'épreuve du scrutin. Nombre des votans, 242; *pour* 159; *contre* 83; *majorité* 76....
M. de Villèle, peu de temps avant de quitter le ministère, a fait nommer soixante-seize pairs, il est entré avec ses deux collègues du triumvirat à la chambre des pairs ; sa phalange est restée fidèle, comme on voit, à ses doctrines contre-révolutionnaires; elle a voté contre la nouvelle administration, ou, pour parler comme les adversaires du projet de loi, contre les *concessions arrachées à la faiblesse*.

17. — Cour d'assises de Maine-et-Loire. — Condamnation, par contumace, à la peine de mort, de Jean-Urbain Esnault, âgé de 66 ans, prêtre desservant de la commune de Nueil-sous-Passavant, arrondissement de Saumur (Maine-et-Loire), convaincu d'infanticide, exécuté sur un enfant nouveau-né.

Depuis la restauration de 1814, les tribunaux retentissent de poursuites intentées à des ministres du culte catholique, à raison d'attentats contre les mœurs, et à peine est-il permis aux journaux de faire mention de ceux qui font éclat et ne peuvent échapper à l'opinion publique. Les jésuites couvrent de leur toute puissante protection les ecclésiastiques qui abusent du saint ministère pour commettre les crimes les plus atroces : « c'est, « disent-ils, la religion que la calomnie et l'impiété « veulent détruire. » Il faut des circonstances extraordinaires pour qu'un prêtre convaincu de séduction, de viol, de sodomie, d'assassinat, etc., soit livré aux lois : ou les supérieurs ecclésiastiques favorisent l'évasion du coupable, ou ils ont assez de crédit pour rendre à peu près nulles les décisions des tribunaux. Ce n'est pas le moyen de faire respecter la religion et ses ministres comme ils méritent de l'être ; bien au contraire ; mais le jésuitisme l'emporte, il est sur le trône et son influence corrompt et asservit les lois ; faut-il en être surpris ? Pour connaitre les fléaux que les jésuites répandent dans les gouvernemens où ils se saisissent du pouvoir, il suffit de lire l'arrêt du parlement de Paris (6 août 1762) dont les membres étaient, en grande majorité, très-religieux. — « ..... La cour déclare la doctrine morale et pratique « de ladite société, perverse, destructive de tout prin« cipe de religion et même de probité ; injurieuse à la « morale chrétienne, séditieuse, attentatoire aux droits « et à la nature de la puissance royale, à la sûreté même « de la personne sacrée des souverains, et à l'obéissance « des sujets ; propre à exciter les plus grands troubles « dans les États, et à former et entretenir la plus pro« fonde corruption dans le cœur des hommes... » Tout ce qui se passe en France depuis 1814, surtout depuis le règne de Charles x (1824), prouve la justice de l'arrêt rendu par le parlement de Paris : l'on dirait que cette cour souveraine prévoyait, il y a soixante ans, les calamités dont les jésuites accableraient la France, s'ils parvenaient à y rentrer un jour ; ces calamités, toutes les classes les subissent aujourd'hui : il en sera de même en

France, aussi long-temps que les lois rendues contre les jésuites, lois non abrogées, ne seront pas exécutées; ils finiront, si l'on n'y met ordre, et promptement, par perdre le prince et l'État!... Napoléon connaissait bien les prêtres ultramontains et les jésuites; s'il commit la grande faute de reconstituer le haut-clergé et de permettre qu'il y eût en France des lazaristes et des pères de la foi, du moins il les rendit soumis aux lois de l'État, et les retint fortement sous son obéissance; nul ecclésiastique n'osa, pendant son règne, contrevenir aux lois, l'État fut tranquille; mais depuis la restauration des princes de Coblentz..... Espérons que la gravité du mal fera sentir, enfin, la nécessité d'y apporter remède!

Pour se former une juste idée de ce que sont maintenant, en France, l'ultramontanisme et le jésuitisme, c'est-à-dire la majorité du clergé, il faut lire, dans le *Journal des Prisons*, la conversation qui eut lieu à Bicêtre entre M. Appert, à l'époque où il visita cette prison, et le prêtre Contrafatto qui y attendait son départ pour le bagne de Brest. Croirait-t-on que le scélérat se targuait de la protection du *digne M. de Peyronnet*, et du puissant intérêt que lui portait l'ambassadeur de Naples, ce Fabricio Ruffo parvenu, à force d'assassinats et de crimes, plus atroces les uns que les autres, à être décoré du *titre de prince de Castelcicala?* Contrafatto osait même assurer que madame la duchesse d'Angoulême *s'intéressait à lui!*

17. — Paris. *Moniteur* du 18 mai. — « Sur le rap-
« port de son excellence le ministre de l'intérieur (Mar-
« tignac) le roi vient de décider qu'un monument en
« marbre serait élevé à M. le comte Desèze, et que
« ce monument serait placé dans l'église de la Made-
« leine. (V. 2 mai) »

21. — Chambre des députés. — Adoption du projet de loi relatif à l'inscription de 4 millions de rente : ce projet de loi, présenté le 14 avril (V. cette date), et dont M. le général Sébastiani est rapporteur, au nom de la commission nommée pour en faire l'examen, a donné lieu à une discussion très-animée, dans laquelle se sont dessinées les opinions et les vues des divers partis qui existent dans la chambre élective.

Le ministre des affaires étrangères, auquel on attribue un grand caractère de loyauté, est loin de désapprouver la déclaration de guerre que la Russie vient de faire à la Porte-Ottomane ; il blâme la proclamation, *au moins imprudente*, adressée par le grand-seigneur au peuple musulman : « ..... Certes, dit ce ministre, on ne peut « contester à la Russie le droit d'exiger, par la force, « l'exécution de ses traités avec la Porte ; » il ne dit point, il ne laisse pas soupçonner que la Russie a, de tout temps, et principalement depuis 1814, éludé l'exécution de ses traités, et les a même violés ouvertement, toutes les fois qu'elle a cru pouvoir le tenter avec quelque impunité politique.... M. de la Ferronays est dans les bonnes grâces du cabinet de Saint-Pétersbourg et tout porté d'inclination pour l'empereur Nicolas ; M. de la Ferronays est néanmoins très-bon Français, mais malheureusement il met le *sentiment* en relation intime avec la politique, et discute les intérêts de l'Etat en chevalier plutôt qu'en publiciste. Quelque estimable que puisse être le caractère personnel de M. de la Ferronays, ses talens diplomatiques et ministériels n'en sont pas moins d'une grande médiocrité ; il ne fera que passer dans ce ministère auquel il doit se trouver bien étranger, malgré toute sa chevaleresque loyauté de sentiment.

Il appartenait à M. Bignon *d'élever*, comme le dit M. de la Ferronays, la question actuelle au-dessus des chances d'une discussion ordinaire ; cependant M. Bignon, loin de redouter dans la Russie les téméraires écarts d'une ambition illimitée, pense que *peut-être* ce qu'il faut craindre le plus est la *prudence* qui réglerait son ambition. M. Bignon est trop versé dans la science diplomatique pour ne pas voir la perfidie et l'inexorable persévérance avec lesquelles le cabinet de Saint-Pétersbourg poursuit l'exécution des projets d'agrandissement et de conquête tracés par Pierre 1er et Catherine II, projets que le congrès de Vienne, 1815, semble avoir pris à tâche d'exciter, de favoriser, en mettant le royaume de Pologne à la disposition de l'empereur Nicolas ; c'est-à-dire en livrant à la Russie les portes de l'Allemagne et celles de la Turquie. Ce sont là des intérêts du premier ordre pour la France, et de nature à affecter tout à la fois son influence politique, sa puissance continentale et ses relations commerciales ; aussi, l'on est étonné d'entendre M. Bignon proférer ces paroles : «.... Pourquoi donc la France ne devrait-elle pas rester *étrangère* aux complications qu'ont fait naître les affaires de Turquie ? Quelles considérations si décisives pour elle peuvent contraindre son cabinet à se jeter au milieu des débats embarrassés dont il pourrait, au contraire, lui être utile de demeurer, pour quelque temps du moins, spectateur tranquille et indépendant ? Nous ne sommes menaçans pour personne, nous ne causons d'inquiétude à aucun État étranger. Dans l'abus de la victoire, on nous a, d'autre part, tellement dépouillés, qu'on n'a plus rien à nous demander. C'est un triste avantage, assurément ; mais, enfin, chaque position a le sien ; ne perdons pas celui de la nôtre, puisqu'elle nous permet de rester immobiles au milieu d'un ébranlement qui peut devenir général... » Ce n'était pas, nous le pensons, à l'exécuteur testamentaire diplomatique de l'empereur Napoléon, à s'exprimer de la sorte sur les affaires de la Turquie et de la Russie, envisagées sous les rapports d'honneur et de puissance pour le cabinet français : car c'est une *halte dans la boue*, comme le dira plus tard, dans son indignation toute française, le général Lamarque, aussi habile publiciste que grand homme de guerre. — Au surplus, M. Bignon raisonne avec plus de justesse et moins de pusillanimité lorsqu'il dit : «... J'en demande pardon au ministère ; il a succédé à une administration descendue si bas que, malgré ses meilleurs sentimens, il tombe sur lui un triste reflet de la conduite de ses prédécesseurs. A la nouvelle de l'emprunt proposé, le premier mouvement de beaucoup de personnes a été de s'enquérir quelle influence subissait en cette occasion notre cabinet. Le vent qui souffle vient-il des bords de la Newa ou des bords de la Tamise ? Cette question est répétée de toutes parts. Le soupçon est offensant, injuste ; mais c'est un legs que le dernier ministère a jeté sur l'administration nouvelle. Tant de fois on a vu les ministères précédens céder tour à tour aux volontés de Londres, de Pétersbourg et de Vienne, et même proclamer leur faiblesse à cette tribune, que des esprits craintifs ont pu mettre en doute l'indépendance du nouveau ministère. » M. Bignon conclut à *l'ajournement*, du moins jusqu'à la discussion du budget : il se montre digne de lui-même, en signalant l'état de faiblesse et d'humiliation où est descendue la France.

La France était anglaise sous le ministère de M. de Talleyrand, et russe sous le ministère de M. de Richelieu ; elle serait autrichienne, prussienne, espagnole, si ces cabinets nommaient notre ministre des affaires étrangères : c'est dans l'ordre naturel des choses. — M. Hyde de Neuville, ministre de la marine, dont la loyauté n'est pas moins recommandable et recommandée que celle de M. de la Ferronays, s'indigne que l'on demande si le vent vient de la Newa ou de la Tamise, et dit, dans sa généreuse colère : «... Non, messieurs, le vent ne vient ni des bords de la Newa, ni de ceux de la Tamise ; il vient et il viendra toujours pour nous des bords de la Seine. La France veut, elle fait des amis et des alliés ; mais elle ne sera jamais sous l'influence d'aucune puissance, et sa politique est que la France soit ce qu'elle doit être, je le répète, ce que Dieu et la nature l'ont faite... Nous avons fait notre devoir ; vous, nous aiderez à le remplir. Qu'on écarte d'affligeantes pensées : jamais le roi de France ne recevra d'injonctions d'aucune puissance. Le panache blanc ne se laisse pas conduire ; mais on est sûr qu'il conduit toujours à l'honneur...» Voilà des sentimens très-nobles et éminemment français ; malheureusement, les faits sont en opposition directe avec eux : M. Hyde de Neuville n'aura pas besoin de vivre long-temps pour voir le roi et la famille du panache blanc conduits à l'ignominie et à l'exil, de brigade en brigade, comme on conduit au bagne les condamnés aux travaux forcés.

M. Ternaux, dont le dévouement à la maison de Bourbon ne saurait être révoqué en doute, voudrait que tout subside fût refusé jusqu'à ce que les lois organiques qui doivent servir de garantie à la Charte et en réaliser l'exécution, aient été consenties par le gouvernement ; jusqu'à ce que la nation ait obtenu la réparation des nombreuses violations de la loi fondamentale, opérées par le dernier ministère, dont il demande la mise en accusation. «... Qui sait si l'emprunt des 4 millions de rentes n'est pas destiné à fermer les plaies saignantes du parti vaincu aux dernières élections, mais qui veille, prêt à se relever menaçant quand vous aurez déposé vos armes, je veux dire quand vous aurez voté le budget?... Je viens donc payer au vœu de la France et à mes sermens une dette sacrée, en déclarant, pour ce qui me concerne, qu'aussi long-temps que la Charte sera violée comme elle l'a été, que ceux à qui elle est confiée en dépôt ne répareront pas les mutilations qui la défigurent, je n'accorderai mon vote à aucun impôt. Je viens déclarer que je me repens d'avoir, pendant plusieurs années consécutives, concouru à grever mon pays des sacrifices qu'on a tournés contre lui. Cette faute, dont je ne me suis rendu coupable que dans l'espérance d'un meilleur avenir, je ne veux plus la commettre... » Et c'est une des victimes de la révolution, un homme que le système de terreur de 1793 força d'abandonner ses foyers et de se réfugier en Suisse *; c'est un homme resté fidèle au prince et à la royauté pendant toute la durée de leurs adversités ; c'est l'un des premiers manufacturiers de France, qui énonce à la tribune nationale une aussi véhémente opinion ! A quels excès de dilapidations financières et d'arbitraire ministériel ne s'est donc pas portée la dernière administration? Le discours de M. Ternaux produit une vive sensation ; il a mis le doigt sur la véritable plaie de l'État; et en prononçant, le premier, le refus de tout vote de subside, il a, pour ainsi dire, placé d'avance la nation en état d'hostilité contre le gouvernement.

Quantité de députés se prononcent, avec plus ou moins de force, contre l'emprunt : l'on remarque parmi eux : MM. Dupin (aîné), Bessières (de la Dordogne), Tracy, Alexandre de Laborde, Petou, Salverte, Chauvelin, Thil, etc., et surtout MM. Laffitte et Benjamin Constant.—M. Laffitte, sans se montrer hostile au ministère, veut soutenir dignement l'honneur de la France ; il dit : «... Je vote le crédit de 80 millions, parce que

* Si M. Ternaux fut *émigré*, du moins il ne sollicita jamais les étrangers à s'armer contre la France; il ne se montra jamais, sur la terre étrangère, ennemi de sa patrie.

l'Etat de l'Europe doit éveiller la sollicitude de toutes les puissances ; parce que, si la France n'a rien à craindre, matériellement des événemens qui se passent à des centaines de lieues de ses frontières, elle ne doit pas laisser partager les empires, sans son assentiment ; parce que, même en restant neutre, sa neutralité doit être une neutralité *armée*; parce que le ministère, en demandant 80 millions, assume la responsabilité de l'emploi qu'il en pourra faire, et que si les événemens rendaient ce subside inutile, la destination pourrait en être changée, et *devrait l'être;* parce que, dans tous les cas, nous devons seconder le premier effort qui semble fait depuis bien des années pour *relever* la dignité de la France; parce qu'enfin, en votant le budget, il reste à la France d'autres moyens de sévérité envers le ministère...» Dans ses généreux sentimens, M. Laffitte concilie les besoins du gouvernement, l'honneur national et les vœux de la France, mais il s'abuse sur le motif et sur l'emploi de l'emprunt de 80 millions. Une partie en sera dévorée par les hautes sangsues de la cour et du clergé ; quelques parcelles en seront employées à solder le petit corps de troupes qui occupe la Morée ; et, en Morée comme sur les bords du Danube, en Turquie et en Grèce, la France n'exercera qu'une influence passive ; les principales affaires de l'Orient seront traitées comme le voudra la Russie, qui se moque du cabinet français dont elle connait toute la faiblesse.

Dans une brillante et forte improvisation, M. Benjamin Constant accable le ministère du double poids de son inflexible logique et de son éloquence politique ; il s'indigne avec raison du *déficit* annoncé par le ministre des finances, et demande la cause de ce déficit, lorsque la France paie un milliard d'impôts et jouit d'une paix de douze années ; il s'étonne, avec non moins de raison, que le ministère craigne et refuse de donner, à cet égard, à la chambre qui vote les emprunts et les impôts, les renseignemens qu'elle a droit d'exiger; il dit: «... Je sais que l'administration actuelle a jusqu'à ce jour *singulièrement ménagé* l'ancienne administration ; je fais la part de la générosité, de la politesse, des égards ; mais la France réclame autre chose; elle veut savoir à qui elle a affaire; elle veut savoir si ses destinées sont arrachées *définitivement* aux anciens ministres qui lui ont fait tant de mal, et si on a le dessein de réparer le mal qu'ils ont fait, ou de *leur garder simplement des places qu'ils reprendront au jour opportun.* »—«... Les chefs de l'ancienne administration ne sont plus à la tête des phalanges, mais ils sont au milieu du camp; l'armée de cette administration est entière et compacte; elle attend, elle espère, elle appelle ses chefs. De par-delà les monts, accourent les bandes ultramontaines, inquiétant les consciences, troublant les raisons, bravant les lois. Cependant, aucune garantie ne nous est donnée, si ce n'est une loi qui même n'est pas encore une loi.... Repos aux instrumens subalternes qui, dans leur humble sphère, ne pouvaient qu'obéir ; mais châtiment, et surtout expulsion des complices : voilà ce que je nomme la garantie des personnes. Tant que le ministère, en ajournant les institutions, conservera les hommes qui se sont montrés si zélés à les fausser ou à les détruire, nous ne pouvons croire à sa *sincérité* ni à sa sagesse. Or, si nous n'y croyons pas, messieurs, que sert d'accorder les 80 millions qu'il demande?... Qu'on nous dévoile les causes du déficit qui motive la demande extraordinaire de 80 millions; qu'on nous dise par qui et pour quel emploi les fonds votés pour la guerre ont été détournés ; que ce ministère, sans se porter accusateur (ce sera notre affaire), constate les délits en nous apprenant les faits ; jusqu'alors mon vote est négatif : ma confiance dans les ministres ne s'étend pas jusqu'à leurs successeurs, et je ne donnerais pas 80 millions aux *agraviados* et aux *jésuites*... » Voilà le grand mot prononcé ; le voile est levé par M. Benjamin Constant, son discours met à nu le ministère Martignac! Le plus fort et le plus célèbre des députés de l'opposition vient d'annoncer à la France ce ministère *pur*, ce ministère de l'ancien régime dont l'administration Martignac est chargé de préparer les voies ; l'emprunt de 80 millions est nécessaire pour solder les dépenses *préliminaires*, et les personnes tant soit peu versées dans les manéges de cour peuvent déjà apercevoir, à l'horizon, cette contre-révolution dont M. de Polignac est déclaré *in petto* le chef, et sera nommé officiellement l'exécuteur aussitôt que la couronne se croira assez forte pour substituer, militairement, le régime du bon plaisir à celui de la Charte.

Nous entrons dans quelques détails sur l'emprunt de 80 millions, parce que la discussion de ce projet de loi est, après les discussions sur la révision des listes électorales et sur la presse périodique, la plus importante de toutes celles qui auront lieu à la chambre des députés, si même elle ne l'est pas davantage, puisque le gouvernement veut s'assurer financièrement des moyens qui le mettent en mesure de renverser les lois électorales et les lois relatives à la liberté de la presse....

Les députés du côté droit ou du centre, qui se prononcent en faveur de l'inscription des 4 millions de rentes, ont plus pour objet de défendre l'administration Villèle dont ils ont été les salariés, que l'emprunt de 80 millions destiné, dit le nouveau ministère, à mettre sur un pied respectable les forces de terre et de mer de la France : et qu'importent à ces membres du côté droit ou du centre, l'honneur de la France et l'indépendance nationale ?.....
MM. Syrieys-Mairinhac, Georget-Laboulaye, Baron-Montbel, Sesmaisons, etc., et autres orateurs de cette

force font usage de toute leur incapacité législative et politique, pour soutenir le ministère ; ont-ils son secret ? C'est ce que nous ne nous permettrons pas d'examiner, quoique plusieurs feuilles publiques, en France et dans l'étranger, n'aient pas hésité à l'affirmer. Nous regardons comme parfaitement inutile de faire mention des discours de ces députés ; nous nous bornerons à dire que le projet de loi, soumis à l'épreuve du scrutin, est adopté. Nombre des votans, 352 ; *pour*, 287 ; *contre*, 65 ; *majorité*, 222. Une majorité aussi forte prouve que l'opposition ne veut pas entraver la marche du ministère ; et, en effet, la plupart des membres du côté gauche qui se sont exprimés avec une grande force contre la marche que le nouveau ministère paraît déterminé à suivre, ne lui refusent cependant pas les moyens qu'il réclame, et se décident à voter pour l'emprunt : démarche aussi honorable qu'imprudente, peut-être, de leur part.

A la chambre des pairs, la discussion de l'emprunt sera ouverte le 11 juin et close le 13, si l'on peut se servir du mot discussion lorsque aucun membre ne s'est inscrit pour parler *contre*, ou *pour*, ou *sur* ce projet ; car on a trouvé depuis la restauration l'admirable secret de parler *sur* une question, sans se prononcer pour ou contre ; c'est le *nec plus ultrà* de la prudence législative.

Le projet de loi fournit seulement, à trois ou quatre pairs, une occasion d'observer que l'état militaire de la France se trouve de beaucoup inférieur à celui des autres puissances, qu'il n'est pas même en rapport avec les ressources du pays et les sommes considérables affectées, dans le budget, au ministre de la guerre. Le maréchal Soult, pair de la nomination Villèle, blâme, et même assez vivement, l'ancien ministre de la guerre, et ne craint pas de signaler l'abandon qu'il a fait du système de réserve créé par la loi de 1818, les vices de la loi

(1824) sur le recrutement et plusieurs mesures désastreuses prises, par l'inepte et ultramontain M. de Clermont-Tonnerre, contre un grand nombre de généraux de la vieille armée et contre le corps des sous-officiers. L'on ne voit pas, sans étonnement, M. le maréchal Soult s'élever, dès son avénement à la pairie, contre cette déplorable administration à laquelle il a si long-temps prodigué son dévouement, et des complaisances qui ont jeté sur lui un ridicule et même une déconsidération marqués ; le public rit encore de l'extrême dévotion du maréchal et de l'ardent royalisme dont il faisait montre dans toutes les circonstances remarquables....... Le général Belliard, non moins distingué par son talent militaire que par ses connaissances en haute administration, fait sentir la nécessité de sortir promptement du système militaire *perfectionné* depuis le règne de Charles x (1824), système désastreux, et avec lequel on n'aurait jamais en France, dit-il, une bonne armée, ni une armée assez nombreuse pour répondre de la sûreté et de l'honneur du royaume. Les observations du général Belliard annoncent un homme à haute portée, à vues supérieures ; elles sont d'un bon citoyen, d'un véritable Français ; aussi font-elles sensation dans l'opinion nationale...... Le ministre des affaires étrangères répète à peu près ce qu'il a dit à la chambre des députés, fait l'éloge de l'empereur de Russie, exalte la confiance que méritent les déclarations de *désintéressement* que l'autocrate vient d'adresser à ses alliés au sujet de son expédition contre la Turquie : la magnanimité et la modération politiques de Nicolas 1er ont un fervent panégyriste dans M. de la Ferronays, il dit : « L'action de la Russie
« dans la Méditerranée et son concours dans les négo-
« ciations (affaires de la Grèce) *peuvent* et *doivent* res-
« ter distinctes de ses *opérations sur d'autres points.* »

C'est donner carte blanche à la Russie, elle en profitera largement. Avec cette manière de voir, et d'agir en politique, M. de la Ferronays pouvait se dispenser de faire l'éloge de la généreuse conduite du défunt empereur de Russie (Alexandre) au congrès de Vienne, et de la noble conduite des plénipotentiaires de la France à ce congrès.

M. de Villèle ne laisse pas échapper l'occasion de témoigner sa paternelle tendresse pour le 3 pour 100, et soutient, avec l'impudence politique dont il a fait profession dans son visirat, qu'il n'y a pas *déficit*, mais seulement *excédant* de dépenses dans l'administration des finances dont il a tenu la clef pendant six années. M. Roy (et personne ne se connait mieux que lui en affaires d'argent) prouve, chiffres en main, au Terray de la restauration, que le trésor se trouvait, au moment de sa retraite, à découvert, en avances, en excédant de dépenses, et par conséquent en déficit d'une somme de plus de 166 millions ; « que cette somme manquait au trésor et avait été dépensée au-delà des produits, et qu'il fallait pourvoir aux besoins auxquels elle devait subvenir. » — Il est donc avéré qu'en quittant le ministère, M. de Villèle a laissé un *déficit* de 200 millions au moins ; mais la France est le paradis des ministres prévaricateurs ; il ne sera demandé aucun compte à M. de Villèle ; le nouveau Calonne se rira de l'indignation qu'excite dans toute la France son long et désastreux ministère ; il se moquera même de la *proposition de mise en accusation*, proposition que la chambre des députés prendra en considération. Pauvre France!!!

Le projet de loi, soumis au scrutin, est adopté. Nombre des votans, 202 : *pour*, 199; *contre*, 3; *majorité*, 199. — Le gouvernement de la restauration aura 80 millions de plus à dévorer, grâce à la facilité avec laquelle il peut créer des rentes et des bons royaux.

23-24. — Angleterre. Londres. — Protestation des ministres portugais dans l'étranger, contre l'usurpation de D. Miguel..... Détail des manœuvres employées par le prince royal pour son *assomption* au trône.—Protestation adressée à la nation portugaise, par le marquis de Resende et le vicomte d'Itabayana, ministres plénipotentiaires brésiliens en Europe, contre l'usurpation de D. Miguel.

25. — Ordonnance du roi, relative aux machines à vapeur employées dans la navigation.

29. — Angleterre. — Démission de plusieurs membres du cabinet britannique.

29. — Intérieur. — Le conseil d'État déclare *non recevable* la demande du chevalier Desgraviers.

M. Desgraviers est porteur de titres de créance, pour une somme considérable, contre le *comte de Provence*, relativement à l'achat fait par ce prince, avant la révolution, du domaine de l'Ile-Adam; monté sur le trône (sous le nom de Louis XVIII), il refuse de payer les sommes dont il s'était reconnu débiteur, se fonde sur les lois de la convention nationale qui ont exproprié les émigrés, et se joue de la foi publique et de la foi privée. Louis XVIII et Charles X, rentrés en France, refuseront également de faire honneur à leurs engagemens les plus sacrés, violeront toutes leurs promesses, et n'acquitteront de leurs anciennes dettes que celles dont il leur deviendra impossible de refuser le remboursement. Plusieurs individus qui leur ont prêté, dans l'exil, leurs derniers débris de fortune, mourront de faim aux portes de leurs palais..... Le baron de Breteuil disait : « Le « proverbe, *ingrat comme un roi*, ne signifie presque « rien; il faut dire : *ingrat, comme les deux Bourbons*

« *de Coblentz.* » Louis XVIII et Charles X justifient le *dicton* du baron de Breteuil. M. de Châteaubriand a dit, dans son *Essai sur les révolutions*, etc., qu'il ne fallait prêter aux princes que l'argent que l'on voulait jeter par les fenêtres.

29 MAI. — 19 JUIN. — Discussion et adoption du projet de loi relatif à la presse périodique. — La liberté de la presse (il faut le répéter à satiété) est la plus forte sauvegarde, la seule garantie véritable, efficace, que puissent avoir les libertés politiques et civiles : sans cette garantie, les constitutions ou les chartes ne sont que de vains mots, et le despotisme du prince ou de ses ministres peut les interpréter et les détruire à volonté.

La Charte constitutionnelle, *octroyée* par Louis XVIII, reconnaît à la chambre des députés le droit de voter ou de refuser l'impôt, cette chambre décide en première ligne du budget de l'État; la Charte confère de plus à un certain nombre d'électeurs le droit de nommer les membres de la chambre des députés : voilà bien deux garanties pour le régime représentatif et constitutionnel, mais deux garanties illusoires et nulles, dans le fait, sans la liberté de la presse, qui tient les citoyens en éveil sur le maintien de leurs droits publics; car elle seule peut dévoiler et mettre au grand jour les fraudes, les illégalités, les prévarications du pouvoir et l'obliger ainsi de rendre compte de ses actes; cela est tellement vrai, tellement positif et hors de toute contestation fondée, que si la presse périodique ou non périodique est enchaînée, ou placée sous la dépendance du gouvernement, il est aussi facile que commode pour le pouvoir de composer la chambre des députés de membres qui lui soient entièrement soumis et dévoués, parce qu'il est libre d'exercer, sans contrôle ni réserve, les violences et les fraudes nécessaires pour obtenir, en faveur de ses candidats, la majorité des votes dans les colléges électoraux : alors le gouvernement nomme lui-même, en réalité, la chambre des représentans de la nation ; cette chambre lui remet la clef du trésor public et lui consent toutes les lois qu'il juge à propos de lui demander : de cette façon, le gouvernement est absolu avec les formes de la liberté, et les ministres, ainsi que les fonctionnaires de toutes les classes, se trouvent affranchis de toute responsabilité, même morale, malgré l'article de la Charte qui établit en principe leur responsabilité et la rend illusoire de fait.

La liberté de la presse remédie à ce grand vice ; elle traduit le pouvoir devant l'opinion nationale qui le juge ; le pays prononce le jugement, et la France électorale envoie à la chambre des représentans animés de son esprit : ainsi, le despotisme et l'arbitraire se trouvent arrêtés au nom de la loi, et les libertés nationales sont sauvées.

Delolme dit textuellement, dans son excellent ouvrage sur la constitution anglaise, que si le gouvernement voulait porter atteinte à la liberté de la presse, ses menaces « feraient sonner le tocsin d'alarme dans toute l'Angle-« terre. » Le célèbre acteur Kemble avait coutume de dire : « Si les ministres tentaient de nous enlever la liberté de la presse, j'irais, en plein midi, mettre le feu à la maison du premier ministre. » On lit dans Blackstone ces paroles : « Qu'on nous enlève *l'habeas corpus*, le droit de voter l'impôt, le droit de pétition, nos droits municipaux, etc., mais qu'on nous laisse la liberté de la presse ; avec elle, nous aurons bientôt reconquis toutes les autres. »

Napoléon voulait être despote, il étouffa la liberté de la presse : la restauration de 1814 voulait rétablir l'ancien régime ; sa première loi fut contre la liberté de la presse ! Tout gouvernement qui attente à la liberté de la presse, soit par la censure, soit par des lois préventives et fiscales d'une excessive rigueur, est despote ou forme le projet de le devenir.

Cela posé, jetons un coup d'œil sur la nouvelle loi, présentée par M. de Martignac, nous jugerons des desseins de ce ministère qui s'est annoncé si constitutionnellement libéral !... Jamais discussion de cette nature n'aura excité un si puissant intérêt et soulevé tant de passions politiques : elles sont toutes en présence.

En présentant (14 avril) le projet de loi sur la presse périodique, le garde-des-sceaux, Portalis, le fit précéder d'une exposition de motifs et de principes qui permettaient de croire que le nouveau ministère, répudiant les doctrines et les actes de la précédente administration, voulait rentrer dans le régime constitutionnel et assurer, enfin, la liberté de la presse si formellement consacrée par la Charte ; ce ministre mit dans son discours une franchise de légalité et une onction de bienveillance qui firent illusion, même aux esprits qui avaient le moins de confiance dans sa loyauté politique ; car on n'avait pas oublié que sous le régime impérial, il avait prévariqué dans ses fonctions en entretenant une correspondance secrète avec la cour de Rome, au mépris de ses sermens et de ses devoirs ; et peu s'en fallut, alors, que Napoléon n'ordonnât sa mise en jugement. (M. Portalis, dit-on, fit preuve de dévouement à l'empereur, dans les *cent jours*, et montra un grand zèle dans la garde nationale de la Mayenne ; il cherchait à réparer de cette manière les fautes qui l'avaient fait destituer par Napoléon.)

Depuis la restauration de 1814, M. Portalis a fait montre d'attachement aux libertés constitutionnelles ; mais, si l'éloquence doucereuse et jésuitique de M. le garde-des-sceaux a momentanément fait naître l'espoir d'un meilleur avenir pour la liberté de la presse, le rapporteur de la commission nommée pour examiner le projet de loi n'a pas tardé à le dissiper et à mettre dans leur véritable jour les intentions du gouvernement : ce rapporteur, M. Seguy, homme obscur et d'un talent médiocre, a beau mettre sophismes sur sophismes, faire mentir à lui-même l'article 8 de la Charte, et ressasser pesamment toutes les absurdités de l'abbé de Montesquiou (cet inepte ministre de l'intérieur en 1814), sur la synonymie des mots *prévenir* et *réprimer*, il ne produit d'autre effet que de déconsidérer et le ministère et la commission dont il est l'organe; les amendemens de cette commission ajoutent encore à la perfidie, aux dangers renfermés dans le projet; ils établissent l'esclavage de la presse, tout en proclamant sa liberté.

Le projet et les amendemens font un pompeux étalage des *concessions* (il faut bien se servir de ce mot) accordées par le gouvernement; elles consistent dans l'abrogation de la censure, de l'autorisation nécessaire pour l'établissement d'un journal, et du délit de tendance inventé par l'inquisiteur Peyronnet; mais, l'abandon de ces mesures anti-constitutionnelles et illégales, puisqu'elles sont en opposition directe avec les principes de la Charte et notamment avec l'article 8 de cette loi fondamentale, est largement remplacé par des dispositions pénales et fiscales tellement multipliées, odieuses, tyranniques, que la liberté de la presse va se trouver encore plus entravée que sous la législation Peyronnet; la censure, le privilége et la tendance, sont recréés sous une forme nouvelle et avec un machiavélisme plus astucieusement combiné que sous l'ancien ministère : le luxe *pénal*, c'est-à-dire les amendes, les mois de prisons auxquels les écrivains périodiques peuvent être condamnés présentent, en effet, un chef-d'œuvre de prévention et de répression tout ensemble ; la presse est livrée au bon plaisir des tribunaux qui peuvent suspendre, c'est-à-dire supprimer les journaux dont l'esprit de rédaction leur paraîtrait coupable ; enfin, le projet de loi et les amendemens de la commission se trouvent entachés d'un tel arbitraire, de tant de prohibitions, qu'on peut dire avec une profonde justesse que la loi se résume en un seul article ainsi conçu : « A « l'avenir, la publication des journaux est interdite. » Ce résumé du projet de loi, énoncé par M. Benjamin Constant, a mis à découvert les desseins secrets de l'administration Martignac, ou de la faction anti-nationale dont il est *peut-être*, sans le vouloir, l'organe et le champion ministériel.

Mais les vrais amis de la liberté constitutionnelle, les députés nationaux que les dernières élections ont appelés à l'honneur de défendre les droits et les intérêts du pays, arracheront au ministère quelques modifications, quelques adoucissemens au projet de loi, et la liberté de la presse triomphera des obstacles que ne cesseront de lui opposer les hommes de l'ancien régime, les jésuites et le parti prêtre.

M. Kératry est le premier orateur inscrit pour combattre le projet de loi ; il en expose les vices et les déceptions avec autant de lucidité que de talent ; les ménagemens auxquels il a recours donnent encore une nouvelle force à ses argumens. M. de Kératry n'a jamais été aussi bon logicien ; il pousse le ministère dans ses derniers retranchemens, le force à battre la chamade et mérite, par son énergique et loyale improvisation, les suffrages de tous les partisans d'une sage liberté ; le consciencieux député venge le *journalisme*, c'est-à-dire la presse périodique, des outrages lancés contre lui ; il dit : «.... A force de torts, l'ancien ministère se l'était rendu redoutable. Le journalisme n'a point fait le mécontentement, il l'a proclamé, il en a averti celui par lequel il pouvait cesser. Faut-il s'en plaindre?... Sans les feuilles publiques, les conseillers de la couronne, qui nous proposent aujourd'hui les lois en son nom, certainement ne seraient pas assis en face de cette tribune : bien certainement encore, Messieurs, vous ne couvririez pas les bancs de cette chambre, et vous n'y donneriez pas au peuple la garantie d'un vote libre! Et le ministère précédent, et la chambre précédente continueraient à *braver* dans cette enceinte *l'indignation publique*, *en se jouant de tous les droits acquis*! Mais sait-on pour combien de temps? Qui nous aurait répondu de la modération d'une société attaquée dans ses moindres élémens? Qui nous eût assuré que, pour son propre malheur comme pour celui du trône, elle ne se fût pas poussée tumultueusement vers l'abîme fermé par la Charte, et rouvert par l'imprudence de ses ennemis?... » M. Kératry caractérise très-bien les actes du ministère Villèle ; il prévoit les résultats qu'entraînera tout ministère qui voudra suivre le système pratiqué par la *déplorable* administration, et juge déjà, sans y songer peut-être, le ministère Martignac, en faisant l'éloge de l'opinion publique et celui de la chambre élective : «... Messieurs, puissante comme la machine de Watt, l'opinion publique gouverne déjà une partie de l'Europe; mais il faut des *soupapes* de sûreté, et c'est de la presse seule qu'elle peut les recevoir. Fasse le ciel que, suffisamment consultée, cette opinion ait donné enfin à la couronne des conseillers fidèles! quant à cette chambre, elle est déjà connue par ses actes : certes, dans l'histoire, ils ne déposeront pas contre le journalisme auquel on a plus d'une fois fait honneur de sa formation. On le voit : produit de *l'irritation la plus légitime*, du *ressentiment le plus juste* d'une nation froissée et humiliée pendant sept mortelles années, elle délibère avec calme ; elle parle au trône avec respect ; elle se rend à ses demandes de fonds, *sans en connaître l'emploi, sans s'enquérir de ce que sont devenus les précédens ;* elle donne de l'or, lorsqu'on lui a prodigué les outrages ; elle n'ajourne que les satisfactions qu'elle avait droit d'attendre ! Il faut en convenir, messieurs, les torts du journalisme sont bien peu de chose en présence d'un pareil spectacle, et l'on est un peu rassuré sur ses plus grands écarts chez un peuple qu'ils conduisent à de pareils résultats.... » Rien de plus exactement vrai, de plus loyalement exprimé. Pour qu'un homme comme M. de Kératry, voué au culte de la légitimité, qui a donné de nombreux gages de sa fidélité à la maison de Bourbon et de son désir de seconder l'action d'un ministère constitutionnel, pour qu'un semblable personnage émette à la tribune des opinions hostiles au ministère Martignac, il faut que ce ministère ait déjà inspiré de bien grandes défiances.

M. de Kératry analyse les divers articles du projet de loi ; il n'y voit qu'astuce, que déceptions politiques, et il ajoute hardiment : « Est-ce là, messieurs, ce que nous promettait le préambule (l'exposé des motifs de M. le garde-des-sceaux), qui, bien apprécié, ne vous paraîtra plus, comme à moi, que le magnifique péristyle de Sainte-Geneviève transporté devant la Force ou Sainte-Pélagie pour en masquer le dégoûtant intérieur ? Rapportons à chacun ce qui lui revient. Laissons le préambule à M. le garde-des-sceaux, et rendons à l'ancien ministère ou *à ses agens* un projet qui est *vraiment leur ouvrage*... Non, messieurs, ce n'est pas dans une des salles du palais de nos rois que ce projet a pu être enfanté ; tout au plus y aura-t-il été importé en germe par les ennemis de nos institutions et de la monarchie, et la pensée publique les nommerait sans peine.—On vous a dit que des membres du ministère avaient pris l'engagement de soutenir dans son intégralité cette œuvre *monstrueuse.* N'en croyez rien, messieurs : dépositaires des ordres du prince, revêtus de sa force, animés de son esprit, ils ne se décideront jamais à renverser chez nous le gouvernement représentatif, en brisant la presse libre qui en est la colonne. S'il en était autrement, s'ils secouaient sous nos yeux le pan de leur toge, pour nous offrir à ce prix la paix ou la guerre, eh bien ! quoiqu'il nous en coûte de le dire, *nous accepterions la guerre.* Nous imposerions silence à notre douleur, pour défendre la patrie menacée dans ce qu'elle aurait de plus cher ; nous aurions pour elle et pour nous la plus sainte des causes ; nous aurions encore dans cette chambre *tous ceux qui ne veulent pas être parjures envers les libertés publiques...* » En s'exprimant de la sorte, M. Kératry a pour lui la France entière, au nom de laquelle il parle ; ce député, dans une conjoncture aussi solennelle, acquiert des droits à l'estime et à la reconnaissance nationales.

Sublime et infatigable défenseur des libertés publiques, M. Benjamin Constant frappe de réprobation et de mépris le projet de loi présenté par le garde-des-sceaux, Portalis, et défendu avec un esprit, une astuce si remarquables par le ministre de l'intérieur, Martignac ; il foudroie de son éloquence, il pulvérise les sophismes, les chicanes et toutes les répliques des deux ministres, met à nu leur mauvaise foi, leur hypocrisie politique, et les poursuit jusque dans le fond de leur conscience ministérielle. La France s'honorera, en tout temps, d'avoir *recouvré* un aussi éloquent défenseur de ses libertés ; car M. Benjamin Constant descend de l'une de ces cent mille familles protestantes, chassées de France par la révocation de l'édit de Nantes, victimes de cette atroce tyrannie qui pèsera dans tous les siècles sur la mémoire de ce *Louis* si improprement surnommé *le Grand.*

Dès l'ouverture de la session, M. Benjamin Constant a déposé, sur le bureau de la chambre, une proposition dans laquelle il demande l'abrogation de la *censure*, l'abolition de l'*autorisation* nécessaire pour publier un journal, et la suppression des procès de *tendance*; séduit par les discours et les promesses du nouveau ministère, il lui avait (dit-il) accordé une confiance anticipée et était passé dans les rangs de ses défenseurs ; mais, bientôt éclairé sur le véritable esprit dans lequel est conçu le projet de loi, il s'est réuni aux membres du côté gauche les plus fermement résolus à combattre ce projet ; il se justifie d'une confiance si légèrement accordée à la nouvelle administration, et dit : «... Plusieurs des phrases de l'exposé des motifs du projet de loi avaient exercé sur moi une grande influence : la publicité, l'âme du gouvernement représentatif ; les journaux, instrumens nécessaires de cette publicité ; leur liberté, associant le pays aux plus graves controverses de la politique et de l'administration, éclairant les opinions désintéressées, préparant les choix légitimes, faisant tomber les fausses popularités ; l'influence de la presse, ne dépendant d'aucune autorité de ce monde, voulue par la Providence, ne pouvant être combattue que par elle-même ; toutes ces paroles m'avaient enchanté. »—«... Je me commandais de laisser aux ministres le temps de nous prouver par des actes que leurs intentions étaient bonnes.... Les actes du ministère ont été presque toujours en sens inverse de mon attente et de mes vœux.... Quant aux principes de l'exposé des motifs, ils m'ont rappelé une prière que j'ai lue dans un livre indien : « O le meilleur des hommes, la réunion de « toutes les divinités favorables ! Je te suis tout dévoué ; « accorde-moi le bonheur, et atteins toi-même la félicité « céleste ! » Savez-vous, messieurs, à qui s'adresse cette prière ? à la victime que le sacrificateur doit immoler.

Elle finit ainsi : « Puisque ta mort est inévitable, renonce « à la vie, en faisant un acte de bienveillance. »..... Toutes les promesses faites à la nation et toutes les paroles prononcées en faveur de la liberté de la presse, par tous les ministres de la restauration, depuis 1814 jusqu'à ce jour, sont parfaitement dans le sens de la prière indienne; elle est surtout d'une application frappante au projet de loi sur la presse périodique, présenté par M. de Portalis; il pourrait être intitulé : projet de la *seconde loi de justice et d'amour*; le garde-des-sceaux du ministère Martignac n'aura désormais rien à envier au garde-des-sceaux du ministère Peyronnet! »

Quelle imposante autorité, quelle étonnante prévision dans ces paroles de Benjamin Constant! Après s'être adressé aux membres de la chambre dont la foi robuste croit encore aux intentions constitutionnelles de tous les ministres et à leur durée, et aux membres de la chambre qui doutent et de la durée et des intentions des ministres, il dit : « Les premiers doivent réfléchir que si les ministres sont constitutionnels, ils ne rétabliront pas la censure (dont l'abrogation est le seul mérite qui reste au projet de loi); violation manifeste de nos droits, assujettissement intolérable de la partie éclairée de la nation à sa partie vile et stupide, gouvernement des muets au profit des visirs; et, grâce au ciel, qui a pris en pitié l'intelligence humaine insultée, source désormais de plus d'agitations, de défiances, de mécontentemens et d'irritations, que la licence même de la presse n'en pourrait créer. » — « Quant à ceux qui ne croient pas aux intentions constitutionnelles des ministres ou à leur durée, ce qui est la même hypothèse, puisque le nom des hommes ne fait rien aux choses, je les prie de se bien pénétrer d'une vérité. Des ministres qui ne voudraient pas *rentrer* ou *rester* dans la Charte

seraient inévitablement conduits *par leur volonté, ou malgré leur volonté*, à briser cette Charte avec violence. Ils ne se borneraient pas à des équivoques sur son article 8 ; ils invoqueraient l'article 14, en le faussant. *L'accompagnement obligé de la tyrannie*, dans la disposition morale de la France, c'est la *dictature*. Le dernier ministère a usé de *l'astuce*, c'est *la force matérielle* qu'il faudrait déployer. Or, dans cet essai périlleux, croyez-vous que les ministres violateurs du pacte fondamental examineraient si la loi permet la censure? Il n'y aurait *plus de loi*, c'est-à-dire plus de garanties, plus de droits, plus de devoirs. La censure renaîtrait avec tout ce que la Charte proscrit ; elle renaîtrait sur le tombeau de la Charte. Alors comme alors, messieurs, la chose irait comme elle pourrait, tant qu'elle pourrait ; et bien que nous ne soyons plus, d'après nos règles constitutionnelles, de la première jeunesse, plusieurs d'entre nous, je le pense, en verraient la fin... Que si, par une de ces timidités qui se mêlent quelquefois à la violence, des ministres, sans proclamer l'anéantissement de la Charte, se bornaient à se prévaloir, sous des dehors légaux, de la faculté de rétablir la censure, elle ne leur servirait de rien. La censure serait aujourd'hui une déclaration de guerre contre la nation. Ce serait lui dire :
« Nous voulons vous opprimer sans que vous puissiez
« vous plaindre, non-seulement vous écrivains, ou vous
« journalistes, mais vous tous, propriétaires, manu-
« facturiers, citoyens, artisans, ouvriers, qui tous
« pouvez avoir besoin de publicité pour réclamer contre
« l'oppression. Nous voulons vous condamner au si-
« lence, parce que nous prétendons gouverner de telle
« sorte que chaque parole qui s'échapperait de votre
« bouche serait contre nous une accusation. » —
« Or, quand on déclare à une nation éclairée et nom-

breuse une guerre semblable, si l'on n'emploie contre elle que la censure, on est infailliblement vaincu. Aussi, la censure a-t-elle tué les anciens ministres, et ils étaient habiles dans la théorie et dans la pratique d'opprimer. Mais la censure les a tués, parce qu'ils ont fait ou trop ou trop peu. Ils voulaient allier quelques parodies de liberté à la tyrannie ; et comme il y avait dans ces paroles un peu de liberté, ce peu de liberté a servi à démolir tout l'échafaudage de la tyrannie. Veut-on ravir aux hommes leurs droits, il ne faut rien faire à demi. Ce qu'on leur laisse leur sert, grâce au ciel, à reconquérir ce qu'on leur enlève. La main qui reste libre dégage l'autre de ses fers. » — « Je rejette donc le projet de loi... Les articles de la loi sont empreints d'une subtilité et de l'astuce d'une société fameuse (la secte des jésuites), dont la France sollicite vainement le ministère de la délivrer et de l'affranchir lui-même... »

La profondeur de vues et l'art oratoire avec lesquels M. Benjamin Constant analyse successivement tous les articles du projet de loi et les amendemens de la commission qui en aggravent les vices, sont admirables. Jamais M. Benjamin Constant ne s'était élevé à une telle supériorité ; ce discours le range, sinon au-dessus, du moins à côté des plus grands orateurs de l'assemblée constituante; c'est le logicien et le publiciste le plus éminemment distingué de ce siècle ; l'histoire le placera au nombre des plus illustres défenseurs de la liberté constitutionnelle et des meilleurs citoyens qu'aient produits, depuis vingt-cinq ans, l'ancien et le nouveau monde.

Nous nous sommes étendu sur l'opinion de M. Benjamin Constant, parce qu'elle a été prédominante dans la discussion de la presse ; il a réduit à leur juste valeur tous les argumens des adversaires de la publication périodique, et M. Martignac lui-même a échoué malgré l'habileté de sa polémique, malgré l'étonnante souplesse avec laquelle il se saisit des plus petits avantages que lui laisse son redoutable antagoniste : une discussion de cette importance doit convaincre le pouvoir que la liberté de la presse est désormais indestructible en France!... Elle a été défendue avec plus ou moins de talent ou de force par MM. Thil, Caqueray, Alexandre de Laborde, Viennet, Dupin, Devaux (du Cher), Cormenin, Salverte, Agier, Thouvenel, Mauguin, André (du Bas-Rhin), Méchin, Schonen, Cunin-Gridaine, Corcelles, Bourdeau, Bérenger, etc. — «... Mon premier mouvement a été d'accepter, non ces *concessions*, comme, le dit M. le rapporteur, mais ces *restitutions* que j'apprécie à une haute valeur, » a dit M. Méchin, en parlant de l'abolition de la censure, de la libre publication des écrits périodiques et de la suppression des procès de tendance ; mais ce député se borne à exprimer le *vœu* que le jugement des délits de la presse soit remis *plus tard* au jury, ne pensant pas que cette restitution si désirable doive trouver sa place dans la loi actuelle. M. Méchin cherche à déplaire le moins possible au gouvernement : il se met en demi-opposition, espérant redevenir fonctionnaire public et rentrer de manière ou d'autre dans l'administration ; sa conduite ultérieure dans la chambre ne laissera aucun doute sur son véritable caractère politique. M. Méchin ne finira pas comme il a commencé ; tant s'en faut...! — Fidèle à ses opinions, M. Bérenger invoque hautement le jugement par jurés de tous les délits de la presse ; ce jurisconsulte profond démontre la justice et la nécessité d'une semblable mesure législative. En effet, laisser le jugement de ces délits aux tribunaux, c'est le remettre au gouvernement, dont l'influence dans les décisions judiciaires qui peuvent lui importer est si manifeste, surtout depuis le ministère du garde-des-sceaux

Peyronnet. Sans le jugement par jurés (et par jurés *indépendans*, c'est-à-dire *non choisis* par les préfets), la liberté de la presse ne sera donc jamais pleine et entière; c'est ce que prouve admirablement bien M. Bérenger, qui ajoute encore dans cette circonstance à sa réputation, si justement acquise, de grand magistrat et d'excellent citoyen.

M. Corcelles combat avec une certaine véhémence les principales dispositions du projet de loi : en affirmant que le monopole de la presse périodique, exercé par le gouvernement, faisait régner les coteries sur l'esprit public, il prend texte de cette assertion pour dire : «... Le jésuitisme, qu'il ne faut pas confondre avec les coteries; le jésuitisme, quoique banni par nos lois, n'a point altéré ses traditions : bien loin de là, il est *organisé dans le clergé*, dont il organise l'enseignement et jusqu'à un certain point la doctrine ; dont il réunit les membres les plus absolus et les plus actifs ; en un mot, il est *implanté* dans le clergé comme le clergé dans l'État... Le jésuitisme comme faction, et il en a tout le caractère, le jésuitisme tenant chaire d'enseignement quotidien, et retentissant d'un bout du royaume à l'autre, peut pour le moment n'être que dangereux ; mais il deviendra redoutable le jour où le gouvernement aura eu le malheur de subir son influence, et on a de fortes raisons pour le soupçonner... » M. Corcelles, contre son ordinaire, s'est exprimé sur le jésuitisme avec une modération étudiée ; il aurait pu dire que les jésuites règnent de fait et presque de droit depuis l'avénement de Charles X au trône : son discours n'en donne pas moins lieu à des explications très-remarquables, fournies par M. Feutrier, évêque de Beauvais, ministre des affaires ecclésiastiques ; ce prélat prend en main la défense des jésuites, au nom de la religion, abreuvée (dit-il) d'outrages et de calomnies : «... On ne peut nier, messieurs, que la licence des journaux n'ait souvent franchi toutes les limites; et, pour ne parler que de la cause qui me concerne spécialement, de combien d'outrages la religion et le clergé n'ont-ils pas été assaillis dans les feuilles publiques! Chaque jour encore, ne répand-on pas avec profusion, sur la tête des ministres de notre culte, le fiel de la calomnie, du sarcasme et des plus grossières injures? A nulle autre époque, cependant, le clergé n'a été plus *respectable*, je dirai même plus respecté par ceux qui sont témoins de ses vertus, de sa charité, de son zèle; toutefois ces qualités incontestables ne le mettent pas à l'abri des traits acérés de la critique.... On a établi, au moyen d'un vocabulaire nouveau, qui s'étend de jour en jour, un système de dénigrement universel... D'abord on a compris dans la dénomination de *jésuites*, des hommes étrangers à toutes congrégations religieuses; puis on est venu à l'expression plus directe, mais non moins absurde, de *parti-prêtre*, qui propage au loin la prévention d'intolérance et de fanatisme; cette expression outrageante s'est placée plus d'une fois à cette tribune *sur les lèvres* d'hommes de bien, de sincères amis de leur pays, qui n'auraient pu contenir leur indignation si, en leur présence, on avait osé flétrir la judicature sous le titre de *parti-juge*, les dépositaires du pouvoir sous celui de *parti-maire* ou *parti-préfet*, et l'armée du roi sous celui de *parti-militaire* ou *parti-soldat.* » — « Heureusement, messieurs, le bon esprit des populations a fait justice de ces inculpations sans fondement, de ces injures gratuites; vous savez de quelle *considération* sont encore environnés dans les provinces et les évêques et les pasteurs..... » De quoi se plaint donc le ministre des affaires ecclésiastiques? Il détruit lui-même ses propres accusations; son discours, loin de dissiper les inquiétudes qu'ont fait naître le jésuitisme et le clergé, a pour résultat d'ajouter à ces justes inquiétudes de l'opinion publique. La mesure que met le prélat dans ses paroles, et cette espèce d'onction mi-constitutionnelle et mi-ecclésiastique dont il fait habilement usage, ne sauraient en imposer sur le fond de ses doctrines ultramontaines ; c'est l'homme des jésuites, mais plus soigneusement *masqué* que son prédécesseur au ministère, l'abbé *Frayssinous*, évêque d'Hermopolis ; c'est en outre le prêtre investi de la confiance de Mme la duchesse d'Angoulême, qui l'a fait évêque et ministre. Le doucereux prélat, dévoué à la Charte et aux jésuites, est le ministre *tout à tous* ; écoutons-le : « On a représenté le jésuitisme étendu comme un réseau sur toute la France, implanté dans le clergé, et exerçant presque son empire irrésistible jusque sur le clergé lui-même. Messieurs, ni comme évêque, ni comme ministre du roi, je n'ai jamais été atteint par ce *fantôme* qui répand de si vives terreurs ; le diocèse que j'ai administré n'a point éprouvé l'*influence* de ces hommes si puissans, *dit-on*, et si redoutés ; ils ne sont pas *venus à ma rencontre* quand j'ai pris l'administration des affaires ecclésiastiques, et je n'ai pas *appris* que depuis ils eussent cherché à s'introduire auprès de moi et à se concilier *ma confiance*. On les peint, messieurs, sous de *fausses et injustes* couleurs : comme individus, ils ont droit à l'*estime publique*, et je me plais à rendre témoignage à leurs *vertus*, à leur *probité*, à leur *désintéressement*. La question qui les concerne est grave, importante, solennelle ; c'est une question de principes, n'en faisons pas une question de personnes... C'est un devoir d'examiner les lois du royaume, *sans doute*, mais c'est aussi un devoir de ne pas laisser flétrir des hommes *recommandables*. Il n'est pas vrai que les évêques soient dominés par les jésuites ; ces prélats les *estiment* sans doute et peuvent les regarder comme d'*utiles auxiliaires*, mais ils se maintiennent dans toute leur *indépendance*, et attendent respectueusement les *ordres du roi* pour s'y conformer.... » Il y a plus d'hypocrisie dans ces paroles que dans le Tartufe de Molière.

M. l'évêque de Beauvais se conforme parfaitement aux ordres du roi en parlant de la sorte; son discours est d'une absurde mais très-mielleuse fourberie. Il faut connaître, personnellement et à fond, les individus pour en faire un si bel éloge ; mais, alors, on abonde dans leurs doctrines : quoi qu'en dise cependant M. Feutrier, ministre, les mémoires de M. de Montlosier ont frappé à mort le parti-prêtre, et ces mémoires iront à nos neveux, comme une preuve irréfragable des calamités que la secte des jésuites et le clergé ultramontain ont répandues sur la France. Toutes les pieuses *justifications* de M. l'évêque de Beauvais ne peuvent rien contre des *lois*; elles ont banni les jésuites, ils doivent être expulsés : mais non-seulement les lois ne sont pas exécutées à leur égard; ils jouissent encore, dans tous leurs actes, d'une impunité et d'une protection éclatantes : le gouvernement le veut ainsi! Ils finiront par perdre la branche aînée de la maison de Bourbon ; mais elle aura mérité son sort en se jouant de toutes ses promesses et en violant tous ses sermens.

M. de Schonen se fait remarquer parmi les défenseurs de la liberté de la presse; il dit : «..... La liberté, c'est le droit; et non pas, comme l'a dit M. le rapporteur de votre commission, l'exception. C'est le privilége qui est l'exception... On s'est emparé d'un grand attentat (l'assassinat du duc de Berri), et le parti ennemi des libertés publiques en a fait le prétexte d'une nouvelle loi plus restrictive et qui crée la censure.... Le ministère qui vient de tomber, parce que ses pieds ont glissé dans le sang des citoyens, a commencé son insolente domination par les lois des 15 et 17 mars 1822... Nous défendrons la presse périodique, comme la Charte... Nos adversaires l'attaqueront, comme on l'a déjà fait, par le double vote et la septennalité, et la France saura alors à quoi s'en tenir sur des promesses tant de fois violées... Je ne vous dirai qu'un mot des amendes énormes prononcées par le nouveau projet, qui peuvent être égales à la totalité du cautionnement, c'est-à-dire monter à 200,000 francs. Sommes-nous donc encore au temps où le revenu de la couronne se fondait sur des amendes? Cette source odieuse devrait-elle être lucrative? elle est répudiée par la Charte, qui abolit *la confiscation*. Toute amende exorbitante est une véritable confiscation... Messieurs, vous le voyez, la liberté fait le tour du globe; acceptons-la, et songeons que la presse se sert de garantie, qu'elle est son seul et véritable remède. C'est la lance d'Achille guérissant les blessures qu'elle a faites... » Honneur à M. de Schonen. Il est, dans cette discussion, le patriote du convoi de Manuel : s'il persévère dans ses principes et ses votes, il laissera un nom cher à la France.

Les adversaires de la liberté de la presse, MM. Mestadier, Pardessus, Georget-Laboulaye, Terrier de Santains, Duplessis-Grenédan, Amat, Baron-Montbel, Conny, etc., reproduisent tous les sophismes, toutes les calomnies, toutes les absurdités dont les hommes de l'ancien régime ont abusé depuis quatorze ans; ils soutiennent bravement : « Que la liberté de la presse ne peut se développer dans une nation qu'à l'ombre du pouvoir *légitime*. » Cette doctrine livre à l'autorité royale les droits publics et particuliers des Français; n'importe : M. de Conny la professe dans toute sa pureté : « *Légitimité et liberté, usurpation et servitude*, ce sont là, messieurs, des noms inséparables et *individuels*. Cette vérité est indestructible, elle est écrite partout. » Avec cette manière de raisonner, l'on arrive aux plus fausses conséquences. Certes, la *légitimité* était dans tout son éclat, dans toute sa force, sous Louis xiv et Louis xv, et la *servitude* de la presse exista pendant ce siècle et demi du pouvoir absolu de la couronne! M. Conny travestit l'histoire; il la plie à ses opinions sans s'embarrasser de la vérité; les faits démentent ses doctrines, il n'en est pas moins affirmatif; mais il a beau faire le procès à la liberté, elle est, aux yeux de tous les hommes impartiaux, innocente des crimes qu'on lui impute. Avec quelle légèreté, avec quelle acrimonie, et surtout quelle injustice, ce député ne juge-t-il pas à son petit tribunal la première de nos assemblées nationales, celle où tant de talens s'unissaient à tant de patriotisme! « L'assemblée qui usurpa le nom de *constituante*..., après avoir détruit nos antiques lois, nous laissa pour adieu cette *constitution* qui, consacrant le principe de tous les crimes, la *souveraineté du peuple*, plaçait l'autorité royale sous le joug de toutes les passions populaires..... » M. Conny oublie donc (car nous le croyons trop instruit pour ignorer ce que tout le monde sait aujourd'hui) que ce principe de tous les crimes, la souveraineté du peuple, était dogme fondamental sous la première et la seconde race de nos rois, et que ceux de la troisième race, dont Hugues Capet (tige de la maison de Bourbon) fut le fondateur, établissaient encore leurs droits à la couronne sur la volonté et le consentement du peuple, c'est-à-dire la *souveraineté nationale*. Les citations et les divagations historiques de l'homme de l'ancien régime ne sauraient prévaloir contre un dogme admis par la couronne elle-même, et dont toutes nos anciennes chartes offrent la preuve, siècle par siècle, règne par règne..... M. Conny trouve de

grands dangers dans cette faculté illimitée d'établir des journaux, qu'accorde l'article 1ᵉʳ de la loi sur la presse; appeler faculté *illimitée* celle que la loi donne moyennant des cautionnemens de 100 et de 200 mille francs! c'est en vérité abuser de la parole, et se moquer des écrivains dont le fisc vient garotter la pensée; on leur met les menottes, et on leur crie : Vous êtes libres! Les écrivains ne sont pas tenus à reconnaissance envers M. de Conny; Dieu veuille que ce député ne devienne jamais premier ministre, les lois seraient sans pitié pour la presse. — M. de Conny ajoute : «..... Des atteintes au dogme de la légitimité,... des outrages à une dynastie sacrée,... ce sont là des outrages à la France entière, et ce sont là des crimes pour lesquels le bannissement ne serait point une peine trop rigoureuse. » — « Vous avez
« eu le malheur d'outrager votre pays, *dirait la loi* à
« l'écrivain reconnu coupable; votre cœur n'est plus
« français, allez porter la honte de vos écrits loin de
« la terre natale : la France repousse en vous un de ses
« enfans ingrats; vous apprendrez à respecter la patrie
« sur une terre étrangère; et, *peut-être*, ramené par
« le malheur à des sentimens plus vrais, vous écrierez-
« vous un jour en revoyant la France : *Plus je vis d'é-
« trangers, plus j'aime mon pays.....* » Ces paroles ont été prononcées le 29 mai à la tribune nationale de France!!!

L'on doit regretter que de si bons conseils n'aient pas été donnés aux émigrés de Coblentz, qui ne firent guère respecter la patrie en pays étranger; mais il ne faut plus être étonné des éloges que M. de Conny prodigue aux pamphlétaires Durosoy, Sulleau, etc., qui faisaient, ainsi que Rivarol, la Maisonfort, Montjoye, etc., respecter la *légitimité* qui les salariait en beaux et bons deniers comptans pour calomnier l'assemblée constituante et diffamer les meilleurs citoyens..... M. de Conny nous apprend « que les pouvoirs légitimes peuvent seuls consacrer le principe de la liberté de la presse... Un seul homme dans l'univers *entier* (ajoute-t-il) pouvait nous rendre cette liberté, *c'était le roi de France.* » Pourquoi donc M. Conny veut-il nous priver aujourd'hui de cette liberté, lorsque Louis XVIII, *roi de France*, et, de plus, *roi de Navarre*, l'a solennellement reconnue, art. 8 de la Charte? Certainement, M. Conny est inspiré par de nobles sentimens, et n'a que de bonnes intentions; mais sa dialectique pèche par les fondemens et n'est pas de mise pour l'époque où nous vivons. Il a beau torturer l'histoire des quatorze années de la restauration, elles déposent une à une contre ses doctrines. Au reste, tous les efforts des privilégiés du pouvoir absolu, du jésuitisme, de la sainte-alliance, ne parviendront pas à *étouffer* la liberté de la presse; elle triomphera dans les deux mondes, parce que l'heure de la liberté constitutionnelle a sonné pour tous les peuples; malheur aux gouvernemens qui méconnaîtraient cette grande vérité! faudra-t-il donc le répéter sans cesse? « Les ministres tombent et les rois passent; la liberté est éternelle et les nations ne meurent pas!!! »

Les discours de MM. Laboulaye, Duplessis-Grenédan, Pardessus, Puymaurin, et autres défenseurs de la déplorable administration Villèle, ne méritent pas d'être mentionnés; nous passerions également sous silence l'opinion émise par M. Baron-Montbel, si ce député n'eût demandé, avec le plus servile acharnement, le rétablissement de la censure préalable, et attribué à l'extrême licence des journaux de l'opposition, tous les crimes commis en France depuis la restauration de 1814. M. Montbel a pu fouiller dans les registres de la municipalité de Toulouse, et se convaincre que l'assassinat du général Ramel, ne fut pas le résultat de la licence des journaux de l'opposition, mais celui des débordemens des journaux de l'ultra-royalisme; il en fut de même de l'assassinat du maréchal Brune, du général Lagarde, et des forfaits commis à Nimes, à Avignon et à Marseille.

M. Monthel n'a pas les premières notions de l'homme d'État, il ne voit, il ne veut que le pouvoir absolu de la monarchie de Louis XIV; c'est dans l'esclavage de la presse qu'il place la dignité du trône et la prospérité du peuple; il se résume en disant : « Ne croyant pas qu'il puisse y avoir assez d'efficacité dans les seules dispositions de la loi proposée, je vote contre ceux de ses articles qui abrogent les garanties que la législation actuelle offre au gouvernement contre les abus de la presse. » L'on ne saurait s'expliquer plus clairement, car tout le monde sait que les mots *abus* et *licence* de la presse signifient, chez les absolutistes et les contre-révolutionnaires, *droit* et *exercice* de la liberté de la presse.

Enfin, après vingt jours d'une discussion des plus orageuses, le projet de loi amendé tant bien que mal est soumis à l'épreuve du scrutin. Nombre des votans, 382; *pour*, 266; *contre*, 116; *majorité*, 150. Cette majorité démontre que les nouveaux ministres seront forcés de respecter les libertés publiques, que les hommes de l'ancien régime ajourneront forcément leurs plans de contre-révolution, et que le ministère Martignac ne sera, par conséquent, qu'un ministère de *transition* : sa dernière heure ne tardera pas à sonner.

" Le projet de loi sur la presse périodique sera présenté, à la chambre des pairs, le 25 juin, et adopté le 14 juillet (V. ces dates).

— 30. —Chambre des députés. — M. Labbey de Pompières, député du département de l'Aisne (Laon), prend l'engagement de proposer l'accusation des ministres.

Ce député, si distingué par son patriotisme et ses talens, par la pureté de ses vues et le désintéressement dont il a constamment donné les plus honorables preuves pendant le cours de sa vie publique, annonce à la France qu'il va dévoiler les fraudes, les iniquités et les trahisons dont les ministres de la septennalité et du double vote se sont rendus coupables : il prononcera, séance du 14 juin suivant, un discours dans lequel seront développés leurs attentats. (V. 14 juin.)

31. — Paris. — Le marquis de Caraman est créé duc.

« Le marquis de Caraman, ambassadeur à Vienne, ayant accompli sa cinquantième année de service dans la carrière diplomatique, avait témoigné au roi le désir de prendre sa retraite. — S. M., en déférant au vœu de ce loyal serviteur *de sa maison*, a voulu lui donner une haute marque de satisfaction et de bienveillance. Elle vient de le créer duc, en l'autorisant à transmettre ce titre *à sa famille*. — S. M. a nommé à l'ambassade de Vienne le duc de Laval Montmorency, et à celle de Rome, le vicomte de Châteaubriand. » (*Moniteur.*)

Dans l'ancien régime, la création d'un titre de duc était une affaire d'État ; mais depuis que Napoléon a fait litière de ducs, de princes, et même de rois, on n'y regarde pas de si près : la restauration recrépit tous les noms d'émigrés qui ont à ses yeux une certaine importance, imaginant rétablir ainsi l'aristocratie de naissance ou de cour, et se donner un fort appui contre la nation ; c'est se tromper lourdement ; les titres que la couronne distribue à ses anciens et à ses nouveaux courtisans n'ont plus aucune valeur ; ils n'en imposent à personne : les principes d'égalité politique et civile ont pris possession de la génération nouvelle, et le peuple connait parfaitement aujourd'hui la valeur et le prix d'un titre féodal ou nobiliaire. L'on a vu un *Cambacérès* affublé du titre de prince, un *Fouché* de celui de duc, des *Syeyes*, des *Merlin* (de Douay), etc., décorés de celui de comte.... L'on rit de ces promotions dites honorifiques! En recréant par ses décrets la haute noblesse, Napoléon commit une faute énorme; il en a fait l'aveu sur son rocher de Sainte-Hélène; les Bourbons de Coblentz vivent sur les colifichets de son despotisme : ils ont trouvé la noblesse nominalement rétablie, ils la badigeonnent en vertu de l'art. 71 de la Charte, sans se douter qu'ils peuvent bien nommer des *nobles*, c'est-à-dire donner ce titre à tel ou tel individu, mais qu'il leur est interdit de restaurer *la noblesse*, parce qu'ils ne peuvent accorder « que des « rangs et des honneurs, sans aucune exemption des « charges et des devoirs de la société. » Des *brevets* de duc, de marquis et de comtes; quelle imposante aristocratie! Joujoux, rien de plus. L'esprit public en est arrivé au point, qu'un titre féodal équivaut presque à un ridicule, et n'est réellement qu'un *sobriquet*; telle est aujourd'hui la façon de penser du peuple.

Les services rendus par M. de Caraman, pendant 5o années de carrière diplomatique, sont restés inconnus, et c'est sans doute le plus grand éloge qu'on puisse faire de ce loyal serviteur *de la maison* de Bourbon ; la patrie ne lui doit rien ; nous nous trompons : la famille de Riquet-Caraman a rendu, dans l'un de ses membres, hommage aux principes consacrés par la révolution ; cette famille a reçu dans son sein la veuve du régicide Tallien, et cette épouse d'un fils de portier, d'un des hommes accusés des massacres des 2 et 3 septembre 1792, est devenue princesse de Chimay. L'on doit regretter que l'ex-citoyenne Tallien n'ait pas eu d'enfans de ce patriote : ils auraient un illustre beau-père.

Le duc de Caraman est remplacé à Vienne par un personnage de la plus complète incapacité, mais il s'appelle Montmorency, et depuis la restauration de 1814, le nom fait le mérite... A défaut d'un grand nom nobiliaire (car il est né, dit-on, dans la classe bourgeoise)*, M. de Châteaubriand possède du moins un talent littéraire du premier ordre ; c'est un homme illustre, à juste titre, dans la littérature : il est nommé ambassadeur à Rome ; où il s'occupera de beaux-arts et les protégera de son génie : singulière destinée ! ce grand écrivain se brouille et se raccommode, par sémestre, avec le pouvoir politique ; mais c'est un peu sa faute, pourquoi s'est-il fait homme d'Etat lorsqu'il devait se contenter d'être un homme de génie? La France aurait plus besoin d'un homme d'État que de M. de Châteaubriand.

2 JUIN. — Loi relative à l'emprunt de quatre millions de rentes (V. 21 mai).

8. — Ordonnance du roi, qui nomme le *sieur* Alexandre de Laborde, député du département de la Seine, membre de la commission supérieure de l'établissement des invalides de la marine, en remplacement du *sieur* vicomte de Martignac, appelé au ministère de l'intérieur. — M. de Laborde, philanthrope éclairé, bon citoyen, partisan de la liberté constitutionnelle, recommandable par les services qu'il rend à l'humanité, aux sciences et aux beaux-arts, est déjà membre de plusieurs commissions ou comités ; en faisant choix de ce personnage, le gouvernement semble annoncer l'intention

---

* Bien des gens assurent que son véritable nom est *Châteaubriend* ; ont-ils tort, ont-ils raison? Nous n'en savons rien ; c'est une affaire d'extrait de baptême. M. de Châteaubriand, pour n'être pas gentilhomme (ce qui ne veut rien dire), n'en aurait pas moins d'esprit et de talent.

d'améliorer l'établissement des invalides de la marine ; il n'en sera rien, et le *sieur* de Laborde présentera inutilement de très-bons mémoires sur cette partie ; ils resteront enfouis dans les cartons du ministère *.

5. — France. — Paris. — Protestation du chevalier de Barbosa, chargé d'affaires de Portugal à Paris, contre les actes du gouvernement de D. Miguel.

9. — Intérieur. — Paris. — Arrivée du comte Da Ponte, envoyé par l'infant D. Miguel, pour remplacer, auprès du gouvernement français, le chevalier de Barbosa.

9. — Association évangélique pour la défense des libertés de l'Église gallicane, et du droit public des Français. — Les jésuites, officiellement reconnus par l'abbé *Frayssinous*, évêque d'Hermopolis, ont trouvé dans son successeur au ministère des affaires ecclésiastiques, Feutrier, un éloquent panégyriste de leurs doctrines ; le gouvernement paraît décidé à leur continuer la protection dont ils ont été couverts sous le ministère Villèle ; ils viennent, pour paralyser le bien que doit faire l'association évangélique, de former une *association pour la défense de la religion catholique;* la présidence en est dévolue à M. le duc d'Havré et de Croy, et la vice-présidence à MM. le maréchal d'Hohenlohe, Duplessis-

* L'ancien régime est fidèle aux plus petits souvenirs ; il applique le mot *sieur* à tout ce qui n'est pas de *qualité*, à tout ce qui n'est pas *gentilhomme* : un ministre est le *sieur* tel, s'il n'a pas un nom connu dans le *nobiliaire* de d'Hozier ou de Cherin. Quelle féodale puérilité ! tout le monde n'est-il pas *monsieur*, en France ? Et d'ailleurs, M. de Laborde ne s'est-il pas laissé affubler par Napoléon du titre de comte ? mais bien que la Charte ait reconnu les deux noblesses, on *esquiche* tant qu'on peut lorsqu'il s'agit de la nouvelle.

Grénedan et la Rochejacquelein. Il suffit de lire les noms des membres du conseil de *l'association catholique*, pour connaitre son but ; elle tend à perpétuer l'ignorance dans la classe du peuple en accaparant l'éducation de l'enfance, et à effrayer les esprits faibles en s'emparant de la direction des consciences ; c'est le jésuitisme, l'ultramontanisme, réduits à quintessence ; ce sont les doctrines professées par les pères de la nouvelle école de *saint Ignace*, passées au creuset de l'ancien régime ! Le père Loriquet, M. de Bonald, l'abbé de la Mennais, M. Laurentie, etc., se flattent, au moyen de *l'association pour la défense de la religion catholique*, d'étouffer tout esprit de liberté, d'éteindre les lumières, de faire rétrograder l'esprit du siècle jusqu'au moyen âge où les peuples étaient esclaves de la glèbe, où les papes déposaient les rois. Quel dommage que les ducs Mathieu de Montmorency et Rivière, présidens de la société des *bonnes études*, *des bons livres*, soient descendus au tombeau ! Ils protégeraient fortement auprès du trône l'association destinée à saper tous les fondemens des libertés nationales... Mais l'esprit du siècle veille sur elles, il les a prises sous sa défense, tous les complots des jésuites échoueront devant la raison publique, devant la volonté nationale."

Les amis d'une sage liberté, tous les Français dignes de ce nom, seconderont de leurs efforts et de leurs lumières *l'association évangélique*, destinée à répandre dans la masse de la nation les saines doctrines de la morale, de la religion, de la liberté constitutionnelle. En faisant pénétrer l'instruction primaire jusque dans les hameaux les plus reculés de la capitale, en portant à la connaissance du public tous les actes d'intolérance et de fanatisme commis par la secte des jésuites, par le clergé ultramontain, en donnant aide et assistance légale aux opprimés de toutes les classes, cette association opèrera de grands biens et préviendra de grands maux; elle méritera son titre *d'évangélique.*

10. — République d'Haïti (ci-devant Saint-Domingue). — Discours du président, Boyer, à l'ouverture de la deuxième session de la chambre des représentans.

Après avoir parlé de certaines tentatives dirigées par la malveillance, au mois de janvier dernier, et qui avaient pour objet de renverser le gouvernement de la république, le président dit : «..... Toujours fidèle à mes devoirs, tout en faisant les efforts que la probité commande pour parvenir au paiement de la dette contractée envers la France, je n'ai jamais cessé de défendre l'honneur et les droits d'Haïti. J'ai proclamé et constamment fait valoir le principe *inviolable* qui ne permet pas d'admettre qu'un peuple vraiment indépendant puisse être astreint, contre *ses intérêts*, à reconnaître à perpétuité des priviléges exclusifs au profit du commerce d'une puissance étrangère. Sur ce point important, il est entendu que, à moins de stipulations ultérieures *réciproquement* avantageuses, le commerce de *toutes* les nations sera placé ici, après l'année 1830, sur le pied d'une *parfaite égalité*... » Voilà donc tous les priviléges commerciaux que le traité d'indépendance avait stipulés en faveur du pavillon français, supprimés de fait; et quant au paiement des 120 millions de francs dont la république d'Haïti reste et s'est reconnue débitrice envers la France, il n'est guère plus permis d'en espérer le remboursement, du moins en totalité. L'on peut, dès ce moment, classer, en France, la dette d'Haïti avec celle de l'Espagne; les négociations suivies jusqu'à ce jour, relativement aux quatre cinquièmes restant à percevoir sur l'indemnité stipulée en faveur des anciens colons, ont été sans résultat, ainsi que les négociations pratiquées pour conclure un traité de commerce entre Haïti et la France...... Saint-Domingue est irrévocablement perdue pour la France, la métropole n'aura pas même un *allié* dans son ancienne sujette. Le gouvernement a mal négocié, il a voulu *révolutionner* Haïti; mais il a trouvé chez les noirs des hommes plus habiles en diplomatie que les Malouet, les Villèle et tous les commissaires envoyés à Saint-Domingue par la *restauration*.

10. — Mise en vente du domaine de la Malmaison, appartenant aux enfans mineurs du prince Eugène Beauharnais, ex vice-roi d'Italie, fils adoptif de Napoléon.

— L'impératrice Joséphine est morte *subitement* dans ce château; son fils, le prince Eugène, y reçut le germe du poison qui devait le conduire au tombeau, dans la force de l'âge; l'empereur Napoléon en est sorti captif, pour aller terminer ses jours dans une prison, à deux mille lieues de sa patrie!!! Que de souvenirs ce château doit rappeler à l'histoire! C'est dans son enceinte que Napoléon a fait et défait tant de princes et de rois; c'est là qu'il a disposé des destinées de la France et qu'il tenait à ses pieds les empereurs et les rois! C'est aussi dans cette enceinte que Napoléon a vu sa puissance détruite de fond en comble, et le malheur le plus extrême n'a pu l'y préserver des insultes et des outrages du maréchal Davoust, du duc Decrès, du duc d'Otrante (Fouché), du duc de Rovigo (Savary) * qu'il avait comblés d'honneurs, de dignités, de richesses; le bourreau de Nevers et de Lyon, le régi-

---

* On lit dans le *Nain* (Blanc) n° 4, page 52, 29 juillet 1815, l'anecdote suivante : « Quand Buonaparte revint à Paris après la
« journée du 18 juin (Waterloo), il se promena long-temps dans
« le jardin de l'Élysée avec le général Savary, duc de Rovigo.
« Ce dernier avait son chapeau sur la tête. — M. le duc, lui
« dit Buonaparte, n'est-il pas vrai que les valets manquent de
« respect à leurs maîtres, quand ceux-ci sont malheureux? —

cide fameux par l'énormité de ses cruautés, de ses rapines, FOUCHÉ, en un mot, a tenu dans ses mains la vie

« Le malheur nous rend égaux, Napoléon, répondit le duc;
« plus de cérémonial, pensons à notre salut. » Quoique le duc de
Rovigo n'ait pas démenti, que nous sachions, cette anecdote,
nous la croyons tout-à-fait dénuée de vérité. Certainement, le
général Savary n'eût pas osé se permettre un tel oubli de ses
devoirs et de toutes les convenances; et très-certainement l'empereur Napoléon ne l'eût pas souffert!!! — Mais voici un fait
dont nous avons été instruit par M. de Lavalette lui-même...
L'avant-veille de son départ de la Malmaison pour Rochefort,
M*me* la comtesse de M***, femme d'un ancien ministre de l'empereur, vient à la Malmaison faire ses adieux à Napoléon, lui témoigner sa profonde douleur et lui offrir ses respects et sa fortune :
la digne épouse de l'un des plus fidèles serviteurs de l'empereur
trouva dans l'antichambre le duc de Rovigo, qui lui dit : « Est-ce
« que vous venez demander quelque chose? Il ne peut plus rien,
« il n'y a plus d'empereur, c'est un homme comme nous, vous
« pouvez entrer sans tant de cérémonies, etc. » — « Je ne viens
« rien demander; je viens remercier encore une fois l'empereur
« Napoléon de tout ce qu'il a daigné faire pour mon mari, pour
« ma famille, et mettre à ses pieds notre éternelle reconnais-
« sance pour ses bienfaits, » répond M*me* la comtesse de M***,
et elle entra, fondant en larmes, dans le cabinet de Napoléon.
« Le général Savary, duc de Rovigo, a publié plusieurs volumes
de *Mémoires*; on lit à ce sujet dans la *Bibliothèque historique*, etc., tome II*e*, 5*e* cahier, page 314 : « Je me suis trouvé à
« Paris du temps du ministère de Savary ; j'y étais même en jan-
« vier 1814, et j'ai eu des rapports avec lui. Il présentait en sa
« personne un contraste fort singulier : il était alors ministre de
« Napoléon, et ministre dévoué au suprême degré; et cependant
« il *laissait agir* la faction qui voulait renverser son maître, et
« il y avait eu même *des rapprochemens* entre lui et les me-
« neurs de cette faction. » (V. 14 avril 1828, la note relative au
31 mars 1814.) — « Pour faire des *mémoires*, il faut savoir rédi-
« ger; et Savary n'aurait pas été l'égal d'un rédacteur ordinaire
« de ses bureaux; l'esprit naturel ne suffit pas pour faire un
« écrivain; et je ne crois pas qu'on puisse trouver aux archives
« du ministère de la police une seule minute de rapport à son

et la mort de son bienfaiteur, du prince qui avait couvert la France de gloire, qui l'avait dotée de la plus belle

« maître écrite de sa main. Est-ce à son âge, au milieu des peines
« de l'exil qu'il se serait fait écrivain?... »

M. Savary était un homme *illettré*. Nous avons lu, écrit de sa main, en marge des rapports qui lui étaient adressés des bureaux de M. le comte Réal (préfet de l'un des quatre arrondissemens de l'empire), ces mots : « *Revoire cette affère.*»—Un pauvre diable d'écrivain avait fait une chanson très-innocente, où se trouvait le mot *liberté*; il fut arrêté et jeté en prison : un rapport ayant été fait, sur cette affaire, par les bureaux de M. Réal, le ministre de la police, Savary, mit en marge, de sa main : « Puisqu'il fait des « chansons, qu'il les *siffle* ; deux *bons* mois de Bicêtre. »

Les *Mémoires* du duc de Rovigo, Savary, exciteront une sorte d'intérêt, à raison de plusieurs anecdotes concernant des personnages vivans; mais M. Savary s'est donné bien de garde de dire tout ce qu'il savait, il a tourné souvent autour de la vérité et l'a affaiblie, ou même dénaturée, pour ménager certaines susceptibilités puissantes. On trouve dans ses *Mémoires* des faits évidemment faux; il nous serait facile d'en fournir la preuve : voici, du reste, comment la *Bibliothèque historique*, recueil éminemment véridique, parle de ces *Mémoires* : « ... A l'imita-
« tion de son premier patron (le général Desaix), Savary avait
« adopté la devise des anciens chevaliers français : *Dieu, l'amour*
« *et les dames.* Je lui ai entendu faire cette profession de foi
« en parlant de Desaix; aurait-il pu y renoncer dans son exil, et
« calomnier des dames françaises qui souffrent comme lui de
« l'éloignement de leur patrie? Cela est impossible, ou bien il
« est devenu fou, et alors nulle confiance ne peut être accordée
« à ce qu'il dit. Mais rien n'annonce que Savary, aujourd'hui à
« Gratz, ait l'esprit aliéné; tout ce qu'on lit dans les extraits du
« *Moniteur britannique* sur certaines dames, prouve donc que
« les *Mémoires* attribués à Savary ne sont pas de lui » (ils sont bien de lui, assure-t-on dans le public, et l'on cite même l'écrivain qui les a rédigés). « Il y a d'ailleurs dans ce qu'on lit
« comme extraits de *ses Mémoires*, dans le *Moniteur britan-*
« *nique*, sur la duchesse de Bassano, des choses qui impli-
« quent contradiction ; et, en effet, on y lit : *Que Bonaparte*
« *était extrêmement épris de la duchesse; que le duc, son*

législation civile qu'ait jamais possédée un grand peuple, et Fouché a livré Napoléon à ses plus implacables enne-

« mari, avait sur Bonaparte un crédit assez puissant pour
« l'empêcher de donner suite à des traités qu'il avait réso-
« lus; et en même temps..... que la duchesse a voulu le cap-
« tiver, lui Savary, en faire son amant; qu'il avait été un
« autre Joseph..... » Peut-on insulter, calomnier plus atro-
cement M. le duc de Bassano, dont la fidélité à l'empereur ne se
démentit en aucun temps, et sa vertueuse épouse que les plus
rares qualités distinguaient parmi toutes les personnes de son
sexe? — Non, le duc de Rovigo n'a pas écrit cela! Mais, quelque
dévoué à Napoléon qu'eût été Savary pendant le consulat et l'empire, quelque dévoué qu'il parut être ou qu'il fut à l'empereur
revenant de l'île d'Elbe, il est certain (et les *Mémoires* de Sainte-
Hélène ne permettent aucun doute à cet égard) que Napoléon
ne voulut pas qu'il le suivit dans sa captivité.

Nous sommes dans le siècle des brochures et des mémoires;
tout le monde en fait, et peu de *faiseurs* disent la vérité. Que
de mensonges, de faux matériels dans les *Mémoires* de M. Fau-
velet, dit Bourrienne! Il a falsifié ou tronqué jusqu'à des pièces
officielles. — Nous avons entendu dire de certains autres *Mémoires* : Qu'ils semblent n'avoir été entrepris que pour prouver
1° que J.... était plus noble que Bonaparte; 2° que la duchesse
d'Ab...... était plus noble que n'était feu son mari, J.... —
Toutes ces *révélations* politiques, faites par de grandes dames
ou de grands seigneurs, en quatre, six, huit volumes, ont
pour but de justifier bien des choses; l'intérêt personnel, l'a-
mour-propre et l'ambition sont, en général, les motifs qui
ont mis la plume à la main de ces écrivains : mais l'histoire de
notre temps n'en fait pas moins son profit, parce qu'on trouve
dans ces écrits la cause ou du moins l'explication de plusieurs
événemens importans; l'on se trahit souvent sans le vouloir,
et l'on en dit assez pour faire découvrir ce qu'on ne dit pas :
l'abbé de Montgaillard a eu raison de dire (tom. 1er, pag. 30) :
« Les révolutionnaires de 1789 et les contre-révolutionnaires
« de 1814 travestissent également les hommes et les choses;
« chacun refait ses écrits, sa réputation, sa vie selon les prin-
« cipes, ou, pour mieux dire, selon les intérêts du jour, et
« presque tout le monde ment au public et se ment à soi-même. »

mis, aux Anglais!!! Jamais action plus exécrable ne fut commise par un personnage aussi vil...... C'est au pied de la colonne de la place Vendôme que la France et l'histoire dresseront le pilori, où l'ancien conventionnel Fouché doit expier l'infamie de sa vie politique.

Triste et mémorable exemple de la cupidité, de l'ingratitude de ces maréchaux, de ces ministres, de tous ces nouveaux grands seigneurs nés d'un décret, d'une parole de Napoléon! Aucun d'eux n'aura la pudeur de soumissionner le modeste asile de la plus étonnante grandeur que les siècles anciens et modernes aient eue en spectacle; aucun ne se rendra acquéreur de ce château de gloire nationale, ils l'abandonneront, tous, au marteau et à la hache des capitalistes de la bande-noire : et, dernier degré d'infamie! des étrangers mettront le prix au mobilier domestique de Napoléon, à ce secrétaire, à cette table où il décidait des destinées des souverains; les étrangers emporteront ces restes sacrés dans leur patrie, comme derniers trophées de la domination qu'ils exercent en France.

10. — Mort du marquis de Lauriston (Alexandre-Jacques-Bernard *Law*), pair de France, maréchal de France, grand-veneur de France, chevalier des ordres du roi, grand'croix de la Légion-d'Honneur et de l'ordre de Saint-Louis, etc., né en 1768, à Pondichéry : il succombe, à trois heures après midi, « aux atteintes d'une « apoplexie foudroyante, » dans l'appartement d'une actrice de l'Opéra.

Le marquis de Lauriston n'était pas noble, quoique fils d'un officier-général, gouverneur des possessions françaises dans l'Inde. Son père, né dans la classe bourgeoise, était neveu du fameux Law, dont le maréchal de Lauriston se trouvait par conséquent petit-neveu.

Tout le monde sait que l'aventurier écossais, dont *le système* bouleversa la France et corrompit les mœurs publiques, était fils d'un homme du peuple, exerçant le métier de serrurier : convaincu d'assassinat, et condamné à être pendu, Law eut le bonheur de s'évader, se réfugia en France, y fit une prodigieuse fortune, la perdit au jeu et dans les débauches, et fut mourir dans un grenier à Venise.

M. de Lauriston entra fort jeune dans la carrière militaire, arme de l'artillerie, et fut nommé colonel pendant le régime de la terreur, 1793 ; il dut son avancement aux principes de liberté et d'égalité proclamés par l'assemblée constituante, principes qu'il abjura lorsque Napoléon Bonaparte, dont il eut le bonheur de devenir aide-de-camp, en eut fait un grand seigneur. Choisi par le premier consul, pour porter à Londres, 1801, la ratification du traité de paix, le citoyen Lauriston y fut reçu aux acclamations du peuple, qui détela sa voiture et le traîna jusqu'à l'hôtel de l'ambassade française ; l'envoyé du premier consul répondit avec enthousiasme à une réception aussi flatteuse, mais il oublia qu'il existait des princes de la maison de Bourbon dans cette capitale, des princes bannis à jamais, et s'exprima sur leur compte, en termes injurieux, méprisans... Il poussa plus loin le dévouement ou plutôt le *séidisme* : il demanda au gouvernement anglais la déportation de tous les Bourbons au Canada : cette demande *n'était pas dans les instructions* du premier consul ! M. Lauriston se la permit, sans doute, par excès d'attachement à Bonaparte ; mais elle n'en est pas moins inexcusable. Nous rapportons ce fait parce que la preuve nous en est acquise......

Entré depuis cette époque dans la carrière diplomatique, M. Lauriston n'abandonna point celle des armes ;

il fit preuve de courage et de talent dans les campagnes de Prusse et d'Autriche, et fut successivement nommé gouverneur de Braunau, de Raguse et de Venise, défendit avec intrépidité l'importante place de Raguse, n'en montra pas moins dans l'attaque de Raab, et devint l'un des favoris de Napoléon qui le combla d'honneurs et de grâces.

M. Lauriston n'avait rien du génie militaire qui a immortalisé les noms de Masséna, de Kléber, de Dugommier, de Bernadotte, de Moreau, de Desaix, de Hoche, et de quelques autres généraux en chef placés aux premiers rangs de la gloire française; il est encore à très-grande distance de ces illustres généraux, Ney, Lannes, Murat, Davoust, Jourdan, etc., qui viennent immédiatement après les grands capitaines de la révolution : c'était un assez bon général de division, rien de plus. Ce général abandonna, dans la retraite de Moscou, le corps qu'il commandait, et, dans celle de Leipzick, il laissa livrée à elle-même la division confiée à ses soins et ne songea qu'à sa sûreté personnelle. Le marquis de Lauriston fut malheureux dans la plupart de ses expéditions militaires, et échoua dans toutes ses missions diplomatiques....... La faveur dont il avait joui auprès de Napoléon rendit plus remarquable celle dont Louis XVIII le combla ; nommé commandant d'une division de l'armée chargée de rétablir en Espagne le pouvoir absolu, le général marquis de Lauriston s'empara de Pampelune et fut nommé maréchal de France : l'on fut étonné de voir une si grande récompense accordée à un si petit exploit; le bâton de maréchal *d'empire* coûtait un peu plus de gloire militaire! Devenu ministre de la maison du roi, le maréchal de Lauriston se montra d'une rigueur inflexible envers tous ceux de ses anciens compagnons d'armes qui avaient des réclamations à porter au pied du trône; il ne leur pardonnait pas les preuves de dévouement données à

Napoléon !....... Il est frappé de mort subite dans le domicile d'une actrice de l'Académie royale de musique ; nous faisons mention de cette particularité, parce qu'il n'est pas ordinaire de voir un maréchal de France mourir ainsi ! Le cadavre du marquis de Lauriston est transporté à l'hôtel du grand-veneur, place Vendôme, dès que l'officier de l'état civil a rempli les formalités nécessaires. Le *Moniteur* dira que le maréchal de Lauriston a expiré quelques heures plus tard dans son hôtel ; le *Moniteur* mentira sciemment..... Pour moins de scandale, n'avait-on pas descendu le cadavre dans la boutique de la maison dont la danseuse habitait un des étages !

14. — Chambre des députés. — Acte d'accusation contre l'ancien ministère..... Discours prononcé par M. Labbey de Pompières, député du département de l'Aisne..... (V. *Histoire de France, suite*, etc., tome second, pages 314-337.)

La justice, la vérité, le patriotisme caractérisent ce discours ; il mérite à M. Labbey de Pompières la reconnaissance de la France : ce sera, dans nos annales, un bel et bon titre de gloire pour le député qui n'a pas craint d'invoquer, contre le ministère Villèle, toute la sévérité de la justice nationale.

14. — Mort de Charles-Auguste, grand-duc de Saxe-Weimar et Eisenach, âgé de 71 ans. — Le testament de ce prince renferme une particularité honorable ; il ordonne que le corps de Schiller soit déposé à la gauche de son tombeau, et celui de Goethe à la droite, lorsque ce dernier aura payé le tribut à la nature ; ces deux écrivains, si chers à l'Allemagne, sont ceux dont elle se glorifie avec le plus juste orgueil.

« C'est ainsi qu'un grand souverain doit honorer les

sciences, les belles-lettres et les beaux-arts; c'est ainsi que la puissance et la magnanimité royales savent récompenser le génie et la vertu dans les hommes illustres : le testament du duc de Saxe-Weimar est le plus bel éloge qu'on puisse faire du prince, du gouvernement et de la nation.

16. — Ordonnance du roi, qui fixe à 20,000 le nombre des élèves qui seront admis dans les écoles secondaires ecclésiastiques.

16. — Chambre des députés. — Dans la séance du 11, M. Labbey de Pompières a déposé sur le bureau du président l'acte d'accusation contre M. de Villèle, ancien président du conseil des ministres... Dans la séance du 14 (V. cette date), il a développé sa proposition, ainsi conçue : « J'accuse les anciens ministres de trahison envers « le roi, qu'ils ont isolé du peuple ; je les accuse de tra- « hison envers le peuple qu'ils ont privé de la confiance « du roi. — Je les accuse de trahison, pour avoir at- « tenté à la constitution du pays et aux droits particuliers « des citoyens. — Je les accuse de concussion pour avoir « perçu des taxes non votées, et dissipé les deniers de « l'État. » M. Labbey de Pompières énumère la longue série de faits dont l'ancien ministère s'est rendu coupable : « L'introduction dans tous les offices des ennemis « de l'État, la haine des institutions existantes, la sus- « pension ou l'inexécution des lois, l'intolérance reli- « gieuse, la restriction des libertés, les destitutions « arbitraires, la colère envers les corps indociles; tout, « jusqu'au mépris des chambres. » Il rappelle les actes qui établissent la culpabilité et justifient l'accusation. Son discours, que la chambre écoute avec l'attention la plus soutenue, est terminé en ces termes : « Ici, messieurs; ma tâche est finie, et la vôtre commence : vous

avez à vous prononcer, entre une chambre des pairs, fidèle à ses sermens, des cours royales impassibles dans leurs arrêts ; une garde nationale qui, dans sa soumission, a donné la preuve d'un dévouement sans bornes ; enfin, entre la France, qui vient de vous confier ses destinées, et un ministère qui a insulté, frappé, licencié tout ce qui lui portait ombrage ; un ministère qui a immolé à son pouvoir nos libertés nationales, nos institutions politiques, nos lois militaires, et jusqu'à l'indépendance des cultes ; qui, plus féroce que ces hordes du Nord qui naguère inondèrent nos provinces, a lancé sur nos citoyens sans armes la force soldée par ces citoyens et destinée à les défendre. Songez au sang si illégalement, si perfidement versé dans la capitale (V. 19-20 novembre 1827), et prononcez : la France vous regarde, l'histoire vous attend. »

L'histoire honorera, dans M. Labbey de Pompières, le vertueux et incorruptible citoyen dont la probité politique ne s'est pas démentie un instant pendant quarante années de révolution : son discours restera comme un monument de cet amas de crimes dont le ministère Villèle a souillé et épouvanté la France dans le court espace de six années ; une moitié de ce temps appartient au règne de Louis XVIII, l'autre au règne de Charles X... Pur et inflexible organe de l'opinion nationale, véritable représentant de la France dans l'accusation qu'il intente aux ministres de Coblentz, d'Hartwell et d'Édimbourg, M. Labbey de Pompières a droit aux hommages de la postérité ; nos neveux respecteront et béniront sa mémoire.

A peine l'honorable député (à lui appartient, de droit incontestable, cette épithète de courtoisie, empruntée au parlement anglais, et dont la restauration de 1814 use avec une générosité sans bornes) a-t-il cessé de parler, que la plus violente agitation se manifeste dans la chambre : M. de Martignac prend la parole, et reproche vivement à M. Labbey de Pompières de dire, dans sa proposition d'accusation, « que les anciens ministres ont isolé le roi du peuple, et privé le roi de la confiance du peuple. » « Ce sont, dit le ministre, deux faits contre lesquels je viens protester de toutes mes forces, et que je viens hautement démentir à la face de la France et de l'Europe... » « J'ai voulu dire (déclare M. Labbey de Pompières) que les ministres avaient *tenté* d'isoler le roi du peuple. » Il refuse de retirer sa proposition, contre laquelle M. de Martignac se récrie en ces termes : «... Non, messieurs, le roi n'est pas isolé du peuple ; non, le peuple n'est pas privé de la confiance de son roi ; non, sûrement, cette division funeste, ce divorce déplorable, entre ce qui doit être uni pour le bonheur et la gloire de la France, n'a été, ne sera jamais ni consommé, ni tenté : isolé de son peuple ! Non, j'en atteste les cris *d'allégresse* et *d'amour* qui peut-être, en ce moment, retentissent à son oreille... J'en atteste ce sentiment profond et inviolable qui s'empare de tous les cœurs à la vue *respectée* et *chérie* de Charles x, du *père du peuple, du père de la patrie*..... » En s'exprimant ainsi, le ministre veut justifier indirectement l'ancienne administration des crimes qui lui sont imputés ; mais M. Labbey de Pompières n'en insiste que plus fortement sur l'accusation ; il en modifie seulement les formes, et dit : « Non, sans doute, les anciens ministres ne sont pas parvenus, malgré *leurs actes à jamais odieux*, malgré leur *système déplorable*, à isoler le roi de son peuple ;... mais ils l'ont *tenté*, ils n'en sont pas moins coupables... Les anciens ministres ont si bien *tenté* d'isoler le roi du peuple, qu'ils ont plongé la ville de Paris dans la douleur. Heureusement ils n'y ont pas réussi ; heureusement le roi s'en est aperçu, et *c'est pour cela qu'il a changé le ministère*. Mais, enfin, le projet a existé, et c'est ce projet qui constitue la culpabilité des ministres que j'accuse, moi aussi, à la face de la France et de l'Europe... »

M. Ravez se joint à M. de Martignac pour repousser la proposition d'accusation, il emploie les mêmes raisons et se sert des mêmes expressions : « Ce n'est pas là, dit-il, s'attaquer seulement au ministère, c'est porter plus haut l'accusation. » Il est impossible de se faire une idée de l'agitation, du trouble, de la confusion, du désordre qui règnent dans l'assemblée ; la proposition, modifiée dans ses formes, est immédiatement renvoyée dans les bureaux ; la séance est suspendue et reprise après une demi-heure de discussions, ou plutôt de pourparlers et de négociations dans les bureaux, et M. l'abbey de Pompières reproduit, en ces termes, son accusation : « Je demande que la chambre accuse les membres du dernier ministère des crimes de concussion et de trahison. » Ce sont les deux seuls délits auxquels la Charte a réduit la responsabilité ministérielle, délits vagues et indéfinis dont aucune loi ne spécifiera la nature et ne déterminera la poursuite, malgré la promesse faite à cet égard, par le législateur *octroyant* dans le 56ᵉ article de la Charte *octroyée* à la nation ; d'où l'on peut juger combien la responsabilité ministérielle est illusoire ! le gouvernement lui-même n'a pas craint de l'avouer ; en présentant en février 1814, et en janvier 1817, une loi sur cette responsabilité, il a toujours raisonné par abstraction, et éludé le fond de la question, divisant la responsabilité ministérielle en *générale*, en *personnelle et juridique*, en *morale*, en *matérielle*, ce qui est assurément laisser ouvertes aux ministres toutes les issues que peut désirer l'arbitraire. « La responsabilité générale, disait en 1817, M. le garde-des-sceaux, compagne inséparable du pouvoir, ne saurait être *définie* ni *restreinte* par des lois, et demeure entièrement dans l'ordre *politique*, quoiqu'elle ne puisse trouver place dans le domaine de la jurisprudence. La responsabilité personnelle et juridique, plus bornée de sa nature et spécialement attachée à certains actes, a besoin d'être caractérisée et réglée par des *lois* qui déterminent dans *quel cas* et d'après *quelles formes* les ministres doivent la subir. » En 1819, le garde-des-sceaux disait : « Ce qui ne nous paraît pas moins *dangereux* qu'*impossible*, c'est de spécifier tous les faits pour lesquels les ministres pourront être accusés.... La force de la raison nous commande de nous en remettre à une *juridiction d'équité*, et l'intérêt de la justice même réclame *l'intervention de l'arbitraire*.... » Voilà de belles doctrines ministérielles! Qu'en dirait Montesquieu?

« La responsabilité ministérielle ! s'écrient avec indignation les partisans du pouvoir absolu : mais c'est outrager les hauts fonctionnaires que le roi honore de sa confiance, que les *supposer* capables de violer les lois; ils en sont les *fidèles gardiens!* C'est attenter à la prérogative royale et imposer au roi les ministres qu'il doit charger de la direction des affaires! » Les royalistes *purs*, *les soutiens de l'autel et du trône* vont encore plus loin : « Eh quoi! la responsabilité *morale* n'est-elle pas la plus forte des lois? Quel est l'homme honoré de la haute confiance du *souverain*, qui ne regarderait pas comme la plus cruelle de toutes les peines la *mésestime* publique à laquelle il se verrait exposé s'il violait la Charte et les droits publics des Français?» (*Nota:* Demandez-le au ministère Villèle.) « Ah! l'*honneur*, messieurs, cet honneur français, qui vit dans le cœur des ministres et qui inspire tous leurs actes, cet honneur vous est un sûr garant de leur conduite politique... » Il n'y a rien à répondre à de si forts argumens, et l'on doit presque s'estimer heureux d'avoir en France des ministres irresponsables de fait, quoique responsables en droit..... Elles seront donc bien coupables les chambres législatives de 1830, qui, méconnaissant cet honneur français dont le cœur des ministres est animé et dont tous leurs actes sont empreints, accuseront ces ministres et les condamneront à des peines *infamantes!!!* (V. 21 décembre 1830.)

Afin de mieux établir, sans doute, la responsabilité ministérielle, le gouvernement du roi refuse à la commission, nommée pour l'examen de la proposition, *modifiée*, de M. Labbey de Pompières (proposition prise en considération, à la presque unanimité de la chambre); le ministère Martignac refuse de fournir des renseignemens sur les faits incriminés, de donner communication des instructions, circulaires, rapports au roi, ordonnances (non insérées au Bulletin des Lois), intervenues relativement aux matières dont chaque département ministériel est chargé : le garde-des-sceaux, *Portalis*, pousse même la franchise et la candeur ministérielles jusqu'à écrire, *au nom de ses collègues*, à la commission de la chambre des députés : «...Dépositaires publics des documens qui intéressent le service du *roi*, le gouvernement et l'administration de l'*État*, nous avions cru d'abord devoir examiner s'il pouvait être de notre *devoir* d'en donner communication.» (M. Portalis était moins *scrupuleux* sous l'Empire ; il correspondait secrètement avec la cour de Rome, et lui donnait communication des actes du gouvernement ayant rapport aux affaires ecclésiastiques : aussi fut-il destitué, et s'il évita d'être mis en jugement, il dut cette grâce de Napoléon à l'estime que l'empereur avait pour la mémoire du vertueux père de son jeune ministre.) «Mais en remarquant l'état où en est actuellement l'*affaire*, nous avons pensé qu'*il n'y avait pas lieu* à l'examen et à la solution de cette grave question, et qu'en conséquence nous ne pouvions vous transmettre *les pièces demandées*. Vous apprécierez, messieurs, ainsi que vos honorables collègues, une détermination qui nous est suggérée par des motifs de l'*ordre le plus élevé....* » Voilà une des branches du pouvoir législatif, ou souverain, traitée du haut en bas par le gouvernement du roi : mais de quoi s'avise aussi la chambre des députés de vouloir connaître les actes commis par les ministres ? M. Martignac, encore plus loyal et plus sincère que M. Portalis, s'il se peut, dira : « Je suis le ministre du roi et non celui de la nation. » C'est la déclaration la plus impolitique, et, en même temps, la plus maladroite que jamais ministre ait pu se permettre : M. de Martignac est homme de plus d'esprit et d'une plus haute portée politique que M. Portalis, mais il est encore plus courtisan du pouvoir. — Après un tel aveu, la représentation nationale doit se taire, obéir, ou se résigner à être traitée de *factieuse*, de *révolutionnaire*.

Si les ministres ont cru devoir refuser à la commission toute espèce de renseignemens, l'on pense bien que les fonctionnaires civils, militaires ou judiciaires, placés sous leurs ordres, se garderont bien de lui en fournir ; elle sera forcée de chercher les preuves de conviction dans la notoriété publique, dans des dépositions ou des pièces particulières, et enfin, faut-il le dire, dans le mécontentement et l'indignation qui se prononcent de toutes parts... Malgré les entraves mises par le ministère à l'examen de la commission, les faits sont tellement évidens et palpables, que son rapporteur (M. *Girod* de l'Ain), homme de grande modération et d'une constitutionnalité tout-à-fait ministérielle, sera réduit à proposer à la chambre « de déclarer qu'*il y a lieu à instruire sur* l'accusation de *trahison* (seulement) contre les membres du dernier ministère. »

La discussion en est ajournée après l'adoption du

budget, c'est-à-dire *indéfiniment*, puisque la session législative se trouve close de fait, après cette adoption. Ainsi finira une accusation, commencée en 1827, suivie en 1828, et annulée presque aussitôt. Les ministres du double vote et de la septennalité resteront en état de *suspicion légale*, mais ils n'auront à subir qu'une responsabilité *morale* qui ne les inquiète guère : le ministère Martignac acquiert ainsi de grands droits à leur reconnaissance, mais il perd la confiance nationale qu'il avait paru si jaloux de mériter en arrivant au pouvoir..... L'impunité de la déplorable administration sera prononcée de *biais*, à force d'arguties, de violences, d'outrages à la Charte : qu'en résultera-t-il? Le gouvernement du roi creusera, de ses mains, l'abîme dans lequel iront bientôt s'engloutir le roi et la branche aînée de la maison de Bourbon.

16. — Ordonnance du roi relative aux écoles secondaires ecclésiastiques, appartenant à une congrégation religieuse non autorisée.

Cette ordonnance, rendue sur le rapport du ministre des affaires ecclésiastiques, reconnaît que, parmi les établissemens connus sous le nom *d'écoles* secondaires ecclésiastiques, il en existe huit (à Aix, Billom, Bordeaux, Dôle, Forcalquier, Montmorillon, Saint-Acheul et Sainte-Anne-d'Auray), qui se sont écartés du but de leur institution en recevant des élèves dont le plus grand nombre ne se destine pas à l'état ecclésiastique, et qui sont dirigés par des personnes appartenant à une congrégation religieuse *non autorisée*; elle soumet ces établissemens au régime de l'université. L'ordonnance évite avec soin de désigner ces personnes (*les jésuites*); mais elle constate *officiellement* l'existence de cette congrégation *non autorisée* : c'est déclarer que depuis 1814 le gouvernement a sciemment violé les lois de l'État, et favorisé l'établissement des jésuites en France. En se décidant aujourd'hui, non pas à faire exécuter contre eux les lois existantes, non pas même à leur ôter la direction des écoles ecclésiastiques, mais à *reconnaître les jésuites*, elle se borne à statuer que « nul instituteur ne pourra être ou demeurer chargé, soit de la direction, soit de l'enseignement dans une des maisons d'éducation dépendantes de l'Université, ou dans une des écoles ecclésiastiques secondaires, s'il n'a affirmé par écrit qu'il n'appartient à aucune congrégation religieuse *non légalement établie* en France. »

On avoue le mal, et l'on n'y apporte qu'un faible palliatif; la mesure ordonnée devient même illusoire; car les jésuites affirment et jurent tout ce que l'on veut pour peu que l'intérêt de la congrégation l'exige; il n'y a pour elle ni mensonge ni parjure qui ne soient permis et très-légitimes d'après ses doctrines. L'esprit du jésuitisme admet en première ligne la *restriction mentale;* tout est licite aux yeux des disciples d'Escobar, faux serment, vol, empoisonnement, assassinat et même révolte à main armée contre les gouvernemens, s'il s'agit du maintien, de la conservation, de la société de saint Ignace.

L'ordonnance à peine rendue, ceux des évêques et des prêtres qui professent hautement, depuis 1814, les doctrines ultramontaines, crient à l'athéisme, à la persécution, et annoncent l'intention de s'opposer à des mesures qui tendent, selon eux, à détruire le sacerdoce et la religion catholique.... Ils tiennent des conciliabules, rédigent des *mémoires*, et déclinent toute obéissance aux ordonnances du roi.

16. — Ordonnance du roi, qui fixe à vingt mille le nombre des élèves qui seront placés dans les écoles ecclésiastiques; crée dans ces écoles huit mille demi-bourses,

à 150 fr. chacune (faisant une somme de douze cent mille francs); statue qu'aucun externe ne pourra être reçu dans lesdites écoles, et ordonne qu'après l'âge de quatorze ans, tous les élèves admis depuis deux ans dans lesdites écoles seront tenus de porter l'habit ecclésiastique.

Cette ordonnance, complément nécessaire de la précédente, porte l'exaspération du clergé au dernier point; *un mémoire* tiré à cent mille exemplaires et répandu dans toutes les classes, mémoire publié au nom des évêques, mais prudemment dépourvu de signatures, représente les deux ordonnances comme l'effet d'une *conspiration révolutionnaire* tendant à ruiner la religion et à reproduire contre elle *les sanglantes persécutions de* 1793! La plupart des archevêques et des évêques refuseront au ministre des affaires ecclésiastiques les renseignemens demandés pour mettre à exécution les ordonnances; l'un des plus fougueux d'entre eux, le cardinal archevêque de Toulouse, Clermont-Tonnerre, aura l'insolence de répondre à la lettre que le ministre des affaires ecclésiastiques lui adressera pour cet objet :
« Monseigneur, la devise de ma famille, qui lui a été
« donnée par Calixte II, en 1120, est celle-ci : *Etiam-*
« *si omnes, ego non.* C'est aussi celle de ma conscience.—
« J'ai l'honneur d'être avec la respectueuse considéra-
« ration qui est due au ministre du roi. † A. J., cardinal,
« archevêque de Toulouse. » Dans tout gouvernement qui aurait le sentiment de sa dignité et de sa force, une désobéissance, une impertinence de cette force, eussent été punies sur l'heure, par l'emprisonnement du prélat, sa destitution du siége épiscopal et sa mise en accusation; on se bornera à lui faire connaitre le mécontentement du roi, il sera *invité à s'abstenir de paraître* devant S. M. jusqu'à un nouvel ordre de sa part.

Lorsque le cardinal-archevêque de Toulouse et le cardinal-archevêque de Rouen déclarent publiquement l'intention de ne pas obéir aux lois ; lorsqu'ils se permettent de lancer dans leur diocèse des mandemens attentatoires à l'autorité royale et aux libertés nationales, lorsqu'ils jouissent d'une impunité légale qu'ils ne craignent plus même de tourner en dérision, l'on peut être assuré que la puissance sacerdotale est loin de vouloir rentrer dans les limites qui lui sont imposées par les lois ; elle se joue de la condescendance, de la faiblesse, ou plutôt elle use de la protection soutenue qu'elle trouve, en secret, dans le gouvernement ; aussi, les empiétemens du clergé ultramontain et des jésuites iront toujours en augmentant ; la couronne deviendra tributaire ou plutôt esclave de la tiare, et le clergé ultramontain finira par perdre Charles x comme il a perdu Louis xvi.

N'importe : le nouveau ministère, plus courtisan que national, n'exécutera que faiblement et *pour la forme* les ordonnances, il se contentera de sauver les apparences, et en ménageant les jésuites qu'il fait semblant de frapper au nom des lois, il leur donnera une existence pour ainsi dire légale. Le Vatican conjurera l'orage avec son adresse et sa perfidie ordinaires, et le cardinal *Latil*, dont l'intolérance et le jésuitisme ne sont ni équivoques ni tièdes, écrira même aux archevêques et évêques de France (25 septembre suivant) « que sa sainteté, persuadée du dévoûment
« sans réserve des évêques de France envers sa majesté
« ainsi que de l'amour pour la paix et tous les autres véri-
« tables intérêts de la religion, avait fait répondre que les
« évêques devaient se confier en la haute piété et la sagesse
« du roi pour l'exécution des ordonnances, et marcher
« d'accord avec le trône. » Les choses seront bientôt remises sur le pied où elles se trouvaient avant les ordonnances sur les écoles ecclésiastiques ; les séminaires et les colléges continueront à être dirigés de fait par les jésuites,

et l'enseignement public sera, comme auparavant, sous leur domination patente ou leur toute-puissante influence secrète.

16. — Voyage de *madame*, duchesse de Berri, dans les départemens de l'Ouest et du Midi.

Cette princesse visite le château de Chambord, dont les courtisans ont fait présent au duc de Bordeaux, moyennant une souscription, dite nationale, à laquelle tous les fonctionnaires publics ont été forcés d'apporter leur tribut pécuniaire; elle parcourt, en triomphatrice, les champs de bataille que nos guerres civiles ont inondés de sang, et arrive dans le cœur de la Vendée; elle y passe en revue une armée dont on lui présente les contrôles, armée composée de bandes organisées comme elles étaient en 1794 et 1795, etc.: armée, en dehors de l'armée, soldée sur une *masse noire* inconnue aux chambres, et qui se trouvera bientôt prête à combattre contre l'armée nationale! On lit, dans une *relation du voyage de S. A. R. madame* (publiée à Paris), le passage suivant: «.... A un quart de lieue de Mais-
« don, *madame* trouva rangées en bataille, à la lande
« de la Grenouillière, trois divisions de l'ancienne ar-
« mée de Charette, connues dans la campagne de
« 1815 sous la dénomination du troisième corps d'ar-
« mée, et alors sous les ordres du général Suzannet.
« La division de Loroux, si fameuse dans les guerres
« contre la république, et dans laquelle Charette avait
« choisi ses grenadiers, était commandée par M. de la
« Vicendure et M. de la Haye, tous deux chevaliers
« de Saint-Louis. Les deux autres divisions étaient
« celles de la Chapelle-Heulin et de Vallet; celle de la
« Chapelle se trouvait sous les ordres du comte de Bruc
« de Livernière; celle de Vallet avait été commandée

« du temps du général Charette par l'ainé des deux « frères de Brue, et en 1815, par Ludovic de Brue, son « fils. Ces paysans soldats peuvent être au nombre de « dix mille ; ils avaient, pour cette revue, toute leur « pompe militaire. Tous leurs drapeaux étaient dé-« ployés, tous leurs tambours battaient ; ils avaient des « lanciers et des sapeurs..... » Nous ajouterons que des provisions d'armes, de munitions de guerre, étaient faites et entretenues avec soin dans les départemens de l'Ouest : l'Angleterre en avait fourni à profusion.

Voilà donc une armée dont aucune loi n'autorise la formation, une armée dont le gouvernement ignore ou veut ignorer l'existence : et c'est la mère de l'héritier présomptif du trône qui passe la revue de cette *armée vendéenne.....* *Madame* est transportée de joie ; elle dit, avec une sorte de délire, à M. le marquis de *** ; qui est resté à côté d'elle pendant la revue : « *Faites des concessions avec une armée aussi belle, aussi dévouée !* » (Nous garantissons ces paroles, les tenant de bonne source.)..... En effet, les chefs de la chouannerie et de la première Vendée, qui ont survécu à ces temps déplorables, veulent ressusciter nos anciens troubles; ils ont excité à tout prix l'enthousiasme des rustiques et superstitieux paysans de l'Ouest, qui viennent à grands flots se presser autour de la princesse ; elle les comble de témoignages d'affection et de marques de bienfaisance; distribue des croix, d'un ordre qu'elle crée de son autorité privée, accorde des pensions et fait acte de souveraineté dans ces contrées ; les anciens drapeaux vendéens flottent dans les airs, des arcs de triomphe sont dressés sur ces champs de bataille où des Français, combattant contre des Français, commirent les cruautés les plus inouïes ! Enivrée des hommages qu'on lui rend, et persuadée que *la légitimité a retrouvé sa véritable, son invincible armée* (ce sont les propres expressions de *Madame*), la princesse séjourne quinze jours dans *la patrie du dévouement aux petits-fils de saint Louis et d'Henri IV*; elle se rend ensuite à Bordeaux, *la cité du 12 avril*, où les hommes de l'ancien régime lui ont préparé le même enthousiasme que dans la Vendée; visite les départemens des Landes et des Basses-Pyrénées; passe la Bidassoa, et pousse jusqu'à Irun, où elle daigne accepter les rafraichissemens que lui offre le gouverneur espagnol; rentre en France et poursuit ses courses chevaleresques dans les Hautes-Pyrénées; gravit les rochers, explore tous les sites renommés du pays, prend les eaux thermales, visite le château de Coaraze où naquit le bon Henri, et revient à Paris par la route du Quercy et de l'Orléanais : elle arrive à Saint-Cloud le 1er octobre après un voyage de trois mois et demi, pendant lequel cette princesse s'est particulièrement attachée à réveiller les souvenirs de nos discordes civiles, à exciter les passions politiques et à entretenir les espérances des ennemis de la Charte constitutionnelle.

La conduite de *Madame*, duchesse de Berry, cause aux partisans de l'ancien régime une satisfaction qu'ils ne prennent pas même la peine de déguiser; les feuilles dont ils disposent célèbrent avec une sorte de fureur la bienfaisance, l'héroïsme, les vertus politiques de cette princesse; les vrais amis du trône, de la liberté et des lois ne voient pas, au contraire, sans regret, sans un vif sentiment de crainte pour l'avenir, les démarches antinationales auxquelles *Madame* s'est laissé entrainer, principalement dans la Vendée; *l'opinion publique* blâme ouvertement ce voyage, et va jusqu'à l'appeler contre-révolutionnaire... C'est (dit-on) une énorme faute commise par l'autorité royale.

En nous exprimant de la sorte, nous n'entendons pas

juger la conduite de *Madame*, nous rapportons les faits, en historien véridique et impartial; les évènemens ultérieurs prouveront si l'opinion publique a tort ou raison dans cette conjoncture.

17. — Portugal. — Les trois états du royaume réunis en *Cortès* décident que la couronne de Portugal appartient, de *droit*, à l'infant D. Miguel. Leur décision porte : « ..... Les trois ordres ont pensé que les lois les plus claires et les plus concluantes excluaient du trône de Portugal, même avant le 10 mars 1826 (V. cette date), D. Pédro et ses descendans; et ils ont appelé à la couronne la ligne de *secondo-geniture*; déclarant que tout ce qu'on alléguait ou *alléguerait* contre cette résolution était de nul effet. » (Excepté, cependant, le canon et les baïonnettes!) « Qu'ils reconnaissaient unanimement et déclaraient dans leurs actes, dans cette reconnaissance générale et dans cette déclaration, qu'au roi D. Miguel, premier du nom, appartient la belle couronne de Portugal, depuis le 10 mars 1826; et qu'on doit réputer et déclarer nul tout ce que D. Pédro, en qualité de roi de Portugal, a fait et décrété; et *en particulier*, *la Charte constitutionnelle de la monarchie portugaise*, en date du 29 avril de ladite année 1826; et pour le constater, cet acte a été fait et signé par toutes les personnes présentes aux *Cortès*, réunies pour représenter les trois ordres du royaume..... » Ces trois ordres du royaume sont représentés par 313 individus, dont 20 pour le clergé, 136 pour la noblesse et 156 pour le tiers-état.

D. Miguel acceptera, le 30 (V. cette date), la couronne qu'il se fait décerner par les cortès, et le prince consommera son usurpation au nom de la *légitimité*. Les ministres de l'empereur D. Pédro, les ambassadeurs et envoyés brésiliens auprès des diverses puissances, protesteront formellement, itérativement, contre l'usurpation de D. Miguel; mais ce prince n'en tiendra aucun compte; il montera sur le trône, les mains teintes de sang, et régnera sur le Portugal à force de supplices, de spoliations, de proscriptions : le bourreau sera premier ministre de la monarchie portugaise!

Le pouvoir absolu et le jésuitisme triomphent à Lisbonne; le royaume de Ferdinand VII et celui de D. Miguel sont parfaitement à l'unisson et dans l'ordre de la sainte-alliance ; elle tiendra pour très-légitime la sanglante usurpation de D. Miguel : n'est-elle pas de *droit divin?*

18. — Mort du lieutenant-général Miollis, ancien gouverneur de Rome (1810 à 1814), âgé de 69 ans, dans les environs d'Aix, sa patrie.

Né dans la classe bourgeoise, Miollis se prononça, dès 1789, en faveur de la cause nationale, et lui demeura constamment fidèle; il fit avec honneur, avec succès, les campagnes d'Allemagne et d'Italie, et donna, sur tous les champs de bataille, de nombreuses preuves de son courage et de ses talens militaires. Particulièrement estimé de Napoléon, qui lui confia l'important et difficile commandement de Rome, il sut faire respecter et aimer le nom français. Chargé d'exécuter l'enlèvement et l'extradition du pape Pie VII, il remplit ses ordres avec énergie, mais sans manquer au respect dû au caractère du souverain pontife de la religion catholique. La ville de Rome fut particulièrement redevable au général Miollis de notables améliorations ; il y entretint une police sévère et une discipline militaire dont les habitans de Rome apprécièrent les bienfaits; il protégea les beaux-arts dans cette métropole de la chrétienté où sont amoncelés tant de ruines de l'ancienne Rome et tant de chefs-d'œuvre de la Rome moderne. Le général Miollis était homme de lettres ; il les aimait et les cultivait avec succès. Distingué par ses vertus militaires, il ne l'était pas moins par ses vertus civiles ; c'était un bon citoyen, un homme vraiment Français, et amoureux, si l'on peut parler ainsi, de l'honneur national ; il jugeait très-bien la restauration des princes de Coblentz et les conséquences qu'elle devait avoir pour la patrie.

19. — Portugal. Lisbonne — Convocation des Cortès de Lamégo, pour le 23 juin.

Cette dérisoire convocation des Cortès de l'ancienne monarchie portugaise a pour objet de donner une apparence de légalité à l'usurpation du trône, méditée et préparée par D. Miguel.

22. — Ordonnance du roi, qui prescrit le rétablissement de la chaire du droit administratif, créée par l'ordonnance royale du 24 mars 1819, près la faculté de droit de Paris.

23. — Portugal. Lisbonne. — Ouverture des Cortès de Lamégo (V. 19 juin).

25 juin. — 14 juillet. — Chambre des pairs. — Présentation, discussion et adoption du projet de loi sur la presse périodique.

Les raisons mises en avant par les partisans et par les adversaires de la liberté de la presse sont, à peu de chose près, les mêmes que celles dont on a fait usage dans la chambre des députés. L'on remarque parmi les derniers : MM. le vicomte Dambray, le comte Rougé, le comte de Kergorlay, le marquis de Villefranche, le duc de Narbonne-Pelet, le comte de la Bourdonnaye, le comte de Saint-Roman, le comte Marcellus, le vicomte Dubouchage, le vicomte de Castelbajac, etc; parmi les seconds : MM. le vicomte de Châteaubriand, le comte Molé, le duc Decazes, le comte de Tournon, le duc de Coigny, le marquis de Lally-Tollendal, un peu M. de Barente, et même un peu M. Pasquier, etc.

Les hommes du privilége, les ennemis des libertés nationales qui viennent d'être élevés à la dignité de la pairie se montrent fidèles aux doctrines de M. de Villèle. M. Marcellus, déjà si fameux par son absolutisme religieux, sa nullité politique et ses ridicules oraisons de tribune, énonce des opinions encore plus absurdes que celles dont il a si long-temps fait retentir la chambre des députés; mais la victoire appartient, dans ce genre, à M. de Castelbajac, qui ne craint pas d'abuser du raisonnement au point de dire : « ..... Monarchique ou républicain, athée ou religieux, savant ou inepte, peu importe; si vous êtes riche, libre à vous d'élever vos *tréteaux* sur le *Forum*. Celui-là seul sera réduit au silence qui n'aura que des talens, l'amour du bien et de l'honneur..... » Quoi donc, M. de Castelbajac, la plupart des membres de la chambre des pairs, et tous les hauts personnages que le milliard de *l'indemnité* vient de gorger, n'ont-ils pas aujourd'hui *la richesse* avec les talens, l'amour du bien et l'honneur? et qui les empêche, comme vous dites si gracieusement pour la presse, d'élever leurs tréteaux sur le Forum? Ignorez-vous d'ailleurs que le ministère Villèle, dont tous les agens sont encore en place, *subventionnait* les écrivains qui lui vendaient talens, amour du bien public et honneur? Le nouveau pair regrette infiniment l'abandon de l'autorisation préalable, des procès de tendance et de la censure; il n'est pas même rassuré par la déclaration, bien explicite en faveur du pouvoir absolu, que fait le comte Siméon, rapporteur de la commission nommée pour l'examen du projet de loi : cependant l'ancien ministre de l'intérieur interprète la Charte, précisément comme les plus zélés partisans de la prérogative royale ; il n'y a plus qu'un pas de cette déclaration à celle du droit divin, mais M. Siméon est trop prudent pour faire ce pas ; il dit seulement : «..... Pour rassurer ceux qui voient un grand danger à ce que, hors des sessions, les ministres n'aient pas la faculté d'établir la censure si des circonstances leur paraissent l'exiger, j'avais dit (1820) que, dans un péril tel qu'on le suppose, le roi, et par conséquent son gouvernement, *peut tout*. On m'a reproché de préférer ce qu'on appelle un *coup d'État* à une *disposition légale*; oui, *je le préfère*, et, je crois, avec raison. Voici pourquoi : La Charte réserve au roi de faire les réglemens et ordonnances nécessaires pour l'exécution des lois et la sûreté de l'État; il n'est donc pas besoin que la loi lui fasse une réserve de ce qu'il tient *de son droit* de chef suprême de l'État et de la Charte. S'il y a danger imminent, *la dictature*, pour y pourvoir en l'absence des chambres, *lui appartient*. Il pourrait aussi, en cas de danger imminent, suspendre la liberté individuelle..... » Admirons le respect de M. Siméon pour la légalité; et son amour pour la liberté! «..... Des pouvoirs dictatoriaux ne doivent être donnés par la loi, que pour un cas spécial qu'elle détermine ; c'est qu'il ne faut pas que les ministres aient constamment en main un pouvoir extra-légal dont ils menacent la liberté. C'est dans ce sens que le *coup d'État*, s'il était nécessaire, serait *préférable* à la loi qui le légaliserait d'avance, et lui donnerait, en quelque sorte, le caractère de *droit commun*..... » Sublime raisonnement jésuitique, et bien digne de l'ex-tribun Siméon, qui priait, à genoux, le consul à vie Napoléon Bonaparte de ceindre son front de la couronne des Bourbons!... Le roi *peut tout* (dit-il), et *la dictature lui appartient*, en l'absence des chambres, si son gouvernement (c'est-à-dire ses ministres) juge qu'il y a danger imminent! Mais, une fois investi de la dictature, qui pourra forcer le gouvernement, ou le roi, à convoquer les chambres s'il trouve plus commode, d'après son droit de chef suprême de l'État, de se passer du contrôle des pairs et des députés ; où est la force matérielle pour contraindre la couronne à convoquer les chambres et à rentrer dans le régime légal et constitutionnel? Cette force est tout entière entre les mains du gouvernement; il n'y a donc qu'une insurrection qui puisse, dans un tel cas, sauver la liberté et la loi fondamentale de l'État. M. Siméon ne voit pas cela ; ou bien il légitime l'insurrection, ce qui est presque, de sa part, un sacrilége politique.... A quelles calamités son raisonnement ne conduit-il pas!

La doctrine de M. Siméon est celle du pouvoir absolu, du droit divin, quelque tendresse qu'il manifeste aujourd'hui pour la liberté de la presse et la liberté individuelle : le cardinal de Richelieu s'en serait fort bien accommodé et n'aurait pas demandé autre chose ; on sait comment ce bon cardinal, roi *de fait* et roi *de droit* au nom de Louis XIII, aimait les coups d'État et faisait tomber les têtes, lorsqu'il jugeait lui-même le cas de *péril imminent*..... Il est déplorable de voir un homme aussi éclairé que M. Siméon employer ses talens à justifier d'avance les coups d'État et les extra-légalités. Il devrait savoir, après quarante années de révolution, que lorsqu'un roi constitutionnel hasarde un coup d'État, il joue sa couronne ; la révolution de 1830 le lui prouvera; c'est précisément le *coup d'État* jugé nécessaire par Charles X, qui précipitera du trône la branche aînée de la maison de Bourbon ! Mais M. Siméon avait à s'excuser ministériellement de son petit coup d'État de 1820, où toutes les libertés individuelles et de la presse furent suspendues, et toutefois *sans péril imminent;* car, si l'assassinat du duc de Berri fut un forfait exécrable, il ne présentait aucun *danger imminent :* c'était le crime d'un individu isolé, et non celui d'une conspiration politique... Au reste, M. Siméon, très-favorable aujourd'hui à la liberté de la presse périodique, raisonne comme le duc Decazes qui n'aimait pas non plus les coups d'État, mais qui a besoin, aussi, de justifier sa sortie du ministère, sortie signalée, faute de mieux, par la censure et la suspension de la liberté individuelle.

M. le garde-des-sceaux, Portalis, défend le projet de loi et les amendemens qu'il a subis à la chambre des députés, en faisant l'étalage de la franchise et de la constitutionnalité du nouveau ministère; il s'attache à prouver que dans la question des *conflits*, de *l'interprétation des lois*, des *listes électorales*, des *écoles ecclésiastiques*, etc., et dans toutes celles qui ont été jusqu'ici soumises aux chambres ou au conseil du roi, le système des nouveaux ministres a été un système de *vérité* et de *franchise* : «... Nous ne voulons pas, dit-il, que les choses *paraissent* ce qu'elles ne sont pas; que les lois demeurent *inexécutées;* que les attributions de l'administration *mal définies* compromettent journellement le plus légitime usage... Nous pensons que *développer les institutions* que la France tient de la *généreuse bonté* de ses rois, que *mettre les lois en harmonie* avec ses institutions, que *consolider les libertés* qu'elles consacrent, que faire RENTRER (donc elle en était sortie) l'administration dans les limites de l'ordre constitutionnel, ce n'est point faire des concessions nouvelles, mais rendre utiles *les concessions faites*, et empêcher qu'elles ne se tournent comme on ne l'a vu que trop souvent, contre la couronne qui les a octroyées.... » Voilà une très-belle et très-constitutionnelle profession de foi, voilà d'excellens principes; il n'y manque qu'une bagatelle, la vérité et leur mise en pratique! Depuis cinq mois que le nouveau ministère a pris les rênes de l'État, les conflits et l'interprétation des lois offrent les mêmes scandales et les mêmes illégalités; les lois demeurent inexécutées, principalement celles, non abrogées, contre les jésuites dont le ministre des affaires ecclésiastiques et celui de l'intérieur font un pompeux éloge à la tribune nationale; tout marche comme sous le ministère Villèle; les nouveaux ministres évitent tant qu'ils le peuvent de blâmer l'administration à laquelle ils succèdent, et dont ils suivraient tous les erremens, si la presse périodique, assez forte pour culbuter le ministère *Villèle*, ne faisait déjà craindre la même chute au ministère *Martignac*.

M. Portalis a tort de parler des *concessions* faites aux électeurs et aux écrivains périodiques; ils ont des *droits* fondamentaux, ils en réclament l'exercice: loin de leur rien concéder, le gouvernement, obligé de subir la loi de la nouvelle majorité de la chambre des députés, ne leur fait que les restitutions auxquelles il lui devient impossible de se refuser pour le moment; l'on n'en doit que plus de remerciemens aux membres de la chambre des pairs qui défendent les intérêts de la presse périodique; M. de Châteaubriand, M. de Lally-Tollendal, etc., ont droit, dans cette conjoncture, à la reconnaissance nationale; tous les amis d'une sage liberté sauront gré à M. Molé de son opinion sur la presse périodique; il analyse, avec talent et franchise, les biens et les maux que peut produire cette première de nos libertés; il se résume en homme d'État : « ..... Les journaux sont les organes nécessaires de la publicité; pour que leur destination s'accomplisse, ils doivent être également exempts de privilége et d'examen préalable. La censure, dans la réalité, les supprime et supprime la publicité. Le monopole ne laisserait pas de bornes à leur puissance, et les rendrait aisément les instrumens d'un parti ou de l'ambition. Quant aux procès de tendance, ce qu'on en peut dire, c'est que quand les lois sont par trop mauvaises, les hommes qui valent mieux qu'elles ne les exécutent pas...... » M. Molé voit les choses de haut et raisonne puissamment ; il ne fait pas de phrases plus ou moins académiques, comme les deux orateurs dont nous venons de citer les noms ; il dit ce qui est et ce qui doit être : l'opinion de M. Molé est d'un grand poids, car on ne saurait le soupçonner d'être ennemi de la religion et de la royauté ; il prouve qu'on les sert fidèlement en défendant la liberté constitutionnelle et la presse périodique, et il démontre que sans la liberté de la presse une nation n'aurait aucune garantie véritable contre le despotisme ministériel.

Le projet de loi, soumis à l'épreuve du scrutin, est adopté. Nombre des votans, 210 ; *pour*, 139 ; *contre*, 71 ; *majorité*, 68. — On a cru savoir que, dans les 71 membres qui ont voté contre le projet de loi, 52 faisaient partie de *la fournée*, ainsi dit le public, des pairs Villèle. L'opposition ministérielle n'aurait donc compté que 19 membres de l'ancienne pairie. La chambre des pairs a bien mérité de l'opinion nationale dans cette conjoncture.

26. — Paris. — Commission spéciale, nommée par le roi, pour examiner et rechercher les moyens d'assurer, par une convention avec le gouvernement d'Haïti, le remboursement de 120 millions dont il reste débiteur envers la France.

27. —Angleterre. Londres. — Adhésion du ministère britannique au blocus du port d'Oporto (Portugal).

C'est reconnaître implicitement D. Miguel; ou, tout au moins, protéger son usurpation.

29. — Paris. — Rapport au roi, relatif au réglement des demi-soldes et soldes de retraite de la marine...... Ordonnance du roi y relative.

30. — Chambre des députés. — Nomination de la commission chargée de l'examen du projet de loi concernant les écoles secondaires ecclésiastiques.

Nomination de la commission chargée de l'examen du projet de loi relatif à la dotation de la chambre des pairs.

30. — Portugal. — L'infant régent, D. Miguel, *accepte* la couronne royale qui lui est *offerte* par les trois états du royaume. — Son décret de prise de possession porte : — « Ayant mûrement considéré l'importante matière qui m'a été soumise par les trois états du royaume, réunis en cortès, dans les actes dressés par chacun des trois ordres (le clergé, la noblesse et le peuple), et dans lesquels ils ont reconnu que, suivant les dispositions fondamentales de la monarchie, j'étais *appelé* à la possession de la couronne de ces royaumes; me *priant* de prendre le titre de roi et de seigneur de ces royaumes, lequel titre m'est dévolu depuis la mort du roi, mon seigneur et père, que Dieu ait en sa sainte gloire ! Et moi, réfléchissant combien il importe de suivre en tout les mêmes lois fondamentales de la monarchie sur lesquelles est basé le trône portugais, *il me plaît*, par ces raisons, de me conformer entièrement aux résolutions mentionnées des trois états; et comme il convient que les fondemens sur lesquels reposent les actes sus-

mentionnés soient connus, tant dans le présent que dans l'avenir, je trouve bon aussi qu'à l'imitation de ce qui fut pratiqué dans les cortès célébrées en 1641, on en fasse l'acte motivé qui soit signé par tous et chacun des ordres. » — Le nouveau roi ne bornera pas son amour pour les Portugais à la prise de possession de la couronne. Les trois états l'ont supplié « de choisir une « épouse qui pût bientôt donner un héritier à la cou- « ronne..... » Quel malheur, en effet, si un aussi bon prince venait à mourir sans postérité ! « Que votre « altesse royale s'affermisse sur ce trône illustre, et « qu'elle rende heureuse la nation qui l'adore : *generose* « *princeps, sic itur ad astra.* » Ainsi s'exprime le grand-procureur de la couronne (l'évêque de Viséu, *Lobo*, le même personnage qui a fait l'ouverture de la session des cortès en 1827!!!). En portant aux pieds du roi les déclarations des trois états, le prélat, après avoir comparé D. Miguel à Henri IV, roi de France, et à Jean 1er, roi de Portugal, l'invite très-respectueusement à *poursuivre avec fermeté la carrière dans laquelle il est entré*.... D. Miguel se hâte de rassurer ses nouveaux sujets sur la durée de sa dynastie, et rend le décret suivant : « Je remercie l'État de la noblesse du zèle qu'il montre pour assurer la succession de la couronne de ce royaume, et je ne manquerai pas de m'occuper d'une matière aussi grave, de la manière qui sera la plus convenable aux intérêts de la monarchie. » Que peuvent souhaiter de plus les prêtres et les nobles portugais ? D. Miguel ne mérite-t-il pas l'amour de ses sujets ? La sainte-alliance ne triomphe-t-elle pas à Lisbonne, pour le moins autant qu'à Madrid ?...... L'usurpation de D. Miguel est flagrante, il a les pieds dans le sang, une main posée sur les saints évangiles et l'autre sur les échafauds ; n'a-t-il pas droit désormais aux hommages, au respect et à la reconnaissance des légitimistes, des inquisiteurs et des bourreaux?

1ᵉʳ Juillet. — Portugal. Lisbonne. — Décret de D. Miguel 1ᵉʳ, qui prescrit la formule à suivre dans les actes publics.

2. — Espagne. Madrid. — Décret du roi, relatif aux sujets espagnols qui ont émigré en Portugal.

2. — Loi sur la révision annuelle des listes électorales et du jury (V. 28 avril — 12 mai). — Elle détermine que « les listes faites en vertu de la loi du 2 mai 1827 (V. cette date) sont permanentes, sauf les radiations et inscriptions qui peuvent avoir lieu lors de la révision prescrite par la présente loi....... » Cette révision est opérée par les maires des communes composant chaque canton, réunis à la mairie du chef-lieu; le résultat de cette opération est transmis au sous-préfet, qui le transmet, avec ses observations, au préfet; ce dernier procède à la révision générale de la liste, y fait les additions et les retranchemens qu'il juge conformes aux dispositions ordonnées par les lois régissant la matière; la liste, ainsi rectifiée par le préfet, est publiée et affichée, et il ne peut plus y être fait de changemens « qu'en vertu des décisions rendues par le préfet en conseil de préfecture. » —Tout individu qui croirait qu'une erreur aurait été commise à son égard, a la faculté de présenter sa réclamation depuis le 15 août, jour de la publication de la liste générale rectifiée, jusqu'au 30 septembre inclusivement. « Tout individu inscrit sur la liste d'un département peut réclamer l'inscription de tout citoyen qui n'y serait pas porté, quoique réunissant toutes les conditions nécessaires, la radiation de tout individu qu'il prétendrait y

être indûment inscrit, ou la rectification de toute autre erreur commise dans la rédaction des listes. » — Le préfet statue en conseil de préfecture, motive ses décisions, et est tenu de publier tous les quinze jours un tableau de rectification, conformément aux décisions rendues dans cet intervalle. — Tout individu contestant la décision rendue par le préfet peut porter son action devant la Cour royale du ressort; le recours et l'action intentée auront un effet suspensif de la décision préfectorale. — Les percepteurs de contributions directes sont tenus de délivrer sur papier libre, et moyennant 25 centimes par extrait de rôle, à toute personne portée au rôle, l'extrait relatif à ses contributions; ils sont tenus de fournir à des tiers inscrits sur la liste du département, et ayant rempli les formalités exigées par la loi, tout certificat négatif ou tout extrait des rôles des contributions. Il sera donné communication des listes annuelles et des tableaux de rectification à tous imprimeurs qui voudront en prendre copie; ils seront libres de les faire imprimer et de les mettre en vente.

Cette loi, moins défectueuse que les précédentes, laisse néanmoins une trop grande latitude aux préfets et aux conseils de préfecture, placés sous leur influence; elle rend, il est vrai, plus difficiles les fraudes électorales, principalement en fait d'inscriptions et de radiations; mais elle ne prévient qu'imparfaitement ces fraudes. Elle renferme néanmoins, on doit le reconnaître, deux grandes améliorations : la faculté accordée à des tiers de réclamer contre les inscriptions ou les radiations illégales, l'effet suspensif de la décision rendue par le préfet en conseil de préfecture, par suite du recours et de l'action judiciaire intentés par les parties ou les tiers contre la décision préfectorale. En éclairant les mesures relatives à l'exercice du droit électoral, et en facilitant aux citoyens les moyens de poursuivre leurs réclamations devant les tribunaux, la loi force les dépositaires de l'autorité administrative à procéder, sinon avec toute justice, du moins avec plus de réserve, dans la formation et dans la rectification des listes; les préfets pouvant être pris à partie, et leurs décisions étant soumises à une publicité qu'ils ne peuvent désormais éviter, il en résulte que les citoyens ont une garantie légale contre les décisions arbitraires des préfets. C'est un grand pas vers un meilleur ordre de choses; le droit électoral des Français, si vicieux dans son essence aristocratique, si restreint dans son application, et hérissé de tant de difficultés dans son exercice, est soustrait, en partie, d'après la nouvelle loi, à l'influence ministérielle : il est permis d'espérer qu'avec le temps et le secours de la presse périodique, le système électoral deviendra ce qu'il doit être, et sera mis à l'abri des fraudes et des atteintes de l'administration.

2-14. — Portugal. — Les violations de foi, les actes arbitraires, la tyrannie de D. Miguel et son usurpation du trône, ont provoqué de grands soulèvemens dans diverses parties du royaume : *une junte insurrectionnelle* s'est établie à Opporto, où l'insurrection a éclaté le 16 mai; cette seconde ville du Portugal s'est militairement prononcée contre le gouvernement de l'infant régent. Après divers engagemens de peu d'importance, l'armée insurrectionnelle s'était mise en marche sur Lisbonne; mais très-inférieure en nombre, surtout en cavalerie, à l'armée de D. Miguel, elle éprouve une déroute complète le 28 juin, se débande et fuit dans le plus grand désordre, en se repliant sur Opporto; le général en chef, marquis de Palméla, et le comte de Villaflor, général en second, font de vains efforts pour rétablir l'ordre; ils rebroussent chemin : le comte de Saldanha, homme de tête et d'épée, distingué par son énergie et ses talens politiques, arrivé à l'armée dans la nuit même du 28, rallie une partie des troupes et réussit à leur inspirer de la confiance. Un conseil de guerre est assemblé, et l'on y décide de livrer bataille le 2 juillet ; mais l'insubordination fait de si grands progrès dans l'armée constitutionnelle, que le général Saldanha renonce à livrer bataille, se démet du commandement, et s'embarque le lendemain avec la plupart des chefs militaires et des membres de la junte. Dès ce jour même, 3, l'armée de D. Miguel entre dans Opporto sans éprouver la moindre résistance ; elle y est reçue au son des cloches, aux acclamations générales de *vive le roi absolu D. Miguel!* Les insurgés, sortis d'Opporto et abandonnés par leurs généraux, qui n'ont cherché qu'à pourvoir à leur sûreté personnelle, tenteront un dernier effort ; mais complètement défaits le 6, ayant éprouvé une perte considérable en hommes, et perdu le reste de leur artillerie et de leurs munitions, ils se rendront volontairement, ou gagneront la frontière espagnole. La place d'Almeida, la seule qui reste aux constitutionnels, se rendra le 13 juillet, et l'insurrection sera dès-lors complètement étouffée.... L'on doit attribuer la déplorable issue de cette campagne et la ruine du parti constitutionnel aux fautes commises par les généraux Palméla et Villaflor, au temps qu'ils ont perdu pour marcher sur Lisbonne, et à la trahison de plusieurs officiers supérieurs.

Dès le 14, D. Miguel rend un décret, signé *le roi*, relatif à la révolte qui a éclaté le 16 mai dans la ville d'Opporto ; il ordonne la formation d'une cour *prévôtale*, pour arrêter et juger « tous les individus, quels que soient leur rang, leur état, etc., convaincus ou *soupçonnés* d'avoir pris part à ladite révolte ; ladite cour, autorisée à agir *comme elle le jugera convenable*, et les procédures devant être instruites *sommairement* et avec les seules formalités indispensables, etc. »... Dès ce jour, commencera la longue série d'assassinats juridiques, de spoliations, de vols, de proscriptions et de crimes de toute espèce, tant publics que secrets, qui signaleront le règne du Néron portugais, le *Titus* des journaux légitimistes de France.

5. — Portugal. Lisbonne. — Les ambassadeurs accrédités près la cour de Portugal (ceux d'Espagne, de Sardaigne, des États-Unis et le nonce du pape, exceptés) quittent Lisbonne.

10. — Espagne. Cadix. — Une partie des troupes françaises qui occupent cette place depuis 1823 s'embarque pour Toulon.

13. — Paris. — Rapport au roi, relatif au compte général de l'administration de la justice criminelle en France pendant l'année 1827.

18. — Loi sur les journaux et les écrits périodiques. — (V. 29 mai-19 juin). — Elle oblige les propriétaires de tout journal ou écrit périodique à fournir des cautionnemens plus ou moins considérables à raison du nombre de jours où ils paraîtront par semaine; elle n'en excepte que ceux qui ne paraissent qu'une fois par mois ou plus rarement, ceux exclusivement consacrés aux sciences mathématiques, physiques et naturelles, etc., etc.; elle statue « qu'en cas d'association, la société devra être une de celles qui sont définies et régies par le code de commerce; » elle oblige les propriétaires ou sociétaires à nommer un, deux, ou trois gérans responsables, et veut que celui ou ceux de ces gérans qui viendraient à décéder

ou à cesser leurs fonctions pour une cause quelconque, soient tenus de les remplacer dans un délai fixé (quinze jours, ou trois mois), et, faute de ce, « le journal ou « écrit périodique cessera de paraître, à peine de « 1000 fr. d'amende pour chaque feuille ou livraison qui serait publiée après l'expiration de ce délai ; » la publication ne peut avoir lieu qu'au préalable n'ait été faite une « déclaration contenant : 1° le titre du journal ou écrit périodique, et les époques auxquelles il doit paraître ; 2° le nom de tous les propriétaires autres que les commanditaires, leur demeure, leur part dans l'entreprise ; 3° le nom et la demeure des gérans responsables ; 4° l'affirmation que ces propriétaires et gérans réunissent les conditions de capacité prescrites par la loi ; 5° l'indication de l'imprimerie dans laquelle le journal ou écrit périodique devra être imprimé. » Chaque numéro de l'écrit périodique doit être signé, en minute, par l'un des gérans responsable, et cet exemplaire signé pour minute doit être, au moment de la publication, déposé au parquet du procureur du roi du lieu de l'impression, ou à la mairie dans les villes où il n'y a pas de tribunal de première instance, etc., etc., etc.

La loi abonde en restrictions, elle regorge d'amendes contre les écrivains de journaux périodiques ; l'on dirait qu'elle a eu moins pour objet de réprimer, même de prévenir les délits de la presse, que d'entraver son exercice par l'infinité de formalités et de devoirs qu'elle prescrit ; ce n'est qu'à prix énorme de responsabilité pécuniaire et personnelle qu'elle permet aux écrivains de publier leurs pensées. Il faudra être riche, et doué en outre d'un grand courage, pour se résoudre à parler au public avec vérité et indépendance, tant les garanties exigées des propriétaires, actionnaires, rédacteurs d'écrits périodiques, sont multipliées et vexatoires ! La loi entre à cet égard dans des détails qu'on peut appeler inquisitoriaux ; c'est la liberté entourée de chaines et de dangers! Nonobstant ce luxe de peines fiscales, de mois de prison et de formalités imposés à la presse, la nouvelle loi est presque un bienfait, en ce qu'elle débarrasse la presse de la censure, des procès de tendance, et de l'autorisation préalable pour la publication. Le gouvernement a cédé sur ces trois points dont le ministère Villèle avait abusé d'une manière si révoltante ; il fait, il est vrai, payer cher aux écrivains les *concessions* qu'il se voit forcé de leur accorder, mais enfin il met hors de lisières la presse périodique : elle réveillera l'esprit public ; tous les actes de l'administration seront soumis désormais au jugement du pays ; l'opinion nationale redeviendra bientôt ce qu'elle doit être dans un gouvernement constitutionnel, c'est-à-dire vraie et énergique dans ses organes périodiques ; enfin, si les ministres sont toujours irresponsables de fait, ils subiront du moins une responsabilité morale, et, de manière ou d'autre, la presse périodique procurera une grande utilité au pays, en forçant le gouvernement d'entrer, de demeurer dans la voie constitutionnelle, sous peine de se perdre lui-même. Sans doute, les écrivains périodiques auront de nouveaux combats à soutenir contre le despotisme ministériel ; sans doute des peines sévères, excessives même, leur seront infligées ; mais la liberté constitutionnelle finira par triompher du double absolutisme de l'ancien régime et de la restauration : la France en sera redevable à la presse périodique !

20. — Ordonnance du roi, relative à l'instruction et au jugement des affaires criminelles, à la Guyane française. — Cette ordonnance est illégale, en ce qu'elle statue sur des dispositions que la loi seule a le droit de

déterminer et de prescrire : l'on doit, cependant, en savoir gré à M. Hyde de Neuville; ce ministre y fait preuve de justice et de philanthropie. Les individus de condition libre auront des garanties de sûreté, en matière criminelle, inconnues jusqu'à ce jour dans cette colonie française; les inculpés pourront se choisir des défenseurs, seront jugés en audience publique, et jouiront de la faculté de se pourvoir en cassation : quant aux esclaves, il n'y aura lieu qu'au recours à la clémence du roi, ce qui est une injustice manifeste dans l'ordonnance...... Les colonies sont régies par des ordonnances royales, tandis que, d'après l'art. 73 de la Charte, elles devraient l'être par des *lois* et des réglemens particuliers; mais les ordonnances empiètent tous les jours, en France, sur les lois; comment ne le feraient-elles pas dans les colonies qui se trouvent placées sous le bon plaisir des gouverneurs nommés par le roi? L'ordonnance ci-dessus est, nous le répétons, illégale; mais elle doit tourner au profit de l'humanité et de la justice, et c'est une honorable excuse pour le ministre qui l'a contre-signée.

21. — Chambre des députés. — Rapport présenté, par M. Girod (de l'Ain), au nom de la commission chargée d'examiner la proposition de M. Labbey de Pompières (V. 30 mai et 14 juin).

Ce rapport est empreint d'une modération, d'une circonspection, d'une faiblesse remarquables; mais l'évidence des faits est si éclatante, que le rapporteur n'a pu se dispenser de faire ressortir, dans sa timide narration, ce qu'ils ont de criminel. Ce rapport mérite d'être pris en considération par les hommes d'État de tous les pays; ils y verront que la vérité se fait jour, *tôt* ou *tard*, et qu'à défaut de peines capitales, le mépris public flétrit à jamais les ministres coupables d'actes arbitraires, de vol;

de concussion et de trahison (V. *Histoire de France, suite*, etc., tome second, pages 338-388).

23. — Ordonnance du roi, qui approuve (avec les restrictions, c'est-à-dire les insignifiantes *formalités* ordinaires) la bulle du pape portant institution canonique pour l'évêché de Cahors (Lot) du *sieur* Paul-Louis-Joseph d'Hautpoul, aumônier de madame, duchesse d'Angoulême.

25. — Mort de Charles-Ferdinand-Louis-Philippe-Emmanuel d'Orléans, duc de Penthièvre, au château de Neuilly, près Paris; ce prince était né à Paris, le 1er janvier 1820.

La branche royale de la maison d'Orléans se compose encore de cinq princes et trois princesses.

25. — Brésil. — Proclamation de D. Pédro aux Portugais. — Ce document est curieux ; l'empereur y déclare « qu'une faction désordonnée s'agite dans tous les sens, au milieu du Portugal malheureux, sous le prétexte de défendre *l'autel et le trône*, au mépris de toutes considérations religieuses, civiles et politiques. » L'aveu est précieux et pourrait s'appliquer à plus d'un État européen..... D. Pédro s'est abusé et s'abuse encore, sans doute, sur le compte de son frère, le prince régent de Portugal ; il dit : « L'état de *contrainte* dans lequel mon frère, l'infant D. Miguel, se trouve, est, sous tous les points de vue possibles, clair et manifeste. On ne pourrait, sans offenser son *honneur*, que je crois *intact*, entretenir une opinion contraire : ce serait d'ailleurs le considérer comme un *traître* aux assurances ou aux protestations qu'il m'a données ou faites lorsque j'étais son

roi, et comme un *parjure* au serment qu'il a si librement et si spontanément prêté à Vienne et ratifié à Lisbonne, avant que la nation ne fût légalement représentée, en vertu de la Charte constitutionnelle que je vous ai *offerte* et *garantie*, qu'il a acceptée avec vous, et qu'on a solennellement et librement juré de maintenir...... Oh ! Portugais, à quelle condition votre infortuné pays est réduit sous le régime du fanatisme, de l'hypocrisie et du despotisme !...... Je suis loin d'appeler mon frère un parjure ou un traître; il a été *entraîné*...... Venez à son secours, Portugais..... Approchez-vous du régent, parlez-lui avec la même franchise que, etc.. » Dans le moment où D. Pédro fait cette proclamation, les bourreaux ont pris possession du Portugal; D. Miguel *règne* en vertu du *droit divin;* il n'est pas *entraîné* par les chefs de la faction désorganisatrice, ainsi que le dit D. Pédro, il est à leur tête; il agit d'après sa pleine et libre volonté; il s'est déclaré *roi absolu*, et il traite le Portugal en pays révolté et conquis. Nous faisons mention de la proclamation de D. Pédro, parce que cet empereur, chassé du Brésil, n'aura plus bientôt d'autre ressource que de combattre le roi D. Miguel pour le précipiter du trône et placer la couronne de Portugal sur la tête de sa fille, ou pour mieux dire sur la sienne.

29. — Ordonnance du roi, portant convocation des conseils d'arrondissement et des conseils-généraux de département, pour la session de 1828. — C'est une affaire de forme, pas autre chose.

30? — Loi, relative à l'interprétation des lois après le recours en cassation. — Elle abroge la loi du 16 septembre 1807, qui statuait : qu'après un second arrêt rendu par la cour de cassation, toutes les sections réunies sous la présidence du grand-juge (ou garde-des-sceaux), annulant un deuxième jugement en dernier ressort, intervenu dans la même affaire, entre les mêmes parties et attaqué par les mêmes moyens, l'interprétation de la loi serait donnée, après *délibération* et *avis du conseil d'État*, dans la forme des réglemens d'administration publique : c'était, en 1807, du despotisme pur et tranchant; le chef de l'État interprétait, à sa volonté, les lois, et par conséquent pouvait les annuler de fait : ce chef de l'État, Napoléon, se croyait assez puissant pour faire les lois au nom de son conseil d'État!!!

La loi actuelle investit les cours royales, toutes les sections réunies, du jugement du procès en dernier ressort; elles en sont saisies par l'arrêt de cassation. La loi statue que, dans la session législative qui suit le référé, une loi interprétative *doit être proposée* AUX CHAMBRES…. Cette loi est conforme aux vrais principes; car l'interprétation ne peut et ne doit appartenir qu'à la puissance législative, c'est-à-dire au roi et aux deux chambres; s'il en était autrement, les lois seraient bientôt à la merci de l'autorité royale.

3. — Paris. — Ordonnance du roi, par laquelle le sieur Gérard de Rayneval, conseiller d'État, ambassadeur près la Confédération helvétique, est nommé ministre d'État et membre du conseil privé.

Ordonnance du roi, qui charge, *par intérim*, le sieur de Rayneval du porte-feuille des affaires étrangères.

4. — Portugal. Lisbonne. — Décret de D. Miguel, concernant les personnes qui ont quitté le Portugal, et celles convaincues de rébellion.

6. — Portugal. Lisbonne. — Décret de D. Miguel, relatif à la révolte de l'île de Madère.

6. — Égypte. Alexandrie. — Traité conclu entre l'amiral anglais Codrington et Méhemet-Ali-Pacha, vice-roi d'Égypte, pour l'évacuation de la Morée par les troupes françaises.

6. — Loi portant règlement définitif du budget de l'année 1826... Il est accordé, sur le budget de 1826, au-delà des crédits fixés par les lois des 13 juin 1825 et 6 juin 1827, des supplémens de crédits montant à la somme de *treize millions, trois cent soixante dix-neuf mille, six cent vingt-neuf francs*. — Loi portant allocation au ministère de la guerre d'un crédit extraordinaire de *onze millions deux mille francs* sur l'exercice 1827. — Loi portant allocation au ministère de la marine et des colonies d'un crédit extraordinaire de *cinq millions quatre cent mille francs sur l'exercice* 1827. — Loi portant allocation au ministère des finances d'un crédit extraordinaire *d'un million, huit cent quatre-vingt-quatorze mille, quatre cent vingt-cinq francs* sur l'exercice 1827.

A chaque session des chambres, le gouvernement demande des supplémens de crédit pour les exercices antérieurs, même pour les exercices de 1814 et 1815!!! Telle est l'économie avec laquelle sont administrées les finances de l'État. Les dépenses dépassent toujours les sommes fixées chaque année par le budget ; *il ne s'agit pas de discuter, les dépenses sont faites, il faut les acquitter*, disent tout bonnement les députés ministériels et les commissaires du roi ; et les chambres donnent un bill d'indemnité et un supplément de crédit : rien de plus légal, comme on voit, et rien d'aussi commode. (V. 11 mars 1829).

7. — Amérique méridionale. — Décret du président de la république de Colombie, Simon Bolivar, relatif à l'organisation de l'armée et de la milice colombiennes.

8. — Angleterre. Londres. — Protestation des plénipotentiaires de l'empereur du Brésil, contre l'usurpation de la couronne de Portugal par D. Miguel.

12. — Paris. — Rapport au roi sur l'état des routes en France..... Elles sont dans un état de dégradation qui s'accroît d'année en année; leur réparation exige des sommes immenses : mais les séminaires et les écoles des jésuites absorbent une bonne partie du budget; et sont dans l'état le plus florissant : c'est l'essentiel.

14. — Angleterre. Londres. — S. A. R. le duc de Clarence donne sa démission de la dignité de lord grand-amiral....... Ce prince, héritier présomptif du trône, manifeste publiquement son opposition au ministère.

16. — Angleterre. Londres. — Découvertes faites par le capitaine Dillon sur le naufrage de la Peyrouse et de ses compagnons ; elles serviront à faire reconnaître et constater, par les navigateurs français, d'une manière précise, le lieu où ils ont fait naufrage..... Le capitaine de frégate, Dumont-Durville, commandant la corvette *l'Astrolabe*, partie de Toulon le 4 avril 1826, pour un voyage de circum-navigation, obtiendra les plus précises informations à cet égard.

17. — Paris. — Ordonnance du roi, relative à

l'organisation de trois régimens d'infanterie spécialement affectés au service des colonies.

17. — Loi relative à la fixation du budget des recettes et des dépenses de 1829.

Les dépenses de la dette consolidée et de l'amortissement sont fixées, pour l'exercice 1829, à la somme de . . . . 248,800,947 fr.
 (7,443,080 fr. de plus que pour l'exercice 1828.)

Les dépenses générales du service à la somme de 555,439,335

Les frais d'administration et de perception des impôts directs et indirects et des revenus de l'État à la somme de 128.058,685
 (1,646,134 fr. de plus que pour l'exercice 1828.)

Les remboursemens et restitutions à faire sur le produit desdits impôts et revenus, et le paiement des primes à l'exportation à la somme de 41,885,394
 (30,785,394 fr. de plus que pour l'exercice 1828.

Total des dépenses générales du service 725,383,414

La dette consolidée et l'amortissement s'élèvent à 248,800,947

Total général du budget des dépenses . . . . 974,184,361 fr.
 (51,472,759 fr. de plus que pour l'exercice 1828.)

Il est essentiel de remarquer que, dans la fixation des dépenses générales du service, les dépenses départementales et communales *ne sont pas portées*, même pour *mémoire*.

Le budget des recettes est évalué,
pour l'année 1829, à la somme de... 986,156,821 fr.
(63,445,219 fr. de plus que
   pour l'exercice 1828.)

Rien de plus aisé que d'évaluer les recettes ; les réaliser l'est beaucoup moins ; les bons royaux y pourvoiront.

Pour *moyens de service*, le ministre des finances est autorisé à créer des bons royaux (le montant de la somme *n'est point spécifié*) pour le service de la trésorerie et les négociations avec la Banque de France ; les bons royaux *en circulation* ne pourront excéder 150 millions ; dans le cas où cette somme serait *insuffisante*, il y sera pourvu au moyen d'une *émission supplémentaire*, qui devra être autorisée par *ordonnance* du roi, et qui sera soumise à la sanction législative dans la plus prochaine session des chambres...... (V. 6 juillet 1826, pour les observations relatives à ces *assignats* de la trésorerie.)

Le budget soumis à l'épreuve du scrutin donne le résultat suivant : nombre des votans, 327 ; *pour*, 299 ; *contre*, 28 ; majorité, 271 ; plus de *cent* députés ont déjà quitté Paris ou ne prennent point part au vote : voilà du *patriotisme* !... Le budget présenté à la chambre des pairs n'y donne lieu à aucune discussion ou observation tant soit peu importante ; le budget soumis à l'épreuve du scrutin présente le résultat suivant : nombre des votans, 119 ; *pour*, 117 ; *contre*, 2 ; majorité, 115. L'on est étonné de voir *la moitié* des membres de la chambre s'abstenir de prendre part au vote du budget ; il ne s'agit, il est vrai, que de la fortune publique ! Au reste, la chambre des pairs semble voter le budget, depuis 1814, de confiance et pour la forme : c'est une espèce de cour d'enregistrement.

Le résumé officiel ci-dessus démontre que les dépenses ont lieu dans une progression toujours croissante, la cause en est (M. Gautier, rapporteur de la commission spéciale, le dit textuellement) « dans la multiplicité des emplois, « dans l'élévation des traitemens, l'inobservation des lois « sur le cumul; enfin les frais trop considérables du maté- « riel ; » en d'autres termes, la cause en est dans les vices mêmes de l'administration, dans les dilapidations exercées par les hauts-fonctionnaires : ces vices et ces dilapidations s'aggravent d'année en année; ils ne tarderont pas à reproduire, en France, les heureux temps de l'administration de M. de Calonne, c'est-à-dire un *déficit* qui, d'après les progrès de la *science financière* de la restauration de 1814, doit finir par une banqueroute, si le gouvernement ne se hâte d'apporter, dans les dépenses générales de l'État, une économie *réelle* et *sévère*. Quant aux sinécures, aux cumuls, ils se multiplient d'une manière si scandaleuse que les hauts fonctionnaires en sont venus à les regarder comme un *droit* inhérent aux emplois qu'ils remplissent ou dont ils sont simplement titulaires; ils défendent ce droit avec une sorte d'héroïsme : on entendra, plus tard, un maréchal-ministre, dont la fortune particulière est si immense qu'on l'appelle le Rotschild des maréchaux de France, dire à la tribune nationale, au sujet des cumuls dont il jouit : « Avant de m'arracher mon traitement, on m'arrachera la vie !..... »

Dans chaque session législative, M. Labbey de Pompières a signalé les dilapidations des finances de l'État, et provoqué les réductions dans les dépenses ; il portera cette année l'investigation la plus scrupuleuse dans les budgets des divers ministères ; l'on est de plus en plus étonné du travail auquel il se dévoue; le vénérable vieillard sacrifie le reste de ses jours aux intérêts de son pays! Il est appuyé, dans ces vues d'ordre et d'économie, par MM. Bavoux, Eusèbe Salverte, Tracy, Dupin (aîné), Benjamin Constant, Thouvenel, Bignon, Augustin Perrier, Sébastiani, Laborde, Mercier, etc., en un mot, par la majorité des députés du côté gauche, et même par plusieurs députés du côté droit; ceux-ci demandent, aujourd'hui, des *réductions* et des économies, non pas en vue d'amélioration financière, mais dans l'espoir d'entraver, de renverser le nouveau ministère......

Les défenseurs des abus, des prodigalités, de l'arbitraire ministériel, reproduisent leurs argumens ordinaires : « La splendeur et la dignité du trône, la prérogative « royale, les besoins du clergé, les nécessités du culte « qui sont celles de la religion elle-même! » Ils ne veulent d'économies dans aucune des parties du service public qui intéresse leurs opinions politiques : M. de Conny trouve mauvais qu'on touche aux gros appointemens des troupes suisses au service de France : « Les Suisses, dit- « il, se sont *naturalisés* au 10 août. Il nous siérait mal « de calculer notre or à l'égard de ceux qui, pour la dé- « fense du trône, n'ont pas calculé leur sang; » M. de Bonald avait dit : « Plût à Dieu que nous fussions aussi « bons *Français* que les Suisses! » Le vœu du pair de M. de Villèle est largement exaucé; voilà les Suisses *nationalisés*. M. Dupin aîné n'est pourtant pas de cet avis; ce député, dont l'éloquence politique consiste principalement en sarcasmes, en ingénieuses ironies, dit fort plaisamment : «... La monarchie a très-bien fait de conserver le dévouement des Suisses; mais au lieu de douze mille, il aurait suffi d'en appeler un régiment *pour échantillon*... » Ce mot est la meilleure critique du système de gouvernement des princes de *Coblentz*. — M. le colonel

Jacqueminot fait justice des opinions de MM. Conny et Bonald; ses phrases sont toutes françaises : « Mettez des Français à la place des Suisses, et vous épargnerez un million par année, et vous procurerez le moyen de donner du service à plus de cinq cents officiers demeurés sans emploi. Les Suisses sont braves, dévoués, dit-on : *Braves!* qui le conteste. Ce n'est pas nous, officiers de l'ancienne armée qui les vimes pendant dix ans combattre à nos côtés sous les bannières de l'empire; mais la valeur nationale a-t-elle perdu ses droits? Ils sont *dévoués!* les Français ne le sont-ils plus? Ne saurait-on enfin mettre un terme à ces éloges exagérés de la fidélité helvétique, qui servent comme de texte à certaines personnes pour incriminer la France nouvelle?... » Selon M. Jacqueminot, l'État peut faire une économie de près de vingt millions, en n'attendant pas l'expiration de la capitulation faite, en 1816, avec les cantons suisses : il le démontre.— La fidélité des Suisses! Louis XI l'avait subie, et l'appréciait à sa juste valeur ; la fidélité des Suisses est renfermée dans ce proverbe européen : *Point d'argent, point de Suisses :* » Le bon Henri IV entendit la fidélité suisse lui adresser ces mots, *un jour de bataille!...* Le 10 août avait débarrassé la France de cette *fidélité* étrangère : Napoléon ne rougit pas d'y recourir pour fortifier son despotisme; Louis XVIII et Charles X la payèrent au poids de l'or, pour rétablir l'ancien régime.....

Le conseil d'État devient dans chaque session l'objet de violentes réclamations; cette institution est, en effet, illégale ; aucune loi ne l'autorise; elle a été glissée dans les interstices des budgets de la *restauration* : mais en « adoptant le budget, les chambres législatives ont *légalisé* le conseil d'État, » disent les partisans de l'ancien régime !... Le conseil d'État, placé dans la constitution de l'an VIII, est hors la Charte; il a été arbitrairement

maintenu, remanié, déformé par les Bourbons de Coblentz. — M. Gaëtan de la Rochefoucauld prend le conseil corps à corps, met tous ses efforts à prouver *l'illégalité* de l'institution, *l'irrégularité* des procédures, le *défaut d'équité* des jugemens; mais M. *Cuvier*, commissaire du roi, défend avec chaleur la considération et la cause d'un corps dont il fait partie; il est président du comité de l'intérieur du conseil d'État; il a qualité pour justifier et l'institution et les membres qui en font partie. M. *Pardessus* se joint au commissaire du roi, et divague longuement sur la légalité, l'utilité, l'équité des jugemens du conseil d'État : il est malheureux pour cette institution qui compte, dans son sein, plusieurs conseillers estimables et éclairés, d'être défendue par un député ultra-révolutionnaire en 1793 et 1794, ultra-royaliste en 1814 et 1815; quelle déplorable autorité législative que celle de M. Pardessus!... Quatre phrases de M. Cormenin réduisent en poudre toute la logomachie de M. Pardessus, et une semblable autorité n'est pas suspecte; car M. Cormenin s'était montré jusqu'à ce jour royaliste *pur*, homme de l'ancien régime..... Le conseil d'État n'en prend pas moins la place accoutumée dans le budget des dépenses, le garde-des-sceaux Portalis l'y introduit cette année avec tous les honneurs de la guerre; le chef de la justice et du conseil émet, dans cette circonstance, une doctrine des plus erronées; après avoir assuré, d'un ton imposant, que le conseil d'État éclaire les ministres, mais n'atténue pas leur responsabilité, il ajoute : « La *responsabilité*
« n'est pas établie *contre* les ministres, mais *au profit*
« des intérêts généraux; elle est établie moins pour *punir*
« que pour prévenir les fautes, les abus de pouvoir qui
« menaceraient la liberté et la propriété des citoyens. »
Admirable manière de raisonner; pour le pouvoir arbitraire s'entend! Eh! où sera le *profit* des intérêts géné-

raux, si la responsabilité n'est pas établie *contre* les ministres ? comment la liberté et la propriété des citoyens ne seraient-elles pas menacées, au contraire, si la responsabilité n'était pas établie pour *punir* les fautes des ministres, si elle était seulement destinée à prévenir les abus du pouvoir, et si aucune *pénalité* ne devait les réprimer ?

Chaque ministre défend le budget de son département avec une intrépidité de vues et de principes véritablement admirable.

Le budget de la guerre, dans lequel ont été signalées, par les membres de l'opposition, un grand nombre de réformes à opérer, est défendu par le ministre-nominal de ce département, M. de *Caux*, et par le commissaire du roi, M. de *Salvandy* : ce dernier, littérateur dans le genre bizarre, émet une foule de paradoxes ou plutôt, de niaiseries politiques ; il soutient gravement, par rapport aux troupes suisses à la solde de la France, que « douze mille Suisses font parmi nous l'office de douze « mille *remplaçans*. » L'écrivain de romans en tout genre prétend que si l'on repousse leurs services, la France les aura pour ennemis au lieu de les avoir pour auxiliaires ; et là-dessus, force éloge des Suisses, de l'ancienneté des alliances entre la France et la nation helvétique, de l'extrême utilité de conserver l'alliance renouvelée avec elle en 1814, de l'honneur national intéressé à ne pas violer les engagemens contractés, etc., etc. ; singulier homme d'État que M. de Salvandy !.... M. de Martignac va plus loin encore ; il prétend que l'intérêt politique exige que l'on conserve à la solde de la France un corps de troupes suisses : « Car, je le demande, messieurs, « serait-il politique de laisser dix à douze lieues de fron- « tières ouvertes à une puissance ennemie ?... » C'est décidément un millier de Suisses, à notre solde, dont nous avons besoin par lieue de frontière ouverte ; voilà de hautes vues politiques : pourquoi donc le ministre ne proposerait-il pas de prendre, à la solde de la France, un corps de troupes espagnoles, sardes, bavaroises, etc., même des troupes prussiennes, à mille hommes par lieue de frontière *ouverte* ? La France n'est-elle pas démantelée, ouverte, sur le Rhin, sur ses frontières de l'Est, aux Pyrénées? etc. — Il a été question de diminuer les traitemens des maréchaux de France ; cette proposition, vivement combattue par le général *Sébastiani*, par le général sous-ministre *de Caux*, qui espèrent sans doute obtenir un jour ou l'autre le *sceptre* des guerriers, comme dit Voltaire, est fortement appuyée par M. Augustin Périer, qui remplace à la tribune nationale son frère (M. Casimir Périer) dont le silence afflige et étonne les amis de la liberté constitutionnelle ! Heureusement tous les membres de cette famille sont animés de l'esprit libéral de leur chef.... M. Dupin aîné se montre pour les maréchaux ce qu'il a été pour les Suisses ; nous ne pouvons nous refuser au plaisir de citer quelques fragmens de ce piquant discours : «... On vous parle de la gloire de nos maréchaux ; qui la nie? messieurs, personne ne l'admire plus que moi ; mais cette gloire a été achetée avec du fer et non avec de l'or : je ne crois pas que la réduction de leur traitement puisse en rien toucher à leur gloire... On vous a cité le vainqueur de Fleurus (le maréchal Jourdan) ; j'admire ses hauts faits, je suis reconnaissant des services qu'il a rendus à la *patrie*, je le regarde comme l'un de nos plus illustres généraux, et je l'admire d'autant plus, qu'il est le *moins riche* de nos maréchaux.... Je ne vois pas comment *l'honneur* de nos maréchaux serait blessé, si on leur imposait un *maximum d'appointemens* en cas de cumul, CENT MILLE FRANCS par exemple... On vous a dit que les cinq sous du soldat étaient la même chose que les CENT SOIXANTE MILLE FRANCS de tel ou tel maréchal... On vous a parlé de confraternité de gloire (entre les maréchaux et les soldats), de sentimens généreux, de bravoure. Tout cela est fort beau, mais tout cela est étranger à la question. Il n'y a pas de confraternité et de sentimens généreux dans le *cumul* et dans les *traitemens prodigieux*... » M. Dupin a parfaitement jugé le système de la restauration, au sujet des troupes suisses (V. plus haut); il juge avec non moins de sagacité et d'équité le système de l'empire au sujet des maréchaux : la gloire avec du fer et non avec de l'or! Ces belles paroles de M. Dupin expliquent la ruine de Napoléon et les défections de plusieurs de ses maréchaux ou généraux dont il devait nécessairement être dupe et tomber victime, puisqu'ils étaient devenus riches : ILS L'ONT TRAHI !

Les affaires ecclésiastiques donnent lieu à l'évêque de Beauvais, Feutrier, ministre de ce département, de prononcer le plus adroit et le meilleur de ses discours politiques..... L'épiscopat est en guerre avec le ministère; l'évêque-ministre veut les ménager tous deux, car leurs exigences et leur despotisme sont à peu près les mêmes; seulement ils s'exercent sur des intérêts différens; tous les deux veulent le pouvoir et l'argent : comment les satisfaire sans blesser la conscience religieuse ou l'intérêt national? Le prélat de Beauvais le tente; il dit : «..... Chaque siècle a sa maladie; celle de notre époque est une terreur *que je ne suppose pas hypocrite*, mais sincère et réelle, quoique exagérée et sans *cause suffisante*; elle a glacé tous les courages. D'un côté, *si l'on veut*, quelques *indiscrétions* de zèle, des paroles *imprudentes* échappées en chaire à une improvisation *irréfléchie*, quelques expressions *peu mesurées*, des *réunions pacifiques* de bonnes œuvres, *d'innocentes confréries* formées par l'amour du bien public, intimident les plus hardis et font jeter un cri d'épouvante; on croit déjà voir *le fantôme* du fanatisme s'élançant dans l'ombre, ébranlant nos institutions et les réduisant en poudre. D'un autre côté, le langage n'est pas plus rassurant ni plus mesuré; la foi est éteinte, les autels s'écroulent, le fer de la persécution est levé; c'en est fait de la religion de nos pères..... » M. l'évêque-ministre a donc oublié que le *haut clergé* s'est mis en état de révolte vis-à-vis du trône et de la Charte! Quelles indiscrétions de *zèle*, quelles expressions *peu mesurées*, etc., que les mandemens de l'archevêque de Paris, Quélen, du cardinal-archevêque de Rouen, Croy, du cardinal-archevêque de Toulouse, Clermont-Tonnerre, de l'évêque de Nancy, Forbin Janson, et de tant d'autres prélats!!! Leurs mandemens sont de vrais manifestes, et très-*réfléchis*, contre nos institutions politiques et civiles. Les Français voient les usurpations flagrantes, et l'intolérance, hautement proclamée, du clergé ultramontain et des jésuites, s'accroître de jour en jour : les preuves de leurs rebellions éclatent de toutes parts : aussi, M. Feutrier a beau prêcher à la tribune nationale, les faits parlent et démentent ses homélies politiques; mais le clergé (répétons-le) ne saurait avoir un plus éloquent et plus onctueux défenseur. Le prélat de Beauvais continue son sermon ministériel en ces termes : « On dit que le clergé ne se renferme pas dans les limites que le ciel lui a tracées..... A l'entrée de la carrière épineuse qu'il me faut parcourir, j'ai besoin surtout que le clergé comprenne que j'ai à cœur ses véritables intérêts, et qu'il ait la confiance de rencontrer en moi affection, dévouement et estime... Souffrez que je vous dise, messieurs, que s'il existe, *ce que je veux ignorer*, quelques abus, il y a dans le clergé de grandes vertus, et qu'il rend d'admirables services; l'homme cesse-t-il d'être homme, perd-il tous ses droits à l'indulgence parce qu'il exerce un ministère sacré et qu'il entoure les autels de la Divinité?..... On répète encore que le clergé n'a pas assez compris les avantages que lui assurent les institutions sous lesquelles nous vivons, qu'en secret il ne leur est pas favorable; *je ne partage pas* cette opinion; elle serait *injurieuse* au clergé..... Il n'ignore pas que la puissance qui lui a été donnée est toute spirituelle; qu'il est appelé à diriger les consciences et non pas les empires.....Certes, et nous aimons à le répéter, nous sommes convaincus avec tout ce qu'il y a eu de sage et d'illustre dans l'univers que la religion est le plus solide fondement d'une législation, et le plus fort lien des institutions; mais nous croyons aussi que l'intérêt le plus pressant du clergé est de l'appuyer sur notre pacte social comme sur la colonne inébranlable de tous les droits politiques et sacrés; de ne pas se laisser préoccuper de vaines et chimériques alarmes que cherchent à répandre de dangereux amis, des guides imprudens, et de ne jamais croire les autels en péril tant qu'ils seront placés sous le sceptre tutélaire du monarque *très-chrétien*, etc... » Ou M. de Beauvais ne dit pas tout ce qu'il sait, ou ce prélat ne pense pas tout ce qu'il dit; mais il est obligé de parler comme parlera tout ecclésiastique investi de hautes fonctions temporelles: il se ment à lui-même pour plaire à *l'ordre* du clergé, ou tout au moins pour ne pas encourir sa haine....... Nous avons fait mention de son discours, parce que la puissance spirituelle tend, depuis 1814, à s'emparer de l'autorité temporelle; l'ultramontanisme et l'absolutisme débordent de toutes parts nos institutions; et le discours du prélat-ministre, quelque *évangélique* qu'il soit, montre beaucoup mieux que tout ce que nous pourrions dire, à quels graves dangers sont exposés les rois et les peuples, lorsque les prêtres s'immiscent dans les affaires de l'État; les investir de fonctions temporelles est la plus grande faute que puisse commettre un gouvernement.

Nous ne pousserons pas plus loin cette analyse des discussions politiques occasionées par le budget, nous en avons dit assez pour montrer la véritable situation du royaume à l'intérieur et à l'extérieur; toutes les phrases plus ou moins brillantes et édulcorées, toutes les protestations constitutionnelles de M. de Martignac, de M. Portalis, de M. Roy, de M. de la Ferronays, de M. Feutrier, ne changent rien à cette situation; c'est la *déplorable* administration de M. de Villèle, avec des *errata* dans les noms des titulaires.

18. — Ordonnance du roi, pour la clôture de la session de la chambre des pairs et de la chambre des députés. — Le budget est voté; le gouvernement a, devant lui, dix-sept mois d'impôts assis, de contributions directes ou indirectes à percevoir : tout va le mieux du monde; à l'année prochaine, les améliorations réclamées et promises!........ L'ordonnance de clôture est portée aux deux chambres par M. le garde-des-sceaux Portalis.

La session de 1828 doit faire époque dans les annales législatives; elle a produit, en faveur du régime constitutionnel, la révision et la permanence des listes électorales qui ont pour but de prévenir une partie des fraudes en matière d'élection; l'abolition de la censure, de l'autorisation préalable exigée pour l'établissement d'une feuille périodique, et des procès de tendance; la spécialité introduite dans les grandes divisions du budget; l'interprétation des lois enlevée au conseil d'État, c'est-à-dire au gouvernement du roi, et rendue à la puissance législative. Ces conquêtes si importantes dans l'ordre légal, la France les a dues à la presse périodique ; en se prononçant avec une constante énergie contre les violations des lois et de la Charte opérées par le ministère Villèle, la presse a forcé le ministère Martignac de faire à l'opinion nationale des *concessions* auxquelles le gouvernement du roi s'était refusé jusqu'alors... Mais la session de cette année est surtout remarquable par l'indépendance et la fermeté des opinions émises à la tribune de la chambre des députés ; tous les vices de l'administration y ont été signalés, et les vrais principes du régime constitutionnel développés et défendus avec un talent et un patriotisme dont aucune session législative n'avait offert d'exemple depuis 1814 : les nouveaux ministres ont évité avec soin, avec opiniâtreté, de se prononcer contre la conduite de leurs prédécesseurs ; mais ils se sont vus réduits à la nécessité de reconnaître et d'adopter un système de légalité plus conforme aux vœux et aux intérêts de la nation. L'esprit public est *retrempé*, et les améliorations obtenues dans l'ordre politique et constitutionnel sont déjà un grand pas de fait vers un meilleur ordre de choses.

20. — Loi qui accorde, sur les fonds de l'exercice 1829, un crédit extraordinaire de 1,200,000 francs spécialement affecté à l'instruction ecclésiastique secondaire (V. 16 juin).

20. — Loi portant concession à la ville de Paris de la place de Louis XVI et de la promenade dite des *Champs-Élysées*. — Cette concession est faite, à la charge par la ville de Paris : « d'y faire, dans un délai « de cinq ans, des travaux d'embellissement jusqu'à « concurrence d'une somme de 2,130,000 francs au « moins ».

Depuis 1814, l'on ordonne beaucoup de travaux d'utilité ou d'embellissement, mais l'on se garde bien de les entreprendre ou d'en poursuivre l'exécution : un ministre, pour se donner un air de popularité, pour conserver quelques mois de plus son porte-feuille, fera annoncer avec ostentation que de nombreux travaux seront entrepris ; on les commence, et presque aussitôt ils sont délaissés. Sous le ministère de M. Decazes, la place de Louis XVI fut déblayée des immondices qui l'obstruaient et en faisaient un vrai cloaque ; on y pratiqua des carrés de gazon dont on interdit les approches aux voitures : on dépensa des sommes considérables pour assainir et rendre praticables les abords de la place et des Champs-Élysées ; quelques mois plus tard, les choses étaient revenues à leur état précédent ; gaspillage des fonds publics, pas davantage... La ville de Paris prend, en 1828, l'obligation d'exécuter de grands travaux dans cette partie de la capitale ; ils doivent être terminés dans cinq ans ; en 1832 rien n'aura été entrepris : ainsi s'exécutent les lois.

C'est chose merveilleuse que l'administration communale de Paris ! cette ville est un petit royaume enfermé dans le grand ; elle jouit d'environ 50 millions de revenus dont les chambres législatives ne connaissent en aucune manière ; son budget se règle et se dépense entre quatre murailles, sans que la presse périodique puisse en prendre connaissance : les habitans de Paris en font les frais, l'administration ne leur rend aucun compte, ne leur donne aucune communication de l'emploi de leurs deniers ! car le budget qu'elle fait imprimer n'est connu que des adeptes, c'est un *huis-clos administratif*. Paris, ville plus riche que la plupart des rois de l'Europe, emprunte tous les jours, paie exactement, accroît chaque année ses dettes et ne dépend administrativement que du préfet de la Seine, c'est-à-dire du ministère; elle se trouve en dehors des lois qui régissent toutes les communes du royaume, et forme véritablement un État dans l'État. Les citoyens devraient, ce semble, à Paris comme dans toutes les villes de France, connaitre de leurs affaires intérieures et y participer; il n'en est rien cependant, et l'administration de la capitale jouit d'un *privilége*, d'un *pouvoir* tout-à-fait *exceptionnels*.

20. — Russie. Saint-Pétersbourg. — Rescrit de l'empereur qui défend l'exportation des grains de la mer Noire et de la mer d'Azoff.

Les hostilités entre la Turquie et la Russie sont la cause de cette défense d'exportation de grains.

20. — Paris. — Rapport au roi, touchant les forçats.

Ordonnance du roi, qui détermine le mode de la répartition des forçats dans les ports militaires.

21. — Paris. — Ordonnance du roi, portant convocation des conseils-généraux et conseils d'arrondissement.

21. — Russie. — Manifeste de l'empereur Nicolas 1er, qui ordonne un recrutement général dans l'empire, dans la proportion de quatre recrues sur cinq cents âmes.

21. — Brésil. Rio-Janéiro. — Article additionnel, conclu avec la France, interprétatif de l'article 21 du traité d'amitié, de navigation et de commerce du 8 janvier 1826. — Convention conclue, relativement aux

indemnités à donner à des sujets français pour la valeur des cargaisons et navires français saisis et capturés par l'escadre brésilienne de la Plata, et définitivement condamnés par les tribunaux du Brésil.

25. — Circulaire du président de la Grèce, Capo d'Istrias, à l'occasion de l'arrivée prochaine d'une expédition française. — Elle annonce au gouvernement et aux habitans de la Grèce, que « le roi de France s'est « chargé *seul* de cette noble tâche, d'opérer l'œuvre de « la pacification de la Grèce, selon ce que le traité de « Londres a promis à l'Europe et à la Grèce. »

L'expédition française a été résolue le 27 juillet, et le lieutenant-général *Maison*, désigné pour ce commandement ; elle a pour but de forcer la Turquie à évacuer la Morée ; le résultat sera obtenu sans beaucoup d'efforts, mais la Grèce ne sera point pacifiée ; le gouvernement y sera toujours sans consistance, les troubles succèderont aux troubles, la Russie les entretiendra, et l'influence du cabinet de Saint-Pétersbourg y deviendra prédominante.... Les cabinets de la sainte-alliance ne veulent pas que la Grèce se relève de ses ruines, que la liberté constitutionnelle s'y établisse ; elles la proclameront et l'étoufferont dans son germe ; *sois libre, mais libre comme j'entends que tu sois*, c'est-à-dire *esclave* !.....
La France aura fait de grands sacrifices d'hommes et d'argent, sans obtenir aucun avantage politique, maritime ou commercial ; la France est aux ordres des grands cabinets ; elle exécute leurs décisions, elle obéit sans se le laisser dire deux fois.

27. — Ordonnance du roi, qui appelle à l'activité tous les jeunes soldats disponibles de la classe de 1827. Leur départ aura lieu le 15 novembre prochain.

27. — Paris. — Ordonnance du roi, qui charge le garde-des-sceaux, ministre et secrétaire d'État au département de la justice, de l'expédition des affaires du département de l'intérieur en l'absence du ministre de ce département (M. Martignac), qui va accompagner le roi dans les départemens du Rhin et de la Moselle.

27. — Ordonnance du roi, relative aux bâtimens de guerre à tenir en commission dans les cinq ports militaires du royaume.

27. — Colombie. — Décret organique de Bolivar, *libérateur*, pour la république de Colombie.

Ce décret détermine les attributions du pouvoir du *libérateur*; il traite de l'administration de l'État et du conseil des ministres, du conseil d'État, de l'organisation et de l'administration du territoire; il énonce les droits publics des Colombiens, et consacre les principes de liberté et d'égalité qui doivent servir de base aux institutions de la république : son territoire sera divisé en préfectures, et un préfet sera placé à la tête de chaque département des provinces : « Les préfets (porte le décret organique) sont les chefs politiques supérieurs de leurs départemens respectifs, et les agens naturels et immédiats du chef de l'État. » On voit, par ce seul article, que le *libérateur* tend à concentrer dans ses mains l'autorité et l'administration; sa nouvelle constitution a beaucoup de rapports avec celle de l'an VIII, et Bolivar paraît viser, comme le premier consul Bonaparte, à *l'unité* du pouvoi

La Colombie, agitée par des factions qui naissent les unes des autres, s'est vue, jusqu'à ce jour, en proie à l'ambition des généraux, aux machinations du cabinet de Madrid, à toutes les calamités inséparables d'une grande révolution politique. Bolivar, dont les travaux et les talens ont si puissamment concouru à fonder l'indépendance de l'Amérique méridionale, rencontre partout des obstacles à la consolidation de son pouvoir : environné d'ennemis qui tramept conspirations sur conspirations contre sa personne et contre l'État, il abdique et reprend successivement le pouvoir; ce grand citoyen conserve encore l'espoir de pacifier la Colombie et d'y faire régner la liberté, l'ordre et les lois; il se sacrifie à la patrie, il mourra victime de son amour pour elle.

31. — Paris. — Ordonnance du roi, relative à la fixation *définitive* des limites du grand et du petit cabotage pour chaque colonie et la réception des capitaines, maîtres et patrons des bâtimens employés à ces deux espèces de navigation.

31. — Paris. — Ordonnance du roi, approuvant le bref du pape qui *donne à perpétuité* aux évêques de Soissons, le titre d'*évêque de Soissons et de Laon*. Le pape fait, dans ce bref, acte de souveraineté en France !

31. — Voyage du roi dans les départemens du Rhin et de la Moselle.

Charles x part de Paris le 31 août, accompagné de M. le Dauphin et du ministre de l'intérieur; il prend la route de Châlons-sur-Marne, arrive le 3 septembre à Metz, et y séjourne trois jours; sa majesté passe la revue des troupes, visite les forts et les divers établissemens publics; quitte Metz le 6, traverse la chaîne des Vosges, et arrive à Strasbourg le 7; elle reçoit, dans cette ancienne capitale de l'Alsace, la visite et les hommages du roi de Wurtemberg, du grand-duc de Bade et des margraves ses frères; le prince de Lowenstein, envoyé du roi de Bavière, lui présente les hommages de ce souverain.

Il serait difficile de se faire une idée de l'enthousiasme que les autorités constituées et les populations manifestent dans cette occasion; M. de Martignac n'a rien épargné pour porter cet enthousiasme à son comble : le voyage n'est qu'une suite continuelle de fêtes; les villes, les villages, les hameaux, sont ornés d'arcs de triomphe; les rues, les chemins, sont jonchés de fleurs; partout les acclamations les plus vives : l'allégresse est générale! La ville de Strasbourg se distingue par la pompe de ses fêtes et l'ivresse de sa joie. Charles x peut croire, à ce jour, qu'il est aimé de ses peuples; ils le remercient de les avoir délivrés du ministère *Villèle*, de ce ministère de corruption et de despotisme qui a pesé sur eux pendant six années; la France espère encore de meilleurs jours, elle a confiance dans un avenir plus heureux; elle se rapproche du trône dont le ministère *Villèle* l'a de plus en plus éloignée depuis 1822 jusqu'en 1828..... Charles x n'entend pas, en 1828, les plaintes, les vérités dont son oreille fut frappée dans le voyage de l'année précédente (V. 4 septembre 1827), surtout dans la ville de Saint-Quentin; qu'il est donc facile aux rois de se faire aimer, de connaitre la vérité! Les rois n'ont qu'à vouloir, mais les ministres ne veulent pas, et les courtisans s'interposent toujours entre le monarque et le peuple. Charles x jouit, avec ravissement, des transports de joie qu'excite sa présence; il n'en jouira pas long-temps, ce roi toujours trompé par ses courtisans, par ses ministres et par lui-même! L'amour se changera pour lui en haine, le respect en mépris; ce sera sa faute; il faut être de son siècle et de sa nation, et le malheureux Charles x veut toujours être le comte d'Artois de 1788 et de Coblentz!!!

De Strasbourg, qu'il quitte le 10, le roi se rend le 12 à Lunéville; il a visité, à Mulhausen, l'exposition des produits industriels de cette ville si renommée par la beauté et le nombre de ses manufactures, par l'activité de ses ouvriers et la probité de ses commerçans. Madame la Dauphine vient joindre son auguste beau-père et son époux à Lunéville, où le général baron de Borstell s'est rendu pour complimenter sa majesté au nom du roi de Prusse.

Charles x est reçu par la population de Lunéville comme l'était, dans son petit royaume, le *bon*, *le juste*, *le bienfaisant Stanislas*..... Charles x passe en revue les troupes formant la garnison et le camp établi près de la ville; il assiste aux manœuvres des troupes de cavalerie réunies dans ce camp : le 15, il arrive à Nancy, en part le lendemain, prend la route de Troyes, et, le 19, il est de retour à Saint-Cloud, après un voyage de dix-huit jours.

Ce voyage aura perdu Charles x : il se persuadera qu'*adoré* comme il l'est de ses sujets, il peut désormais tout tenter avec succès contre cette Charte constitutionnelle qu'il a juré à Reims de maintenir et de faire observer, et qu'il a juré dans son *for intérieur* de violer et d'abolir.

2 Septembre. — Le deuxième convoi de l'expédition pour la Morée met à la voile du port de Toulon; le premier convoi de l'expédition a appareillé, le 17 août, avec le lieutenant-général Maison, commandant en chef la division d'expédition : les deux premières brigades de la division débarqueront, le 7 septembre, en Morée, et prendront terre vers le fond du golfe de Coron.

6. — **Amérique. Ile d'Haïti.** — Loi du gouvernement d'Haïti, portant que les négocians, consignataires de bâtimens, faisant le commerce d'outre-mer, seront assujettis à un droit de consignation.

10. — Mort du lieutenant-général comte Andréossy, député de l'Aude, membre de l'Académie des Sciences, etc., à l'âge de 67 ans; il est atteint, dans son voyage de Paris à Castelnaudary, d'une fièvre cérébrale, et succombe au troisième accès, dans la ville de Montauban (Tarn-et-Garonne) : sa dépouille mortelle est conduite à Castelnaudary (Aude), lieu de sa naissance.

Petit-fils d'un maître maçon pour l'hydraulique, que l'illustre plébéien *Riquet* fit venir d'Italie, prit à son service et employa pour la construction de diverses écluses du canal de Languedoc, Andréossy, né dans la classe du peuple, embrassa de bonne heure la carrière militaire, arme de l'artillerie, et ne tarda pas à se distinguer par ses lumières, son courage et ses talens; il fit avec honneur les premières campagnes de la révolution française, dont il avait épousé la cause avec cette sagesse et cette modération de principes et de vues qui caractérisent le bon citoyen, l'homme probe, et dont il ne cessa de donner l'exemple et la preuve dans tout le cours de sa vie publique. Désigné par Bonaparte pour l'accompagner en Égypte, Andréossy concourut d'une manière brillante aux travaux de cette commission scientifique qui a légué à la postérité le monument le plus sublime qu'aient les sciences et les arts des temps antiques, monument qui, à lui seul, immortaliserait la campagne d'Égypte...... Non moins distingué dans les sciences mathématiques que dans l'art militaire, Andréossy fut successivement chargé, par l'empereur Napoléon, des ambassades de Londres, de Vienne et de Constantinople ; mais il ne réussit pas dans la carrière diplomatique et se laissa tromper par les cabinets auprès desquels il représentait les intérêts politiques de la France ou plutôt de Napoléon..... Froid et très-réservé dans ses relations sociales, M. Andréossy n'était pas dépourvu d'une certaine morgue, depuis que l'empire en avait fait un petit grand-seigneur ; il avait, dit-on, de la fausseté dans le caractère, de la dissimulation dans l'esprit ; nous ne le croyons pas ; n'a-t-il pas échoué dans toutes ses négociations diplomatiques ? Le comte Andréossy avait acquis une fortune honorable, mais fort au-dessous des emplois dont il s'était trouvé investi ; il ne commit jamais d'exaction, il resta pur au milieu des actes d'oppression et de concussion qui signalèrent l'administration de tant de hauts fonctionnaires publics ; ami de la liberté constitutionnelle, il la défendit à la tribune nationale : le comte Andréossy laisse une mémoire très-honorable, comme général et comme savant ; la France lui est redevable de plusieurs ouvrages scientifiques qui attestent de profondes connaissances mathématiques et hydrauliques.

20. — Paris. — Ordonnance du roi, relative à la liquidation de l'indemnité accordée aux anciens colons de Saint-Domingue..... Plus il est rendu d'ordonnances, moins cette liquidation s'avance ; les malheureux colons, ou leurs héritiers, ne touchent rien, ou reçoivent très-peu de chose sur ce qui leur a été *accordé*. Jusqu'ici, il n'y a guère que les membres de la commission de liquidation et les agioteurs de la banque et de la bourse qui aient fait leurs affaires avec les 25 millions payés par Haïti.

20. — Ordonnance du roi, portant autorisation d'importer, par navires nationaux et étrangers, dans le port de Moule, situé à la Grande-Terre (Guadeloupe), et dans le port de Grand-Bourg (île de Marie-Galande), diverses denrées et marchandises étrangères..... En Angleterre, aux États-Unis, etc., il faudrait une *loi* pour autoriser une semblable importation : en France, les ordonnances tiennent lieu de *lois*.

Ordonnance du roi, portant classification des établissemens dangereux, insalubres ou incommodes....... Cette ordonnance intéresse directement la salubrité publique, mais l'exécution en sera facilement éludée dans les établissemens dont les chefs jouiront de quelque protection ministérielle ou administrative.

Ordonnance du roi, qui supprime les emplois de secrétaires-archivistes des divisions militaires..... C'est, en style populaire, *grêler sur le persil*.

21. — Rectification de la convention conclue à Paris, le 25 juillet 1828, avec la Prusse, pour la restitution réciproque des déserteurs.

24. — Ordonnance du roi, qui détermine le nombre de juges dont seront composées les chambres des appels de police correctionnelle des cours royales, et contient des dispositions pour la prompte expédition des affaires. — Cette ordonnance présente un but évident d'utilité, mais n'en est pas moins illégale. C'est à la loi, et à la loi seule qu'il appartient de fixer le nombre des juges ; la Charte donne au roi le droit de nommer et d'instituer les juges ; mais la puissance législative a seule le droit de statuer sur le nombre de juges qui doivent composer les tribunaux de première instance, ou les chambres des cours royales. Procéder contrairement,

c'est placer l'ordre judiciaire sous la dépendance absolue de la couronne, et faire dépendre les jugemens, les arrêts qui intéressent la fortune, ou la vie des citoyens, du nombre de juges qu'il plairait à l'autorité royale de fixer.

24. — Ordonnance du roi concernant l'organisation de l'ordre judiciaire et de l'administration de la justice, à l'île de la Martinique, et à l'île de la Guadeloupe et ses dépendances. — Toujours mêmes empiétemens du despotisme ministériel. La Charte dit textuellement : « Les colonies seront régies par des *lois* et des réglemens particuliers. » Au lieu de présenter aux chambres législatives un projet de loi relatif à l'organisation et à l'administration de la justice dans les colonies, les ministres de la restauration trouvent plus expéditif et beaucoup plus commode de se faire *législateurs* dans cette partie ; c'est ainsi qu'ils en ont usé, 1825, par rapport à l'île Bourbon ; qu'ils en ont agi, le 9 février 1827, en constituant le gouvernement de la Martinique, de la Guadeloupe et de ses dépendances ; le 28 août 1828, en constituant le gouvernement de la Guyane française ; le 31 août dernier, en faisant rendre l'ordonnance sur le mode de procéder devant les conseils privés dans les colonies..... Le système et le régime coloniaux sont toujours placés et retenus sous le bon plaisir ministériel.

24. — Dona Maria da Gloria, fille de l'empereur du Brésil, reine de Portugal, arrive à Falmouth (Angleterre) à bord de la frégate brésilienne *l'Impératriz ;* elle y est reçue au bruit d'une salve royale tirée des forts et des vaisseaux de guerre ; à son entrée dans le port, la frégate brésilienne arbore immédiatement l'étendard royal de Portugal à son grand mât, et reçoit de nouveau

un salut royal des forts et des vaisseaux de guerre anglais... Son *droit* de souveraine se trouve, de cette manière, reconnu par le cabinet de Saint-James.

26. — Décret de Simon Bolivar, *libérateur*, président de la Colombie, au sujet de la conspiration qui a éclaté, dans la nuit du 25 au 26, à Bogota..... Cette conspiration avait pour but de changer la forme du gouvernement après avoir ôté la vie au président Bolivar. — Par le décret de ce jour, le libérateur s'investit d'un pouvoir dictatorial; il dit : «..... A dater d'aujourd'hui, je met-
« trai en vigueur l'autorité que le vœu national m'a con-
« fiée, *dans toute l'extension* que les circonstances
« rendent nécessaires..... Les mêmes circonstances dé-
« termineront la durée de cette extension d'autorité... »
De là au despotisme et à l'usurpation il n'y aurait pas grande distance, si Bolivar n'était qu'un ambitieux!

1er octobre. — Afrique. — Destruction de quatre corsaires algériens, montés de 60 hommes chacun, et armés de 6 pièces de canon, par la division française, devant Alger, sous les ordres du capitaine de vaisseau Labretonnière : la division navale se compose du vaisseau *la Provence*, des frégates *la Constance* et *la Floro*, des bricks *l'Alerte* et *la Champenoise*. Ce combat, qui se livre dans la baie de Turetta-Chica, à 3 lieues dans l'ouest d'Alger, coûte aux Français 27 hommes mis hors de combat; 7 tués, 9 dangereusement blessés.

1er. — Paris. — Ordonnance du roi qui crée à Ajaccio (Corse) une commission chargée spécialement des fonctions attribuées aux conseils académiques.

5. — Paris. — Rapport au roi pour la nomination d'une commission d'enquête commerciale.

Ordonnance du roi portant création d'une chambre de commerce, à Mulhausen (Haut-Rhin), dont la circonscription comprendra tout le département.

5. — 30. — Expédition de Morée. — Les troupes égyptiennes, envoyées en Grèce en qualité *d'alliées* de la Porte-Ottomane, par Méhemet-Ali-Pacha, visir d'Égypte, sous le commandement d'Ibrahim-Pacha, son fils, évacuent la Morée, le 4 octobre, en vertu de la convention conclue, le 6 août, à Alexandrie (V. cette date), entre le visir ou pacha d'Égypte et l'amiral anglais Codrington; d'après cette convention, « Ibrahim-Pacha pourra laisser, « dans les places fortes de Patras, Castel Tornèze, « Modon, Coron et Navarin, une garnison suffisante « pour les protéger. »..... Les troupes égyptiennes, au nombre d'environ 15 mille hommes, sont embarquées sur des vaisseaux turcs, et ont fait voile pour l'Égypte; 2,500 hommes, environ, ont été laissés en Morée pour la défense des places susdites.

Dès le 6, le général Maison fait sommer la citadelle de Navarin; la garnison, forte d'environ 500 hommes, se rend sans opposer aucune résistance, sous condition d'être incessamment embarquée pour l'Égypte, avec armes et bagages... La place de Modon, sommée le même jour, se rend aux mêmes conditions; sa garnison est forte d'environ 1,100 hommes... La place de Coron, sommée en même temps que celle de Navarin et de Modon, ne se rend que le 8; la garnison, forte d'environ 600 hommes, paraît d'abord décidée à se défendre; mais attaquée par terre et par mer, elle capitule sans avoir opposé de résistance, après avoir acquis la certitude de la reddition de Modon. — Il reste à déloger les Turcs de Patras et du château de Morée, qui capitulent au bout de vingt-quatre heures; mais, le jour fixé pour

la remise du château de Morée, place assez forte et bien casematée, la garnison se révolte contre son chef, refuse la remise du château, et déclare qu'elle s'ensevelira sous ses ruines plutôt que de le rendre; il faut se résoudre à l'assiéger; les travaux de siége sont ordonnés et exécutés avec autant de promptitude que d'ardeur, et de fortes batteries sont établies à cinquante toises de la place : le 30, le feu est ouvert contre elle, et une large brèche, pratiquée au bout de quatre heures; la garnison, forte de 600 hommes, se rend presque aussitôt, remet ses armes et évacue le château. Les pavillons des trois puissances (la France, la Russie, l'Angleterre) sont arborés sur le château, comme ils l'ont été dans les autres places. — Cette expédition militaire a été peu sanglante; les troupes françaises ont eu, devant le château de Morée, 25 hommes tués ou blessés. Dans sa dépêche au ministre de la guerre, le général dit : « Depuis que le départ d'Ibrahim nous a laissé *la faculté* d'agir, nos opérations ont été heureuses; nous n'y trouvons pas de gloire militaire, sans doute; mais l'objet pour lequel nous sommes venus, la libération de la Grèce, en aura été plus heureux et plus prompt; la Morée aura été purgée de ses ennemis..... »
Le général Maison a fait preuve d'habileté et de dévouement dans cette promenade militaire; il sera fait maréchal de France; on ne peut pas l'être à meilleur marché: non que ce général n'eût déployé dans les guerres de la révolution une grande bravoure et beaucoup de talens militaires, mais Charles X voudra, sans doute, récompenser d'une manière éclatante le dévouement dont le général Maison a donné, depuis 1814, tant de preuves à la légitimité; d'ailleurs Louis XVIII a gratifié de deux bâtons de maréchal l'expédition d'Espagne, Charles X en doit un à l'expédition de Morée.

La *libération* de la Grèce, ou, pour parler plus exac-

6 OCTOBRE 1828.

tement, son évacuation par les troupes égyptiennes, tournera au profit de l'Angleterre et de la Russie bien plus qu'à celui de la France; l'occupation de la Morée coûtera beaucoup d'hommes et d'argent, nos troupes y seront décimées par les fièvres et les dysenteries, et, en dernière analyse, la France n'obtiendra dans les affaires de la Grèce qu'une influence politique et commerciale très-secondaire, entièrement subordonnée aux volontés des cabinets de Saint-Pétersbourg et de Londres : la Grèce elle-même ne jouira que de la portion d'indépendance et de la dose de liberté qu'ils voudront bien lui accorder en lui imposant un roi de leur choix... Mais, enfin, c'est au nom de la liberté constitutionnelle que les troupes françaises auront débarqué en Morée, et occuperont cette contrée aussi long-temps qu'il plaira à la Russie et à l'Angleterre de les y laisser !

6. — La reine de Portugal, dona Maria da Gloria, arrive à Londres (V. 24 septembre), et descend Albermale street, hôtel de Grillon, aux acclamations de la population.... Louis XVIII, revenant de son exil d'Hartwell, était descendu dans ce même hôtel, et y avait reçu les félicitations du prince régent (depuis George IV) sur le rétablissement de la fortune royale de la maison de Bourbon.

Une députation de cent cinquante personnes, composée de tous les Portugais, nobles, bourgeois, militaires et négocians, résidans à Londres, présente une adresse à la jeune reine, qui répond en ces termes : « Fidèles Portugais, je vous remercie de vos expressions « de loyauté et d'attachement à ma personne ; croyez-« moi, je n'oublierai jamais les martyrs de la légiti-« mité. » C'est le premier exemple offert à l'univers d'un enfant de dix ans qui vient de l'Amérique méri-

TOME III. 20

dionale en Europe, pour monter sur un trône auquel son père l'a appelée, et que son oncle, dont elle est destinée à devenir l'épouse, a usurpé et teint de sang.

9. — Allemagne. — Ordonnance du grand-duc de Bade, concernant les associations secrètes des étudians de l'Université.

L'esprit de liberté constitutionnelle fait, chaque jour, de nouveaux progrès en Allemagne, et principalement dans les Etats qui bordent la rive droite du Rhin : cet esprit s'infiltre dans les masses et acquiert une grande énergie dans les universités et les colléges. Les princes de la sainte-alliance auront beau redoubler de prohibitions et de despotisme, ils ne triompheront pas de l'esprit du siècle ; ils pourront bien en comprimer pendant quelque temps l'essor, mais l'explosion constitutionnelle n'en sera que plus forte lorsque les temps de la délivrance des peuples seront arrivés.

12. — Paris. — Ordonnance du roi, relative à la conservation des priviléges et hypothèques de la commune de Nieder-Steinbach, et des parties des communes de Weiler et d'Altenstadt *cédées* par la Bavière à la France.

16. — Amérique méridionale. Colombie. — Exécution de plusieurs complices de la conspiration tramée contre Bolivar.

20. — Pays-Bas. — Ouverture par le roi en personne de la session ordinaire des états-généraux à Bruxelles.

S. M. prononce, dans cette circonstance solennelle, un discours dans lequel la situation du royaume est représentée comme *satisfaisante ;* elle promet, ainsi qu'il est d'usage royal, de nombreuses améliorations dans les diverses parties de l'administration publique, surtout relativement à l'ordre judiciaire et à la liberté de la presse. «... Les autorités, dit le roi, auxquelles la loi fondamentale a confié le soin de l'administration proprement dite, remplissent leurs devoirs avec zèle; et si, dans quelques provinces, les états ont cherché à étendre la sphère de leurs attributions, j'aime à croire que *l'indication* qui leur a été faite, de ma part, de cet empiétement sur les droits que notre pacte fondamental attribue exclusivement au pouvoir législatif, suffira pour prévenir à l'avenir une semblable déviation....» Ce discours ne satisfait pas, il mécontente même l'opinion nationale que les actes fiscaux, oppressifs et extra-légaux du ministère, ont déjà portée à un haut degré d'irritation : l'abrogation des lois et ordonnances spéciales rendues de 1815 à 1818, et maintenues jusqu'à ce moment, est vivement réclamée dans toutes les provinces : le ministère a toujours éludé les propositions faites à cet égard, et la loi fondamentale est impudemment violée, tant dans la personne des régnicoles que dans celle des étrangers; la monarchie constitutionnelle se change visiblement en une espèce d'autocratie qui s'appuie sur les *droits dont la loi fondamentale a investi la couronne,* au dire des ministres; la liberté et la sûreté individuelles sont compromises selon les moindres caprices ministériels; la presse est captive, et des peines sévères sont infligées aux écrivains qui osent élever la voix pour défendre les libertés nationales : le despotisme de Napoléon pèse encore sur les Pays-Bas, principalement sur la Belgique; le gouvernement du roi, dans lequel le ministre de la justice, Van Maanen (le Peyronnet des Pays-Bas), exerce une influence presque absolue, semble avoir pris à tâche de mécontenter la nation, qui se trouve en proie à une oppression fiscale et à un arbitraire administratif dont l'aggravation se fait sentir de jour en jour.

Nous n'entrons pas ici dans le détail des orageuses discussions dont la tribune nationale des Pays-Bas retentit dans cette session; il suffira de dire que les hommes les plus probes, les plus éclairés, et les meilleurs citoyens du royaume, tels que MM. Surlet de Chokier, Brouckère, Stassart, Gerlache, Sécus, Luzac, Reyphins, etc., ont fait entendre les plaintes et les réclamations les plus véhémentes, les mieux fondées : la désaffection et le mécontentement sont partout, et un observateur tant soit peu attentif peut déjà prévoir qu'une grande commotion politique ne tardera pas à avoir lieu dans les Pays-Bas.

2 Novembre. — Mort du marquis Dessoles, lieutenant-général des armées, pair de France, ancien président du conseil des ministres, chevalier des ordres du roi, etc., âgé de soixante-un ans.

Né dans la classe nobiliaire, le jeune Dessoles épousa la cause nationale dès 1789, et n'hésita pas un instant à défendre l'indépendance et l'honneur de la patrie. Il s'enrôla en 1792, dans la *légion des montagnes*, et se distingua, à l'ouverture de la première campagne de la révolution, par une bravoure et une capacité qui promettaient un grand général à la patrie. Il fit avec distinction, en qualité de chef de brigade, les campagnes d'Italie (1796, 1797) sous les ordres du général Bonaparte, qui le chargea de porter au Directoire exécutif les préliminaires de la paix de Léoben; c'était honorer l'adjudant-général, chef de brigade, comme il méritait de l'être. Nommé général de brigade, Dessoles ne tarda pas à se placer parmi les généraux les plus distingués de cette héroïque époque, et donna, dans l'affaire de *Taufers* (mars 1799), des preuves d'un haut talent militaire ? cette affaire, l'une des plus judicieusement conçues et des plus audacieusement exécutées, dans ces campagnes d'Italie, qui ont couvert le drapeau tricolore d'une gloire immortelle, fit le plus grand honneur à Dessoles, et fixa sur lui, d'une manière particulière, l'attention du général Bonaparte : l'on sait à quel point le grand capitaine était juste appréciateur du mérite militaire! Nommé, après le combat de *Taufers*, général de division; employé successivement en Italie et en Allemagne, le vainqueur du général autrichien Laudon ne cessa de donner, dans ses divers commandemens, les plus éclatantes preuves de bravoure, d'activité et de science militaires, et, chose plus rare alors dans les hauts rangs des armées françaises, d'une simplicité et d'un désintéressement qui firent l'admiration des ennemis... Le combat livré par Dessoles à *Sainte-Marie* (V. *Histoire de France*, etc., tome 5, page 159), est, certainement, l'un des plus beaux faits d'armes des guerres de la révolution. Le général français fait aux Autrichiens, fortement retranchés dans cette position, plus de prisonniers qu'il n'a de soldats, leur tue beaucoup de monde, et s'empare, sans avoir une seule pièce de canon, de toute leur artillerie. Admirable combat !...

Chef d'état-major du général Moreau, Dessoles avait contracté une liaison intime avec ce général qu'il conduisit, par la main, sur le champ de bataille de *Hohenlinden*. Cette victoire, si glorieuse et si décisive, fut le résultat des conseils et de l'audace de Dessoles qui parvint à triompher, dans cette grande conjoncture, de la circonspection ou plutôt de la faiblesse de caractère de Moreau : disons-le, sans crainte d'être démenti par les généraux de la république, c'est à Dessoles que Moreau fut redevable de son plus beau titre de gloire militaire.

Pourquoi faut-il que la loyauté, séduite et trompée par l'amitié, ait aveuglé plus tard le général Dessoles sur la trahison dont l'heureux vainqueur de Hohenlinden se rendit coupable envers sa patrie? Dessoles ne trahit pas du moins son ami, fut fidèle à l'infortune, et supporta, sans se plaindre, la disgrâce dont Bonaparte, devenu empereur, le frappa sans ménagement; il fit plus: oubliant, en faveur de la patrie, ses mécontentemens contre le chef qui la couvrait à la fois de gloire et de despotisme, Dessoles sortit de l'inactivité à laquelle l'empereur le condamnait depuis quatre ans, se rendit en Espagne sous les ordres du roi Joseph, et se distingua d'une manière particulière à la Talavera, à Ocaña, et au passage de la Sierra-Moréna. Remis de nouveau en activité de service à l'époque de la campagne de Russie, Dessoles sut obtenir, par son excellente administration dans le gouvernement de la Grande Pologne que lui conférait Napoléon, la confiance et l'amour des Polonais; mais abreuvé de dégoûts, il ne tarda pas à retourner dans ses foyers, où il eut à subir toutes les injustices d'un despote irrité de son immense revers de Moscou....... Disons aussi, pour ne rien taire, que Dessoles correspondait, à cette époque, avec Moreau par l'entremise d'un ambassadeur étranger.

Après l'entrée des armées *alliées* à Paris (31 mars 1814), le gouvernement provisoire nomma (2 avril) le général Dessoles commandant de la garde nationale de Paris. Il réussit, par sa sagesse et sa fermeté, à maintenir l'ordre et la tranquillité dans cette immense capitale agitée par tant d'événemens et de passions politiques; il eût du, ce semble, ne pas se prononcer aussi brutalement qu'il le fit contre les couleurs nationales, non qu'il ait foulé aux pieds, comme on le prétendit alors, cette cocarde sous laquelle il avait si long-temps combattu avec gloire, mais il la rejeta loin de lui en baisant la cocarde blanche... Après le désastre de Waterloo, 1815, il publia une proclamation pour engager les gardes nationaux à rejeter la cocarde tricolore « qui était celle des *factieux* », et à reprendre la cocarde blanche « qui était celle de la *légitimité* ». — Le général Dessoles, il n'est pas permis de le taire, favorisa de tout son pouvoir la restauration des princes de Coblentz, mit tous ses soins à étouffer l'opinion nationale qui s'élevait contre eux, et se prononça sans détour pour le rétablissement de l'ancien régime et des privilèges... Nous n'examinerons pas jusqu'à quel point les personnes qui prétendent que ce général avait entretenu depuis 1804 des relations plus ou moins suivies avec Louis XVIII, sont fondées à émettre une accusation si grave ; mais la vérité historique nous oblige de révéler une anecdote qui montre, du moins, le profond dévouement du général Dessoles à l'ancienne monarchie. — Le 31 décembre, il fut offrir ses hommages de nouvel an à M. le prince de Condé, qui lui répondit : « Dieu veuille que l'année qui va commencer soit plus heureuse que celle qui finit ! — Plus heureuse, monseigneur (réplique aussitôt Dessoles) ! c'est impossible ; *n'avons-nous* pas eu *Waterloo ?* — Cela est vrai, je l'oubliais », répond le prince. Le général aurait pu ajouter : « N'avons-nous pas fait fusiller le maréchal Ney ? » car il fut l'un des juges qui condamnèrent à mort le brave des braves. — Nous ne saurions passer sous silence l'anecdote suivante, dont la vérité nous a été acquise... Le général prussien Blücher et le général anglais Hill, outrés de dépit contre les Russes qui prétendaient disposer à volonté des affaires de la France et y établir exclusivement l'influence de l'autocrate de Saint-Pétersbourg, dressèrent un plan de contre-révolution libérale, et prirent des mesures pour son exécution; ils s'en ouvrirent à plusieurs généraux français, notamment au lieutenant général M***, qui en fit confidence au général Dessoles; ce dernier fut aussitôt dénoncer le projet et les généraux français qui y participaient.

La restauration s'est montrée ingrate envers le général Dessoles dont les services méritaient le bâton de maréchal à bien plus juste titre que ceux d'un Clarke, d'un Bournonville, d'un Coigny, d'un Viomesnil, d'un prince de Hohenlohe, tout-à-fait inconnu dans les fastes militaires de la France... La restauration a donné, il est vrai, au général Dessoles le titre de *marquis!* Plus tard (1818) elle l'appelle au ministère des affaires étrangères et à la présidence du conseil des ministres, et alors le général Dessoles réhabilite sa conduite de 1814 et 1815, se montre Français et presque patriote dans cette haute élévation ministérielle, refuse son vote aux projets formés par la couronne contre les droits publics des Français, se prononce contre les changemens qu'on veut apporter dans la loi des élections, et déclare sa résolution de ne pas sortir de la voie constitutionnelle consacrée par la Charte; son honneur lui défend de violer le serment qu'il a prêté à cette Charte; il ne veut pas se rendre complice de l'oppression dont Louis XVIII et Charles X veulent accabler la France; il donne sa démission. Une conduite aussi honorable lui mérite l'estime nationale! Si l'histoire rappelle les fautes ou les erreurs du général Dessoles, la France n'oubliera pas les illustres services qu'il lui rendit dans sa carrière ministérielle.

Le général Dessoles était *honnête homme* (dans le sens que l'on donne ordinairement à ce mot); la probité et la bonté formaient les traits distinctifs de son caractère; il y joignait une modestie vraie: c'était un homme de bien dans toute l'acception du mot. Il est mort, désabusé de toutes les espérances de bonheur et de prospérité que la restauration de 1814 lui avait fait concevoir pour sa patrie : c'est en haine de Napoléon, qui fut injuste envers lui, que Dessoles prêta aux Bourbons l'appui de sa renommée comme militaire et citoyen.

5. — Ordonnance du roi, concernant l'organisation du conseil d'État. — Une ordonnance subséquente, 12 novembre, portera nomination des conseillers d'État et maîtres des requêtes en service ordinaire et en service extraordinaire ; ils sont au nombre de deux cent quatre-vingts, y compris les auditeurs de première et de seconde classe.

Cette armée judiciaire et administrative de fonctionnaires nommés par le roi et placés sous l'influence directe du ministre de la justice, continue à être régie par les réglemens existant depuis 1814 ; les membres du conseil d'État sont distribués en quatre comités : comité de la justice et du contentieux, comité de la guerre et de la marine, comité de l'intérieur et du commerce, comité des finances. — Cette ordonnance laisse subsister et consacre de nouveau une partie des abus introduits dans l'institution consulaire de Bonaparte ; c'est toujours le despotisme impérial s'exerçant judiciairement et administrativement à huis-clos. L'état nominatif des membres composant le conseil d'État présente une foule d'individus investis de fonctions publiques, de pairs de France, de députés, de préfets, etc., etc., la plupart connus par leur constante opposition au système constitutionnel et leur absolu dévouement au ministère.

12. — Ordonnance du roi, portant nomination et mutation de divers préfets (V. 27 janvier, 3 et 30

mars)... Elles sont au nombre de vingt-trois. Divers préfets sont appelés à d'autres fonctions, ou admis à faire valoir leurs droits à la retraite ; un certain nombre d'autres changent seulement de préfecture. M. de Martignac use, dans cette ordonnance, des ménagemens dont il s'est fait un système depuis son avénement au ministère ; il frappe le moins possible sur les séides de l'administration *Villèle*, et ne destitue, encore temporairement, que ceux contre lesquels l'opinion publique s'élève avec le plus de force.

12. — Paris. — Ordonnance du roi, portant nomination d'une commission administrative des haras. La France est le pays des commissions, et de commissions qui n'aboutissent à rien.

13. — Paris. — Mort du comte Abrial, pair de France, à l'âge de près de quatre-vingts ans.

Né dans la classe plébéienne, M. Abrial embrassa la carrière du barreau ; il était avocat peu connu à Paris, lorsque la révolution de 1789 éclata, et il ne sortit de l'obscurité que sous le gouvernement du directoire qui l'envoya à Naples pour y organiser le gouvernement républicain : son dévouement à la révolution du 18 brumaire le fit appeler, par les consuls, au ministère de la justice, d'où il passa au sénat dit *conservateur*. Nommé en 1804, l'on ne sait trop pourquoi, grand officier de la Légion-d'Honneur, investi de la sénatorerie de Grenoble, décoré du titre de comte de l'Empire et de la grand-croix de l'ordre de la Réunion, M. Abrial s'endormit jusqu'en 1814 dans le fauteuil sénatorial : son repos ne fut pas troublé dans ces dix années par sa nomination de membre de la dérisoire *commission de la liberté individuelle*, dont l'unique attribution, pendant tout le cours de son existence, paraît avoir été d'enregistrer et de légaliser la tyrannie ministérielle de Fouché (duc d'Otrante), et de Savary (duc de Rovigo), dont elle se rendait journellement complice par son silence.

Comblé de faveurs et de richesses par Napoléon, M. Abrial se prononça avec empressement pour sa déchéance, pour l'exhérédation de sa famille du trône de France, et pour l'établissement d'un gouvernement provisoire : aussi, Louis XVIII en fit-il un de ses premiers pairs, 4 juin 1814 ; M.' Abrial fut l'un des pairs qui condamnèrent à mort le maréchal Ney.

La patrie ne doit rien à M. Abrial ; homme médiocre à tous égards, il servit tous les pouvoirs aux dépens des libertés nationales, profita habilement des circonstances pour élever et accroître sa fortune, et mourut dans une obscurité presque aussi grande que celle où il était plongé à son apparition sur la scène publique.

13. — Paris. — Ordonnances du roi qui appellent le marquis de Vaulchier à la direction générale des douanes, le baron de Villeneuve à la direction générale des postes : ces deux choix sont dignes du ministère Villèle.

15. — Suède. — Discours du roi, à l'ouverture de la diète, à Stockholm.

Ce discours est le plus remarquable de tous ceux que des monarques ont prononcés jusqu'ici dans les pays où il existe une représentation politique sous le nom de parlement, d'états-généraux, de diètes, de sessions législatives, etc.... Il est glorieux pour la France de voir un de ses enfans parler à la nation suédoise avec une dignité et une franchise véritablement nationales. Fils de la révolution française, le général Bernadotte, élu roi de Suède et de Norwége *par* et *pour* la nation, a pris possession du trône des Gustaves, et le remplit avec autant de grandeur que de sagesse; il dit la vérité à son peuple, et lui rend un compte fidèle de ses affaires ; il veille aux intérêts et satisfait aux besoins de la nation, comme un père à ceux de sa famille. Ici point d'ostentation de pouvoir, d'affectation de suprématie royale, d'empiétement sur les libertés nationales! L'on ne voit pas, sans une douce émotion, le monarque causer familièrement avec ses sujets, s'asseoir dans les chaumières et se mêler partout avec le peuple. Qu'elles sont belles ces paroles? «... Avant de vous présenter la nouvelle rédaction du Code civil, j'ai dû la *soumettre* à l'examen des jurisconsultes et des hommes éclairés du royaume. Tout changement de cette nature doit passer au creuset de la réflexion. C'est ainsi que nous pourrons nous convaincre de l'opinion nationale... Pour la première fois, je me trouve à même de vous communiquer le budget de l'État *le jour de l'ouverture de la diète*... Après avoir soldé les dépenses portées sur le budget de l'État, et couvert celles imprévues, le gouvernement a versé au comptoir d'amortissement une somme d'environ deux millions. Par la régularité introduite dans la comptabilité, il se trouve constaté qu'il existe dans les différentes caisses de l'État, et en impôts non rentrés, une réserve de 5 millions. Ce résultat vous causera, j'en suis sûr, une satisfaction pareille à celle que j'éprouve en vous l'annonçant.... L'avenir s'offre à nous sous des auspices bien différens de ceux qui se présentèrent il y a dix-huit années. Aucune calamité n'est venue troubler ni le calme ni le bonheur dont la Providence nous a gratifiés depuis si long-temps. L'antique Suède a maintenu *son rang parmi les nations*. Il en sera de même tant qu'elle sera unie. » — « *Représentans de la nation*, remplissez vos honorables fonctions. Appliquez-vous à perpétuer cette *douce liberté* qui met chaque citoyen à couvert de l'oppression, sans empiéter sur l'autorité du monarque. Aidez le gouvernement dans ses projets d'*utilité publique;* songez qu'il ne peut jamais maintenir la *dignité nationale* sans votre coopération. En surveillance permanente, il a conservé *intacts*, non-seulement le dépôt des *garanties civiles*, mais encore celui des *droits politiques*, sans la jouissance desquels il n'y a pas de *patrie* pour nous... Nobles, clergé, *bourgeois* et *paysans!* formons ensemble le faisceau de l'État. Rendons-le indestructible... »

Quelles leçons pour les princes et les rois de *droit divin!* Et c'est un *bourgeois*, un *parvenu* (ainsi dit l'orgueilleuse et sotte aristocratie des cours), qui donne ce grand et beau spectacle à l'univers!

Ce *bourgeois* est loyal et magnanime, prudent et avisé; il a dans ses veines du sang des grands rois, ce citoyen né dans la patrie de Henri IV, ce *plébéien* qui a créé son nom, sa fortune, sa dynastie! La liberté nationale lui a servi d'ancêtres; elle l'a fait roi, et roi *légitime*. Pas de sainte-alliance, ou d'ancien régime, qui ose toucher à cette couronne; c'est la couronne *de la nation* suédoise! Bernadotte enseigne aux rois comment l'on mérite de monter sur un trône, et comment l'on s'y maintient avec sûreté, avec gloire.

Le royaume le plus pauvre de l'univers exécute des travaux qu'oseraient à peine concevoir les États les plus opulens. Des canaux se creusent dans le sein des rochers; de grands fleuves se déblaient de leurs cataractes, des communications intérieures s'ouvrent dans tous les sens en faveur de l'agriculture, de l'industrie et du commerce, et non pas au profit du luxe asiatique de la couronne, des jouissances et des dissipations royales; cette route romaine, qui doit aplanir les Alpes du Nord, déjà terminée du côté de la Suède, se poursuit en Norwége avec un héroïsme de travail, avec une opiniâtreté de bien public, qui étonnent l'imagination. Deux royaumes n'en formeront bientôt plus qu'un seul, deux peuples ne seront bientôt plus qu'une seule et même famille : et ces admirables créations, c'est sous un ciel et sur une terre de fer qu'elles s'opèrent dans l'espace de quelques années ! Mais là, le prince est le père de ses sujets ; là aussi, la nation est l'État, et la cour n'est que la cour. Rois de l'Europe, un défenseur de la révolution française, tranchons le mot, un républicain vous enseigne les seuls moyens de rendre l'autorité royale inviolable et sacrée, en rendant les peuples heureux et libres : étudiez à l'école de ce *bourgeois* le grand art de gouverner.

16. — Paris. — Ordonnance du roi qui supprime la place de directeur de l'instruction publique.

20. — Les troupes françaises qui restaient encore en Espagne évacuent ce royaume ; elles partent de Cadix et arrivent, successivement, en quatre colonnes, de Cadix à Bayonne, les 20, 21, 22 et 23 ; elles se composent d'environ 4,500 hommes, dont 1,500 environ de cavalerie.

Ainsi se termine la honteuse et déplorable campagne de 1823, entreprise par la France, d'après l'ordre de la sainte-alliance ; elle coûte à la nation une somme de quatre cents millions ; elle a eu pour but de détruire, en Espagne, la liberté constitutionnelle et les cortès que tous les cabinets de l'Europe avaient reconnues : elle aura pour résultat de rétablir, dans ce royaume, le pouvoir absolu, l'ultramontanisme, la superstition, l'ignorance, la domination sacerdotale, l'abrutissement du peuple et la ruine de l'État.

J'ai dit : la *honteuse* et *déplorable* guerre d'Espagne de 1823! Loin de moi la pensée d'attenter à la bravoure de nos soldats, le monde est plein de leur gloire : je veux dire seulement que tout était *acheté* et *vendu* en Espagne, lorsque le prince généralissime (duc d'Angoulême) passa la Bidassoa, qu'il n'y eut que des simulacres de combats, et que les affaires de Logroño et du fameux Trocadéro furent des victoires arrangées et payées d'avance. L'Espagne a été conquise avec des pièces d'or....
Et l'on n'a pas rougi de mettre cette équipée du pouvoir absolu (dont plusieurs agioteurs de la cour des Tuileries faisaient une affaire d'argent) à côté des campagnes de Marengo, d'Austerlitz, d'Iéna, de Friedland et de Wagram, et l'on a osé placer l'effigie du duc d'Angoulême à côté de la grande image de Napoléon... *Proh pudor!*

Cette guerre impie, infâme, exécrable, valut au prince généralissime les plus pompeux éloges à la cour, dans les chambres législatives, dans les feuilles publiques ; elle fit déterminer, EN SON HONNEUR, l'achèvement de l'arc de triomphe de l'étoile, monument consacré dans l'origine aux triomphes des armées françaises, à ces vingt années de prodiges et de victoires non interrompus, dont l'histoire d'aucun peuple, ancien ou moderne, n'avait offert d'exemple!!! Délire du despotisme ; dégradation de l'honneur national ; honte de la France !

Enfin, il ne reste plus, à ce jour, de soldats français en Espagne ; ce royaume est abandonné au *gouvernement-modèle* de Ferdinand VII...

27. — Paris. — *Mémoires du duc de Saint-Simon...*
Le roi donne la collection tout entière à l'héritier de cet homme célèbre, à M. le marquis de Saint-Simon, pair de France, sous la condition expresse que le texte en serait religieusement respecté.—Très-certainement, Char-

les x ne connaissait pas l'esprit et l'importance de ces Mémoires.... M. le marquis de Saint-Simon rend, en les publiant, un grand service à l'histoire.

1ᵉʳ Décembre. — Amérique méridionale. Buenos-Ayres. — Révolution dans le gouvernement de la république... Traité de paix conclu entre les chefs rivaux de cette république.... Circulaire du gouverneur, capitaine-général de la province de Buenos-Ayres, à l'occasion du terme mis à la guerre civile... Installation du sénat.

6. — Iles Açores. Tercère. — Adresse des habitans de l'île de Tercère à leur jeune reine doña Maria da Gloria.

7. — Ordonnance du roi, qui convoque la chambre des pairs et la chambre des députés pour le 27 janvier 1829.

10. — Jugement du tribunal correctionnel de Paris, relativement aux chansons publiées par M. Béranger. — Ce poète est prévenu de délit d'offense à la personne du roi et d'outrage à la morale publique : l'avocat du roi, Champanhet, incrimine particulièrement les chansons intitulées : *l'Ange gardien*, *le Sacre de Charles-le-Simple*, *les Infiniment Petits*, ou *la Gérontocratie*, dont le refrain est : *et les Barbons règnent toujours*. L'avocat du roi s'attache à prouver que l'intention de Béranger a été de vouer au mépris public le gouvernement du roi. L'accusé est défendu par M. Barthe; cet avocat déploie toutes les ressources de son art pour prouver que son client n'a pas offensé la personne du roi, n'a pas attaqué les dogmes de la religion, dans la chanson du *Sacre de Charles-le-Simple;* c'est l'insatiable avidité des courtisans, ce sont les ambitieuses exigences

du clergé à toutes les époques, que Béranger, dit M. Barthe, a frappées de sa critique et poursuivies de sa verve épigrammatique, dans une chanson où il n'a fait que reproduire des *moralités* énoncées, en face même de Louis XIV, par La Bruyère, Racine, La Fontaine, etc., par Bossuet, Bourdaloue, Massillon, etc. Selon M. Barthe, l'accusé, à l'exemple de ces grands modèles, a voulu faire entendre au roi des *vérités*, des *moralités*, qui ne constituent pas une offense à sa personne, qui ont, au contraire, pour but de prémunir le roi contre les courtisans dont il est environné. L'avocat fait un brillant éloge de Béranger, et termine ainsi son plaidoyer : « Il est un titre qui le recommande à tous les hommes généreux : de tous les sentimens, celui qui honore le plus les nations à leurs propres yeux, à ceux de l'étranger, c'est le patriotisme, c'est la haine de l'invasion étrangère, l'amour des gloires de la patrie. C'est à faire naître ce sentiment que notre poète excelle. Oui! l'amour de la patrie, l'amour de la France, voilà ce qui, dans ses vers, au milieu des banquets ou dans la solitude, a fait battre le cœur de ses contemporains; voilà ce qui a fait son immense popularité. En quelque lieu qu'il se présente, en France, à l'étranger, il est sûr de trouver des admirateurs, des amis. Vous, messieurs, qui devez représenter le pays, *ne dites pas au roi qu'un tel homme n'a pour lui que des injures*; ne dites pas au poète que les autres nations nous envient, que la France n'a pour lui qu'une prison. Je compte sur son absolution. »

Malgré l'éloquente péroraison de M. Barthe, le tribunal condamne Béranger à neuf mois d'emprisonnement et 10 mille francs d'amende; il condamne Baudouin, imprimeur, à six mois d'emprisonnement et 500 francs d'amende.

Le considérant du jugement mérite d'être cité; il porte : « Attendu que dans la chanson intitulée *l'Ange gardien*, l'auteur tournant en dérision, dans le 8ᵉ couplet, l'un des sacremens de la *religion de l'État*, a tourné en dérision cette religion elle-même....; que, dans le 9ᵉ couplet de la même chanson, en mettant en doute le dogme des récompenses dans une autre vie, il a commis le délit d'outrage à la morale publique et religieuse....; — Que dans la chanson ayant pour titre *la Gérontocratie*, l'auteur, en représentant *dans un avenir peu éloigné la ruine totale de la France*, comme étant le résultat inévitable du gouvernement qui nous régit, a excité à la haine et au mépris du gouvernement du roi....; — Que la chanson du *Sacre de Charles-le-Simple* n'est susceptible d'aucune double interprétation ; qu'elle présente évidemment le délit d'offense envers la personne du roi, etc... »

Cette affaire donnera une plus grande célébrité aux chansons de Béranger, et achèvera de déconsidérer le gouvernement ; le ministère Martignac a commis une faute dont les conséquences ne tarderont pas à se faire sentir : il eût mieux valu garder le silence, car les chansons, et même les livres, s'oublient bien vite en France, lorsqu'on ne les persécute pas, il est, d'ailleurs, des délits politiques sur lesquels un gouvernement habile se donne bien de garde d'appeler, de fixer l'attention publique. Du reste, la condamnation de M. Béranger est juste et même modérée ; il a outragé directement la personne du roi, et tout sujet est obligé de la respecter, ou il n'y a plus de gouvernement possible. La grande popularité dont jouit le chansonnier aggrave ses fautes loin de les excuser : l'on voit avec peine un homme estimable et déjà sur l'âge agir avec une légèreté aussi condamnable, et s'exposer, pour la seconde fois, à une captivité méritée; notre estime pour le caractère particulier et pour le talent littéraire de M. Béranger ne nous portera point à déguiser la vérité; tout en voyant avec plaisir l'intérêt dont il sera personnellement l'objet après sa condamnation : une souscription sera ouverte en sa faveur; il recevra, dans sa prison, toutes les consolations qui peuvent en adoucir la rigueur, et, devenu plus sage ou plus circonspect, il reconnaîtra qu'il ne peut être permis, en aucun cas, d'insulter à la dignité du chef du gouvernement.

La souscription ouverte au profit de M. Béranger sera remplie, et au-delà même du montant de l'amende; des hommes de toutes les classes, de toutes les opinions, y déposeront leur offrande au chansonnier national, mais avec plus ou moins de réserve; par exemple, M. Alexandre Lameth se plaindra qu'une feuille périodique ait compris son nom dans la liste des souscripteurs, et il écrira au rédacteur de cette feuille : « Voulant donner à M. Béranger une preuve d'intérêt, j'ai remis chez M. Laffitte la somme que je destinais à concourir au paiement de cette amende. Les personnes qui, comme moi, ont eu la même intention, étaient unanimement convenues *qu'il ne serait point fait de publication d'un témoignage d'intérêt entièrement privé.* » M. Alexandre Lameth voulait-il cacher la main qui accordait le bienfait, ou voulait-il ménager le gouvernement et faire tout à la fois acte d'opposition et de prudence?

14. — Ordonnance du roi, concernant le personnel de la marine.

17. — Ordonnance du roi, sur le service des ports, en exécution de l'ordonnance du 27 décembre 1826,

portant rétablissement des préfectures maritimes. — Depuis 1814, l'on ne cesse de désorganiser, d'organiser, de changer, de modifier les réglemens relatifs au service de terre, au service de mer. Chaque ministre, en arrivant au département de la guerre, au département de la marine, veut signaler son administration par un nouvel ordre de choses, en sorte que rien n'est stable dans le matériel, ni dans le personnel.

21. — Grèce. Égine. — Les ambassadeurs des puissances alliées (Angleterre, Russie, France), quittent Poros pour se rendre à Malte.

21. — Ordonnance du roi, portant qu'à partir du 1er janvier 1830, tous les services militaires dans les colonies seront rendus au département de la marine.

24. — Paris. — Ordonnance du roi, qui fixe le nombre des membres ordinaires et des académiciens libres de l'Académie royale des inscriptions et belles-lettres.

28. — Paris. — Ordonnances du roi, portant de nouvelles dispositions relatives à la *commission mixte* des travaux publics, et nommant les membres de cette commission.

30. — Espagne. Madrid. — Traité conclu avec la France pour le paiement des sommes dues par l'Espagne à cette puissance.... Le gouvernement espagnol est en état *réglé* de banqueroute; chaque année ses ressources financières diminuent; la cour est aux expédiens pour soutenir son luxe, et les engagemens contractés envers

les créanciers de l'État sont violés sans pudeur. D'après la situation où se trouve l'Espagne, situation aggravée d'une manière si déplorable par le pouvoir absolu, la France doit regarder comme perdues les sommes dont l'Espagne est redevable envers elle.

31. — Paris. Rapport au roi sur l'établissement de l'enregistrement à la Martinique, à la Guadeloupe et ses dépendances, et à la Guiane française..... Ordonnance du roi y relative. — Encore une ordonnance qui se fait *loi*.

31. — Italie. Parme. — S. Ex. le général comte de Neyperd, chevalier d'honneur de l'archiduchesse Marie-Louise, ci-devant impératrice des Français et reine d'Italie, succombe à la longue maladie dont il était affligé ; ce général était borgne.
Plusieurs journaux italiens et anglais ont dit que le général Neyperd avait eu plusieurs enfans de l'ex-impératrice, pendant la captivité de Napoléon et depuis sa mort....... Nous croyons que c'est une calomnie atroce! Ils ont dit encore que le comte de Neyperd, homme d'esprit, doué d'amabilité et de grâces, malgré son infirmité, avait été placé auprès de l'ex-impératrice, avec mission de captiver le cœur de Marie-Louise, qu'il fallait rendre insensible au malheur de son impérial époux.... Nous croyons que c'est encore une atroce calomnie!!! Une telle immoralité ne saurait être imputée à une cour, et surtout à la cour du vertueux empereur d'Autriche, père de Marie-Louise. Quoi qu'il en soit, ces calomnies ont été connues du prisonnier de Sainte-Hélène, et ont été pour lui un second cancer non moins cruel, sans doute, que celui dont les Anglais prétendent

qu'il est mort. La veuve de Napoléon, a, dit-on, épousé son chevalier d'honneur, et n'est plus aujourd'hui que la veuve Neyperd!..... Nouvelle et plus infâme calomnie!!!»

ANNÉE 1829.

1ᵉʳ Janvier. — Des députations des diverses autorités constituées ont présenté, suivant l'usage, au roi et aux princes de la famille royale, leurs hommages à l'occasion du nouvel an. Nous passerons sous silence les discours adressés au trône par les présidens de ces députations, et les réponses que le roi a daigné leur faire; ce sont pures formalités : nous mentionnerons seulement la réponse du roi à M. Vatimesnil, grand-maître de l'Université : « Je reçois avec grand plaisir l'expression des sentimens du conseil royal de l'instruction publique. — Vous avez très-bien posé les principes d'après lesquels vous devez agir : commençons toujours par Dieu et par la religion; c'est là qu'il faut remonter ; c'est de là que nous tirons force, raison, morale et instruction. Basés sur ce fondement inébranlable, nous sommes assurés d'obtenir des cœurs généreux, des cœurs fidèles, et de rendre des services importans, non-seulement à la génération actuelle, mais à celles qui doivent nous suivre. J'ai la certitude que vous vous acquitterez de ces devoirs avec zèle et fermeté. » — L'instruction constitutionnelle est, comme on voit, laissée de côté; pas la plus légère allusion à la Charte et aux institutions qui en dérivent! Mais le grand-maître de l'Université s'était bien gardé d'en dire un mot dans son discours, et le roi ne pouvait, *convenablement*, l'en faire souvenir.

1ᵉʳ. — Louis-Benoît Picard, membre de l'Académie française, et chevalier de la Légion-d'Honneur, âgé d'environ 60 ans, meurt dans la nuit du 31 décembre au 1ᵉʳ janvier..... Acteur médiocre, auteur dramatique très-fécond, directeur du théâtre de la rue de Louvois et de celui de l'Odéon, directeur de l'Académie impériale et ensuite royale de musique (1810-1816), où Lays et plusieurs de ses camarades l'avaient surnommé le faux bonhomme, Picard a composé, publié et fait représenter sur la scène dramatique une foule de comédies, parmi lesquelles les *Visitandines*, du *Haut-Cours*, les *Marionnettes*; *M. Musard*, les *Ricochets*, *la Petite Ville*, *Médiocre et Rampant*, etc., eurent dans le temps un succès de vogue. Ses compositions offrent quelques esquisses de caractères assez bien tracées; des intrigues plus ou moins habilement nouées, mais aucun de ces traits de génie, de ces pensées profondes qui caractérisent nos grands auteurs dramatiques. Picard s'est attaché à peindre les mœurs, ou plutôt les habitudes bourgeoises ; tout son esprit est là : on trouve, dans quelques-unes de ses comédies, de la gaîté, de la malice, du naturel, et d'heureuses saillies ; mais ses vers sont dépourvus de force, d'élégance et de correction ; sa prose est verbeuse, sautillante et constamment commune. Les amis de Picard lui ont fait grand tort en l'appelant le *Molière de notre siècle*; il n'en est pas même le Dufresny. — Molière sera, dans les siècles, un génie à part; il n'a pas eu, et il n'aura jamais de rival. Piron a dit un mot aussi vrai que profond : en sortant d'une représentation du *Tartufe*, peu de jours après son arrivée à Paris, l'auteur qui devait donner un jour à son pays l'un des chefs-d'œuvre de la scène française, *la Métromanie*, courait comme un fou dans les couloirs de la salle, en s'écriant : « Quel bonheur ! quel miracle ! »

Les personnes dont il se trouve bientôt environné lui demandent la cause de ses transports : « C'est que si « le *Tartufe* n'avait pas été fait, il ne se ferait jamais, » répond Piron.

Après avoir possédé une assez riche fortune, Picard s'est vu réduit dans ses dernières années à travailler pour vivre, à composer des romans où l'on trouve les mêmes défauts que dans ses ouvrages dramatiques. Cet intarissable écrivain fut l'auteur dramatique de la petite bourgeoisie ; il en avait bien observé les ridicules et ne leur épargnait pas les épigrammes..... Sa dépouille mortelle est déposée au cimetière de l'Est : un grand nombre de membres des diverses classes de l'Institut, des comédiens de la plupart des théâtres de la capitale et plusieurs hommes de lettres assistent à ses obsèques.

11. — Ordonnance royale qui charge le garde-des-sceaux, ministre de la justice (Portalis), du porte-feuille des affaires étrangères, pendant l'absence du ministre de ce département. — Un congé de trois mois a été accordé à M. de Laferronays pour le rétablissement de sa santé. Ce ministre est tombé en faiblesse, le 1ᵉʳ janvier, au château des Tuileries, en présence du roi ; un second accident de la même nature, et offrant des symptômes d'apoplexie, ne permet pas d'espérer que M. de Laferronays puisse se livrer désormais à un travail suivi ; il est momentanément remplacé, aux affaires étrangères, par M. Portalis, dont l'instruction et les connaissances n'ont aucun rapport avec la nouvelle gestion dont l'investit la confiance du roi. Pour l'ordinaire, la direction des affaires étrangères est confiée, dans tous les pays, à des individus ayant fait leur apprentissage dans les ambassades et les négociations diplomatiques ; il en est tout autrement en France depuis 1814 ; mais les ministres de

la restauration savent tout sans avoir jamais rien appris, comme dit Beaumarchais : pour rester dans le vrai, disons que le sous-secrétaire d'État Gérard de Rayneval reste chargé de la direction des affaires, et que l'incapacité diplomatique du ministre ne se fera sentir que dans les rapports directs avec les ambassadeurs étrangers.

16. — Protestation du général portugais Saldanha contre l'acte du gouvernement anglais, relativement à l'expédition des réfugiés portugais sur l'île de Tercère. — Le gouvernement anglais a déclaré qu'il conservait la neutralité dans le différend élevé entre l'empereur D. Pédro et l'infant régent du Portugal D. Miguel ; mais, *neutralité* signifie, dans le cabinet de Saint-James, droit de faire ce qui convient aux intérêts britanniques, nonobstant la foi des traités ou le droit des gens... En conséquence, le commodore William Walpole, commandant les deux frégates anglaises qui croisent dans les eaux des Açores, intime à quatre transports frétés par le général Saldanha l'ordre de ne pas descendre dans l'île de Tercère les réfugiés portugais qu'il y conduit d'après les ordres de la jeune reine de Portugal, dona Maria II ; le commodore force, à coups de canon, les navires portugais de quitter le mouillage de l'île et de prendre la pleine mer. Un homme a été tué et plusieurs ont été blessés par le canon anglais ; ce meurtre avec préméditation, cet acte de piraterie excite en Europe une indignation générale.... Le rapport que le général Saldanha adresse, sur cet événement, au comte de Palmella, chargé des intérêts de la jeune reine, témoigne du machiavélisme avec lequel le ministère anglais se conduit dans les affaires de Portugal : *Ce qui me convient et me profite est juste*, telle est la maxime, la règle de conduite du cabinet de Saint-James, dont

il est presque aussi dangereux d'être l'allié que l'ennemi.

24. — Ordonnance du roi qui nomme le marquis de Pastoret, pair de France, vice-président de la chambre des pairs. — C'est lui donner la survivance de la dignité de chancelier, dont le comte d'Ambray est investi depuis la restauration de 1814 ; l'affaiblissement progressif de la santé du chancelier laisse entrevoir sa fin prochaine... L'ex-avocat Pastoret, anti-royaliste de 1792, démagogue aussi exalté que loquace de l'assemblée législative, doit être, lui-même étonné des faveurs et des dignités que la *restauration* verse à pleines mains sur son royalisme : mais, n'avait-il pas fait apprentissage de flexibilité et de servitisme sous Napoléon dont il fut l'un des plus dévoués sujets? En juillet 1830, M. le chancelier marquis de Pastoret oubliera qu'il est président de la chambre des pairs; abandonnera Charles x à son sort; se cachera, et donnera sa démission (V. 27, 28, 29 juillet 1830).

24. — Ordonnances du roi qui nomment le cardinal d'Isoard, archevêque d'Auch, pair de France ; le comte Feutrier, évêque de Beauvais et ministre des affaires ecclésiastiques, pair de France : c'est bien le moins que méritât l'évêque de Beauvais, pour la fermeté *prudente* avec laquelle il faisait exécuter les ordonnances du 16 juin 1828, relatives aux écoles ecclésiastiques *secondaires*. Comment les jésuites et les ultramontains auraient-ils pu lui en vouloir *sérieusement*, lorsqu'il écrivait aux évêques : «... Il ne faut pas tant s'épouvanter de ces « deux ordonnances ; le gouvernement *les modifiera de* « *telle sorte qu'elles deviendront nulles,* et leur publi- « cation ne nuira en rien à la *publication* épiscopale...»

Le ministre *tout à tous* est le digne successeur de l'évêque d'*Hermopolis* Frayssinous! Et cependant il mourra bientôt, victime de ceux qu'il ménage sous les apparences d'un gallicanisme d'emprunt.

26. — Mort de M. Chappe aîné, ancien administrateur des lignes télégraphiques, depuis leur premier établissement en 1792.

Le télégraphe est l'une des plus utiles et des plus ingénieuses inventions des temps modernes, et le moyen de communication le plus rapide pour transmettre, dans l'espace de quelques minutes, une nouvelle importante ou un ordre de l'autorité à des distances que le courrier le plus actif ne pourrait franchir qu'après plusieurs jours de marche.

Le gouvernement français a retiré de grands avantages de l'établissement des lignes télégraphiques dont il s'est réservé jusqu'à ce jour le privilége exclusif; il en a souvent abusé pour servir ses vues particulières d'oppression et de cruauté, notamment dans les affreuses conspirations de Lyon et de Grenoble, tramées par les *agens provocateurs* de la police, et dans les abominables affaires, *Bories*, *Berton*, *Caron*, etc., dont il précipita l'exécution en violant ouvertement les lois. Il s'en est servi pour intimer aux préfets et aux présidens des colléges électoraux l'ordre de recourir à la fraude et à la violence, pour faire élire l'individu ministériel qui leur était désigné. Mais ces lignes, en assurant la promptitude de transmission des ordres du gouvernement, ont été d'un grand secours dans les années de guerre que la France a subies depuis 1792; et la France doit infiniment, sous ce rapport national, aux méditations et aux travaux scientifiques, aux sacrifices et au patriotisme de la famille Chappe, et particulièrement au zèle et à la persévérance avec lesquels l'ancien administrateur, M. Ignace Chappe, s'est occupé de perfectionner une aussi importante invention. Ajoutons que la conduite de ce savant fut toujours honorable et lui mérita l'estime publique.

27. — Congrégation de Loyola. — Mort du R. P. Louis Fortis, général de la compagnie de Jésus, à Rome. Prévoyant sa fin prochaine, il a, par une cédule, écrite de sa main, nommé vicaire-général de la société le R. P. Vincenzo Pavani, déjà provincial de la même compagnie ou congrégation, en Italie... Le successeur du général des jésuites, Fortis, sera nommé le 9 juillet, et le choix de la société de Loyola tombera sur le R. P. Rootham, natif d'Amsterdam, jésuite à *triple roche* suivant l'expression du supérieur des jésuites de Montrouge!

La congrégation jésuitique exerce aujourd'hui une si grande influence en Espagne, dans le royaume de Naples et en France, c'est-à-dire dans les contrées sur lesquelles règne la maison de Bourbon, qu'il n'est pas possible de passer sous silence la mort du général de la compagnie dite de Jésus; le père Fortis méritait, par son intolérance et son astuce, d'en être le général : il laisse le sceptre de la fraude, de l'imposture et du machiavélisme religieux, en des mains dignes de le porter! La France avait été fermée aux jésuites par arrêts des cours souveraines; la restauration leur en a rouvert les portes, au mépris de toutes les lois; elle les enrichit, les couvre de toute sa protection, et leur livre l'instruction publique; car les ordonnances contre les petits séminaires (V. 16 juin) ne sont que des *semblans* : malheureuse France!

27. — Mort du marquis de Dreux-Brézé, pair et grand-maître des cérémonies de France.

Nous ne parlerions pas de cette mort si le nom de M. de Dreux-Brézé ne se trouvait lié à la séance royale, ou lit de justice, du 23 juin 1789 (V. cette date). Mirabeau a immortalisé ce grand maître des cérémonies, qui reprit ses fonctions (1814) après 25 ans *d'inaction forcée* (disait-il ingénieusement lui-même). C'était un personnage tout-à-fait nul, mais prodigieusement vain de sa noblesse, quoiqu'elle ne fût pas fort ancienne *. Les actes les plus importans de sa vie se résument en trois ordonnances de cérémonies royales : la séance royale, ou si l'on veut, le lit de justice de 1789, où il fit une si piteuse figure ; les obsèques de Louis XVIII, 1824, spectacle ridicule ; le sacre de Charles X, 1825, spectacle renouvelé de l'ancien régime..... M. de Dreux-Brézé, émigré, intrigua et conspira contre sa patrie ; pair de France, il se montra constamment ennemi des libertés constitutionnelles. — M. le duc de Doudeauville prononce son oraison funèbre à la chambre des pairs, où

---

* On lit dans les *Mémoires* de Saint-Simon : « Les Dreux-« Brézé étaient *petites gens, anoblis, et de fort peu de temps*. » Saint-Simon détruit un grand nombre de généalogies faites sous la cheminée ; c'est mortifiant pour plusieurs des grands noms de l'ancienne monarchie.

La révolution française a détrôné encore plus de gens de *qualité* que le duc de Saint-Simon : les personnes curieuses de connaître l'origine des grandes familles de l'ancien régime peuvent consulter l'ouvrage intitulé : « *Liste des noms de famille et* « *patronymiques des ci-devant ducs, marquis, comtes, ba-* « *rons, excellences, monseigneurs, grandeurs, demi-sei-* « *gneurs et anoblis,* » par Louis Brossard, in-8°, 1790, huit numéros..... L'on peut aussi consulter l'ouvrage intitulé : « *Liste* « *des noms des ci-devant nobles, nobles de race, financiers,* « *intrigans, et de tous les aspirans à la noblesse ou escrocs* « *d'icelle, avec des notes sur leurs familles,* » in-8° ; Garnery, l'an 2e de la liberté : ouvrage divisé en cinq parties ; elles comportent 496 pages d'impression in-8°.

Louis xviii et Charles x ont enseveli tant de nullités politiques et tant de médiocrités anti-nationales.

27. — Ouverture de la session des chambres, au Louvre, par le roi en personne. — Le roi prononce un discours d'une étendue remarquable ; il dit : «... J'ai d'heu-
« reuses communications à vous faire, et d'importans
« travaux à vous confier... Mes relations avec les puis-
« sances continuent d'être amicales. Pour hâter la
« pacification de la Grèce, j'ai, d'accord avec l'Angle-
« terre et la Russie, envoyé en Morée une division de
« mes troupes... Une déclaration formelle notifiée à la
« Porte a placé la Morée et les iles qui l'avoisinent
« sous la protection des trois puissances ; cet acte solennel
« suffira pour rendre *inutile* une occupation prolongée. —
« La situation de l'Espagne m'a permis de rappeler les
« troupes que j'avais laissées à la disposition de S. M. C...
« Des avances considérables avaient été faites au gouver-
« nement espagnol ; une convention vient d'être souscrite
« pour en régler le remboursement... » Après avoir parlé
des démêlés avec Alger, des intérêts commerciaux de la
France avec la république d'Haïti, de l'empire du Brésil,
et des nouveaux États de l'Amérique du sud, S. M.
ajoute : « Telle est, messieurs, l'heureuse situation de
« nos rapports avec les puissances étrangères. Quels que
« soient, au surplus, les événemens que l'avenir nous
« réserve, je n'oublierai jamais que la gloire de la France
« est un dépôt sacré, et que l'honneur d'en être le gar-
« dien est la plus belle prérogative de ma couronne. »
Cette dernière phrase fait la fortune du discours royal,
tant le mot de *gloire* séduit et transporte les Français.

Passant à la situation du royaume, S. M. dit : « L'or-
« dre et la paix règnent dans l'intérieur ; l'industrie
« française, déjà si justement estimée, s'honore chaque

« jour par des progrès nouveaux. Quelques parties de
« notre agriculture et de notre commerce sont en souf-
« france ; mais j'espère qu'il me sera possible d'adoucir
« le mal, s'il ne m'est pas donné de le guérir..... La
« presse *affranchie* (donc elle était esclave) jouit d'une
« liberté entière; si la licence, sa funeste ennemie, se
« montre encore à l'abri d'une loi *généreuse* et *confiante*,
« la raison publique, qui s'affermit et s'éclaire, fait jus-
« tice de ses écarts ; et la magistrature, fidèle à ses nobles
« *traditions*, connaît ses devoirs et saura toujours les rem-
« plir. — Le besoin de placer à l'abri de toute atteinte
« la religion de nos pères, de maintenir dans mon
« royaume l'exécution des lois, et d'assurer en même
« temps parmi nous la perpétuité du sacerdoce, m'a
« déterminé, après de mûres réflexions, à prescrire des
« mesures dont j'ai reconnu la nécessité. Ces mesures
« ont été exécutées avec cette fermeté *prudente* qui
« conciliait l'obéissance due aux lois, le respect dû à la
« religion et les justes égards auxquels ont droit ses
« ministres. — Des *communications* vous seront faites
« sur l'état de nos finances. Vous serez satisfaits d'ap-
« prendre que les prévisions du budget des recettes pour
« 1828 ont été dépassées. Ce surcroît de *prospérité* n'a
« pas dû porter atteinte au système *d'économie* dans
« lequel mon gouvernement *doit chercher* à pénétrer
« chaque jour davantage, sans oublier toutefois que les
« dépenses *utiles* sont aussi des économies. »(Les sinécures et les cumuls, par exemple, très-utiles aux grands
seigneurs !) — « De nombreux travaux occuperont la
« session qui s'ouvre aujourd'hui. Vous aurez à discuter
« un code destiné à l'armée, et qui mérite une sérieuse
« attention ; la loi sur la dotation de la chambre des
« pairs, et plusieurs autres lois, dignes de tout votre
« intérêt, vous seront présentées. — Un projet grave et

« important appellera surtout votre sollicitude. Depuis
« long-temps on s'accorde à reconnaître *la nécessité
« d'une organisation municipale et départementale* dont
« l'ensemble se trouve en *harmonie* avec nos institutions.
« Les questions les plus difficiles se rattachent à cette ins-
« titution. Elle doit assurer aux communes et aux dépar-
« temens une juste part dans la gestion de leurs intérêts,
« mais elle doit conserver aussi au pouvoir protecteur et
« modérateur qui appartient à la couronne *la plénitude
« de l'action et de la force* dont l'ordre public a besoin.
« J'ai fait préparer avec soin un projet qui vous sera
« présenté. J'appelle sur ce projet toutes les méditations
« de votre sagesse, et j'en confie la direction à votre
« amour du bien public et à vos lumières. — Chaque jour
« me révèle davantage l'affection de mes peuples, et me
« rend plus sainte l'obligation que j'ai contractée de
« consacrer ma vie à leur bonheur... L'expérience a
« dissipé le prestige des théories insensées : la France
« sait bien comme vous sur quelles bases son bonheur
« repose ; et ceux qui le chercheraient ailleurs que dans
« l'union sincère de l'autorité royale et des libertés que la
« Charte a consacrées, seraient hautement désavoués par
« elle. Cette union, messieurs, vous êtes appelés à la
« rendre plus étroite et plus solide. Vous remplirez cette
« heureuse mission en sujets fidèles, en loyaux Français,
« et l'appui de votre roi ne manquera pas plus à vos
« efforts que la reconnaissance publique. »

Ce discours excite les acclamations des chambres ; il
cause une vive satisfaction dans la capitale... Les paroles
du roi présentent, en effet, un caractère de franchise,
de confiance et presque d'abandon bien propre à faire
impression dans l'opinion publique ; à cette fois, tous
les bons citoyens espèrent dans le nouveau ministère ; il
va décidément réparer tous les maux dont l'ancienne

administration a accablé la France, disent *les bonnes gens*..... Ces maux s'aggraveront, au contraire, avant la fin de la session actuelle, et un ministère *d'ancien régime*, un ministère *pur*, sera imposé à la France, au lieu et place des réformes et des institutions qui viennent d'être solennellement promises à la nation : jamais on ne se sera joué plus impudemment de ses droits et libertés. "

Depuis 1814, tous les discours de la couronne annoncent que l'exécution des lois n'éprouvera désormais aucun empêchement, que de sévères économies seront opérées dans les dépenses de l'État, que les institutions municipales et départementales, si vivement sollicitées par la nation, vont lui être accordées : mais toutes les promesses de la restauration sont demeurées sans effet, et les déprédations de finances, l'arbitraire ministériel, les violations de la loi fondamentale, se sont accrus, chaque année, dans une proportion effrayante........ Enfin, le discours du trône vient donner à la France une assurance *franche* et *loyale* des généreuses résolutions du monarque; et les bons citoyens remercient Charles x de s'être, pour ainsi dire, identifié avec son peuple : les événemens ne tarderont pas à détromper la nation.

Révélons que le discours de la couronne, rédigé d'abord dans des sentimens presque opposés à ceux dont Charles x vient de s'honorer, a subi, la veille de l'ouverture des chambres, un changement complet de pensée et de rédaction; ce revirement politique est attribué au mauvais succès des intrigues pratiquées pour amener au ministère M. de Polignac et sa faction. Le nom de ce prince romain épouvante une seconde fois la capitale; il faut, de toute nécessité, ajourner la contre-révolution et la remettre encore sous cloche : le favori de Charles x [*], l'élève de M. de Metternich, l'ami du duc de Wellington, M. de Polignac, arrivé tout récemment de Londres, sera obligé de repasser une seconde fois le détroit ; le ministère de 1828, conservé, à quelques *intérim* de porte-feuilles près, restera donc chargé de la session de 1829, sans savoir ce qu'il fera, sans résolution fixe et sans système de conduite, parce qu'il ignore s'il obtiendra la majorité dans la chambre des députés.

M. de Martignac a libellé le discours de la couronne, avec une adresse infinie ; mais les hommes accoutumés à juger sur le fond et non sur les formes, ne voient pas sans inquiétude que l'état moral du pays inspire au gouvernement des craintes, à la manifestation desquelles la couronne ne se refuse pas : cette *licence* de la presse *qui se montre encore à l'abri d'une loi généreuse et confiante*, cet appel à la raison publique et surtout à la magistrature, *qui saura toujours remplir ses devoirs*, semblent annoncer l'intention de restreindre, le plus qu'il sera possible, la liberté de la presse. Le silence absolu de la couronne sur l'élévation de D. Miguel au trône, ainsi que sur les nouvelles relations de la France avec le Portugal, dénote clairement que l'usurpation par *droit divin* est *légitime*, et que les nations n'ont d'autres droits, d'autres libertés que celles qu'il plaît aux princes

---

[*] L'on pense généralement que M. de Polignac est fils du comte d'Artois, c'est une erreur ; des personnes, se croyant mieux instruites, assurent qu'il est fils du comte de Vaudreuil (le grand fauconnier de France), mais elles ne fournissent aucune preuve qui autorise leur affirmation. En semblable matière, les présomptions, même les plus fortes, ne suffisent pas ; il faut des preuves, et des preuves irrécusables, pour établir un fait de cette gravité, et tout le monde sent combien il est difficile d'en avoir sur des faits de cette nature.

de leur accorder ; libertés qu'il dépend d'eux, par conséquent, de modifier et d'annuler quand bon leur semble..... En définitive, les observateurs attentifs ne se méprennent pas sur les desseins ultérieurs de la faction de l'ancien régime, et tout ce qui se passe, à l'extérieur et à l'intérieur, leur donne la conviction que cette session sera la dernière du règne des princes de Coblentz.

29. — Suède. — Adresse présentée au roi, à la reine et au prince royal, par une grande députation des quatre ordres, relativement au baptême du duc d'Ostrogothie, troisième fils du prince royal.

Le roi Charles-Jean XIV vient d'inviter les états-généraux à tenir le prince nouveau-né sur les fonts de baptême ; ils lui présentent une adresse où ils disent : « C'est avec le plus vif sentiment d'amour et de respect que les *mandataires de la nation* viennent offrir au *père de la patrie* leurs félicitations de l'heureux présent accordé par la Providence à leur roi *bien-aimé*, ainsi qu'à la Suède, et le remercier de la confiance avec laquelle il recommande son petit-fils à l'amour de son peuple..... » Ainsi parlent les représentans de la nation. — L'ordre de la noblesse fait la proposition que les états-généraux votent l'achat d'un domaine dont il sera fait hommage, au nom de la nation, au duc d'Ostrogothie, comme présent de baptême ; cette proposition est prise en considération par les trois autres ordres : le roi exprime aux états-généraux sa vive reconnaissance de ce témoignage d'amour, mais leur fait connaître, par un message, qu'il désire « que l'État ne soit grevé d'au-« cune charge nouvelle à l'occasion de la naissance « de son petit-fils ; » il refuse, d'après ce noble motif, l'offre des états-généraux. — Tous les frais du baptême sont pris sur la cassette particulière de Charles-Jean..... Qu'en diront messieurs de Coblentz?

A l'époque de la naissance du duc de Bordeaux, les flatteurs de Charles x imposèrent à tous les fonctionnaires publics l'obligation de souscrire à l'acquisition du château de Chambord et de ses vastes dépendances, afin d'en offrir le don à *l'enfant du miracle;* l'acquisition eut lieu, et le don fut reçu; mais la nation ne prit aucune part à cette générosité des courtisans du *milliard d'indemnités;* le plus spirituel de nos écrivains, le Rabelais de notre époque, Paul-Louis Courrier, ne craignit pas de dire dans une brochure, applaudie de toute la France, qu'une telle acquisition et un tel don étaient ridicules et funestes au pays. — Le *bourgeois* de Pau, entend mieux la grandeur royale que le prince de Coblentz; le *plébéien*, plus *noble* que la plupart des empereurs et des rois qui gouvernent l'Europe, n'écrase pas ses peuples; il les soulage au contraire du poids des impôts, et leur ouvre toutes les sources de prospérité que peut comporter l'état du royaume; aussi, ses peuples l'honorent du surnom de *père de la patrie*, titre bien au-dessus de celui de *Grand* : ce titre, Charles-Jean le conservera dans la postérité; la Suède et la Norwége béniront à jamais sa mémoire. Puissent, pour le bonheur des deux royaumes, les successeurs du roi *élu* se montrer toujours pénétrés de son *esprit*, de sa sagesse et de son patriotisme!

29. — Mort de Paul-Jean-François-Nicolas Barras, ancien membre de la convention nationale et du directoire exécutif, lieutenant-général des armées, etc., à Chaillot (intérieur de Paris), dans la 74ᵉ année de son âge.

Barras était perdu d'honneur et de dettes dans sa province, lorsque le département du Var le nomma (septembre 1792) député à la convention nationale.

— Plusieurs feuilles publiques assurèrent, dans le temps, que le citoyen Barras n'avait pas été étranger aux journées des 2 et 3 septembre 1792..... Tout porte à croire que ce *fougueux* républicain était, dès 1793, en correspondance indirecte avec Coblentz ; il est du moins certain que le citoyen Barras et son sicaire, Fournier (l'Américain), étaient à la tête du parti qui devait assassiner, dans la nuit du 14 au 15 mars 1793, les membres du comité de défense générale, et les membres les plus influens de la convention nationale qui n'était pas encore subjuguée complètement par la *Montagne;* cette conspiration, dirigée par Barras, n'était pas hostile à la *Montagne*, mais aux *Girondins* et aux députés qui étaient encore, à cette époque, en majorité dans le comité de défense générale et dans la convention même : cette conspiration, de nuit et à poignards, était celle que les mémoires des Girondins dénoncent comme le prélude, les matines du 31 mai....... *Santerre* avait refusé de se prêter à l'exécution ; il fut remplacé par *Henriot*, qui fut lui-même remplacé plus tard par *Ronsin*..... Barras s'était mis en relation avec Dumouriez, et le projet du membre de la convention nationale se liait aux projets du général en chef de la république. — Ces notions nous ont été communiquées par M. Barrère et par M. Prieur (de la Côte-d'Or) ; nous croyons à leur parfaite exactitude, parce que ces deux membres influens de la convention nous ont donné les preuves de ces faits.

La célébrité révolutionnaire du très-noble vicomte date de la fin de 1792 ; elle fut toujours, depuis, en augmentant....... La violence de son *patriotisme* lui méritera l'honneur d'être nommé membre du comité de salut public ! Envoyé, en qualité de commissaire, pour réduire sous l'obéissance de la république la ville de Toulon, livrée aux Anglais par le contre-amiral Trogoff, le baron d'Imbert, et plusieurs officiers supérieurs de marine vendus à l'Angleterre et aux princes de Coblentz, Barras suivit toutes les opérations de ce siége mémorable, où naquit la fortune de Bonaparte. Toulon repris sur les Anglais, Barras y exerça des cruautés dont le souvenir ne s'effacera jamais : il a pris soin de les consigner lui-même dans ses deux fameuses lettres au comité de salut public (16 et 18 nivôse an 2, 6 et 8 janvier 1794); il y est dit : « Les seuls honnêtes gens que j'ai trouvés « à Toulon sont les galériens..... Tous les maçons des « six départemens environnans sont requis d'accourir « avec leurs outils pour une *démolition générale et* « *prompte.* Avec une armée de douze mille maçons, la « besogne ira grand train, et Toulon doit être rasé « en quinze jours... Les *fusillades* sont ici à l'ordre du « jour......... *fusillades*, jusqu'à ce qu'il n'y ait plus « de traîtres.... » Deux ans après, M. le vicomte Paul Barras négocie ouvertement avec les agens de Louis XVIII, et se vend aux traîtres, aux contre-révolutionnaires de Coblentz! — Le nom de Barras peut être placé, sans injustice, à côté de ceux de Robespierre, Cambacérès, Fouché, Maignet, Lebon, Carrier, Fouquier-Tinville et autres *républicains* de cette espèce.

Les cruautés et les rapines de Barras le rendaient digne du fauteuil directorial; il y tint les grands jours du vice : son administration fut une suite non interrompue de vénalités, de débauches, et le palais du Luxembourg devint une maison de prostitution; beaucoup de dames de l'ancien régime, même titrées, s'honorèrent d'être admises dans cette nouvelle Caprée, dont madame la comtesse de Beauharnais, alors femme Bonaparte, depuis l'impératrice et reine Joséphine, fit long-temps les honneurs. Nous avons parlé de la vénalité du directeur Barras; il donna, dit-on, connaissance au cabinet anglais, moyennant 100 mille livres sterling (environ 2,500,000 francs), du plan et des moyens d'exécution adoptés pour l'invasion et la conquête de l'Irlande; nous ne hasarderions pas une si grave accusation contre sa mémoire, si nous n'en avions obtenu, en quelque sorte, la preuve dans le cours de notre émigration; plusieurs Anglais de marque, et un ministre prussien parfaitement au fait des intrigues du cabinet de Londres, M. le baron de Hardemberg, nous ont donné, sur ce sujet, des indications si positives, qu'elles équivalent pour nous à une conviction; nous l'énonçons ici, parce que nous avons la presque certitude du fait..... Barras ne fut pas étranger, dit-on encore, à l'évasion de l'anglais Sydney Smith et de l'émigré français Philippaux de la prison du Temple, évasion qui lui aurait été payée 500,000 francs : ces deux prisonniers d'État, devenus libres, allèrent, comme on sait, se jeter dans Saint-Jean-d'Acre, et arrêtèrent, sous les murs de cette citadelle, le vainqueur de l'Égypte. Ainsi, la corruption de Barras aurait été la première cause de la ruine de la plus brillante et de la plus glorieuse de nos expéditions lointaines, de celle qui devait produire des résultats aussi funestes pour l'Angleterre qu'avantageux pour la France. Le général Bonaparte crut à l'imputation, fondée ou non, faite à Barras, et de là sa haine et son mépris pour celui à qui il devait le commandement de Paris au 13 vendémiaire, commandement qui lui valut ensuite celui de l'Italie et de l'empire....... Nous ne nous permettrons pas d'imputer à Barras la mort du général Hoche, chargé du commandement en chef de l'expédition d'Irlande; mais l'on crut, dans le temps, qu'il n'y était pas étranger. — Quant à ses relations secrètes avec Louis XVIII, ce prince daigna nous en informer à Riégel, 1796, et nous les tenons pour incontestables.

Retombé dans une profonde obscurité dès le moment où Bonaparte, qui ne lui faisait pas l'honneur de le craindre, se fut emparé du gouvernement, Barras n'en est sorti qu'au moment de sa mort ; elle est venue apprendre à la France qu'il s'était retiré, depuis 1815, à Paris, où, plongé dans un égoïsme brutal, n'ayant de sensibilité que pour les plaisirs de la table, et perdant d'année en année ses facultés intellectuelles, il a terminé une existence dont il avait à peine conservé le sentiment.

Le vicomte de Barras était sans honneur, sans probité, sans morale, capable de tout, même de faire le bien, lorsque sa cupidité et les passions qui en dérivaient y trouvaient leur compte. Il était grand, fort, et sa figure était noble et imposante ; il a fait preuve de bravoure dans plusieurs occasions importantes ; le noble vicomte avait peu d'esprit, encore moins d'instruction, beaucoup d'activité, de finesse, et cette espèce de génie révolutionnaire qui tient au caractère ; ses manières étaient prévenantes ; il parlait peu, et excellait dans l'art de *tirer* (ce mot n'a pas de synonyme dans ce sens) les secrets et de mettre à profit les connaissances des autres. Barras tenait infiniment à sa noblesse et disait souvent : « Ma maison, *ancienne comme les rochers de la Provence*, est aussi honorablement connue dans les armées de terre et de mer, qu'illustre en gentilhommerie » ; cela était vrai ; mais Barras a rendu son nom encore plus fameux que celui de sa famille n'était célèbre. Gentilhomme de vieille roche et *sans-culottes* du premier ordre, terroriste et modéré, homme de très-bonne et de très-mauvaise compagnie, le vicomte de Barras a achevé sa vie, sanguinaire et libertine, en pourceau d'Épicure.

30. — Le juge de paix de l'arrondissement (Pinart)

se présente au domicile de Paul Barras pour y apposer les scellés ; il est muni d'une lettre du procureur du roi, Jacquinot-Pampelune, en date du 15 juillet 1825 * : cette lettre, déjà si ancienne, énonce les plus étranges doctrines relativement au droit de propriété que s'attribue le despotisme ministériel : l'histoire réclame un tel document : « Monsieur le juge de paix, S. G. monseigneur le garde-des-sceaux me fait savoir que M. Barras, ex-membre du directoire, demeurant rue de Chaillot, n° 70, est menacé d'une fin très-prochaine, et qu'il importe qu'immédiatement après son décès, les scellés soient apposés à son domicile, de manière à prévenir l'enlèvement des papiers qui peuvent *intéresser* le gouvernement, et au nombre desquels s'en trouvent de très-importans, *et même des lettres de S. M. Louis* xviii. — S. G. me charge de vous donner ces INSTRUCTIONS, pour que vous ayez à apposer les scellés quand le moment sera venu de le faire, etc.... *Signé* Jacquinot de Pampelune. » Mme veuve Barras met opposition aux scellés ; M. Pierre Grand, avocat à la cour royale de Paris, ami particulier de M. Paul Barras, demandera, au tribunal de première instance, la levée des scellés ; une consultation des premiers avocats du barreau, parmi lesquels ont signé MM. Barthe, Odilon Barrot, Isambert, Berville, Coffinière, etc., démontrera l'illégalité d'une semblable mesure; l'avocat de la succession, M. Coffinière, prouvera que c'est un attentat au droit de propriété; inutiles efforts !... M. l'avocat du roi, *Bernard*, soutiendra que «... tout fonctionnaire public devait rendre compte de

---

* Barras était très-gravement indisposé à cette époque ; le probe et si prévoyant garde-des-sceaux (Peyronnet) prit aussitôt les mesures de *légalité* nécessaires pour s'emparer des papiers du malade, au moment où il fermerait les yeux.

sa gestion ; que l'intérêt public suffirait seul, d'ailleurs, pour motiver l'apposition des scellés ; que dans le *silence* de la loi, les tribunaux ont droit de régler les cas où l'apposition des scellés peut être effectuée, et que l'abus d'une semblable mesure ne saurait être à craindre sous le régime constitutionnel qui nous régit... » Le tribunal rendra (6 mars) le jugement suivant : « Attendu que le paragraphe 2 de l'article 909 du Code de procédure civile, qui donne à tout *créancier* le droit de requérir l'apposition des scellés, doit s'entendre de toute espèce de créance, soit que l'on réclame une somme d'argent; soit que l'on réclame des papiers ; —... Attendu que l'État réclame des papiers qu'il *prétend* se trouver dans la succession de Paul Barras ; attendu que les hautes fonctions qu'il a exercées lui ont donné la qualité de *mandataire* de l'État, et que l'acceptation de ces fonctions forme un contrat qui donne à l'État le droit de revendiquer les papiers qui ont pu lui être confiés : par ces motifs, le tribunal ordonne qu'en présence de dame veuve Barras et du préfet de la Seine, il sera procédé à la levée desdits scellés, et que ceux d'entre lesdits papiers qui seront jugés appartenir à l'État seront remis au préfet ; et qu'en cas de difficulté sur ce point, il en sera référé devant le tribunal... » Sur l'appel interjeté, la cour royale confirmera le jugement ; la levée des scellés aura lieu le 27 mai et jours suivans ; mais le gouvernement ne trouvera dans les cartons aucuns papiers qui aient rapport aux affaires publiques et à la conduite politique de l'ex-directeur.

Nous nous sommes étendu sur cet acte arbitraire, parce qu'il compromet, d'une manière grave, la propriété individuelle des citoyens. Le gouvernement avait déjà tenté une semblable spoliation au décès de M. Cambacérès (V. *Histoire de France*, etc., t. IX, p. 167 et suivantes), dont les papiers furent mis sous le scellé, les héritiers s'étant opposés à leur enlèvement. Le garde-des-sceaux actuel (Portalis) proposera une transaction qui laissera à la famille Cambacérès tous ceux de ces papiers qui n'appartiendront pas essentiellement à l'État. — En érigeant en loi le monstrueux principe que le gouvernement est *créancier de tout fonctionnaire public*, il n'y a plus de sûreté, de garantie pour les familles, et l'autorité peut fouiller impunément dans les secrétaires de tout individu investi d'une fonction publique, et devenu, par l'acceptation de cette fonction, *mandataire de l'État!*.... A l'exception des actes du gouvernement ou d'administration, et des correspondances officielles qui appartiennent aux *fonctions* et non au *fonctionnaire*, et que celui-ci doit toujours laisser dans les archives de l'administration dont il est le chef, ou remettre à son successeur, tous les autres papiers, quels que soient leur nature, leur importance et leur intérêt, ne sont-ils pas la propriété de l'individu, fonctionnaire public, auxquels ils ont été adressés? Les ravir à lui ou à sa famille, c'est commettre un vol, un attentat dont le ministre qui ordonne et le magistrat qui exécute doivent être responsables; sans cela, il n'y a plus de liberté, de sûreté, et *le régime constitutionnel* qui nous régit est celui de la *Turquie*, de l'Espagne, de la Russie! Mais les princes de Coblentz et les ministres de la restauration auront beau torturer les lois, ils n'empêcheront pas la vérité de se faire jour, et leurs actes seront soumis, tôt ou tard, à l'inflexible tribunal de l'histoire!!! La vérité est plus forte qu'eux.

Tous les papiers de quelque intérêt politique dont l'ex-directeur Barras pouvait être propriétaire, ont été, à ce qu'on dit, prudemment mis à couvert par des personnes de son intimité; au reste, ce personnage n'avait pas, comme son collègue Cambacérès, rédigé des *mémoires*; naturellement paresseux, ennemi d'un travail suivi, écrivant presque illisiblement, il n'a laissé que des pièces, des notes, des renseignemens épars et sans ordre, mais néanmoins d'une haute importance pour l'histoire de notre révolution ; on doit désirer qu'ils soient rendus publics.

Remarquons, en passant, que le grand despote, dont la volonté faisait loi et ne rencontrait aucun obstacle, ne se permit jamais un tel excès de pouvoir ; les ex-conventionnels, les généraux, les écrivains les plus notoirement connus par leur opposition au régime consulaire ou impérial, n'éprouvèrent, de la part de Napoléon, soit dans leur personne, soit dans celle de leurs héritiers, aucune apposition de scellés, aucun enlèvement de titres ou papiers.

31. — Amérique méridionale. — République de Bolivia : décret du colonel Velasco, président provisoire de la république, qui dissout l'assemblée conventionnelle.

Les peuples de cette partie de l'Amérique, retenus dans l'ignorance et la superstition, accablés du double despotisme royal et religieux que l'Espagne fait peser sur eux depuis plus de trois siècles, ont violemment conquis leur liberté et leur indépendance politique ; privés des lumières, de l'expérience législative et administrative dont les peuples des provinces de l'Amérique septentrionale étaient en possession à l'époque de leur séparation de la métropole, ils confondent la licence avec la liberté ; la différence des mœurs, des usages, de la religion, des institutions, et surtout le long asservissement dans lequel ils ont croupi jusqu'à ce jour, doivent nécessairement produire de grands désordres, de longues convulsions ; la cupidité, l'ambition, la vengeance, toutes les passions se trouvent aujourd'hui excitées, et en quelque sorte justifiées au nom de la liberté ; comment ce pays ne serait-il pas en proie à tous les déchiremens intérieurs qui suivent les grandes révolutions politiques ?

La république de Bolivia, et toutes celles qui se sont élevées dans l'Amérique méridionale, ne se consolideront qu'après avoir passé par tous les désastres que l'anarchie enfante; mais la liberté constitutionnelle en triomphera, parce que les gouvernemens comme les individus sentiront enfin la nécessité d'établir un ordre de choses fixe, c'est-à-dire de se donner des lois appropriées aux vœux et aux besoins des masses. Le grand principe de la souveraineté nationale a fait la conquête de l'Amérique méridionale ; les droits de l'homme et du citoyen y ont été proclamés : cette vaste et fertile contrée est affranchie pour toujours du vil et odieux despotisme de l'Espagne ; elle appartient à la liberté !!!

1ᵉʳ Février. — Ordonnance du roi, qui appelle 60,000 hommes sur la classe de 1828, et fixe leur répartition entre les départemens du royaume.

1ᵉʳ. — Indemnité des émigrés. — Situation des travaux relatifs à l'exécution de la loi du 27 avril 1825. (V. cette date).

Il a été adressé aux préfets 30,180 demandes en indemnités.

Les demandes sur lesquelles la commission de liquidation a prononcé sont au nombre de 21,290.

(Y compris 1,552 demandes rejetées et 626 ajournées.)

Total des sommes liquidées
par la commission . . . . . . 768,725,006 fr. 03 c.

(Déduction faite de la somme
de 121,984,733 fr. 66 c.
pour passif.)

Total des liquidations dont
l'inscription a été autorisée :
En capital . . . 747,777,468 fr. »
En rentes. . . . 22,433,512 fr. »

Reste à distribuer, sur le milliard si généreusement accordé aux émigrés, la somme de :
En capital . . . 252,222,532 fr. »
En rentes. . . . 7,568,488 fr. »

Les émigrés ne doivent pas se plaindre de la commission de liquidation ; elle y met toute l'activité qui dépend d'elle.

En accordant aux émigrés une indemnité hors de toute proportion avec la situation financière de l'État, en chargeant à cet effet les contribuables d'un impôt annuel de 30 millions, le gouvernement présidé par M. de Villèle a eu pour but de reconstituer l'aristocratie territoriale de l'ancienne noblesse, de lui donner une influence prépondérante dans les élections, et d'écarter, autant que possible, la moyenne propriété de la représentation nationale : mais, quoi qu'ils fassent, les contre-révolutionnaires ne parviendront jamais à rétablir en France cette aristocratie de Versailles et de Coblentz, qui a causé tant de maux à la France : on dilapide *légalement* les trésors de l'État ; les émigrés et les courtisans s'en emparent ; mais la nation n'en est que plus indisposée contre les hommes de l'ancien régime et les privilégiés de la restauration ; gare au jugement du peuple !!!

5. — Angleterre. — Discours d'ouverture du parlement, lu par le lord chancelier.

« Les deux passages les plus remarquables de ce discours sont relatifs aux affaires de Portugal et à celles d'Irlande......... Le ministère anglais vient de violer le droit des gens et de commettre, à Terceira, une de ces interventions ou plutôt de ces hostilités de pirates auxquelles le cabinet de Londres se livre sans pudeur toutes les fois qu'il croit y trouver un bénéfice quelconque. « Sa majesté, dit le lord chancelier, est affligée de voir que ses relations diplomatiques avec le Portugal sont encore nécessairement interrompues. » — « Prenant le plus vif intérêt à la prospérité de la monarchie portugaise, sa majesté a entamé des négociations avec le *chef* de la maison de Bragance, dans l'espoir de terminer un état de choses incompatible avec la tranquillité durable et le bien-être du Portugal. » Le ministère anglais s'est déclaré *neutre*, et il reconnaît le blocus de l'île de Terceira ordonné par D. Miguel ! et il prête au sanguinaire usurpateur l'assistance et les secours qui dépendent de lui ! Le ministère anglais négocie avec l'empereur du Brésil, *chef* de la maison de Bragance, pour faire cesser un état de choses incompatible avec le bien-être du Portugal, et il fait mitrailler dans les eaux de Terceira (V. 16 janvier) les sujets de la fille de D. Pédro, c'est-à-dire qu'il soutient aux Açores la cause de D. Miguel, et qu'il négocie au Brésil avec D. Pédro !!! Plus tard, le ministère anglais aidera puissamment, mais toujours sous le voile de la *neutralité*, ces mêmes sujets de la reine de Portugal qu'il fait foudroyer à Terceira, ce même D. Pédro renversé du trône et forcé de quitter le Brésil ; il leur fournira les moyens de détruire le gouvernement de D. Miguel et de le chasser du Portugal. Quelle neutralité que celle du gouvernement anglais! quel loyal allié! et combien l'alliance du cabinet de Saint-James, patente ou occulte, est noble et sincère!

Relativement aux affaires d'Irlande, le lord chancelier dit : « Sa majesté est affligée de voir que, dans cette partie du royaume-uni, il existe encore une association dangereuse pour la paix publique, incompatible avec l'esprit de la constitution, qui entretient la discorde et la malveillance parmi les sujets de sa majesté, et qui, *si on la laissait subsister plus long-temps*, rendrait vains tous les efforts les plus grands pour améliorer d'une manière durable la condition de l'Irlande. » — « Sa majesté est pleine de confiance dans la sagesse et dans l'appui de son parlement, et elle est assurée que vous lui commettrez tous les pouvoirs qui peuvent la mettre à même de maintenir sa juste autorité. » — « Sa majesté recommande que, *lorsque cet objet essentiel aura été atteint*, vous preniez en considération la condition de *toute* l'Irlande, et que vous *revoyiez* les lois qui frappent d'incapacités civiles les sujets catholiques romains de sa majesté. » — « Vous aurez à *considérer* si l'abolition de ces incapacités *peut s'effectuer* sans compromettre *en rien* la pleine et durable sécurité de nos établissemens de *l'Église* et de *l'État*, le maintien de la religion réformée établie par la loi, et les droits et *priviléges* des évêques du clergé du royaume et des églises commises à leurs soins. » — « Ce sont des institutions qui doivent toujours rester sacrées dans ce royaume protestant, et qu'il est du devoir et de la volonté de sa majesté de conserver intactes. » — « Sa majesté vous recommande avec instance de vous livrer à *l'examen* d'un sujet d'une si haute importance, qui touche *si profondément* aux intérêts les plus chers de son peuple, et qui doit assurer la tranquillité et la concorde du royaume-uni;

s'il est traité avec cette sagesse et cette *modération* qui peuvent assurer le mieux le succès définitif de vos délibérations. »

Les véritables intentions du ministère se révèlent dans ce discours; il suffirait du langage équivoque et presque cauteleux dont il se sert en parlant de questions d'une si haute importance pour montrer combien peu il est disposé, au fond, à accorder à l'Irlande des améliorations sollicitées depuis si long-temps et avec de si vives instances. Commencez, disent les ministres au parlement, par donner au roi la force nécessaire pour dissoudre les *associations* qui se perpétuent en Irlande, et puis vous *examinerez*, vous *considérerez* avec sagesse et *modération* si l'abolition de ces incapacités peut s'effectuer *sans compromettre en rien* les droits et privilèges, etc.; or, ces incapacités civiles frappent sur les cinq septièmes au moins de la population de l'Irlande, et réduisent cette population à l'état d'ilotisme : c'est, en un mot, de l'émancipation des catholiques, c'est-à-dire de l'abolition de l'esclavage où six millions d'individus catholiques sont placés par un million ou quinze cent mille individus protestans, qu'il s'agit aujourd'hui. La force des choses arrachera nécessairement cette émancipation à l'aristocratie et au clergé; mais les ministres la retarderont le plus long-temps qu'il leur sera possible : le clergé anglican se sent frappé au cœur si l'émancipation a lieu, car elle entrainerait forcément l'abolition des dîmes et la réduction des immenses revenus dont jouissent les évêques et le haut clergé.

Si le discours de la couronne est peu satisfaisant relativement aux affaires de Portugal, il ne l'est pas davantage relativement à celles de la Grèce ou de la Turquie : à la manière dont s'exprime sur ce sujet le lord chancelier, il est aisé de voir que la Russie exerce en Grèce une influence prépondérante, et que, dans ses hostilités contre la Porte-Ottomane, elle a pris la résolution de bloquer les Dardanelles sans s'inquiéter si l'Angleterre le trouvera bon ou mauvais : en somme, le discours royal témoigne, décèle un embarras, une faiblesse et des irrésolutions extrêmes ; il prouve que l'Angleterre n'exerce plus en Europe qu'une influence secondaire et tout-à-fait subordonnée à la volonté russe.

Il était nécessaire de donner un aperçu de la situation politique de l'Angleterre ; les intérêts français l'exigent impérieusement : car le cabinet de Saint-James est l'ennemi-né de l'industrie et du commerce français, comme le cabinet de Vienne est l'ennemi-né de la puissance continentale ou de l'influence politique de la France. Toutes les alliances que le cabinet des Tuileries pourrait contracter avec l'Autriche et l'Angleterre ont été et seront toujours au détriment de la France ; l'histoire le prouve à chaque guerre, à chaque paix, et la nature des choses en ordonne ainsi : nous irons même plus loin au sujet de l'alliance entre l'Angleterre et la France ; elle est *contre nature ;* les intérêts des deux pays sont diamétralement opposés, et aucun traité d'alliance, si intime qu'il fût, ne saurait être sincère, et par conséquent durable.

7. — La chambre des pairs et la chambre des députés présentent au roi les adresses votées par chacune de ces chambres en réponse au discours de S. M. — Nous en rapporterons plus bas quelques fragmens.

La discussion de l'adresse dans la chambre des pairs présente, cette année, une sorte d'intérêt, ou plutôt de singularité ; c'est le discours prononcé par M. de Polignac, arrivé depuis peu de Londres, dans l'espoir de se saisir du ministère : l'ex-émigré sent la nécessité de disposer en sa faveur l'opinion publique, et fait en conséquence une très-belle profession de foi constitutionnelle où il ne manque qu'une seule chose, la sincérité. Jusqu'à ce jour, l'émigré-favori n'a pas jugé à propos d'instruire le public de son vif attachement à la Charte et aux institutions qui régissent la France ; il a même refusé pendant long-temps de leur prêter serment et de siéger à la chambre des pairs ; toute sa conduite, depuis la restauration, s'est montrée conforme à ces principes d'ancien régime et de contre-révolution qui ont donné à son nom, en 1804 (V. cette date), une célébrité si malheureuse ; il se ravise tout-à-coup et s'écrie en style d'inspiré : «... Pour moi, messieurs, le pacte solennel sur lequel nos libertés monarchiques reposent, *m'apparaît* comme ce *signe céleste* précurseur du calme et de la sérénité ; j'y vois un *port assuré* contre de nouvelles tempêtes, une *terre neutre* également inaccessible à des souvenirs qui ne seraient pas sans danger, comme à d'inutiles regrets.... Tout se tient, tout s'enchaîne dans notre existence politique ; tout a ses droits et ses limites : ainsi, *la liberté de la presse* doit éclairer l'opinion sur les véritables intérêts du pays ; mais cette *compagne nécessaire* de nos institutions dérogerait à sa noble destinée, si elle soulevait les haines et les passions ; c'est une *sentinelle avancée* qui veille sur les intérêts de *tous*, qui signale le danger sans jeter l'alarme mal à propos, qui *observe* l'ennemi, en suit les mouvemens, prépare la défense, mais doit se tenir l'arme au bras et ne jamais brûler la première amorce.... »

Voilà qui est parfait de constitutionalisme monarchique ; mais le *candide* M. de Polignac, pour nous servir de ses expressions, dérogera à ces nobles paroles, brûlera la première amorce, et, afin de témoigner son attachement à la Charte et à sa compagne nécessaire, la liberté de la presse, ensanglantera Paris et mitraillera quelques mois plus tard la liberté de la presse, les lois électorales, la chambre des députés et la Charte. En attendant, le bon et religieux M. de Polignac s'indigne et se désole des calomnies répandues contre lui ; pour prouver son dévouement au régime constitutionnel, il fait un appel à sa vie entière, et défie ses accusateurs, c'est-à-dire toute la France, d'y trouver un seul fait, un seul indice d'un secret éloignement contre nos institutions représentatives ; il s'adresse particulièrement aux feuilles publiques, et leur dit avec une naïveté touchante : « Si les rédacteurs, quels qu'ils soient, de ces inculpations calomnieuses, pouvaient pénétrer dans l'*intérieur de mon domicile*, ils y trouveraient la meilleure de toutes les réfutations et de toutes les réponses ; ils m'y verraient entouré *des fruits* de mes *continuelles* et, j'espère, *inutiles* études, ayant toutes pour objet et pour but la *défense*, si elle devenait nécessaire, la *consolidation* de nos institutions actuelles ; le désir et le dessein d'en faire hériter nos enfans, et d'imposer à leur bonheur la douce obligation de bénir la mémoire de leurs pères. » Il faudrait, en vérité, être intraitable pour ne pas remercier M. de Polignac de tant de politesse, et d'une loyauté dont les journées de juillet 1830 donneront à la France d'éclatantes preuves. M. de Polignac a prononcé son discours le 5 février ; il repartira le 15 pour Londres. « Les temps de mon ministère ne sont pas « encore arrivés, » dira-t-il à un de ses *intimes* amis.

Dans la chambre des députés, l'adresse donne lieu à de vives discussions ; elles roulent principalement sur l'expédition de Morée, que M. le baron Montbel représente comme contraire aux intérêts de la France et commandée par l'esprit de parti. Il est victorieusement réfuté par le général Lamarque, qui fait aujourd'hui ses premières armes législatives et se montre, à l'ouverture de cette carrière, supérieur en politique, en législation, en éloquence nationale. Illustre citoyen, tu seras bientôt enlevé à la patrie, et ta mort deviendra l'une des plus grandes calamités dont la France puisse être frappée... M. Laffitte, qu'on est sûr d'entendre dans toutes les occasions où il s'agit de l'honneur national, des intérêts du pays, M. Laffitte dit, au sujet de l'expédition de Morée, ces belles et courageuses paroles : « Nous sommes allés en « Morée pour plaire à une puissance (la Russie), et nous « en sommes revenus pour ne pas déplaire à une autre « (l'Angleterre). » Le député national a parfaitement résumé, en deux mots, notre situation extérieure. Depuis 1814, la France est placée dans un étau dont l'Angleterre et la Russie tiennent la manivelle ; aussi, Malte et Odessa gouverneront tour à tour en Grèce, et nous laisserons établir en Morée un hospodar russe et un amiral anglais ! La France y sera seulement chargée, sous leurs ordres, des soins de la police.—L'adresse a été votée le 6 ; nombre des votans, 221 ; *pour*, 213 ; *contre*, 8. Un grand nombre de députés ministériels ont quitté la salle au moment du scrutin secret. Dans la chambre des pairs, l'adresse a été votée le 5 ; nombre des votans, 99 ; *pour*, 82 ; *contre*, 17 : un grand nombre de membres, notamment les archevêques et évêques, ont quitté la salle au moment du vote.

Les deux adresses sont, ainsi qu'il est d'usage, une paraphrase plus ou moins laudative du discours de la couronne ; l'étiquette y est parfaitement observée ; même nombre de paragraphes, même étendue de rédaction. Celle de la chambre des pairs regorge d'adulations, elles y sont déroulées en style de cour ; en voici un échantillon : «... La chambre des pairs est heureuse, sire, de « pouvoir se dire, avec *toute la France*, que le dépôt « de la gloire nationale de *toutes les époques* (même « de 1814) ne pouvait se trouver placé en des mains plus

« dignes et plus capables de la conserver ; que dans
« celles où brille aujourd'hui d'un si pur éclat, pour le
« bonheur et la sécurité de tous, le sceptre de saint
« Louis, de Henri IV et de Louis XIV...... La France
« entière s'est unie aux cris de gratitude qui ont éclaté
« naguère dans cette partie du royaume où votre pré-
« sence a répandu tant d'allégresse. Vous avez entendu
« les acclamations des villages, des cités, des provinces ;
« vous avez vu les populations se précipiter sur votre
« passage. En jouissant de cet enivrement qui atteste la
« félicité et la reconnaissance, un roi pouvait croire sa
« tâche remplie ; Charles X n'en a rapporté qu'une
« pensée plus arrêtée sur ce qu'il lui restait à faire ; *il
« veut mériter par de nouveaux bienfaits plus qu'il n'a
« reçu par tant d'amour et de reconnaissance...* » Que de
comtes ou marquis *Fontanes* dans la chambre des pairs !

La réponse du roi est curieuse. «... Ce n'est point
« par une vaine modestie que j'écarterai ici le rappro-
« chement que vous avez voulu faire des règnes de
« saint Louis, d'Henri IV et de Louis XIV avec le mien:
« Non ; messieurs, je sens combien je suis au-dessous
« de leurs vertus et de leurs talens ; mais lorsqu'il s'agira
« de l'amour de mon pays, je *défierai* tous mes aïeux ;
« et je saurai prouver aux Français que *je suis digne
« du sang qui coule dans mes veines...* » Avant dix-
huit mois, cet Henri IV, ce Louis XIV, presque déifié
par la chambre des pairs, sera chassé du trône aux acclamations
de *toute la France*, et à *coups de fourche*,
comme le dira si noblement M. de Châteaubriand !

L'adresse de la chambre des députés est plus sobre de
flatteries ; si elle n'a pu éviter les *acclamations des départemens* que le roi avait parcourus en septembre dernier, elle a du moins laissé de côté le cortége obligé,
depuis 1814, de saint Louis, d'Henri IV et de Louis XIV,

9 FÉVRIER 1829.

en faveur des princes de Coblentz ; Charles x lui témoigne sa satisfaction : « ..... Oui, messieurs, j'ai *l'intime con-* « *viction que je mérite l'amour de mes sujets*, et c'est « par cette raison que les témoignages que j'en ai reçus « dans tous les départemens que j'ai parcourus, ont été « droit à mon cœur et m'ont causé une si vive satisfac- « tion. J'en aurais peu joui, je le déclare, si je n'eusse « pas senti que je les *méritais...* » Inepte et malheureux prince ! Il épuisera, dans un prochain et dernier voyage, le mépris public ; il en boira la coupe jusqu'à la lie, avec une résignation et une humilité dont aucun roi n'avait encore offert d'exemple. Chassé trois fois de sa patrie, ce prince, *si digne du sang qui coule dans ses veines*, n'aura fait preuve, pendant tout le cours de sa longue vie, que d'une espèce de courage qui lui est particulier, le courage de la lâcheté. Et ces pairs, ces députés qui lui prodiguent tant d'amour, de fidélité, de dévouement, l'abandonneront sans coup férir à la justice et à l'indignation nationales !..... Ils le regarderont tranquillement passer du trône à l'exil.

9-8 AVRIL. — Projets de lois, comprenant l'administration communale et l'organisation des conseils d'arrondissement et de département ; ils sont présentés à la chambre des députés par le ministre de l'intérieur, Martignac.

Le projet de loi sur les communes se compose de cinq titres, divisés en chapitres et sections subdivisés en articles ; le nombre des articles de ce projet est de 104. — Le projet de loi, concernant les conseils d'arrondissement et de département, se compose de trois titres, également divisés en chapitres et sections, subdivisés en articles ; le nombre de ces articles est de 88.

Les projets de loi seront *retirés* le 8 avril avec une

audace, une impudeur sans exemple jusqu'à ce jour (V. le *Journal du Commerce*, le *Courrier français*, etc., des 9 et 10 avril). Nous entrerons, de suite, dans les détails relatifs à la discussion de ces deux projets.

« Dans l'exposé des motifs des deux projets de loi, aussi bien que dans leur discussion, M. de Martignac fait preuve d'un talent supérieur ; son discours est à la fois un chef-d'œuvre de style politique et un modèle d'adresse ministérielle. Il reconnaît que l'organisation communale et départementale, ainsi que leurs attributions, après avoir été successivement modifiées par Napoléon, étaient tombées sous son despotisme, et que la volonté du chef de l'État se trouvait substituée à l'autorité des lois, à l'époque où la maison de Bourbon prit possession du trône, en 1814 ; la restauration avait trouvé les *usages* établis de la sorte, elle s'y était conformée sans répugnance ! « Cet état de choses, ajoute le ministre avec une franchise exemplaire, était loin d'offrir, *dans toutes ses parties*, des sujets de plainte ; on ne peut même se dissimuler que, sous plusieurs rapports, il pouvait être considéré comme *satisfaisant*. Toutefois, on a remarqué *avec raison* que la législation était *incomplète* ; que *l'usage* avait dérogé à un grand nombre de dispositions *législatives* et laissait ainsi une partie de l'administration livrée à *l'arbitraire* ; que les charges des communes n'étaient pas classées *avec soin* ; que, d'une part, il n'existait aucun moyen *régulier* de les contraindre à exécuter leurs engagemens, et que, de l'autre, l'administration supérieure pouvait *exiger* d'elles des dépenses auxquelles elles ne devaient pas être assujetties. » — « On a remarqué que l'intervention directe de l'autorité royale, nécessaire à la conservation des intérêts sérieux des communes, était appliquée à des détails trop multipliés, et qu'il en résultait, sans utilité réelle, des retards souvent fâcheux. » — « On s'est plaint de ce qu'aucune règle n'était tracée, soit pour la division des communes, soit pour leur réunion. » — « Enfin, on a désiré un ensemble de législation rédigé dans un même esprit, pour les mêmes besoins et pour notre époque. » — « Ce n'est pas tout ce qu'on réclamait, et d'autres vœux s'exprimaient avec plus de suite à la fois et de vivacité. On a vu que de tout temps les communes se sont montrées jalouses de veiller elles-mêmes à la régie des intérêts communs, et de prendre part à la nomination de ceux qui sont préposés à leur conservation; on a vu que cet *antique privilége* s'était évanoui à une époque où la volonté du chef s'était substituée à celle de la loi. Ce *droit* perdu était revendiqué depuis la restauration, et le *besoin* de revenir sur ce sujet à un état de choses plus *régulier* et plus *juste*, se faisait tellement sentir que « des vœux « semblables étaient constamment exprimés par ceux « même qui, sur les matières politiques, professent entre « eux des opinions opposées. » — « Il était impossible de rester sourd à ces *légitimes réclamations*, etc... »

Cet exposé des vices du système municipal et départemental est d'une grande vérité, et ces vices sont tellement graves que le ministre ne saurait en éviter l'aveu. M. de Martignac y apporte, l'on doit en convenir, tous les ménagemens possibles; mais ce qu'il dit est suffisant pour faire connaitre ce qu'il ne dit pas : l'asservissement complet des communes et le despotisme sans mesure du pouvoir!... Le ministre ne peut plus reculer devant la nécessité des vœux sans cesse et partout exprimés : il existe « dans tous les rangs de notre société actuelle un vif intérêt pour les affaires du pays et une sorte de besoin d'y prendre part....... N'êtes-vous donc pas occupés de cette foule d'hommes instruits, laborieux, actifs, que la publicité avertit et réveille, que leur position sociale, que le sentiment de leur capacité et l'exemple de tant d'élévations l'ont aussi imprévues que le serait la leur, poussent vers les affaires publiques par tant de chemins différens?..... Ouvrez-leur *près d'eux* une carrière nouvelle. Leur commune, leur département ont aussi des intérêts à surveiller et à défendre, des plans d'amélioration à faire, des travaux importans à régler, des communications à étendre. Ils sont jaloux d'obtenir d'honorables suffrages ; ils veulent être chargés du soin de veiller au bonheur de leurs concitoyens. Donnez-leur le moyen de satisfaire chez eux cette noble ambition, etc... » Impossible de dire mieux.

Après une aussi positive exposition des vœux et des besoins nationaux, l'on doit naturellement s'attendre à voir proposer une loi qui les satisfasse ; mais le projet présenté par M. de Martignac tend indirectement vers un but opposé : il admet le principe de l'élection et la rend illusoire ; il soumet les intérêts populaires aux intérêts aristocratiques ; la moyenne et la petite propriété sont sacrifiées, et la haute propriété exerce, dans les élections et dans l'action administratives, une influence presque exclusive : partout c'est la couronne, partout ce sont les délégués de l'administration qui élisent et administrent ; l'on prétend émanciper les communes, et la nomination des maires est laissée au ministère, et les propriétaires fonciers qui n'ont pas leur domicile dans les communes rurales peuvent en être nommés maires ; la jouissance des droits civiques, déjà si restreints, est reportée de 21 ans à 25 ; le clergé est appelé dans les conseils municipaux des villes, et l'élection des conseillers dévolue aux plus imposés de la commune ; la durée des fonctions des conseils, soit municipaux, soit d'arrondissement et de département, est fixée à six ans au lieu de trois ; et, la loi promulguée, les conseils actuels ne doivent être renouvelés que par moitié, et ne le seront en entier que dans trois ans ! Le préfet a la faculté d'augmenter les allocations des conseils municipaux pour dépenses qui ne sont pas obligées, pour dépenses qui ne sont pas régulièrement autorisées ; et, comme si la haute propriété foncière n'était pas encore assez favorisée aux dépens de la moyenne et de la petite propriété, les projets de loi veulent que les conseils généraux soient élus par l'assemblée d'arrondissement, laquelle sera composée des contribuables les plus imposés, en sorte que les conseillers seront choisis parmi les plus imposés... Enfin la ville de Paris est placée hors du droit commun, et une loi spéciale doit statuer * sur son organisation municipale et départementale.

Les projets de loi consacrent, on le voit à la simple lecture, le monopole de l'administration des communes et des départemens ; ils le défèrent à l'aristocratie : l'arbitraire administratif de l'empire est religieusement conservé sous le régime constitutionnel de la Charte ; le privilège devient le droit, la couronne s'investit de toutes les libertés municipales, et les domine à tel point que si par hasard ses agens éprouvent quelque résistance dans les conseils, elle peut dissoudre les conseils... Le projet de loi coordonne le despotisme ministériel de manière à le rendre plus légal, plus fort qu'il ne l'était sous Napoléon ; aussi M. Bignon, qu'on ne saurait accuser d'émettre des doctrines démocratiques, ou même nettement anti-ministérielles, dira : «..... Comment le ministère ne s'est-il pas aperçu que, sur la question d'éligibilité, Napoléon a été trois fois plus libéral que lui ? Dans le système de notabilité établi par la constitution de l'an VIII, 500,000 Fran-

---

* Quand il plaira à la couronne ; aucune époque n'est indiquée pour cette organisation.

çais, désignés par leurs concitoyens, étaient éligibles pour les fonctions communales, 50,000 pour les fonctions départementales, 50,000 pour les fonctions nationales. Du moins, messieurs, dans cette graduation de notabilités, la pyramide n'était pas à l'envers....... » Et M. Bignon aura parfaitement raison ; car, d'après le projet de loi *Martignac* (ainsi que le démontre mathématiquement un ancien préfet, M. Aubernon), « le nombre des *électeurs*, y compris les *éligibles*, sera, pour toute la France, de 32,000 contribuables parmi les plus imposés, et en y ajoutant les 8,000 électeurs envoyés par les assemblées de canton, on aura le nombre total de 40,000. » — Il eût été plus simple de dire, mais on ne l'a pas osé : « Nous voulons que l'aristocratie terri-
« toriale, représentée par les contribuables fonciers les
« plus imposés, décide seule des affaires et des intérêts
« communaux et départementaux ; il n'appartient pas à
« la manufacture, à l'industrie et au commerce de se
« mêler de ces intérêts et de ces affaires ; *la petite pro-*
« *priété* et la *moyenne propriété* ne doivent être comptées
« pour rien ; c'est à la *grande propriété* qu'appartien-
« nent tous les droits d'élection, d'éligibilité et d'action
« dans l'administration des communes et des départe-
« mens, et c'est l'aristocratie représentée par trente à
« quarante mille propriétaires de châteaux, qui décidera
« en dernier ressort des charges imposées à 32 millions
« de citoyens. »

Contradiction monstrueuse et injustifiable ! D'après le droit public fondé par la Charte, environ 90,000 citoyens sont électeurs, ont capacité pour nommer les députés à la chambre élective ; d'après le projet de loi Martignac, 40,000 seulement sont électeurs, ont capacité pour nommer les membres des conseils généraux ! !

La Charte et les lois ont infiniment rétréci la base

électorale ; ce n'est point assez : le projet de loi sur les communes et les départemens la renferme dans un cercle purement aristocratique et ministériel ; il en interdit l'entrée à la petite et à la moyenne propriété, c'est-à-dire à la masse de la nation : cette masse, qui est la véritable force de l'État, se trouve exclue du droit de prendre part à la gestion, à la surveillance de ses propres affaires !!!

Eût-on l'esprit de Voltaire, le génie de Lycurgue, de Solon, de Montesquieu, de Bacon, de tous les publicistes dont s'honorent l'Allemagne, l'Angleterre et la France, l'on ne parviendrait pas à prouver que l'exception est le droit, le monopole la liberté, le privilége l'égalité ; la raison et le simple bon sens s'opposeraient invinciblement à de semblables conclusions ; il n'y a que des aveugles à qui l'on puisse soutenir qu'il est nuit à midi... Néanmoins, M. de Martignac le tente dans ces orageuses séances où le projet de loi est discuté ; il combat, et les députés du côté droit, qui l'accusent avec autant d'injustice que d'animosité d'abandonner les droits de la couronne, de *démanteler* le trône, et les députés du côté gauche, qui, loin de reprocher au ministère un libéralisme dont il est, certes, fort innocent, l'accusent, au contraire et avec raison, de ne faire aux communes et aux départemens que des concessions dérisoires, des concessions funestes aux libertés qu'on prétend établir et même favoriser avec tant de libéralité. Il faut le redire, M. de Martignac a soutenu la discussion avec un talent de premier ordre ; ce ministre a déployé toutes les ressources de l'art oratoire, il a ménagé les opinions politiques les plus opposées avec une habileté dont la tribune nationale n'avait pas offert d'exemple depuis 1814 ; mais il échouera, et ses adversaires le réduiront à la nécessité de retirer le projet de loi : dès ce moment, la chute du ministère sera forcée.

Il importe aux intérêts nationaux de donner quelques développemens sur une matière aussi importante.

M. Dupin ainé et M. le général Sébastiani, rapporteurs des commissions chargées de l'examen des deux projets de loi, en feront ressortir, avec beaucoup de lucidité et de talent, les faibles avantages et les graves inconvéniens ; ils démontreront qu'au lieu d'abandonner les droits de la couronne, d'affaiblir l'autorité royale, ainsi que le lui reprochent les partisans de l'ancien régime, le ministère donne à la couronne une influence presque absolue en cumulant les dispositions *restrictives* du nombre des électeurs, excluant ainsi *de fait* toute la classe moyenne de la société de la participation qui lui revient de droit dans la gestion des affaires de la commune et du département.

Les deux rapporteurs rendent également hommage aux intentions qui *paraissent* dicter le projet d'organisation municipale. « ... On ne peut nier, dit M. Dupin, que le projet offre dans sa *classification* un *ensemble* satisfaisant. La *rédaction* en est claire ; les matières y sont *distribuées* dans un *ordre naturel ;* et sans qu'il soit entièrement complet, rien d'essentiel n'y *paraît* omis. La loi sera ainsi une espèce de *Code*, œuvre la plus désirable pour sortir du *chaos des lois particulières*, et pour en assurer la saine intelligence et la bonne exécution... » Après ce préambule, le rapporteur analyse les différens articles du projet, et prouve combien ils seraient funestes, *dans les résultats*, à la classe moyenne, par la multiplicité des dispositions restrictives du nombre des électeurs. « ..... Ces résultats du projet nous ont singulièrement étonnés ; il nous a semblé qu'ils s'écartaient *manifestement* du but même que les rédacteurs de la loi s'étaient proposé en annonçant qu'elle allait procurer une activité locale « à cette foule d'hommes ins-

« truits, laborieux, actifs, que la publicité avertit et
« réveille; que leur position sociale, le sentiment de
« leur capacité et l'exemple d'autrui poussent vers les
« affaires publiques par tant de chemins différens ! Le
« législateur avait voulu ouvrir *près d'eux une carrière*
« *nouvelle*, et *presque de toutes parts le projet de loi*
« *en fermait l'entrée...* » En conséquence, la commission propose diverses modifications ou amendemens au projet de loi; le plus important est celui qui tend à appeler à l'élection tous les citoyens payant 300 francs de contributions directes qui ne seraient pas compris dans la liste des plus imposés. — Quant à la ville de Paris, M. Dupin dit : «... La première ville du royaume restera-t-elle seule privée des bienfaits d'une législation conforme à l'esprit du gouvernement constitutionnel? Votre commission *comprend* bien que tout ne peut se faire à la fois; mais elle a voulu que je fisse entendre, *en son nom*, le vœu que *la loi de Paris* fût présentée *dans la prochaine session...* Nous avons (dit en terminant M. Dupin) soumis au creuset de la discussion, non-seulement *nos opinions propres* et toutes les idées d'amélioration qui étaient les résultats de nos *méditations personnelles*, mais aussi toutes celles qui nous ont été suggérées, soit par nos honorables collègues de la chambre, soit par un grand nombre de citoyens des départemens qui ont adressé leurs vœux à la commission. Elle a eu à se défendre de l'esprit de système et des abstractions de la théorie. Très-souvent, ce qui paraissait bon, considéré d'une manière spéculative, a été considéré comme impraticable dans l'exécution. Nous sommes restés *dans les termes* du projet, nous appliquant à en connaître les avantages et à *corriger* tout ce qui nous a paru défectueux. Divisés sur quelques points peu nombreux, en général tous nos amendemens ont été adoptés à *l'unani-*

mité... Si la loi est bonne, elle assurera chez nous l'ordre légal et la paix publique; elle fermera les voies à l'anarchie..... Si, au contraire, ce qu'à Dieu ne plaise, elle était assise sur de fausses bases; si, au lieu d'organiser la liberté dans de justes limites, il n'en sortait qu'*une combinaison d'esclavage*, vous auriez fait au pays le présent le plus funeste! vous auriez *installé la tyrannie à domicile!* d'autant plus hideuse, qu'il faudrait la voir *de près;* elle viendrait s'asseoir au *foyer domestique*, elle empoisonnerait *la vie privée*, et elle ferait bientôt regretter la CENTRALISATION, qui n'opprime pas toujours, et qui, *en tout cas, ne pèse que de loin*... Il ne s'agit plus, pour les communes, de ces chartes mesquines, isolées, incohérentes, qui donnaient la liberté au plus fort, la vendaient au plus riche, et se trouvaient *enfreintes* ou *révoquées* à la première occasion. C'est un *droit* général et universel qu'il s'agit *d'établir* au profit du pays tout entier... »

Ce discours de M. Dupin aîné met, dans tout son jour, notre histoire législative : l'on trouve, dans le rapport de ce député, une grande justesse de raisonnement et des faits incontestables; il offre le caractère d'une sage prévision, et celui de la législation administrative qui convient à un peuple libre sous l'empire des lois constitutionnelles. M. Dupin a renoncé, dans une matière aussi grave, à cette ironie, à ces sarcasmes dont il use trop fréquemment à la tribune; il s'est placé et maintenu à la hauteur de son sujet, tout en se montrant partisan éclairé et fidèle ami de l'autorité royale et des libertés nationales.

M. le général Sébastiani, rapporteur de la commission nommée pour l'examen du projet de loi concernant les conseils d'arrondissement et de département, en développe avec sagacité, avec impartialité, les avantages et les inconvéniens; il dit, au nom de la commission :

« ... Deux idées principales lui ont paru généralement répandues et adoptées comme bases naturelles et nécessaires du projet de loi. La première, c'est que l'organisation des conseils des départemens ne doit pas être conçue dans des intérêts ni selon des combinaisons *politiques*; car ce n'est point d'intérêts politiques que ces conseils ont à s'occuper.... Ce point convenu, et toute intervention de la politique générale dans les attributions ou la formation des conseils départementaux soigneusement bannie, un second principe a paru à votre commission également simple et avoué de tous : c'est que, dans les affaires locales, la loi ne doit jamais procurer à telle ou telle classe d'intérêts une prépondérance artificielle.... Ainsi, messieurs, point de *politique générale*, point de *privilége* local ; les intérêts départementaux strictement renfermés dans leur domaine, et dans ce domaine, tous les intérêts se développant en *liberté*, selon leur importance et leur crédit relatif... Des motifs purement *politiques*, et de politique générale, et *non d'administration*, ont dicté les combinaisons par lesquelles le projet de loi règle le mode d'élection des conseils ; et par une conséquence nécessaire, au lieu de tenir la balance égale entre les divers intérêts qui doivent y concourir, il s'efforce de créer, au profit de certains intérêts, une prépondérance factice, c'est-à-dire un *privilége*... »

De quelques ménagemens dont use M. Sébastiani, il émet la même opinion que M. Dupin aîné, et dévoile, comme lui, l'esprit dans lequel ont été rédigés les deux projets de loi : il dit, avec beaucoup de justesse, que la commission a pensé que les électeurs qui nomment les députés ont, à plus forte raison, capacité pour nommer les membres des conseils des départemens. En conséquence, elle a conclu, dit le rapporteur, 1° à étendre à un plus grand nombre de citoyens le droit d'élire et d'être élu ; 2° à confier l'élection aux assemblées cantonnales ; 3° à supprimer les conseils d'arrondissement, ces conseils étant une sorte de superfétation dans l'ordre administratif. Le rapporteur pouvait ajouter qu'ils *constituaient à domicile l'aristocratie*, selon l'heureuse expression de M. Dupin aîné : en effet, l'aristocratie disposait à volonté de leurs décisions.

Tous les amendemens adoptés par la commission, et à l'unanimité, sont marqués au double coin de la sagesse et de la justice constitutionnelle ; le ministère, après les avoir discutés dans le sein des comités, les a repoussés avec la plus opiniâtre obstination : aussi, dit en terminant le rapporteur : «... La commission regrette profondément de n'avoir pu concilier d'avance à ses amendemens l'aveu du ministère ; c'est avec douleur qu'elle laisse éclater au milieu d'une si bonne et si encourageante situation, une telle dissidence : une grande responsabilité y peut être attachée ; il est grave, messieurs, d'interrompre le cours des *espérances publiques*, de réveiller *le doute et l'inquiétude* dans les esprits qui n'aspirent qu'à la sécurité. Votre commission ne craint pas que les conséquences de ce mal lui soient imputées ; elle a tout fait pour les prévenir.... »

La péroraison du rapporteur fait présager, d'une manière presque certaine, le sort du projet de loi ; mais la commission n'en aura pas moins rempli avec noblesse et courage le premier de ses devoirs, celui de défendre, autant qu'il était en son pouvoir, les intérêts nationaux. M. Sébastiani a déjà rendu d'importans services à la cause constitutionnelle ; il se montre digne d'en être l'organe dans cette haute conjoncture législative, et acquiert de nouveaux titres à l'estime nationale : persévérera-t-il dans cette noble conduite ? les événemens nous l'apprendront.

Nous donnons un certain développement aux projets de lois sur les communes et les départemens, parce qu'ils annonceront à la France si elle doit jouir enfin des droits politiques qui lui sont reconnus par la Charte; *droits* dont l'exercice lui est constamment promis et refusé depuis quinze ans. D'ailleurs, ces projets de lois sont les points culminans de cette session; c'est la *substance* législative du ministère Martignac : leur adoption ou leur rejet doit décider du sort de ce ministère, ou, en d'autres termes, de l'avenir intérieur de la France. D'après ces considérations, nous donnerons quelques fragmens des discours les plus remarquables prononcés dans la discussion des projets de lois : nous serons laconique, en reconnaissant toutefois qu'il nous est impossible de passer sous silence les puissantes raisons qui militent en faveur d'un système municipal et départemental qui soit en harmonie avec les droits politiques des Français.

Il s'agit, et ce n'est pas ici une simple formalité, il s'agit de décider auquel des deux projets de loi appartient *la priorité* de discussion et de délibération. Les partisans du ministère la réclament en faveur de la loi communale, et il est déjà facile de s'apercevoir que, cette loi une fois obtenue, le gouvernement du roi trouvera quelque prétexte pour retirer la loi départementale, parce qu'il est fermement décidé à rejeter les amendemens proposés par la commission.... Le ministre de l'intérieur et celui de la marine insistent fortement pour donner la priorité à la loi communale; mais la chambre élective décide que la loi départementale sera discutée la première; dès ce moment, le ministère est démasqué; son renversement doit suivre l'obtention du budget de 1830.

MM. Corcelles, Marchal, Schonen, Daunou, Labbey de Pompières, le colonel Jacqueminot, Jars, Rambuteau, Gaëtan de la Rochefoucauld, Félix Faure (de l'Isère), Viennet, Augustin Périer, Gouves de Nuncques, Pétou, Cunin-Gridaine, Bignon, Méchin, Dupin, Sébastiani, Girod (de l'Ain), Laborde, Béranger, la Boëssière, Augustin de Leyval, et surtout MM. Benjamin Constant, Eusèbe Salverte et Étienne, soutiennent avec chaleur les amendemens des commissions; MM. de Conny, La Bourdonnaye, Georget-Laboullaye, Formont, Sallabery, Delalot, Montbel, Ravez, Pina, Lacroix-Laval, Syrieys, dit Mayrinhac, etc., etc., se prononcent fortement contre les deux lois, dont le principe est, disent-ils, attentatoire à la prérogative royale... Le côté droit les repousse d'une manière presque absolue, à cause du principe d'élection qu'elles consacrent; le côté gauche les adopte, mais avec les amendemens arrêtés par les commissions : mais le ministère ne veut à aucun prix de ces amendemens; MM. Martignac, Portalis, Vatimesnil, Hyde de Neuville, les rejettent avec une opiniâtreté qu'ils déclarent inflexible.... La discussion, ouverte le 30 mars, sera fermée le 7 avril après avoir été poursuivie, des deux côtés de la chambre, avec une animosité presque sans exemple; enfin la loi sera *retirée*, le 8 avril, avec un scandale inouï!

Dans ce grand procès du privilége aristocratique et de l'égalité démocratique (administrativement parlant), M. Benjamin Constant défend la cause constitutionnelle avec cette supériorité de talent et cette puissance de logique qui en font, pour ainsi dire, un orateur politique hors de ligne : rappeler tous les passages remarquables de son discours, ce serait s'obliger à le citer tout entier ; il suffit de dire que ce publiciste étonne toujours davantage par l'étendue de ses lumières, la solidité de ses connaissances et l'art avec lequel il en fait l'application à toutes les parties de la législation et de l'économie politique : «... Vous craignez toujours (dit-il aux ministres) la concentration d'attributions diverses dans un même corps d'environ 90,000 individus, et pour y remédier, vous les concentrez entre 32,000 : dans un corps que vous dites formidable, vous créez un noyau plus compacte qui, si vos raisonnemens sont justes, n'en deviendra que plus formidable encore ; et ce noyau, pour en écarter la politique, vous le choisissez dans la classe la plus adonnée à la politique, qui a le plus de loisir pour s'y livrer, et qui, tranquille sur ses besoins matériels, a plus de besoins d'ambition à satisfaire !... Mais en conservant les conseils-généraux dans l'état actuel, croyez-vous écarter la politique ? Non, car ces conseils seront nommés toujours, les faits le démontrent, dans l'intérêt d'un parti, soit de celui qui soutient le pouvoir, soit, ce qui est plus fâcheux, dans l'intérêt de celui que le pouvoir redoute et qu'il flatte en vain. Il y a eu toujours et il y aura toujours de la politique dans les nominations ministérielles des conseils-généraux ; mais ce n'est pas tout : si vous conservez l'état des choses, il y aura de la politique dans les sentimens que ces nominations feront naître. » — « Vous aurez exclu la politique des droits, elle ressuscitera dans les haines. » — « Mais n'est-il pas juste, poursuivez-vous, de donner pour gardiens aux intérêts locaux ceux qui, possédant le plus, sont le plus intéressés à les protéger et à les défendre ? Mais d'abord, dans tous les systèmes, les gardiens de ces intérêts seront les plus imposés : les électeurs, les 88,000 électeurs sont les plus imposés de la nation. » — « Vous voulez *les plus imposés des plus imposés*. Vous pensez que la grande propriété est plus amie de l'ordre que la propriété moyenne ; je le nie. La propriété moyenne a tout à perdre dans le désordre ; la grande propriété peut perdre beaucoup et conserver assez. Deux classes d'hommes sont dangereuses dans tous les États, ceux qui sont trop riches et ceux qui sont trop pauvres ; les uns, parce qu'ayant beaucoup, ils peuvent risquer leur superflu en demeurant sûrs du nécessaire ; les autres, parce que n'ayant rien, ils ne risquent rien. » — « Consultez l'histoire de toutes les nations : jamais les révolutions ne furent l'ouvrage des propriétés moyennes. Au faîte, des riches ambitieux ; aux rangs les plus inférieurs, des prolétaires affamés : voilà *les chefs* et *les instrumens*. On nous a parlé des Tarquins ; ce ne sont pas les plébéiens qui ont chassé les rois, ce sont *les plus imposés* de Rome. » — « Mais il résulterait du système de la commission que les électeurs seraient appelés à toutes les élections ! on vous a prouvé le contraire. Mais d'ailleurs, les électeurs ne sont-ils pas l'aristocratie de la nation, les 88,000 plus riches propriétaires ? et n'est-il pas *heureux* (mot profond !) que la raison nationale ait sanctionné cette aristocratie si peu nombreuse, et que ma raison individuelle trouve peut-être beaucoup trop restreinte ? N'est-il pas heureux que 32 millions d'hommes se *contentent* de voir leurs droits exercés par 88,000 * ? Vous vous en effrayez ; félicitez-vous-en ; profitez de ce *miracle de résignation* et de bon

---

* Le gouvernement veut à toute force *établir l'aristocratie* dans la chambre des députés ; c'est le plus notable contre-sens législatif qu'il puisse faire : mais encore devrait-il y procéder avec sagesse, avec habileté ! Montesquieu a dit : « La meilleure aristocratie est celle où la partie du peuple qui n'a point de part à la puissance est si *petite* et si *pauvre*, que la partie dominante n'a aucun intérêt à l'opprimer. Ainsi, quand Antipater établit à Athènes que ceux qui n'auraient pas deux mille drachmes seraient exclus du droit de suffrage, il forma la meilleure aristocratie qui fût possible, parce que ce cens était si petit, qu'il n'excluait que *peu de gens, et personne qui eût quelque considération dans la cité.* — Les familles aristocratiques doivent être *peuple* autant qu'il est possible. Plus une aristocratie approchera

sens ; méritez, obtenez l'affection des électeurs, cela vous est facile. » — « Ils aiment le roi *qui les a délivrés d'un ministère coupable ;* ils aiment la Charte qui a mis un terme aux orages et au despotisme. Je le répète, profitez de ces dispositions salutaires, consolidez l'alliance qui se cimente chaque jour, et quand tous les cœurs implorent *la justice* et offrent la confiance, ne les *blessez* point par des *défiances insultantes* et par *d'injurieuses exclusions*. » — « Ils ne seront pas blessés, dites-vous ; d'où vient cette assurance ? J'ai lu dans le discours de M. le garde-des-sceaux les paroles suivantes : « Ce serait une bien
« étrange politique que celle d'une administration qui,
« ne pouvant *dépouiller* les électeurs du *droit si redou-*
« *table pour elle* d'élire les membres de cette chambre,
« chercherait à se venger de ses mécomptes électoraux
« en achevant d'indisposer les arbitres de toute élection. »
(C'est précisément ce que fait l'administration Martignac, Portalis et Vatimesnil.) — « J'ai lu deux fois ce passage avant d'en croire mes yeux, j'ai cherché si ce n'était pas un *antagoniste* du projet qui parlait ainsi. Quoi! vous sentez combien serait étrange cette politique, et ce qui vous semble si étrange, si dangereux, vous le faites ! » —

de la démocratie, plus elle sera parfaite ; et elle le deviendra moins à mesure qu'elle approchera de la monarchie. » (*Esprit des Lois*, liv. II, chap. 3.) — Les ministres de la restauration des princes de Coblentz veulent faire précisément le contraire ; ils élèvent le plus possible le droit de suffrage, le droit d'éligibilité ; ils excluent l'élément démocratique de la chambre des *représentans de la nation*, et y introduisent la haute aristocratie ; ils veulent que la couronne domine et opprime la chambre élective et y règne aristocratiquement comme dans la chambre des pairs !!! C'est annoncer à la nation qu'on veut lui ravir ses droits, ses libertés. Que doit-il résulter *nécessairement* d'un tel ordre de choses, d'une si forte et si odieuse aberration de principes ? une révolution.

« Les électeurs ne seront pas *blessés !* mais avez-vous bien sondé les dispositions de la France? Prenez garde que vos préfets ne vous trompent, comme ils ont trompé M. de Villèle : ils lui disaient aussi que la France n'était pas *blessée,* l'élection de 1827 a répondu ! Quand une chambre autre que celle-ci a consacré le *double vote,* on disait aussi que le double vote n'irriterait pas les trois autres quarts d'électeurs. Comptez, messieurs, combien il reste dans cette enceinte de membres qui aient voté ce double vote, et réfléchissez-y. » — « Sans me livrer à des personnalités toujours déplacées, je puis vous dire que parmi les hommes qui vous fournissent des renseignemens, comme ils en fournissaient à l'ancien ministère, il en est qui ne le trompaient que pour le flatter, et qui peut-être vous trompent pour vous nuire : ils voulaient sa conservation, ils veulent votre chute. » — « Répondrai-je à cet argument banal, tiré de *l'opposition des deux côtés*, opposition qui prouve, dit-on, la sagesse du projet? Sans doute, dans la grammaire, deux négations valent une affirmation ; mais, en logique, deux censures font-elles un éloge ? » — « Au reste, l'argument n'a pas le mérite de la nouveauté. Le sort de cette loi, disait d'une loi sur la presse un ministre, en 1817, est d'avoir été attaquée par des partis opposés. Ce concours d'attaques diverses était précisément ce qu'avait cherché le ministère et le triomphe qu'il espérait. Hélas ! messieurs, ces ministres qui se félicitaient de deux blâmes comme d'un triomphe, je ne sais comment il s'est fait qu'au milieu de leurs félicitations ils sont tous tombés......... »

Ce discours, l'un des plus éloquens dans sa simplicité et des plus substantiels dans son ensemble qu'ait fait entendre à la tribune nationale M. Benjamin Constant, est frappant de vérité et de haute prévision ; il formerait un beau chapitre dans *l'Esprit des lois*, et Montesquieu l'y eût admis en parlant des droits de suffrage. Quels nobles avertissemens donnés au pouvoir royal! que de mesure dans le blâme des actes ministériels! que de grandes leçons et de terribles exemples consignés dans cette belle dialectique législative où les partis politiques sont jugés avec une si noble impartialité, avec une si belle sincérité! Le ministère est dévoilé; l'opposition du côté droit, c'est-à-dire du parti anti-national, est jugée dans ses motifs comme dans son but; celle du côté gauche, c'est-à-dire du parti national, resplendit d'attachement à la Charte constitutionnelle, et, par conséquent, à l'autorité royale, qui serait perdue le jour où elle violerait la loi fondamentale de l'État! Mais, encore quelques mois et quelques fautes, et toutes les prévisions politiques du député du Bas-Rhin auront reçu un accomplissement bien funeste pour la branche aînée de la maison de Bourbon. Honneur, à jamais honneur à Benjamin Constant dans les annales de la chambre des députés!

Sans avoir cette profondeur, cette haute portée de vues dont les productions de M. Benjamin Constant sont empreintes, le discours de M. Étienne sur les lois communales et départementales mérite une attention particulière; il dit : « ..... A l'exemple de votre commission, je ne puis admettre dans ce projet de loi que le principe qui y a présidé, celui de l'élection directe; mais les conséquences en sont tellement faussées, qu'il semble n'avoir été reconnu que pour être plus solennellement violé. On n'a, en effet, renoncé au mode de candidature que pour lui en substituer un autre; on a tellement restreint les bases de l'élection, on a tellement rétréci le cadre de l'éligibilité, que si ce n'est pas la majorité du pays qui présente des candidats au gouvernement, dans le fait, c'est le gouvernement qui présente un très-petit nombre de candidats à une fraction imperceptible de la société. Ainsi, l'élection indirecte qui, de l'aveu des ministres, fut d'abord le principe du projet natif, y est demeurée à peu près tout entière : seulement, elle s'exerce en sens inverse ; dans la *première édition*, elle remontait des citoyens au pouvoir ; dans la *seconde édition*, elle descend du pouvoir aux citoyens ; l'élection directe y est en nom, l'élection indirecte y reste en réalité ; et ce défaut de *franchise* dans la loi, cette *générosité apparente*, qui conserve ce qu'elle semble céder, qui retire en même temps qu'elle accorde, cette *défiance* qui, sous le faux air de l'abandon, paralyse le mouvement au moment où elle feint de l'imprimer, resserre les droits alors qu'elle déclare vouloir les étendre : ce désaccord choquant entre les motifs et les articles de la loi, cette politesse de mots et cette injure des choses, rangent parmi les plus malheureuses conceptions qu'aient enfantées la prévention ou l'aveuglement, le projet de loi tel qu'il est sorti des mains du ministère, projet qu'on dirait né avant cette chambre, et qui n'est aujourd'hui que le plus triste et le plus incroyable des anachronismes.... Je soutiens que cette loi, si elle n'est améliorée par tous les amendemens qu'a proposés votre commission, est inadmissible, intolérable ; qu'elle blesse les intérêts réels de la société ; qu'elle est offensante pour le pays et dangereuse pour la monarchie... Depuis quinze ans, tous les ministres travaillent à faire de l'aristocratie par les lois, et chaque jour l'aristocratie se défait par les mœurs. Dans l'absence de tous les priviléges, sans lesquels elle est impossible, c'est sur les seules bases de la fortune qu'on est réduit à en construire le fragile édifice. Mais, à mesure qu'il s'élève, notre Code civil le démolit, et ce n'est certainement pas celui de nos codes dont le pays attend la réforme... Pourquoi tant de précautions, tant de craintes ? pourquoi cette frayeur des classes de la société où il y a le moins d'ambition, si l'on veut que les conseils-généraux restent dans le cercle étroit tracé autour d'eux? Pourquoi cet appel exclusif des sommités sociales, toujours inquiètes, toujours envahissantes, *si l'on n'a pas sur ces conseils des desseins plus élevés?*..... Non, si le ministère a proposé de bonne foi la loi électorale de 1828, il ne peut soutenir consciencieusement le projet départemental de 1829... »

M. Étienne juge très-bien les desseins *élevés* du ministère, mais il craint toujours de le combattre à force ouverte; législateur bienveillant et plein de politesse, le député s'exprime avec une mesure, avec des ménagemens et en des termes si paisibles, qu'il est assuré de n'encourir ni censure ni désapprobation éclatantes d'aucun des partis politiques qui partagent la chambre. M. Étienne discute les projets de loi les plus graves avec une aménité de style qui donne à tous ses discours une physionomie à part; il cause dans un salon, et sa conversation est toujours académique; mais il se tient consciencieusement à distance des Foy, des Casimir Périer, des Benjamin Constant, des Manuel, et autres grands orateurs de notre tribune; ses discours politiques reposent à la fois la pensée et l'esprit; ils font presque oublier les violentes et absurdes diatribes de ces ultra-royalistes que le ministère Villèle a légués à la chambre de 1828, et qui ne cessent d'arguer des *prérogatives de la couronne* pour détruire la liberté constitutionnelle; écoutons-les :

« Admettre le principe de l'élection, c'est reconnaître la
« souveraineté du peuple; c'est perdre la monarchie
« (s'écrient-ils avec les accens de la rage contre-révolu-
« tionnaire)!.... D'après l'article 14 de la Charte, le
« roi nomme à tous les emplois de l'administration pu-
« blique. Il a, par conséquent, le droit de nommer les
« maires, les membres des conseils-généraux; l'en

« dépouiller, c'est *recommencer* la révolution.... Il n'y
« a déjà que trop de démocratie dans nos lois et dans
« nos institutions..... Nous marchons à grands pas vers
« la république.... Les ennemis de la royauté veulent
« relever les échafauds de Charles 1ᵉʳ et de Louis xvi ;
« c'est à nous à la défendre, à la sauver *..... Plus de
« *concessions*, plus de *faiblesses*, ou c'en est fait du
« trône de saint Louis et d'Henri iv ; c'est rouvrir

* L'aristocratie de la restauration a les mêmes principes et s'exprime de la même manière que l'aristocratie de l'ancien régime. En mai 1789, l'ordre de la noblesse persistait opiniâtrément à ne pas se réunir au tiers-état, aux communes, c'est-à-dire à la masse de la nation. Le roi, effrayé de la fermeté déployée par les communes, chargea M. le comte d'Artois d'annoncer à la chambre de la noblesse qu'il serait vraisemblablement assassiné si elle s'obstinait à faire une chambre séparée : mais la noblesse ne se rendit pas à de si puissantes considérations. « Et
« qu'importe que le roi périsse (s'écriait M. Cazalès)! *sauvons
« le royaume!* » c'est-à-dire l'aristocratie! J'ai entendu les mêmes propos dans mon émigration à Worms, à Coblentz, à Bruxelles, 1791 et 1792, *même après le 10 août :* j'ai entendu les royalistes *purs*, les *soutiens de l'autel et du trône*, qu'ils laisseront toujours tomber sans les défendre autrement qu'en se cachant, en fuyant; j'ai entendu ces champions de l'aristocratie dire, en présence de M. le prince de Condé, de M. le duc de Bourbon, de M. le duc de Berry, 1796 : « Qu'importent les
« ordres de Louis xviii? Il ne s'agit pas ici du roi, mais du
« royaume : le royaume et la monarchie sont *dans le camp de la
« noblesse*; la France est dans l'armée de Condé : si le roi l'abandonne, l'armée aura le droit d'élire celui qui *règnera*, et qui
« règnera en confirmant nos droits, nos privilèges, *sans les-
« quels il n'y a plus de monarchie....* Périsse le roi, plutôt
« que la monarchie! ..... » En style nobiliaire ou aristocratique, cela veut dire et dira toujours : *Périsse le trône plutôt que l'aristocratie!* — La *restauration* n'a cessé de le prouver; depuis le 1ᵉʳ avril 1814 jusqu'à ce jour, combien l'aristocratie a suscité de dangers au trône et causé de maux à la nation!

« l'abîme des révolutions qui, dans l'intérêt de tous, « doit être fermé pour jamais ; rejetons des lois qui « attentent directement à la Charte, ou nous *roulerons* « de révolution en révolution, etc., etc. » Tels sont les argumens des plus violens adversaires du projet de loi, de messieurs Sallabery, Lacroix-Laval, Georget-Laboullaye, Syrieys-Mayrinhac, Conny, Montbel, etc. Ce dernier dit tout uniment : « Au roi seul appartient « *l'organisation* administrative *dans son ensemble,* « dans ses détails, dans tous ses emplois. » Et M. de Montbel, dont l'incapacité politique eût été signalée même dans l'ancien régime, ignore encore que l'administration n'est pas la législation ! Messieurs Ravez et La Bourdonnaye, s'appuyant sur les lois de la république ou de l'empire, ou sur des décrets de Napoléon *qui ont*, disent-ils, *force de loi*, combattent les projets ministériels avec cette éloquence d'ancien régime dont ils ont donné tant de preuves, sans s'écarter le moins du monde des doctrines du pouvoir absolu de la couronne ! M. de Martignac défend les projets en homme profondément versé dans l'art oratoire et dans les arguties de palais : il se surpasse lui-même dans ces discussions, dans ces attaques multipliées qui ne le laissent pas respirer un moment ; il répond à tout le monde, sans convaincre personne, quelque fluide et nombreuse, quelque brillante et sentimentale que se montre son élocution..... Enfin, arrive la délibération sur l'amendement de la commission qui supprime les conseils d'arrondissement ! Le commissaire du roi et le ministre de l'intérieur les défendent avec une résistance désespérée ; MM. Rambuteau et Augustin Périer les combattent avec d'autant plus d'avantage qu'ils s'appuient sur les déclarations de M. de Martignac. M. Augustin Périer dit : « ..... Monsieur le ministre de l'intérieur avait lui-même annoncé, dans le sein de la commission, qu'il mettait peu d'importance à la conservation de ces conseils : si nous votions pour elle, ne préjugerions-nous pas, avec une singulière inconséquence, le rejet des amendemens auxquels nous avons concouru avec conviction et loyauté, parce qu'ils nous ont paru dictés par la raison, l'intérêt public et d'autres considérations politiques ? Comment pourrions-nous les abandonner *d'avance*, lorsqu'ils sont restés hors de toute atteinte, sous cette égide impénétrable sur laquelle nous avons vu s'émousser et fléchir les armes brillantes qui ont triomphé des adversaires du principe d'élection ? Quand même la chambre, cédant à la crainte de certaines conséquences, et plus encore au désir d'une conciliation devenue nécessaire pour obtenir cette *loi que réclament si hautement les besoins et l'attente du pays*, se refuserait à reconnaître pour l'élection départementale la capacité générale des électeurs politiques, il ne s'ensuivrait pas que le système des assemblées cantonnales, nommant directement les membres des conseils-généraux, dût être repoussé : il n'a été combattu par aucune objection sérieuse; il a trouvé des approbateurs prononcés dans tous les côtés de la chambre, et c'est en s'appuyant sur lui que plusieurs amendemens conciliateurs avaient été indiqués ou préparés..... » Les opinions émises par M. Augustin Périer dans ce grand débat du privilége et de la liberté portent un caractère de sagesse, de libéralité, de talent et de patriotisme également remarquables; si la cause constitutionnelle est privée dans cette session, comme dans la précédente, du puissant appui de M. Casimir Périer, dont on peut dire, avec vérité, que le silence est une calamité nationale, la chambre trouve dans M. Augustin Périer un député qui défend, avec éloquence, les droits et les libertés de la nation, et qui se montre digne du frère qu'admirent et que chérissent les amis de la liberté constitutionnelle. M. Augustin Périer procède avec une logique droite et lumineuse ; il respecte les droits du trône, mais il ne leur sacrifie pas ceux du peuple ; il les défend tous deux avec franchise et énergie ; il juge très-bien les vices et les abus dont regorge l'organisation actuelle des communes et des départemens, organisation toute de despotisme et de déception ; il veut y substituer une organisation *en harmonie* avec la Charte ; et, d'après ces puissantes considérations, il se prononce en faveur de l'amendement de la commission qui supprime les conseils d'arrondissement.

Le sort de la loi départementale dépend tout entier de cet amendement, il est le contre-poison du projet de loi : les ministres font un dernier effort pour obtenir le rejet de l'amendement, mais il est adopté à une seconde épreuve.... Le ministre de l'intérieur et le garde-dessceaux quittent sur-le-champ l'assemblée, qui continue la délibération malgré le désordre et l'agitation qu'occasionne leur départ ; ils rentrent au bout d'une demi-heure, et M. Martignac donne lecture d'une ordonnance royale, rendue à l'instant même, en vertu de laquelle « les deux projets de loi relatifs à l'organisation « de l'administration communale et à l'organisation « d'arrondissement et de département, présentés dans « la séance du 9 février, sont retirés. » Le côté droit ne déguise pas la joie que lui cause ce dénouement législatif ; il a réussi à priver la France des institutions qu'elle réclame depuis si long-temps ! Le côté gauche laisse percer son mécontentement ; il voit qu'il s'est étrangement abusé en comptant sur les résolutions, sur les intentions constitutionnelles du ministère ; et le ministère, qui ne voulait, au fond, ni abandonner le côté droit, ni rompre avec le côté gauche, qui cherchait à les ménager et à les tromper tous deux, le ministère reste sans appui, sans alliés, sans partisans dans la chambre des députés ; il est à la fois perdu à la cour et dans l'opinion nationale : dès ce jour, le ministère est tombé, et s'il parvient à se traîner jusqu'au vote du budget, ce sera pour laisser le budget et le pouvoir entre les mains des hommes *monarchiques* qui ne cachent plus aujourd'hui leur projet d'en *finir* avec le régime constitutionnel, c'est-à-dire avec la *révolution continuée* en 1814, comme s'expriment les royalistes *purs*.

Un journal dont les rédacteurs ont fait, de tout temps, preuve de talent, de modération et de véritable patriotisme, dira dans cette circonstance : « La France ne sera point dupe du maladroit prétexte choisi par M. de Martignac pour retirer des projets de loi si vivement désirés par le pays, si long-temps attendus. Le sacrifice de la loi communale, consommé pour punir la chambre d'avoir eu la pensée d'amender le travail du ministre sur les départemens, est un acte de colère qui dévoile les véritables intentions du ministère. Obsédé par des résistances de cour, depuis quelque temps, il avait formé la résolution secrète de sortir d'embarras en retirant à tout prix des projets de lois frappés dans certains salons d'une haine aveugle, bien aveugle sans doute, puisque le résultat le plus clair et le plus incontestable de la loi départementale, telle qu'elle avait été conçue, eût été de consolider à toujours le pouvoir local entre les mains des hommes qui ne le possèdent aujourd'hui que par la grâce des ministres..... » (*Journal du Commerce.*) Rien de plus judicieux, de plus exact que l'article de cette feuille périodique sur la conduite du ministère. — Le *Courrier Français* émettra, sur le même sujet, des observations profondément pensées : « Le sort de la loi départementale est accompli ; la chambre a fait son devoir, le ministre a exécuté ses menaces. Ainsi s'est terminée cette discussion devenue depuis deux jours si insultante pour la nation, si outrageante pour la chambre qui l'écoutait. On parle de gouvernement représentatif; il n'existe pas dans un pays où des ministres peuvent signifier à une chambre qu'il lui est interdit de rien changer aux lois qu'on présente; que si elle désobéit à leurs injonctions, on la punira en se jouant de son temps, de ses travaux, de ses espérances, en frappant de stérilité une session qui devait être utilement remplie. Il n'y a pas de gouvernement représentatif dans un pays où des ministres proclament que les concessions du pouvoir doivent être reçues humblement, à titre de grâce, sans contrôle, sans examen, comme si une nation n'avait pas de droits, comme si elle n'était qu'un troupeau dont l'existence dépend du maître qui le conduit; dans un pays où les ministres, prompts à châtier une chambre qui leur a désobéi, sortent en fureur du lieu de ses séances pour aller provoquer une ordonnance de colère, qu'ils reviennent lire en triomphe à la tribune, satisfaits d'avoir vengé leur autorité déclinée et leur gloriole compromise. Non, ce n'est pas le gouvernement représentatif; c'est du régime absolu, déguisé par quelques formes trompeuses, du régime absolu sans dignité, sans force et sans habileté. A de tels hommes, ce n'est pas une chambre indépendante qu'il faut, c'est une chambre à l'instar de celle de 1824; ce n'est pas un vote libre, une délibération consciencieuse qui leur convient, c'est la corruption, la dépendance, la servilité... » Ainsi diront tous les journaux, tous les écrivains qui ont le moindre sentiment de dignité, de nationalité.

Le ministère Martignac-Portalis s'est perdu de gaîté de cœur en agissant de connivence avec la cour, en jouant la chambre des députés, en abusant l'opinion publique: malgré les antécédens de ses membres, il avait derrière lui la nation, toujours trop confiante, toujours légère et débonnaire; et il s'est prononcé contre elle : la presse périodique voulait lui prêter toute sa force, et il l'a dédaignée et insultée gratuitement! Cédant aux délétères influences de la cour, ce ministère a sacrifié les intérêts nationaux aux intérêts du parti contre-révolutionnaire; en voulant tout ménager, il a tout compromis, et sa retraite du pouvoir sera aussi honteuse que son avénement avait été honorable. La cour ne voudra plus de lui qu'une seule chose, la chose essentielle, le *budget*, et il le lui livre, sachant bien qu'il doit faire place à un ministère plus antinational que le ministère Villèle!!!

10. — Mort du saint-père, Léon XII (Annibal della Genga), né en 1760, élu pape à Rome le 23 septembre 1823, couronné le 6 octobre suivant.

La mort d'un souverain pontife était, il y a un demi-siècle, un événement de la plus haute importance; il mettait toute la chrétienté en émoi : aujourd'hui l'on y fait à peine attention, et ce n'est guère qu'un petit souverain qui cesse de vivre..... La cour de Vienne ne prend pas le deuil à cette occasion, parce que « la dignité papale, quoique suprême, est *élective.* » Voilà un scrupule de bonne et grande maison, et surtout de la part d'une majesté *apostolique*; le grand principe de *l'hérédité* en ordonne sans doute ainsi! Cependant, si Napoléon empereur et roi par *l'élection*, par la volonté *nationale*, fût mort sur le trône, la cour de Vienne se serait empressée de prendre le grand deuil de ce souverain *élu*; elle n'aurait eu garde d'y manquer... Qu'un empereur d'Autriche était alors peu de chose! et combien le cabinet des Césars de l'Allemagne fut souple et rampant depuis *Marengo* jusqu'à la retraite de Moscou!!!

Le *Moniteur* fera un grand éloge de *l'affection* que

Léon XII a montrée pour la France pendant le cours de son pontificat; l'histoire, qui ne ment pas comme le journal officiel, dira que Léon XII a prodigué les honneurs et les dignités de l'Église aux prélats français les plus notoirement connus par leurs intrigues et leurs attaques contre le régime constitutionnel ; c'est de l'affection à la manière du Vatican, toujours fourbe dans sa politique, toujours double dans sa conduite. D'un caractère naturellement modéré, Léon XII n'était pas moins ennemi de la révolution française que ses prédécesseurs Pie VI et Pie VII ; seulement il déguisait cette haine avec plus de soin. M. de Châteaubriand, ambassadeur de France près la cour de Rome, adressera dans cette circonstance au sacré collége un discours où il célébrera en phrases pompeuses les vertus apostoliques et la modération d'esprit du pape défunt ; mais ces éloges, d'une étiquette obligée, ne signifient rien : la France n'y prend aucun intérêt ; les foudres ou les bénédictions du Vatican sont d'ailleurs, au 19e siècle, des objets infiniment secondaires ; on ne s'en inquiète plus... Le cardinal Castiglioni, en sa qualité de chef de l'ordre des évêques, répondra au nom du sacré collége à l'amplification de rhétorique de l'ambassadeur de France, et manifestera très-pieusement son aversion pour la liberté constitutionnelle (V. 31 mars) : ... la France s'embarrasserait fort peu des opinions politiques d'un souverain pontife, si le gouvernement du roi avait le sentiment de sa dignité, de sa force, s'il était gallican, et non pas jésuitique et ultramontain.

14. — Chambre des pairs. — Présentation d'un projet de loi sur le duel, par M. le garde-des-sceaux. — Présentation d'un projet de loi sur la juridiction militaire, et d'un projet de loi sur le Code pénal militaire

par M. le ministre de la guerre... Les deux projets sont divisés en livres, titres, sections, chapitres et articles ; ces derniers sont au nombre de plus de trois cents. La juridiction et la pénalité composent une constitution militaire dix fois plus volumineuse que la Charte; rien n'y est oublié. La bureaucratie s'est exercée à plaisir sur cette matière tant de fois organisée, modifiée, renouvelée depuis quarante ans. L'assemblée constituante avait posé les véritables bases de la juridiction militaire, et ses décrets sur la partie laissaient peu à désirer. Mais la France est le pays où l'on fait et défait les lois avec le plus de légèreté ; chaque ministre doit corriger ou changer l'ouvrage de son prédécesseur, c'est de règle : aussi les ordonnances et les décisions se succèdent avec une effrayante rapidité, et il en résulte dans toutes les parties de l'administration publique une instabilité essentiellement préjudiciable aux intérêts de l'État et à la sécurité des individus.

19. — Chambre des députés. — Développement de la proposition de M. Eusèbe Salverte, tendant à accuser les membres de l'ancien ministère des crimes de concussion et de trahison.

Le ministre de l'intérieur, Martignac, repousse de toutes ses forces la proposition de M. Eusèbe Salverte ; il demande que la chambre déclare qu'il n'y a pas lieu de délibérer, et il dit entre autres raisons : «... Quand une session est close, il ne reste de ses actes que ceux qui ont été consommés. Ainsi, les lois proposées et même discutées dans une chambre, mais qui n'ont pas été suivies d'un vote définitif, doivent être de nouveau présentées à cette chambre.... Ainsi, quand une loi a été proposée, discutée, et même adoptée dans une chambre, si l'autre chambre ne l'a pas sanctionnée par un vote, elle doit revenir encore à la première chambre pour lui demander un nouvel examen, un nouveau rapport, un vote nouveau... » Avec cette manière de raisonner et de procéder, il n'y a pas de raison pour qu'une proposition qui ne serait pas dans l'intérêt de l'autorité puisse être adoptée, puisqu'il dépend des ministres de la laisser traîner dans l'une ou l'autre chambre jusqu'à la clôture de la session, et parce que la proposition est, par ce seul fait, considérée comme *non avenue...* La question préalable, sur la proposition de M. Eusèbe Salverte, est adoptée par la chambre.

Appelé à la tribune, M. Labbey de Pompières déclare qu'il ne retire pas sa proposition d'accusation, et qu'il *l'ajourne* jusqu'au moment où la chambre sera disposée à l'entendre ; la *faculté de l'ajournement* étant *contestée* par M. de Martignac, M. Labbey de Pompières annonce qu'il retire sa proposition, se réservant de la reproduire *ultérieurement;* mais la session s'écoulera sans qu'il donne suite à sa proposition. L'ancien ministère échappe, de cette façon, à la responsabilité, et l'on aura une preuve de plus que la responsabilité des ministres n'est qu'une déception très-habilement libellée dans la Charte.

22. — Ordonnance du roi qui élève à la dignité de maréchal de France le lieutenant-général marquis Maison, pair de France, commandant l'expédition de Morée.

La notice insérée dans le *Moniteur*, presque à la suite de l'ordonnance, mérite d'être citée : « Le nombre des maréchaux de France était resté incomplet depuis le décès de M. le marquis de Lauriston. Le roi a voulu, dans cette circonstance, donner un témoignage éclatant de satisfaction à M. le lieutenant-général marquis Maison. *Dans la campagne de* 1814, cet officier-général, commandant le corps d'armée chargé de la défense des départemens du Nord de la France, remplit cette *mission* avec une haute distinction. Il vint *le premier*, avec les troupes dont il avait le commandement, *rendre hommage au roi*, lors de son débarquement à Calais. Depuis, il a donné des preuves de son dévouement en *accompagnant en 1815 sa majesté (à Gand)*. Investi du commandement de l'expédition de Morée, il a déployé dans cette occasion de nouveaux talens, et a su atteindre avec habileté le but qui lui était indiqué par ses instructions. Sa majesté a voulu récompenser à la fois les anciens et les nouveaux services de cet officier-général, en l'élevant, par ordonnance du 22 février, à la dignité de maréchal de France. »

Le maréchal Maison rendra des services d'un autre genre à Charles x ; il *l'accompagnera* ou plutôt le conduira captif, dans quelques mois, au port de Cherbourg, et le fera embarquer sous ses yeux pour l'exil ; le monarque déchu lui donnera un certificat, constatant l'exactitude et les attentions avec lesquelles la mission a été remplie ; le maréchal Maison n'apportera pas, il est vrai, moins de respect, moins de dévouement dans le voyage de Cherbourg que dans celui de Gand ; ses sentimens seront en 1830 les mêmes qu'en 1815..... Néanmoins, cet officier-général doit être peu flatté des éloges que lui donne le journal officiel sur sa conduite dans la campagne de 1814. Ses services, dans une situation aussi critique, furent très-remarquables, et, nous n'en doutons pas, conformes à la fidélité qu'il devait à sa patrie et à l'empereur ; nous ajouterons même avec justice, avec plaisir, qu'ils contribuèrent à préserver les départemens du Nord des brigandages exercés par les armées alliées : mais, que de généraux français combattirent, dans la campagne de 1814, avec bien plus de distinction que le général Maison, sans recevoir d'autre récompense de leur dévouement à la patrie qu'une honorable disgrâce ! Personne ne révoquera en doute les preuves de dévouement que cet officier-général a données aux princes de Coblentz ; il dut même, nous en sommes persuadé, lui en coûter beaucoup pour condamner à mort le maréchal Ney : mais combien plus il a dû lui en coûter d'escorter Charles X, chassé du trône à *coups de fourche*, comme dira M. de Châteaubriand, et d'être témoin jusqu'à la dernière heure du séjour de Charles X sur la terre de France, d'assister à la dégradation du souverain qui l'avait élevé à la dignité de maréchal de France !

Le général Maison a déployé des talens militaires et de l'habileté dans l'expédition de Morée ; mais il y avait peu de gloire à recueillir dans cette expédition ; lui-même l'a dit (V. 5. 30 octobre 1828). Quoique le général Maison n'ait attaché son nom à aucune victoire, à aucune bataille importantes, dans les vingt années militaires de la révolution française, il a mérité toutefois le bâton de maréchal à plus juste titre que tous les généraux, sans exception, élevés à cette dignité par Louis XVIII et Charles X.

Il n'est pas inutile d'observer que la particule *de* n'est jamais accordée par le gouvernement de la restauration aux personnages sortis de la classe du peuple ou de la bourgeoisie, quelque élevés qu'ils soient dans la hiérarchie militaire ou civile. Cette particule est exclusivement réservée aux familles nobles de l'ancien régime : le maréchal Maison est fils d'un paysan, fort pauvre, d'Épinay, près Saint-Denis (Seine) ; ses parens le placèrent, en qualité d'apprenti passementier, rue Saint-Denis, à Paris ; la révolution vint, et le jeune Maison s'enrôla pour défendre la patrie ! Il est beau de créer soi-même son nom et sa fortune ; il est beau de s'illustrer en combattant pour la liberté et l'indépendance de son pays : voilà des titres de gloire qui valent mieux que de vieux parchemins ; mais ce n'est pas ainsi qu'en juge l'ancien régime ! Le général Maison n'est pas né *gentilhomme* ; en conséquence, c'est un *homme de rien*, dit-on, à la cour: ainsi disait Charles x du maréchal Soult, fils d'un paysan; du maréchal Mortier, fils d'un cuisinier (dit-on), quoique ces deux généraux se soient illustrés par les plus beaux faits d'armes, par les plus nobles services; ils sont, aux yeux de la nation, meilleurs *gentilshommes* que des Montmorency et des Rohan! Le mot gentilhomme vient de *gentis homo*; il signifie littéralement *homme de la nation*... Mais qu'importe aux grands seigneurs de l'ancien régime? Ce sont des *roturiers*, des *parvenus*, disent-ils. Quelle insolence!!! et voilà comment les Bourbons de Coblentz estiment et honorent la gloire militaire de la France, et les généraux de la révolution nés dans la classe du peuple.... Cependant un maréchal de France mériterait, ce nous semble, et *sans tirer à conséquence* (car enfin l'on ne peut pas faire autant de maréchaux que de barons ou de marquis), d'être *décoré* de la *noble particule de*; mais, répétons-le, qu'est aux yeux de la restauration, un homme de grand mérite, sortant de la classe du peuple? *Un homme de rien*; disons pourtant, pour être exact, que Louis xviii avait fait du *comte impérial* Maison un *royal marquis*.

22. — Ordonnance du roi, portant diverses modifications à la loterie.

Huit départemens les moins riches de France (les Basses-Alpes, les Hautes-Alpes, l'Aveyron, le Cantal, la Corrèze, la Corse, la Creuse, la Lozère) ont été préservés de l'établissement de la loterie : elle est supprimée dans vingt-huit départemens; il ne pourra être placé sur chaque billet une mise inférieure à la somme de *deux francs*; les remises accordées aux receveurs sont fixées à 5, 4, 3, 2 et 1 pour cent, en raison de leurs recettes en mises (ces remises avaient été réduites de 6 à 5 pour cent par la loi des finances d'août 1828). Les dispositions de l'ordonnance susdite ne seront exécutoires qu'à dater du 1ᵉʳ janvier 1830.

La loterie, doit être définitivement supprimée en France en 1836; cette suppression, invoquée depuis long-temps, sera un grand bienfait pour toutes les classes de la société, notamment pour la classe du peuple; elle préviendra un grand nombre de vols, de suicides et de crimes de toute espèce.

2 Mars. — Cour royale de Paris. — Arrêt concernant les sieurs Fabien et Bissette, hommes de couleur, déportés de la Martinique, dans leur affaire contre le comte de Peyronnet, pair de France...... Ils ont formé, contre ce ministre, une demande de 300,000 francs de dommages et intérêts.

« La cour, considérant que la loi du 24 août 1798, en reconnaissant, comme principe fondamental de notre droit public, la division et l'indépendance des pouvoirs judiciaires et administratifs, a fait défense aux tribunaux de connaitre des actes administratifs de quelque espèce qu'ils soient; — Considérant que la Charte constitutionnelle ne contient aucune dérogation à ce principe, et qu'en *l'absence* de lois particulières sur la responsabilité des ministres, l'autorité judiciaire ne peut être saisie d'aucune action dirigée contre eux à raison de leurs fonctions; — Considérant que la demande formée contre le comte de Peyronnet repose sur un fait relatif à ses fonctions de ministre; — A mis et met l'appellation et ce dont est appel au néant; mandant et prononçant par jugement nouveau, déclare Fabien et Bissette non recevables dans leur demande, et les condamne aux dépens. »

Cet arrêt est d'une grande importance, il achève de consacrer l'irresponsabilité et l'impunité des ministres:

les Français sont bien et dûment avertis qu'ils ne peuvent recourir aux tribunaux, quels que soient à leur égard les actes arbitraires, les délits ou les crimes commis par un ministre; il ne leur reste que la ressource de demander au conseil d'État, c'est-à-dire au ministre qu'ils accusent, la permission de le poursuivre; et, comme il est judiciairement reconnu et statué qu'il y a *absence* de lois particulières sur la responsabilité ministérielle, les agens du pouvoir ont carte blanche pour attenter à la liberté et à la propriété des citoyens.

La France a retenti des injustices, des atrocités juridiquement exercées contre MM. Fabien et Bissette; le garde-des-sceaux, ministre de la justice, Peyronnet, a rejeté leurs réclamations, et s'est rendu patemment coupable de déni de justice à leur égard. Ces citoyens, condamnés à de très-graves peines prononcées en violation des lois et même des *formes* judiciaires qui garantissent la libre défense des accusés, sont venus demander justice au pied du trône de Charles x; mais ils y trouvent le *Laubardemont* de la restauration; ils échouent dans leurs poursuites. Que pouvaient-ils attendre, en effet, d'un ministre *de la justice*, expédiant par le télégraphe l'ordre d'exécuter immédiatement le condamné (Caron) dont il a gardé pendant trois jours le pourvoi en cassation, sans l'envoyer dans les vingt-quatre heures à la cour suprême, ainsi que la loi l'y oblige? Quel crime! quelle impunité!

MM. Fabien et Bissette trouvent dans l'estime nationale un précieux dédommagement des infâmes persécutions qu'ils ont subies sous le ministère *Villèle* et *Peyronnet;* ils sont honorés de l'estime et de l'attachement de M. de Lafayette et des plus recommandables citoyens: c'est à la fois un témoignage de leur innocence et un éloge de leur patriotisme.

4. — États-Unis. Washington. — Élection du général Jackson à la présidence : il a obtenu, dans les colléges des vingt-quatre Etats, membres souverains de l'Union, 178 suffrages ; son concurrent, M. Adams, n'en a obtenu que 83.

Le discours que prononce le nouveau président renferme ces passages «... Dans l'application des lois du congrès, j'aurai constamment sous les yeux les *bornes* aussi bien que l'étendue du pouvoir exécutif. Certain ainsi de remplir les fonctions de ma *place*, sans en dépasser l'autorité, je mettrai tous mes soins à conserver la paix avec les nations étrangères, et à cultiver leur amitié sur un pied sincère et *honorable;* et s'il y a quelque différend à terminer, à montrer la patience qui sied à une nation puissante plutôt que la susceptibilité d'un peuple brave. — L'*économie du revenu public...* sera le but de mes soins les plus actifs, tant parce qu'elle facilitera l'*extinction de la dette nationale*, dont la prolongation inutile est *incompatible avec une indépendance réelle*, que parce qu'elle comprimera la tendance vers cette lutte publique et privée qu'*une profusion immodérée d'argent par le gouvernement* est trop propre à faire naître... Les améliorations intérieures et la *propagation de l'instruction*, autant qu'elles peuvent résulter des actes constitutionnels du gouvernement fédéral, sont des objets d'une haute importance. — Regardant l'entretien des armées en temps de paix comme *dangereux pour les gouvernemens libres*, je ne chercherai pas à étendre notre état militaire actuel, et je ne négligerai pas cette leçon salutaire : que le POUVOIR MILITAIRE DOIT RESTER SUBORDONNÉ AU POUVOIR CIVIL.... L'accroissement graduel de notre marine, dont le pavillon se déploie dans les climats lointains, notre habileté dans la navigation et notre célébrité dans les combats, l'entretien de nos forts, chantiers et arsenaux, l'adoption enfin de perfectionnemens progressifs dans la discipline et dans la science de l'une et l'autre de ces deux branches de notre service militaire, sont si évidemment prescrits par la sagesse, que l'on me pardonnerait plutôt de n'en pas faire mention que de m'étendre sur leur importance. — Mais le boulevard de notre défense est la *milice nationale*, qui, dans l'état actuel de nos lumières et de notre population, doit nous rendre *invincibles* : aussi long-temps que notre gouvernement sera dirigé dans *l'intérêt du peuple*, et réglé par sa *volonté*, aussi long-temps qu'il garantira parmi nous les *droits des personnes et des propriétés*, *la liberté de conscience et de la presse*, il méritera d'être défendu; *une milice patriotique le couvrira de son égide....* »

Quel excellent système de gouvernement, et quelle franche exposition de ce système! Le discours du président Jackson, comme tous ceux de ses prédécesseurs au gouvernement des États-Unis, est empreint de modération, de force, de sagesse et de patriotisme; les chefs des gouvernemens devraient l'étudier, le méditer; ils y trouveraient de salutaires leçons et d'excellentes règles de conduite : celle de M. Jackson, pendant les quatre années de sa présidence, fera juger de la sincérité qu'il apporte dans ses engagemens en entrant au pouvoir.

8. — Ordonnance du roi qui fixe un délai pour les réclamations des prétendans à l'indemnité allouée par la loi du 27 avril 1825. (V. cette date.)

Cette ordonnance, concernant les indemnitaires dont les demandes n'auraient pas été appuyées de toutes les pièces justificatives, prescrit au préfet de transmettre, sans délai, les demandes au directeur des domaines du département, qui en donnera avis, s'il y a lieu, d'après les observations du directeur susdit au réclamant, avec injonction à ce dernier de fournir les pièces dans le délai de trois mois, à partir du jour de la notification au domicile élu dans le département, etc.

L'on ne saurait montrer trop de sollicitude pour les émigrés à *indemniser*, mais elle est superflue : aucun d'eux, ayant ou n'ayant pas droit à l'indemnité, n'a négligé de former ses demandes devant l'autorité compétente, et comme elle accorde aux *indemnisés* une protection décidée, il existe peu de demandes en arrière. Cette ordonnance royale est une preuve de la *franche* et stricte exécution de la loi de l'indemnité, du MILLIARD donné aux émigrés.

9. — Chambre des députés. — Développement de la proposition de M. Demarçay, tendant à établir pour le budget des dépenses autant de commissions d'examen qu'il y a de ministères.

Cette proposition, dont les avantages sont évidens, sera vivement combattue par le ministre des finances (Roy), comme contraire au *réglement* de la chambre ; l'exécution en serait, dit-il, *impossible*. Le ministre de l'intérieur (Martignac) dit : « Elle a en elle-même un vice radical ; c'est qu'elle porte comme *amendement au réglement* ce qui devrait être l'objet d'une proposition de loi. » MM. Georget-Laboulaye, Berbis, Chantelauze, etc., la combattent par des motifs tout-à-fait spécieux ; le dernier ne craint pas même de dire que le ministère a donné *assez* de preuves de son attachement aux principes constitutionnels, et qu'on ne doit rien changer à l'ordre de choses établi ; il fait, à ce sujet, une très-belle profession de foi *constitutionnelle* dont il ne déviera jamais..... MM. Dupin et Benjamin Constant défendent la proposition et en démontrent l'utilité : ils font ressortir les vices nombreux que présentent les commissions chargées de l'examen en masse du budget des dépenses : les efforts du côté gauche sont inutiles ; le côté droit, où siégent les restes du parti Villèle, et les serviles du ministère l'emportent : la chambre décide que la proposition n'est pas prise en considération.

11. — Chambre des députés. — Présentation d'un projet de loi portant réglement définitif du budget de l'exercice 1827.

Il est accordé, sur le budget de 1827, au-delà des crédits fixés par les lois des 6 juillet 1826 et du 6 août 1827, etc. . . . . 15,093,174 fr.

Les crédits du budget de l'exercice 1827 sont définitivement fixés à la somme totale de 986,534,765

Les recettes de toute nature de ce même exercice sont arrêtées, au 1er décembre 1828, à la somme de . . . 957,431,769

Différence ou *déficit* . . 32,016,283

différence qui « figurera dans la situation de l'admi-
« nistration des finances comme *avance* du trésor sur
« l'exercice 1827, jusqu'à ce qu'il ait été pourvu à
« son remboursement. »

11. — Présentation de sept projets de loi portant allocation :

1° Au ministère de la justice, d'un crédit extraordinaire de 244,885 francs sur l'exercice 1828. (C'est pour payer la salle à manger, les commodités et le luxe de M. Peyronnet.)

2° Au ministère des affaires étrangères, d'un crédit extraordinaire de 4,879,600 francs sur l'exercice 1828.

3° Au ministère de l'instruction publique, d'un crédit extraordinaire de 97,778 francs sur l'exercice 1828.

4° Au ministère du commerce et des manufactures, d'un crédit extraordinaire de 417,398 francs, pour les dépens de l'exercice 1828.

5° Au ministère de la guerre, d'un crédit extraordinaire de 26,983,000 francs sur l'exercice 1828.

6° Au ministère de la marine et des colonies, d'un crédit extraordinaire de 23,300,000 fr. sur l'exercice 1828.

7° Au ministère des finances, d'un crédit extraordinaire de 831,290 francs sur l'exercice 1828.

Total des crédits extraordinaires sur l'exercice 1828, 56,753,931 francs.

Les crédits extraordinaires viennent cette année, comme de coutume, se joindre aux budgets antérieurs; et comme de coutume les rapporteurs des commissions disent : « Ces dépenses étaient nécessaires ; elles ont été « faites ; la chambre ne saurait refuser de les acquit- « ter..... » Et la chambre les acquitte.

12. — Chambre des pairs. — Présentation de dix lettres-patentes de titres de pairie en faveur : « *Sur le banc des* ducs, de M. le duc de Dalmatie (maréchal *Soult*) ; *sur le banc des* barons, de MM. le marquis de *Tramécourt*, le marquis de *Saint-Maurice*, le marquis de *Calvière*, le comte de *Divonne*, le baron de *Frénilly*, le comte d'*Imécourt*, le comte d'*Andlau*, le marquis de *Beaurepaire*, le marquis *Desmoutiers de Mérinville*.

M. le maréchal Soult est enfin parvenu à surmonter les obstacles élevés à sa réintégration dans la chambre des pairs ; sa piété exemplaire et le dévouement qu'il n'a cessé de manifester en faveur de la restauration des princes de Coblentz l'ont fait rentrer en faveur à la cour de Charles x.

14. — Chambre des députés. — Pétition dans laquelle les donataires de 2 millions réservés par l'art. 9 du traité du 11 avril 1814, réclament le paiement des sommes qui leur sont dues en exécution des clauses de ce traité..... Dans l'état de répartition de cette somme, on compte 18 généraux, 4 colonels et 30 officiers.

Nous faisons mention de cette pétition pour montrer avec quelle impudeur les deux monarques de la restauration ont spolié, dilapidé le domaine privé et le domaine extraordinaire laissés par Napoléon : de la part de simples particuliers, ce serait brigandage, escroquerie, vol ; mais chez les princes de Coblentz, c'est restitution, indemnité, justice.

Le rapport fait par M. Jars, au nom de la commission des pétitions, est d'une lucidité, d'une équité parfaites ; il établit incontestablement les droits des réclamans ; en effet, l'art. 9 du traité du 11 avril 1814 est ainsi conçu :
« Les propriétés que sa majesté l'empereur Napoléon pos-
« sède en France, soit comme domaine extraordinaire,
« soit comme domaine privé, resteront à la couronne.
« — Sur les fonds placés par l'empereur Napoléon, soit
« sur le grand livre, soit sur la banque de France, soit
« sur les actions des forêts, soit de toute autre manière,
« et dont sa majesté fait l'abandon à la couronne, il sera
« réservé un capital qui n'excèdera pas 2 millions, pour
« être employé en gratifications en faveur des personnes
« qui seront portées sur l'état que signera l'empereur
« Napoléon, et qui sera remis au gouvernement fran-
« çais. »

Voilà un contrat sacré dont la Russie, l'Autriche et la Prusse ont solennellement promis l'exécution ; la France s'y est obligée de son côté par l'adhésion formelle qu'y a apposée le gouvernement provisoire ; bien plus, après son entrée en France, Louis XVIII a donné son accession au traité susdit, et son ministre des affaires étrangères (le prince de Bénévent, ci-devant le citoyen *Talleyrand*), a déclaré par son ordre aux puissances signataires du traité « que *les clauses du traité, à la charge de la « France, seront fidèlement exécutées*..... » Il n'est pas sans intérêt de rappeler ici des particularités dont le gouvernement de Louis XVIII a fait l'aveu, à la tribune nationale, le 17 juillet 1822, « que les sommes délaissées « par Napoléon (par le traité du 11 avril 1814) étaient « restées au ministère de la maison du roi, et que le re- « liquat de l'ancienne liste civile (toutes autres dettes « payées) était, à cette époque, de 6,800,000 francs, « et devait être versé au trésor public. »

« Louis XVIII exécuta, avec beaucoup d'empressement et de fidélité, la partie du traité qui lui livrait le domaine privé, le domaine extraordinaire, les fonds de toute nature laissés par Napoléon, et placés de différentes manières; *propriétés et fonds d'une valeur bien supérieure à la somme de deux millions réservée ;* mais quant au paiement de cette somme, Louis XVIII s'y refusa d'une manière péremptoire jusqu'au moment de sa mort ; son successeur au trône ne se montre pas plus accessible aux justes réclamations qui lui sont adressées : toutes les subtilités et les chicanes que peut enfanter la mauvaise foi réunie à la puissance, la couronne les emploie pour frustrer les donataires de leur droit, de leur propriété bien et dûment acquise ; les ordonnances royales viennent successivement les en débouter, et toutes leurs requêtes sont impitoyablement rejetées... Mais était-il permis d'espérer que les deux monarques de Coblentz, qui refusent obstinément d'acquitter des dettes sacrées qu'ils ont *personnellement* contractées, reconnues, consentiraient à acquitter les dettes dont ils se sont chargés en s'emparant des sommes affectées pour cet effet ?

La chambre des députés adopte le *renvoi de la pétition au conseil des ministres* : elle consacre, autant qu'il est en son pouvoir, le droit des donataires ; mais les donataires n'en seront pas moins spoliés de leur propriété, et leur pétition ira s'ensevelir à tout jamais dans le gouffre des cartons ministériels... Les deux monarques de Coblentz se sont emparés de la fortune privée de Napoléon ; ils ont hérité de son despotisme administratif, et n'ont répudié que sa gloire militaire, c'est-à-dire la gloire de la nation française ; sur ce dernier point, il y a de leur part répudiation complète et soutenue.

18. — Paris. — Mort de M. Alexandre Lameth, député du département de Seine-et-Oise (Versailles).

M. de Lameth embrassa la cause de l'indépendance américaine, avec un enthousiasme qui lui mérita une place distinguée parmi les amis de la liberté ; il combattit sous les drapeaux de Wasinghton et revint en France avec une réputation de bravoure et de patriotisme qui jetèrent un grand éclat sur sa jeunesse, mais qui rendirent plus tard ses erreurs et ses fautes presque inexcusables ; car M. de Lameth n'imita pas la modération et la sagesse de M. de Lafayette, et surtout le désintéressement dont le grand citoyen fit preuve en défendant la liberté en France.

Le nom de Lameth, disait le soi-disant comte de Rivarol, est devenu synonyme du mot ingrat : l'écrivain de la liste civile avait tort : car, des quatre frères Lameth, deux (le marquis et Théodore) défendirent avec chaleur la royauté que les deux autres (Alexandre et Charles) attaquaient à outrance. Alexandre Lameth avait été particulièrement comblé de faveurs et de grâces par Louis XVI ; mais à peine la première heure de la révo-

lution eut-elle sonné, que le courtisan de Versailles
déserta la cause royale : nommé député aux états-généraux, M. de Lameth embrassa la cause de la révolution
avec une ardeur, avec une exagération, qui le rendirent
bientôt l'un des membres les plus influens de l'assemblée
constituante ; sa popularité s'accrut de toute la violence
des opinions qu'il émit à la tribune nationale : c'était un
courtisan révolté, a dit avec raison Cazalès, dont la
loyauté s'indignait de l'ingratitude, de quelque masque
dont elle se couvrit. Affamé de célébrité, dévoré d'ambition, M. de Lameth ne recula devant aucun des
sacrifices qu'exigeait la révolution ; il contribua de tous
ses efforts à l'abolition de la noblesse et des titres, quoiqu'il fût très-jaloux de sa gentilhommerie et de sa qualification de comte : il eut, au reste, cette parfaite ressemblance avec le comte de Mirabeau ; mais, hors d'état de
lutter avantageusement contre le député de Provence qui
dominait l'assemblée nationale par l'irrésistible ascendant
de son éloquence et de son génie révolutionnaires, M. de
Lameth se fit chef de faction, se rapprocha de la cour
et trahit la cause de la liberté ; les papiers trouvés dans
l'armoire de fer, déposent de sa vénalité et de son
apostasie ; elles le conduisirent à l'exil. Sorti des cachots
d'Olmutz*, où il eut l'honneur de partager les chaines de
M. de Lafayette, M. de Lameth ne fit preuve, ni des
vertus patriotiques, ni de ce véritable amour de la
liberté et de ce respect pour les lois qui caractérisent le

* Pour connaître la cause des barbaries exercées contre les
prisonniers d'Olmutz, il faut savoir que Louis XVI et Marie-Antoinette avaient la plus profonde aversion pour les *monarch. ens*,
ou *hommes de la constitution de* 1791, surtout pour ceux qui
s'étaient prononcés contre la cour en 1789, quelques services
qu'ils eussent plus tard promis de lui rendre : le roi et la reine
n'avaient même pas une si forte haine contre les *jacobins*, tant ils

grand citoyen ; il n'était qu'ambitieux. Rentré en France, M. de Lameth courut au devant des faveurs de l'homme qui présidait au gouvernement de l'État, il les obtint. Nommé successivement préfet des Basses-Alpes (Digne), de Rhin-et-Moselle (Coblentz), du Pô (Turin), de la Roër (Aix-la-Chapelle), de la Somme (Amiens); M. de Lameth administra ces départemens avec sagesse, avec talent; c'est l'époque la plus honorable de sa vie. La restauration de 1814 ne devait pas lui pardonner sa conduite à l'assemblée constituante; il offrit inutilement son repentir et ses talens à Louis XVIII, et se vit réduit à vivre dans l'obscurité jusqu'à l'époque où ses concitoyens le nommèrent député : M. de Lameth a fait peu de sensation dans la chambre, et a mollement défendu les libertés nationales. Redevenu gentilhomme et aristocrate, il tournait ses regards vers cet ancien régime et ces priviléges contre lesquels il s'était élevé avec tant de force au début de sa carrière publique. Il laisse une *Histoire de l'Assemblée constituante*, ouvrage que la mort ne lui a pas donné le temps d'achever; l'on y trouve, sur cette époque célèbre, quelques détails intéressans : mais le nom et l'ancienne position de l'auteur promettaient autre chose que des procès-verbaux d'assemblées politiques.

M. de Lameth avait du savoir, de l'amabilité, de la bonté; ses manières sentaient beaucoup trop le grand seigneur; mais, s'il y avait de la vanité dans son carac-

---

étaient persuadés que leurs excès finiraient par perdre la cause de la liberté et de l'égalité! Le cabinet autrichien était parfaitement instruit des sentimens secrets de la cour des Tuileries, et traitait, en conséquence, les *monarchiens*: aussi, ne vit-on aucun des hommes importans dans ce dernier parti chercher, au temps des proscriptions, asile dans les États héréditaires, ou sur terre autrichienne.

tère, son cœur n'était pas sans bienveillance. Il serait injuste de ne pas reconnaître que M. Alexandre de Lameth a rendu d'importans services à la liberté, comme membre de l'assemblée constituante ; ses nombreux rapports sur diverses parties de l'administration publique, et notamment sur l'organisation militaire, attestent des connaissances étendues et un esprit élevé ; il avait, à cet égard, une grande supériorité sur M. Charles de Lameth, dont l'esprit révolutionnaire ne lui cédait en rien à l'assemblée constituante, mais dont les talens oratoires et les vues politiques étaient, en 1789, 1790, etc., ceux d'un médiocre tribun du peuple.

Les obsèques de M. Alexandre de Lameth ont lieu le 21 ; M. Kératry prononce un long discours d'amitié, dans lequel il rappelle les services que l'homme public a rendus à la liberté, et célèbre les vertus de l'homme privé ; M. Casimir Périer rend hommage au patriotisme et aux talens du défunt.

20. — Chambre des députés. — Le projet de loi concernant la prorogation du monopole des tabacs, présenté le 10 février, est adopté à la majorité de 226 voix contre 67... Porté à la chambre des pairs, ce projet y sera adopté (14 avril) à la presque unanimité.

En vertu de cette loi, le gouvernement conserve le monopole du tabac jusqu'au 1ᵉʳ janvier 1837 ; l'achat, la fabrication et la vente des tabacs sont attribués exclusivement, comme ci-devant, à la régie des contributions indirectes.

La France de la *restauration* est le royaume des monopoles ; les boissons, le sel, la loterie, les cartes à jouer, le tabac, les poudres, etc., tous ces objets, mis hors du droit commun, sont placés sous la régie du gouvernement qui s'en réserve ou la fabrication ou le débit exclusif........ Relativement aux tabacs, le monopole a un caractère d'autant plus odieux, que la culture en est prohibée dans 78 départemens, et permise dans 8 départemens seulement, et encore sous des restrictions vexatoires. La Charte a beau déclarer que tous les Français sont égaux devant la loi, et que toutes les propriétés sont inviolables (c'est-à-dire que tout Français peut cultiver son champ et disposer de sa culture comme bon lui semble), il n'en est pas moins défendu aux neuf dixièmes de la France de planter du tabac, et les préfets des 8 départemens, privilégiés pour cette plantation, ont, en outre, la faculté d'accorder ou de refuser des licences et de frapper ainsi de stérilité la terre la plus propre à ce genre de production. Le grand prétexte du monopole des tabacs est la difficulté d'en remplacer le produit (45 millions); ainsi l'on viole le droit de propriété, parce que le gouvernement trouve un grand bénéfice dans cette violation! Telle est même la franchise du ministre des finances, Roy, qu'il dit : « C'est « par respect pour des opinions différentes de *la mienne*, « que j'ai demandé une prorogation de *six ans*, et non « pas INDÉFINIE! » Ce ministre, dont le despotisme fiscal est à toute épreuve, a la science infuse de l'impôt. «..... Quel est le remède que l'on vous propose, dit-il, « comme devant amener les plus notables résultats? « *une enquête*... Mais, messieurs, que nous dira-t-on « que déjà *nous ne sachions?* Soyez donc persuadés, « messieurs, qu'une enquête ne pourrait *rien nous* « *apprendre*..... » Ce n'est pas ainsi que s'exprimaient Sully, Colbert et Turgot; il est vrai que M. Roy ne saurait être comparé à ces ministres; l'on ne peut, en fait de fiscalité, le mettre en parallèle qu'avec le bon abbé Terray qui prenait l'argent partout où il le trouvait. Sous l'ancien régime, le monopole du tabac était du moins mis en ferme, et l'intérêt des fermiers-généraux les portait à surveiller avec grand soin la fabrication des tabacs, afin d'en augmenter la consommation. Sous le régime d'une Charte qui consacre la liberté de culture et d'industrie, le gouvernement, seul fabricant et vendeur d'une denrée devenue objet de première nécessité, fabrique mal et vend à un prix excessif des tabacs qu'on est forcé de lui acheter, quelque médiocre ou mauvaise qu'en soit la qualité. Il ne faut pas, au surplus, s'étonner de semblables abus; tout est monopole, depuis l'enseignement public jusqu'à la profession de fille de joie; le gouvernement des princes de Coblentz n'a voulu rien perdre de la succession fiscale laissée par Napoléon, et l'on sait que, monté sur le trône, Napoléon voulut être le seul marchand et le premier monopoleur de son empire. La loterie, les jeux, les filles publiques, tout cela appartient au gouvernement qui régit et administre pour le plus grand bien de l'État! Les dépenses publiques augmentent à vue d'œil, d'année en année; il faut donc maintenir les impôts existans, pour si odieux qu'ils soient; *économie* et *réformes* sont des mots que le ministère Villèle a évincés de l'administration.

22. — Angleterre. — Protocole des conférences de Londres, ou des résolutions des trois puissances (la France, l'Angleterre et la Russie) qui se sont chargées de l'arrangement des affaires de la Grèce.

Ce protocole fixe la démarcation des frontières de la Grèce, à partir du golfe de Volo, et à aboutir au golfe d'Arta; d'après cette délimitation, les îles adjacentes, les Cyclades, l'Eubée ou Nègrepont, doivent faire partie du territoire grec, et les Turcs qui voudront le quitter jouiront de la faculté de vendre leurs propriétés : la Grèce doit payer à la Porte-Ottomane un tribut annuel d'un million cinq cent mille piastres turques, et rester sous la suzeraineté de la Sublime Porte, mais avec le libre exercice de sa religion et de son commerce : enfin ; la Grèce doit se constituer en gouvernement monarchique et recevoir pour chef le prince chrétien dont les trois puissances détermineront le choix ; la famille de ce prince conservera héréditairement le pouvoir dont il aura été revêtu ! afin de donner une preuve manifeste de leur désintéressement politique, les trois puissances arrêtent que ce prince sera choisi hors des familles des trois souverains signataires du traité du 6 juillet 1827.

— Depuis l'invention de la *diplomatie* par les Italiens, l'on ne vit, dans aucun des trois derniers siècles, autant de congrès, de conférences, de protocoles ; les quinze années de la restauration de 1814 en sont pleines ; pourquoi ? parce que les grandes puissances n'ont eu jusqu'à ce jour qu'un seul objet en vue : accorder aux peuples le moins de liberté possible, et constituer partout le despotisme du pouvoir au nom de la liberté constitutionnelle ! Tel est le système définitivement adopté par les quatre grandes puissances qui ont renversé Napoléon et l'Empire français... La Grèce a soutenu, pendant sept années, la lutte la plus sanglante contre la Turquie, elle a triomphé de l'oppression et conquis son indépendance ; mais la Grèce est sans armée régulière, et presque sans ressources financières ; son commerce est anéanti, son agriculture réduite aux abois, sa population décimée ; ses villes, ses bourgades, ne sont plus que des monceaux de ruines ; une foule de chefs ambitieux, cupides et jaloux, s'y disputent la domination; les factions y dévorent les lois à mesure qu'elles sont promulguées, et le peuple ignorant, barbare, superstitieux et indocile, tour à tour oppresseur et victime, y est continuellement le jouet des agitateurs que les puissances alliées désavouent ou protègent selon les circonstances qui affectent leur politique. La Grèce est une terre héroïque ; les exploits de ses capitaines, de ses amiraux, ont étonné le monde ; mais cette contrée dont toutes les puissances ont reconnu l'indépendance et la nationalité, n'en est pas moins menacée d'une dissolution totale : la Russie en convoite les provinces continentales, l'Angleterre, les îles ou les positions maritimes les plus importantes ; ces deux puissances se rendent, de concert avec la France, qui exécute leurs ordres, arbitres du sort de la Grèce : elles ont puissamment contribué à soustraire ce malheureux peuple à la brutale tyrannie des Turcs ; mais consentiront-elles de bonne foi à lui donner la portion de liberté qu'il peut supporter? C'est ce que les événemens ultérieurs apprendront à l'Europe : en attendant le président de la Grèce, Capo-d'Istrias, administre le nouvel état au bénéfice du cabinet de Saint-Pétersbourg.

26. — Ordonnance du roi portant réorganisation du collége royal de la marine, sous le titre de : *École royale préparatoire de la marine*. — Instruction (en date du 30 mars) relative à l'admission des élèves dans cette école.

L'instruction n'est guère qu'une répétition presque littérale de l'ordonnance, et l'une et l'autre ne présentent aucune de ces vues qui tendent à opérer une grande amélioration dans cette partie de l'administration publique. Le département de la marine a été encombré, depuis 1814, d'ordonnances, de décisions, de réglemens, d'instructions, qui attestent le système de bureaucratie adopté par les divers ministres de ce département ; M. de Chabrol a fait, à lui seul, des codes entiers pour cette partie ; la marine française n'en reste pas moins et n'en paraît pas moins destinée à rester long-temps dans l'état de faiblesse et d'avilissement où l'a réduite la restauration de 1814... Ce n'est pas ainsi que s'administre en Angleterre le département de la marine.

26. — Ordonnance du roi relative à l'instruction publique, d'après le rapport fait à S. M., sur cette partie, par le ministre secrétaire d'État au département de l'instruction publique, Vatimesnil.

Le ministre dit, dans ce rapport, que l'enseignement public réclame divers perfectionnemens et propose à la sanction royale ceux qu'il croit les plus urgens. Le plus urgent et le meilleur de tous serait de rendre *libre* l'enseignement public; mais le gouvernement ne le veut pas, et en conséquence le monopole de l'université est conservé et même augmenté; « les professeurs et maîtres « d'études des colléges royaux et les régens des colléges « communaux seront nommés par le grand-maître de « l'université. » — Ainsi, le système ministériel est toujours le même : *Se rendre maître de l'enseignement public*. On change les noms et les formes, on conserve les vices et les abus. Que le ministre s'appelle Frayssinous, Montbel, Vatimesnil, ou de tout autre nom, c'est toujours même chose, même esprit.

30. — Angleterre. — Le bill de l'émancipation des catholiques romains, présenté le 5 de ce mois à la chambre des communes par M. Peel, est adopté à une majorité de 178 voix.

Cette question, l'une des plus importantes qui eussent été agitées dans le parlement britannique, depuis la révolution de 1688, touchait aux fondemens même de l'État; depuis nombre d'années, soutenue et combattue avec acharnement dans la chambre des communes, elle est enfin résolue en faveur de la liberté, de la justice et de l'humanité; il lui reste à subir l'épreuve de la chambre des pairs où siègent les lords spirituels : ils s'opposeront de toutes leurs forces à l'adoption d'une mesure aussi équitable en principe et en droit, que nécessaire à la paix publique et à la prospérité de l'État : mais leurs intrigues et leurs machinations échoueront enfin contre le progrès des lumières et l'esprit du siècle. (V. 10 avril.)

30. — Chambre des députés. — Présentation d'un projet de loi, tendant à réaliser la concession faite à la ville de Paris du palais de la Bourse et de ses abords ; il sera adopté le 28 avril.

Ce monument, l'une des plus magnifiques créations de l'empereur Napoléon, et le plus beau qui existe en Europe, n'était pas achevé lorsque les Bourbons de Coblentz vinrent s'asseoir sur le trône de France, 1814; ils en suspendirent la construction : ce n'était pas à l'achèvement des monumens publics que le gouvernement royal employait les fonds de l'État; mais, forcé par l'opinion publique de prévenir la détérioration des constructions commencées et élevées aux deux tiers du plan ordonné, en 1808, par l'empereur, le gouvernement de Louis XVIII abandonna *gratuitement* à la ville de Paris les constructions existantes, ainsi que les terrains acquis par l'État pour cette destination, à la charge par elle d'achever, à ses frais, le monument. La ville de Paris avait déjà été mise provisoirement en possession, par ordonnance royale (1819), ordonnance illégale comme presque toutes celles rendues sous la restauration : le projet de loi, présenté à la chambre des députés, a pour objet de légaliser cette possession.

La ville de Paris fera continuer les travaux au moyen

d'une contribution additionnelle au droit de patentes et à l'impôt mobilier; le gouvernement se décharge de toute dépense, de tout encouragement à cet égard.... Louis XVIII et Charles X demeurent en conséquence étrangers à l'achèvement de ce palais, ce qui n'empêchera pas d'inscrire dans la salle même de la Bourse que ce palais a été DONNÉ par Charles X à la ville de Paris.

Napoléon a dépensé, de 1808 à 1814, près de quatre millions pour la construction du palais de la Bourse; la ville de Paris aura dépensé une somme d'environ cinq millions pour son achèvement. Ce monument est d'une architecture sublime, son exécution est d'une perfection achevée : il est empreint du génie et de la grandeur de Napoléon ; son nom seul y manque.

31. — Chambre des pairs. — Présentation d'un projet de loi sur la contrainte par corps, par M. le garde-des-sceaux.

Ce projet d'une loi réclamée depuis long-temps, relativement à la pénalité pour dettes, tend à conserver au crédit commercial les sûretés qui lui importent, à faire cesser ou à diminuer les poursuites et les détentions arbitraires prononcées, dans la matière, contre les personnes n'exerçant pas une profession commerciale; il corrige un grand nombre d'abus et tend à mettre un frein à la cupidité des créanciers, des usuriers, en même temps qu'il protégera les débiteurs contre leur propre faiblesse. Il est conforme, dit le ministre, aux droits de l'humanité, à la bonne police de l'État et à l'intérêt général; le gouvernement paraît avoir pris pour règle de conduite, dans le projet de loi, ce grand principe de Montesquieu, que :
« *Si la loi doit faire plus de cas de l'aisance publique*
« *que de la liberté d'un citoyen, elle doit toujours préfé-*
« *rer la liberté d'un citoyen à l'aisance d'un autre.* »

31. — Italie, Rome. — François-Xavier Castiglioni, né à Cingoli (États de l'Église) en 1761, est élu pape ; il prend le nom de Pie VIII, et sera couronné à Rome, le 5 avril.

Ce souverain pontife, lui-même l'a déclaré (V. 10 février), n'admet d'autre politique que celle « dérivant « des saintes Écritures et de la vénérable tradition, *unique école d'un bon gouvernement*, politique aussi élevée « au-dessus de toute politique humaine que le ciel l'est « au-dessus de la terre. » Il dit : « Dieu mettra une digue au désir immodéré de se soustraire à toute autorité, et éclairera les esprits de ceux qui se flattent d'obtenir le respect pour les lois humaines *en dehors* de la puissance divine, » ce qui signifie *en n'obéissant pas aux prêtres*. Le cardinal Castiglioni a été plus explicite encore, en ajoutant : « La seule *véritable* foi chrétienne (c'est-à-« dire la religion *romaine*) peut rendre sacrée l'obéis-« sance, parce que seule elle offre un appui inébranlable « auquel la sagesse humaine s'efforce en vain de substi-« tuer d'autres motifs fragiles (*les lois* apparemment) et « des causes de collision. ».

Ainsi, d'après les doctrines du nouveau pape, le gouvernement théocratique est le *gouvernement-modèle ;* les saintes Écritures et la vénérable tradition, voilà *l'unique école d'un bon gouvernement*. Pie VIII sera fidèle à ces maximes ; il publiera une lettre pastorale *encyclique* dans laquelle il frappera d'anathème et déclarera impies, anti-sociales, etc., la liberté de conscience, la liberté de la presse, en un mot tous les droits publics des Français, reconnus et proclamés par la Charte constitutionnelle *octroyée* par Louis XVIII.

La politique du Vatican est invariable ; souple et rampante, lorsqu'il a affaire à un gouvernement fort ; hautaine et intolérante, lorsqu'il a devant lui un gouvernement faible. En respectant et protégeant la religion autant qu'elle mérite de l'être, le premier devoir d'un chef de gouvernement est de tenir la puissance spirituelle tout-à-fait *en dehors* de l'autorité temporelle, et de ne permettre, sous aucun rapport, aux ministres du culte de s'immiscer dans les affaires publiques : c'est le seul moyen de préserver l'État des intrigues et des machinations du clergé ultramontain, et d'y maintenir la paix publique... La *Saint-Barthélemy* et la *Sainte-Ligue* doivent être de grandes leçons pour les gouvernemens !

2 Avril. — Brésil. — Session législative extraordinaire, ouverte par l'empereur D. Pédro, en personne. — «... Je vous ai convoqués extraordinairement, dit le monarque, pour deux motifs. Le premier est la nouvelle *inattendue* de l'arrivée des troupes étrangères d'émigrés Portugais, qui venaient chercher asile dans cet empire; le second a pour objet les finances en général, et surtout le bon arrangement de la Banque du Brésil, qui n'a pas obtenu de vous, jusqu'aujourd'hui, des ressources efficaces et salutaires : je regrette beaucoup d'avoir à recommander ce sujet *pour la quatrième fois à l'attention* de l'assemblée..... L'état difficile du trésor public n'est un mystère pour aucun de vous..... Mon ministre des finances vous présentera un projet de loi sur ce sujet, et j'espère que vous le prendrez en *due* considération... »

La nation brésilienne, surchargée d'impôts, voit avec irritation les dépenses publiques s'accroître par cette foule d'emplois richement rétribués, et dont la plupart sont donnés aux Portugais; l'empereur D. Pédro a engagé l'État dans des expéditions militaires dispendieuses, et qui ont obtenu peu de succès : ce monarque paraît regretter le pouvoir absolu, et la nation le regarde déjà

comme un despote qui cherche à renverser les bornes
que la Charte, donnée par lui-même au Brésil, met à
son pouvoir constitutionnel; l'esprit public se prononce
fortement contre lui; il semble le braver au lieu de chercher les moyens de le satisfaire! Aussi, ce souverain,
qui s'est annoncé à la liberté constitutionnelle sous de
si beaux auspices en Amérique et en Europe, sera, dans
quelques mois, renversé du trône, et obligé de chercher
un refuge à deux mille lieues de son trône.

10. — Angleterre. — Le bill de l'émancipation des
catholiques romains, adopté le 30 mars (V. cette date) par
la chambre des communes, et présenté le 31 mars, par
M. Peel, à la chambre haute, est adopté à une majorité
de 205 voix.

Le bill de l'émancipation mérite au duc de Wellington
les remercîmens de tous les véritables amis de l'humanité
et des lois; le triomphe qu'il remporte, dans une cause
aussi juste, aussi conforme au véritable esprit de la religion, est plus honorable pour lui que le gain de la bataille de Waterloo, de cette bataille où tout était perdu
pour le général anglais, si la *trahison* ne lui eût livré
la victoire..... Le duc de Wellington a déployé, dans la
défense du bill, une sagesse, une équité et même une
franchise qu'on ne saurait trop louer; il s'est très-bien
justifié, parce qu'il a parlé cette fois en homme d'État,
du reproche *d'inconsistance*, ou plutôt de changement
dans sa conduite, qui lui était adressé avec virulence par
les adversaires du bill : le discours qu'il prononce dans
une conjoncture aussi solennelle est noble, judicieux,
parfaitement politique et dans les vrais intérêts de l'État;
le premier ministre aborde franchement le reproche
d'inconsistance, et dit : «..... J'admets, mylords, que
plusieurs de mes collègues et moi-même avons, dans des

circonstances antérieures, voté contre une mesure du genre de celle-ci, et je dois vous dire qu'en adoptant cette mesure, nous nous sommes résolus à nous sacrifier, nous et notre popularité, à ce que nous avons regardé comme un devoir envers notre souverain et notre pays. Nous savions très-bien qu'en nous mettant à la tête du parti protestant avec le cri : *Point de papisme !* nous nous rendrions plus populaires que ceux qui provoquent contre nous-mêmes ce cri ; mais nous avons senti qu'en prenant ce parti, nous faisions peser sur notre pays un fléau qui pouvait l'écraser, et nous aurions mérité la haine et l'exécration de nos contemporains..... On m'a reproché d'avoir tenu cette mesure secrète jusqu'au dernier moment ; celui qui me fait ce reproche sait aussi bien que moi la position du cabinet au sujet de cette question. Or, je lui demande si j'avais le droit de dire un seul mot à qui que ce fût, sur cette mesure, jusqu'à ce que la personne la plus intéressée du royaume en cela m'eût autorisé à en parler ? Avant de m'accuser de mon silence, et d'un silence inconvenant encore, il devrait se rappeler le jour précis où je reçus la permission du plus haut personnage du pays, et ordre d'ouvrir la bouche sur cette mesure..... » Voilà une justification complète, noble, constitutionnelle, d'une conduite équivoque et frauduleuse en apparence. Ce n'est pas ainsi que les ministres-députés, ou pairs, même les simples pairs ou députés, justifient en France leurs apostasies politiques ! ! Le duc de Wellington avait à surmonter l'obstination du roi, qui, jusqu'au dernier moment, ne voulut pas entendre parler de l'émancipation catholique ; tous les membres de la famille royale s'étaient hautement prononcés contre le bill ; il n'était appuyé que par le duc de Clarence, qui fit un pompeux éloge du duc de Wellington, éloge très-exagéré quant à ses talens militaires, mais très-juste quant à sa conduite politique dans le moment présent : « .... Le noble duc a proposé sa mesure au moment où il a tout le pouvoir nécessaire pour la faire adopter... L'adoption de cette mesure intéresse non-seulement l'Angleterre, mais l'Europe entière; car les intérêts de l'Angleterre sont si intimement liés avec ceux de l'Europe, que les uns ne peuvent souffrir sans que les autres en pâtissent....... » Ainsi s'est exprimé l'héritier présomptif de la couronne, qui, deux ans plus tard, s'opposera jusqu'à la dernière extrémité à la réforme parlementaire, et n'y consentira que malgré lui, et entièrement forcé par l'opinion nationale!

L'émancipation des catholiques était, pour l'Irlande, une question de vie ou de mort; pour être juste, l'on doit mesurer sur cette importance l'étendue du service que le duc de Wellington rend à son pays: il a vaincu le haut clergé anglican, si intéressé par ses immenses richesses à maintenir, en Irlande, l'intolérance et l'oppression qui en ont été jusqu'à ce jour l'inépuisable source : ce clergé a senti que, l'émancipation une fois adoptée, l'abolition des dîmes ou une grande modification de cet impôt désastreux devait nécessairement être prise en considération et accordée, en dernier résultat, à la malheureuse population catholique d'Irlande... Tous les archevêques et évêques anglicans ont combattu le bill d'émancipation; le seul évêque d'Oxford en a pris la défense : honneur et reconnaissance à ce prélat!

Le bill est rédigé avec une sagesse et des précautions restrictives qui lui donnent une nouvelle force et doivent en assurer les heureux effets... L'adoption du bill d'émancipation est suivie de celle du bill restrictif de la franchise électorale en Irlande, mesure d'une haute prudence et qui doit remédier aux funestes conséquences que pourraient entraîner, en Irlande, les élections nouvelles, à l'expiration ou à la dissolution du parlement actuel, si la franchise électorale n'était pas mise, dans cette importante partie du royaume-uni, en harmonie avec les principes qui ont dirigé le gouvernement dans la présentation du bill d'émancipation.

M. Peel, dont les talens oratoires et politiques sont si éminens, et lord Grey, si recommandable par son caractère public et privé, ont secondé de tous leurs efforts le duc de Wellington, et partagent avec lui la gloire de l'immense service rendu aux trois royaumes.

15. — *Loi relative à la pêche fluviale*. — Elle définit les rivières navigables et flottables, les droits de pêche, publique ou privée; elle statue sur la propriété des cours d'eau, le repeuplement des rivières, la poursuite des délits de pêche, commis soit envers l'État, soit envers les particuliers, etc., etc.

Le projet de loi sur la pêche fluviale avait été présenté, dans la dernière session, à la chambre des pairs, et adopté après de longues discussions; la chambre des députés en a suivi la discussion pendant six séances; elle en a voté l'adoption avec quelques modifications.... Cette loi est surtout favorable aux grands propriétaires dont elle ménage avec sollicitude les intérêts, l'on pourrait même dire les priviléges; on y reconnaît, ainsi que dans le Code forestier, l'influence de la grande propriété qui introduit l'esprit aristocratique et le système de prohibition partout où elle peut le faire en prétextant l'utilité publique. De telles lois seraient meilleures, si elles étaient précédées d'une *enquête*, seul moyen d'en assurer les avantages et d'en prévenir les inconvéniens. Mais l'enquête est chose *défendue*, même aux chambres législatives... M. le ministre des finances, Roy, n'a-t-il pas dit à la tribune nationale, qu'une enquête était inutile, qu'elle ne lui apprendrait rien, et que les ministres en savaient plus, en matières législatives et financières, que tout le monde? M. Roy a su, du moins, se créer une fortune de dix-huit cent mille francs de rente, se faire anoblir et décorer du titre de pair et de comte; de roturier, pauvre et inconnu qu'il était il y a quarante ans.

17. — Russie. — Décret de l'empereur Nicolas à l'occasion de la solennité de son couronnement à Varsovie, comme roi de Pologne.

« Nicolas 1er, etc. En exécution de l'article 45 de la constitution de notre royaume de Pologne, auquel nous nous sommes déjà *conformé* relativement au serment, nous avons résolu de *nous couronner roi* de Pologne dans notre capitale de Varsovie, en invitant notre bien-aimée épouse, S. M. l'impératrice Alexandra, à *participer* à cette solennité, pour laquelle nous avons fixé le 24 mai de cette année (V. cette date). Nous invitons en conséquence les sénateurs, nonces et députés à se rassembler dans notre capitale, cinq jours avant notre couronnement. Nous les assurons, à cette occasion, de notre bienveillance royale, et les recommandons à la protection divine. »

La bienveillance de l'autocrate pour la Pologne se manifestera deux ans plus tard, d'une manière éclatante; il incorporera le royaume à l'empire russe, réduira ses habitans à la condition d'esclaves, confisquera leurs propriétés, et couvrira la Pologne d'échafauds : ce sera un affreux spectacle !!! Les Polonais, il est vrai, auront exigé, les armes à la main, le maintien de leurs droits et l'exécution de la constitution en vertu de laquelle Nicolas 1er est devenu leur roi : à l'exemple des Français, ils auront secoué le joug de l'arbitraire sous lequel gémit leur malheureuse patrie : ils seront exterminés et perdront jusqu'à leur nom de *nation*, ce qui est juste, sans doute! M. l'abbé de Pradt dira, dans une feuille publique : « LA RÉVOLTE DE LA « POLOGNE EST UN CRIME. » Les sentences de cet abbé si absolu et si libéral sont, tout le monde le sait, d'une justice et d'un *à propos* admirables!!!

23. — Paris. — Mort de M. Henrion de Pensey, premier président de la cour de cassation, à l'âge de 87 ans..... Quelques heures avant sa mort, ce vertueux et profond jurisconsulte revoit et corrige une épreuve de l'*Histoire des Assemblées nationales*, ouvrage qu'il voulait, disait-il, *léguer à sa patrie.*

M. Henrion de Pensey était un homme des anciens temps, le *vir probus dicendi peritus* de la magistrature, et l'un des meilleurs citoyens de France; sa probité et son désintéressement égalaient ses talens et ses lumières. Pendant le cours de sa longue carrière publique, il manifesta, même dans les temps les plus funestes, une pureté d'opinions et une loyauté de conduite qui ne se démentirent pas un instant. Les plus terribles circonstances de la révolution de 1789 et de la restauration de 1814 le trouvèrent également intègre, également inébranlable dans ses devoirs de fonctionnaire public : c'était un magistrat illustre par sa haute capacité, son amour pour la justice, et son infatigable application à faire exécuter les lois. Sa mort fut digne de sa vie; il vit approcher la dernière heure avec ce calme, avec ce courage, qui n'appartiennent qu'à une conscience irréprochable et à un caractère supérieur. Il refusa, disent les feuilles publiques, les secours de la religion; toujours est-il certain que M. l'archevêque de Paris (Quélen) les lui fit offrir avec cette évangélique piété, avec cette insistance sacerdotale qu'il avait manifestées dans les derniers momens du général *Foy*, de l'acteur dramatique *Talma!!!*....., etc.

Les obsèques du vénérable magistrat seront célébrées le 26, avec tous les honneurs qui lui sont dus. Les ministres de la justice et de la guerre, la cour de cassation, la cour des comptes, la cour royale, les tribunaux de la Seine, et un concours immense de citoyens de toutes les classes accompagnent, à leur dernière demeure, les restes mortels de cet homme de bien, de ce magistrat intègre dont la France déplore la perte.

M. Henrion de Pensey a enrichi la magistrature, l'administration et la littérature de plusieurs ouvrages; ils portent l'empreinte d'une rare vertu unie à une science profonde.

24. — Ordonnance du roi, qui nomme le duc de Laval-Montmorency, ministre d'État et membre du conseil privé, ambassadeur près S. M. l'empereur d'Autriche, ministre secrétaire d'État au département des affaires étrangères, en remplacement du comte de Laferronays, démissionnaire.

Le duc de Laval n'acceptera pas le ministère; c'est un service signalé qu'il rend à son pays.

Ce grand seigneur est d'une incapacité remarquable, même parmi les grands seigneurs de la restauration; un trait suffira pour le peindre. M. Augustin Lefebvre arrive à Rome, et se présente aussitôt, quoiqu'en toilette de voyage, chez M. le duc de Laval-Montmorency, alors ambassadeur de France près le saint-siége, pour lui rendre ses devoirs; il est admis de suite, et adresse les complimens d'usage; l'ambassadeur l'écoute pendant un quart d'heure sans lui répondre un seul mot, mais en considérant sa chaussure avec une fixité d'attention qui étonne au dernier point M. Lefebvre ; il ne sait plus que penser de ces yeux d'ambassadeur constamment attachés sur sa chaussure, lorsque M. de Laval-Montmorency lui dit d'un ton presque solennel : « Vous avez là, monsieur, « des brodequins admirables, ils sont faits on ne peut « mieux ; cette chaussure me plaît infiniment, mais nous « n'avons point ici d'habiles artistes : le croiriez-vous? Il « n'y a pas à Rome un seul bottier capable de faire des « brodequins de si bon genre : plus j'examine votre chaus- « sure, plus je sens la nécessité de faire venir de Paris « mes brodequins. Oui, je vais écrire à Paris pour que « l'on m'envoie des brodequins aussi finis que les vôtres ; « je suis enchanté, monsieur, d'avoir eu l'honneur de « vous voir. » Cet entretien diplomatique pourra paraître extraordinaire, mais nous le rendons fidèlement ; M. Lefebvre nous y a autorisé en nous fournissant la preuve de cette curieuse conversation ; au reste, il rendait hommage à l'extrême politesse avec laquelle M. de Laval-Montmorency l'avait reçu.

Tous les ambassadeurs de France ne sont pas de la même profondeur de conversation ; mais il faut convenir aussi qu'une nation est très-utilement représentée par un grand seigneur qui prend un si vif intérêt à des brodequins venant de Paris, par courrier extraordinaire.

24. — Ordonnance du roi, qui nomme le sieur comte de Laferronays, pair de France, ministre d'État et membre du conseil privé... C'est toujours vingt mille francs de pension.

3. — Brésil. — Ouverture de la session législative du parlement brésilien par l'empereur D. Pédro, en personne.... La session législative extraordinaire (V. 2 avril) est terminée.

Le monarque dit: «... Regardant comme un devoir de veiller aux intérêts de ma fille chérie, la reine de Portugal, j'ai décidé qu'elle se rendrait en Europe, où elle a trouvé son trône occupé par un usurpateur... L'ordre et la sécurité intérieure de nos provinces ont été troublés à Fernambouc, et le gouvernement a été forcé de recourir à des mesures *extraordinaires.* C'était mon devoir de tirer le glaive de la justice, comme je le ferai toujours contre ceux qui oseront attaquer la forme *monarchique constitutionnelle* de notre gouvernement. — L'abus de la liberté de la presse dans toute l'étendue de l'empire réclame la sérieuse attention de cette assemblée. Il est nécessaire de réprimer un mal qui pourrait être fécond en conséquences funestes. — Les affaires du trésor demanderont aussi tout votre zèle... Je vous recommande de nouveau l'administration de la justice... » Le discours de D. Pédro est l'avant-coureur de la catastrophe qui l'attend; ce monarque est exposé à des conjurations sans fin; elles naissent les unes des autres; ses conseillers ne prennent pas sans doute les seules mesures qui pourraient les prévenir : car il ne suffit pas à un roi ou empereur de tirer le glaive de la justice pour se maintenir sur un trône constitutionnel, il faut encore écouter l'opinion nationale et faire droit à ses justes réclamations. Le jour où les Brésiliens ont dit publiquement : « Notre empereur est Portugais dans l'âme, il n'est Brésilien que de la langue; » ce jour-là D. Pédro a dû envisager les dangers auxquels était exposée sa couronne américaine. « Il faut être du siècle où l'on vit, et de la nation que l'on gouverne, » a dit un homme de beaucoup de sens et d'esprit. L'on doit regretter que D. Pédro, doué de plusieurs belles qualités, soit entouré de conseillers perfides ou ineptes, et se manque quelquefois à lui-même faute de jugement et de réflexion.

5. — Arrêt de la cour d'assises du département de la Seine, relativement à la soustraction de lettres à la direction générale des postes. — Le comte Bournon-Mallarme, ancien *émigré et gentilhomme*, comparaît devant la cour d'assises, sous la prévention d'avoir soustrait, à la direction générale où il est employé, plusieurs lettres adressées à divers particuliers, et de s'être approprié les valeurs renfermées dans ces lettres.

Depuis long-temps, les plaintes les plus graves ont été portées par des négocians et des banquiers, à raison des infidélités et des vols commis à la direction générale des postes; elle a toujours prétendu que les soustractions des lettres avaient lieu hors de la direction..... Le comte Bournon-Mallarme que son royalisme, fortement saupoudré de cagotisme, a fait arriver presque subitement du surnumérariat à un grade supérieur dans cette administration, est surpris le 6 octobre 1828 en flagrant délit, par un des employés du bureau de la distribution générale, qui trouve dans ses poches huit lettres adressées : *Poste restante;* arrêté aussitôt, le comte est déféré à la justice; elle se voit obligée d'employer la force armée et de faire cerner l'hôtel des postes pour que les lettres saisies lui soient livrées; tant l'administration se refuse à fournir aux tribunaux les pièces de conviction du crime de l'un de ses employés supérieurs, hautement protégé par la faction de Montrouge; la justice ne peut même obtenir la remise que d'une partie des lettres saisies, sans doute celles qui, ne renfermant point de valeurs commerciales, compromettent moins gravement ledit comte; les perquisitions faites au domicile du prévenu établissent la preuve d'un grand nombre de vols commis par lui, et son arrestation, ainsi que les découvertes ultérieures, ne permettent plus à l'autorité de dérober le coupable aux tribunaux.

« Le comte de Mallarme avoue son crime ; mais c'est son *malin génie* qu'il veut en rendre responsable aux yeux de la justice ; il affecte devant ses juges la dévotion la plus extrême, tient ses yeux constamment fixés sur le Christ, appendu dans l'enceinte du tribunal, et paraît s'occuper uniquement de marmotter de pieuses oraisons.

« Qu'il est déplorable de voir un *gentilhomme*, un *émigré* voué à la noble cause de l'*autel* et du *trône*, se livrer, à l'âge de soixante ans, à des vols infâmes pour en dissiper les produits dans une débauche scandaleuse!...

Le crime est prouvé, et le comte de Mallarme, déclaré coupable sur tous les chefs de l'accusation, soutenue par M. l'avocat-général Bayeux, est condamné à sept ans de réclusion et au carcan ; il aurait dû l'être aux travaux forcés, à temps ou à perpétuité, comme ayant commis cette série de crimes en sa qualité de fonctionnaire public.

Les jésuites et les hommes de l'ancien régime emploient tout leur *crédit* pour faire admettre le pourvoi en cassation formé par le condamné, mais la cour suprême le rejette ; ils cherchent alors à le préserver de l'exposition au poteau d'infamie, mais tous leurs efforts sont encore inutiles ; une telle *clémence* eût révolté l'opinion publique : le comte de Mallarme subit l'exposition, et en offre le sacrifice à Dieu..

Les jésuites ont tout tenté pour soustraire les prêtres *Contrafatto*, *Molitor*, *Frilay*, etc., au fatal poteau et à la peine des fers ; les nobles de l'ancien régime ont recouru à madame la Dauphine, au roi, pour faire gracier le comte de *Mallarme*, pour en obtenir du moins la commutation de la peine décernée contre lui... Un si grand scandale n'est pas donné à la France ; la justice a eu son cours ! Il est temps que les nobles et les prêtres apprennent et se persuadent bien que le premier article de notre

loi fondamentale porte : « Les Français sont égaux de-
« vant la loi, quels que soient d'ailleurs leurs titres et
« leurs rangs. » Si un Montmorency commettait les crimes contre lesquels la loi prononce l'exposition, le carcan
et les fers, un Montmorency devrait, comme le condamné de la dernière classe du peuple, subir l'exposition, être attaché au carcan, et aller au bagne.

8. — Chambre des pairs. — Adoption du projet de
loi relatif à l'interprétation de quelques articles de lois
militaires, présenté le 9 avril. Ce projet sera présenté
le 11 de ce mois, à la chambre des députés.

Les lois pénales militaires sont, en général, d'une
rigueur excessive. Les divers gouvernemens qui se sont
succédé, depuis quarante ans, en France, ont plus ou
moins cédé à la nécessité des circonstances critiques dont
ils étaient environnés ; mais aujourd'hui, où le régime
constitutionnel nous régit, dit-on, il est de toute justice
que les peines soient proportionnées aux délits, quelque
sévérité qu'exige d'ailleurs la discipline militaire. —
L'obéissance passive est le premier devoir du soldat ;
mais la loi doit le protéger contre les actes arbitraires de
ses chefs, et ne pas permettre qu'ils excèdent le pouvoir
dont elle les investit : un Français, dont la conscription
fait un soldat, ne cesse pas d'être citoyen ; par conséquent il ne doit pas être mis hors du droit commun,
et justice lui est due, même contre ses chefs, lorsqu'ils
abusent de leur autorité....... Le duc de Clarence, aujourd'hui Guillaume IV, fut traduit devant une cour
martiale pour avoir abusé, en sa qualité de commandant
d'un vaisseau de guerre, de l'autorité qui lui était dévolue, en ordonnant contre un matelot des traitemens
qui entraînèrent sa mort : cet acte arbitraire fut incriminé
comme *meurtre* : le prince fut absous, mais très-vive-

ment réprimandé par l'amirauté ; et il n'eut plus, depuis, de commandement de vaisseau....... La loi est quelque chose en Angleterre.

11.—Chambre des députés.—Présentation d'un projet de loi, relatif à l'ouverture de crédits éventuels, jusqu'à concurrence de 52 millions de fr. sur l'exercice de 1829. — M. Bertin de Vaux, rapporteur de la commission chargée de l'examen de ce projet de loi, dira dans la séance du 1ᵉʳ juin : « Messieurs, pour compléter un budget de 970 millions, M. le ministre des finances est venu vous demander un crédit éventuel de 52 millions. Cela est triste sans doute ; mais si ce crédit est nécessaire à la sûreté de l'État, à la dignité de la couronne, aux intérêts généraux de notre patrie, pourrions-nous hésiter à le voter ? Il y a des points sur lesquels nous serons toujours d'accord...... Trois ministres se présentent au partage du crédit des 52 millions : les affaires étrangères, la guerre, la marine... » — Il est remarquable de voir le ministre de la guerre demander, sur sa part du crédit éventuel, 500,000 francs pour le service de *l'arriéré antérieur à 1816*! L'arriéré de l'empire et de la restauration est *fermé* depuis long-temps, ce qui ne l'empêche pas de rester toujours *ouvert* : au reste, la *responsabilité ministérielle* répond à toutes les fautes, à toutes les justifications de l'administration ; le rapporteur émet de saines et belles doctrines sur cette responsabilité ; il la *définit* à merveille ; il dit : « ... Non, messieurs, la responsabilité ministérielle n'est pas dans nos mains une arme vaine et impuissante ; la responsabilité est *écrite* dans la Charte ; elle est *écrite* dans la nature des choses » (ce qui vaut encore mieux); « en vain essaierait-on de *l'étouffer* dans les liens d'une *procédure* qui est *encore à faire* après quatorze années d'attente : la Charte et la *nature des choses* seront plus fortes que de vains sophismes. Telles qu'elles sont et *à cause même du vague* dont on se plaint, et qui, mieux compris, *ferait notre force*, nos lois suffisent à *châtier* vingt ministres *coupables les uns après les autres;* pour cela, messieurs, une seule chose est nécessaire, c'est qu'il y ait toujours dans cette enceinte une majorité fidèle au roi et à la Charte, et dévouée *à tous risques* au culte des libertés politiques : « si donc la « France, *outragée, violentée, spoliée, trahie* dans son « *honneur* et dans sa *sûreté*, n'obtenait pas la réparation « qui lui serait due, ce ne serait pas l'impuissance des « lois qu'elle devrait accuser » (M. Bertin de Vaux vient de dire que *la loi de procédure est encore à faire après quatorze années d'attente!*). « *Méditez* les articles 47, « 48, 49, 55 et 56 de la Charte, vous verrez qu'ils « vous *investissent* de toute la force nécessaire pour assu- « rer à *jamais* les *droits du peuple* français : pour atteindre « dre ce but, que faut-il donc? *Comprendre et vou-* « *loir.* » Voilà une profession de foi très-explicite, très-honorable pour M. Bertin de Vaux : *Le refus du vote de l'impôt, et l'accusation des ministres !* — Ce député est homme d'esprit et de sens; il est dévoué à la restauration : les paroles qu'il prononce devraient être méditées par elle.—La révolution de juillet 1830 exécutera ce que M. Bertin de Vaux annonce, et la majorité de la chambre des députés, fidèle au roi et à la Charte, chassera le roi du trône et modifiera la Charte, moyennant toutefois le soulèvement armé de la population de Paris... En attendant, crédits ordinaires, extraordinaires, supplémentaires, éventuels, emprunts, impôts, bons royaux, etc., tout ira son train comme sous l'ancien régime ; heureusement la France sera sauvée; elle aura la confiance de l'être, un an plus tard, et les prophéties de M. Bertin de Vaux seront accomplies.

14. — Grèce. — Capitulation de Missolonghi et d'Anatolico.

Ces deux forteresses se rendent, par capitulation, aux troupes grecques; les hostilités contre les Turcs se poursuivent de toutes parts, en Épire, dans l'Attique, etc., et les Grecs remportent des avantages signalés sans que leur situation intérieure en reçoive une sensible amélioration ; rien n'est constitué dans cette belle et malheureuse contrée, dévastée par les Turcs, et livrée aux intrigues que l'Angleterre et la Russie y entretiennent. Après avoir passé par tous les désastres de l'anarchie, de la guerre civile, et des sanglantes réactions de la faction victorieuse contre la faction vaincue, la Grèce s'estimera heureuse de tomber sous la domination du prince que la Russie et l'Angleterre, et par conséquent la France, qui veut ce que veulent ses deux *alliées*, imposeront à la Grèce en la reconnaissant nation *indépendante*; et la Grèce sera libre avec les fers aux pieds et aux mains.

14. — Ordonnance du roi, qui nomme le comte Portalis, garde-des-sceaux de France, ministre secrétaire d'État au département des affaires étrangères; et le sieur Bourdeau, ci-devant directeur de l'administration de l'enregistrement et des domaines, sous-secrétaire d'État au département de la justice, ministre secrétaire d'État au même département.

Le nouveau garde-des-sceaux signalera son avénement au ministère par une circulaire, très-véhémente, à messieurs les procureurs-généraux près les cours royales (V. 9 juin). M. Bourdeau a soutenu constitutionnellement, à la chambre des députés, la liberté de la presse, et s'est prononcé avec énergie contre les entraves dont elle était chargée; M. Bourdeau se prononcera ministériellement contre la liberté de la presse, et soutiendra qu'elle ne saurait être chargée de trop d'entraves : il sonnera les *matines* du ministère Polignac... *E sempre bene*. — Quant au nouveau ministre des affaires étrangères, nous nous sommes expliqué sur son inaptitude diplomatique.

24. — Ordonnance du roi. — Elle statue 1° que le nombre des maréchaux de France ne pourra s'élever au-dessus de douze; 2° que le nombre des officiers-généraux de l'armée de terre est fixé ainsi qu'il suit : 100 lieutenans-généraux, 200 maréchaux-de-camp. « Jusqu'à ce que le nombre d'officiers-généraux soit réduit à celui fixé par l'art. 2, il ne pourra être pourvu qu'au tiers des vacances du grade de lieutenant-général, et à la moitié des vacances du grade de maréchal-de-camp. — Les ordonnances des 22 juillet et 2 août 1818, celles du 26 janvier 1820 et du 1er décembre 1824, sont abrogées en ce qui est contraire à la présente ordonnance. »

L'armée de terre compte, en France, plus d'officiers-généraux qu'il n'en faudrait pour commander toutes les armées de l'Europe; la restauration de 1814 en a enfanté par centaines. L'ordonnance de ce jour est fort sage, mais elle ne sera pas exécutée; les ordonnances changent en France, comme les lunes, et chaque ministère les interprète selon le plus ou le moins de protection dont jouit l'individu qui les invoque en sa faveur : rien de ce qui est abus, ou privilège, n'est jamais abrogé définitivement.

24. — Ordonnance du roi, qui nomme le sieur comte de Rigny, vice-amiral, préfet maritime du cinquième arrondissement (Toulon).

M. de Rigny, né dans la classe plébéienne, au village de Rigny (Meurthe), et dont le nom de famille est *Gauthier*, entra dans la carrière navale en 1800, et fit ses premières armes à Toulon, sur le vaisseau *le Formidable*, d'où il passa (à la suite de quelques désagrémens sérieux), et ce fut très-heureux pour lui, sur la frégate *la Muiron* stationnée dans la baie d'Algésiras ; il fit la campagne de Saint-Domingue : son avancement fut rapide, mais justifié par la bravoure dont il fit preuve dans diverses expéditions maritimes ; le combat de Navarin lui donna l'occasion de déployer ses talens militaires et nautiques ; il y acquit une grande réputation. M. de Rigny est neveu du baron Louis, nommé ministre des finances à la suite de la restauration de 1814 ; on le dit attaché aux principes constitutionnels ; sa conduite politique mettra la France à même d'en juger.

24. — Varsovie. — Couronnement de l'empereur Nicolas, comme roi de Pologne.

Le congrès de Vienne a adjugé le royaume de Pologne à la Russie ; ce royaume, seule barrière que conservait encore l'Europe occidentale et méridionale contre l'invasion des barbares du Nord, fut livré à l'empereur Alexandre ; la mort de l'autocrate et la renonciation, volontaire ou forcée, de son frère aîné, le grand-duc Constantin, ont fait tomber les malheureux Polonais sous le joug de l'empereur Nicolas (V. *Histoire de France, suite*, etc., tome 1er, p. 227-234). Ils ont changé de despote ; mais le vice-roi (Constantin) qu'on leur a imposé ajoute encore à leur servitude, en les accablant de tous les fléaux que le pouvoir absolu et la férocité russe trainent à leur suite.

Un article de la constitution, octroyée au cadavre de la Pologne par le fourbe Alexandre, exige que l'autocrate russe soit couronné à Varsovie; Nicolas se rend dans cette capitale, mise trois fois à feu et à sang par l'impératrice Catherine II, dont le nom vivra éternellement dans l'exécration des peuples. — L'auguste et magnanime empereur Nicolas 1er est petit-fils de Catherine II...

Le primat présente les ornemens et les insignes royaux à l'empereur Nicolas, qui, après les avoir endossés successivement, les dépose entre les mains des fonctionnaires désignés pour les recevoir; l'autocrate fait ensuite, à haute voix, la prière suivante : « Dieu tout-puissant! Dieu de mes pères!, roi des rois! O toi, qui créas l'univers par ta divine parole, et dont la sagesse infinie forma l'homme * pour gouverner le monde dans la voie de la vérité, *tu m'as appelé à être roi et juge de la valeureuse nation polonaise!...* Daigne, ô mon maître et mon roi! éclairer mes pas dans cette carrière suprême, et diriger mes actions pour l'accomplissement de cette haute vocation!.... Que mon cœur soit dans ta main, et que je puisse régner pour le bonheur de mes peuples et pour la gloire de ton saint nom, *d'après la Charte octroyée par mon auguste prédécesseur et déjà jurée par moi!...* » Le cœur de Nicolas ne sera pas dans la main de Dieu; le maître des rois n'éclairera pas les pas et ne dirigera pas les actions de l'autocrate russe; la Charte jurée sera mise en pièces, le royaume de Pologne perdra jusqu'à son nom, et la valeureuse nation polonaise, incorporée dans la barbare nation russe, sera, d'ici à quelques mois, plongée dans l'esclavage le plus abject et le plus atroce, auquel un peuple ait jamais été réduit; car le despotisme

---

* Si un autocrate croit que l'homme a été formé pour gouverner le monde, il n'entend sans doute, par *l'homme*, que l'homme *né roi*.

russe ne saurait être comparé à nul autre ; plus humiliant et plus sanguinaire encore que celui des monarchies de l'Orient, il réunit tout le machiavélisme que la barbarie et la civilisation peuvent concevoir et exécuter de concert : tels sont les bienfaits que l'empereur Nicolas répandra sur cette héroïque nation polonaise, que tous les cabinets de l'Europe laisseront froidement exterminer par l'autocrate russe!!!

Les cérémonies du couronnement de Nicolas ressemblent à toutes les cérémonies de ce genre : la royauté y déploie toutes ses pompes, toutes ses vanités; des salves d'artillerie, des festins, des bals, des illuminations, des fêtes, quelques pièces de monnaie jetées au peuple, et, à la fin de *l'allégresse publique*, de nouveaux impôts et l'accroissement des misères du peuple : tel est le résultat du sacre et du couronnement des empereurs et des rois du *droit divin*.

Il n'est pas inutile d'observer que l'empereur Nicolas fait *participer* à la royale cérémonie de Varsovie l'impératrice son épouse, et lui passe le collier de l'aigle blanc de Pologne que ses dames d'honneur attachent à son manteau. En Russie, les impératrices héritent du despotisme, des dignités, et des morts subites.

28. — Loi relative aux pensions affectées à la pairie sur le domaine de l'ancien sénat.

Le 4 juin 1814, Louis XVIII, en vertu « de sa pleine science, puissance et autorité royale, » avait réuni à la couronne, par une *ordonnance* de bon plaisir, la dotation du sénat conservateur, et distribué à plusieurs des pairs qu'il venait de nommer des pensions de 12, 15, 20 et 24,000 fr., à prendre sur les fonds de cette dotation : c'était violer manifestement la loi constitutive de la dotation du sénat, et attenter à la propriété nationale de cette do-

tation. Le 8 novembre 1814, une loi fixa la liste civile, et réunit au domaine de l'État ce que la loi « ne com-
« prenait pas dans cette liste, et *sans déroger* toutefois,
« dit l'article 6, à l'ordonnance du 4 juin, concernant
« la dotation du sénat et des sénatoreries, l'affectation
« des fonds de cette dotation et leur administration,
« *sauf à pourvoir par une loi aux dispositions ulté-*
« *rieures que pourrait exiger l'exécution de cette or-*
« *donnance*...... » En 1823, c'est-à-dire au bout de
neuf ans, le roi jugea *convenable* de proposer la loi
indiquée par l'article 6 de celle du 8 novembre 1814.
Ce projet de loi resta sans suite... Mais une *décision*
du 3 décembre 1823 régla que toutes les pensions accordées à des pairs seraient non-seulement *irrévocables*,
mais *héréditaires* jusqu'à concurrence de 12,000 francs ;
ce qui satisfaisait aux intérêts des pairs, anciens sénateurs dont le traitement de 36,000 francs n'avait éprouvé
une diminution de 12,000 francs qu'en raison du *malheur des temps*, et qui voyaient ainsi assurer *à leurs
héritiers une* dotation que l'ordonnance du 4 juin ne
leur avait nullement promise. — La conversion de cette
décision en loi avait été demandée dans le projet de loi
présenté à la chambre des députés dans la session de
1829 ; mais la commission chargée de son examen lui
ayant fait éprouver diverses modifications, notamment
dans *l'hérédité* de la pension des pairs, le gouvernement s'est résigné à faire cesser *l'hérédité de la pension*
à l'égard de tout successeur à la pairie jouissant de
30,000 francs de revenu net, et à obtenir que « les
« pensions dont jouissent les pairs de France pourront
« être transmises, jusqu'à concurrence de 10,000 francs,
« chacune, par ordre de primogéniture, en ligne di-
« recte, masculine et légitime, *à leur premier succes-*
« *seur seulement*, sans toutefois que ceux dont les deux

« prédécesseurs auront joui d'une pension puissent y
« prétendre. »

On voit, par les aveux consignés dans la loi actuelle, combien les ordonnances et décisions de Louis XVIII étaient illégales; il avait, de sa seule autorité, aliéné, réuni la dotation du sénat au domaine de la couronne : les ministres contre-signataires de ces actes de l'autorité royale s'étaient évidemment placés en état de forfaiture : peu importe au fond ; les ministres ne sont-ils pas irresponsables de fait ? La restauration s'est emparée du domaine ordinaire et du domaine extraordinaire établis par des *lois* ou *sénatus-consultes*, sous le régime impérial; elle les a dilapidés en presque totalité *. Aujourd'hui elle veut doter la pairie héréditaire ou viagère; en conséquence, les pensions dont jouissent les pairs, ou d'anciens sénateurs, ou leurs veuves, montant à la somme de 2,643,000 francs, et celles de 10,000 francs accordées aux ecclésiastiques qui seront nommés pairs, et qui ne jouiront pas d'un revenu net de 30,000 francs, tant de leur fortune personnelle que de leurs traitemens comme membres du clergé (le montant desdites pensions ecclésiastiques ne pouvant excéder en leur totalité la somme de 120,000 francs), seront inscrites au livre des pensions, avec jouissance du 22 décembre 1829, et insérées au Bulletin des lois pour les ecclésiastiques-pairs pensionnés : tous les immeubles provenant de la dotation de l'ancien sénat et des sénatoreries seront réunis, *à dater du 1ᵉʳ janvier* 1830, à l'administration du domaine : mais qu'en reste-t-il ?

---

*. La restauration a fait plus : elle a confisqué, à son profit, une rente de 500,000 francs inscrite sur le grand-livre (5 pour cent) au nom de la princesse Borghèse, sous prétexte que cette rente lui avait été donnée, à *titre gratuit*, par Napoléon.

Ces immeubles ont été, en grande partie, ou aliénés ou rendus à leurs anciens possesseurs, quoique déclarés *par les lois propriétés nationales, propriétés de l'État*. La dilapidation est à peu près consommée ; le gouvernement renonce à la possession de ce qui reste, et grève le trésor public d'une somme de trois à quatre millions, car les dépenses de la chambre des pairs sont mises également à la charge du trésor, c'est-à-dire des contribuables.

En compensation, la France aura une chambre des pairs, héréditaires, viagers, dotés ou non dotés d'une pension annuelle ; et c'est avec cette pairie, *salariée* aux dépens des contribuables, que le gouvernement se flatte de constituer l'aristocratie dans la chambre des pairs ! Le droit d'aînesse ; la noblesse, les substitutions, tout cela est hors de nos lois, et, bien plus, hors de nos mœurs ; tout cela est antipathique avec l'opinion nationale ; nos mœurs repoussent inflexiblement tout principe, toute institution, qui peuvent tendre à détruire, à affaiblir le grand dogme d'égalité politique et civile, planté dans le sol de la France, où il a poussé de si profondes racines. *L'aristocratie*, qu'on veut infiltrer dans la chambre des pairs, est morte : dans l'opinion publique, il n'y a pas, à proprement parler, de *pairs de France*; il y a seulement une chambre législative dite *chambre des pairs*, ce qui est bien différent : la chambre des pairs elle-même est sans consistance, sans appui dans l'opinion publique. Que ce soit un bien, que ce soit un mal, c'est ce dont nous n'avons pas à nous occuper ici ; nous disons ce qui est sans disserter sur ce qui devrait être. Replaçât-on la France matériellement, moralement, politiquement, dans la situation où elle se trouvait le 4 mai 1789, l'on ne réussirait pas encore à y maintenir l'aristocratie du rang et des distinctions nobiliaires : vouloir les rétablir après quarante années d'une révolution qui a dissipé tous les préjugés et détruit tous les priviléges, serait un acte de folie qui pourrait coûter, aux auteurs et aux acteurs, beaucoup plus cher qu'ils ne pensent; aujourd'hui et désormais, il n'y a plus d'autre aristocratie possible en France que celle des talens, de l'industrie, des services rendus au pays; l'aristocratie de naissance est un mot vide de sens; et quant à l'aristocratie de la richesse territoriale ou financière, elle n'a pas, malgré sa puissance plus ou moins réelle, de fondement solide, de gage de durée; nos mœurs, les sages et justes dispositions du Code civil, et les événemens politiques qui exercent et ne cesseront d'exercer pendant une longue suite d'années tant d'influence sur la concentration *factice* des grandes fortunes (d'agiotage, de porte-feuille, et même de propriétés immobilières) dans les mêmes familles; toutes ces causes, sur lesquelles le gouvernement ne saurait avoir d'action forte et durable, tendent invariablement à la diminution progressive de l'aristocratie, et, par une conséquence nécessaire, à l'extension de la démocratie, politiquement parlant.

La chambre des pairs ne peut donc représenter l'aristocratie que d'une manière fictive et bien peu secourable pour le gouvernement, si même elle ne lui devient pas nuisible en dernière analyse. La pairie est une des institutions fondamentales de la Charte; elle a droit au respect, comme branche de la puissance législative; mais du respect à la confiance, la distance est immense; et, malheureusement, nous ne le disons pas sans regret, la masse de la nation met dans son estime et sa confiance la chambre des députés fort au-dessus de la chambre des pairs. Cette seule considération montre combien tout est en sens inverse dans l'ordre politique qui nous régit; mais les Français ont été ballottés par trop de constitutions pour croire aveuglément à la bonté exclusive, à la perfection de celle qui nous gouverne ; ils sont trop éclairés pour ne pas juger les individus ou les corps privilégiés qui sont en desharmonie avec les grands principes de liberté et d'égalité proclamés par l'assemblée constituante ; principes qui sont aujourd'hui maîtres du monde, et que les gouvernemens ne peuvent combattre à force ouverte qu'en s'exposant, d'une manière presque certaine, à périr corps et biens. Encore une fois, nous disons ce qui est ou ce qui nous paraît être, sans prétendre louer ou blâmer un état de choses évident, palpable, et qu'on ne pourrait chercher à détruire par la violence sans bouleverser de fond en comble le corps social.

6 Juin. — Chambre des pairs. — Présentation de deux projets de loi, l'un sur la librairie, l'autre sur l'imprimerie, par M. le garde-des-sceaux.

L'assemblée constituante avait aboli les priviléges, les monopoles, les prohibitions de toute nature ; la loi du 17 mars 1791 portait : « Il est libre à toute personne de faire tel négoce ou d'exercer telle profession qu'elle trouvera bon. » La liberté de l'imprimerie et de la librairie fut respectée en *principe* par la convention nationale et le directoire exécutif : arrivé au pouvoir, Bonaparte restreignit cette liberté et la suspendit lorsqu'il fut monté sur le trône impérial, en créant et la censure, et un directeur-général de l'imprimerie et de la librairie. La restauration, ennemie de la liberté de la presse, s'arma contre elle des édits de Louis XIV, des réglemens de Louis XV et des arrêts du conseil lancés sous ces deux monarques absolus..... A peine la Charte est-elle *octroyée* aux Français, qu'une loi statue que nul ne peut être imprimeur ou libraire s'il n'est *breveté* par le roi, et que le brevet peut être retiré à tout imprimeur ou libraire convaincu, par un jugement, de contravention aux lois et réglemens, c'est-à-dire à un édit de 1686, à un réglement de 1723, à un arrêt du conseil de 1744, rendus sous un régime de pouvoir absolu et de bon plaisir.....

Depuis 1814, l'imprimerie et la librairie sont donc à la merci du despotisme ministériel; il s'est constitué arbitre de leur existence. Mais l'esprit du siècle est plus fort que celui de l'ancien régime ; toutes les machinations pratiquées pour anéantir la liberté de la presse lui ont donné une énergie nouvelle : il faut, de nécessité absolue, transiger avec les lumières qu'on ne peut pas éteindre, et avec la liberté de la presse qu'on ne peut pas étouffer!

Le gouvernement est donc intéressé, et il y va de son propre salut, à s'accommoder avec l'esprit, les mœurs et les besoins de la nation, c'est-à-dire avec la liberté de la presse périodique ou non périodique. Sans doute l'abus de cette liberté, *la licence*, doit être sévèrement puni; tout le monde est d'accord à cet égard; mais l'exercice du droit ne doit pas être restreint dans les liens du privilége et dépendant du caprice de l'autorité ; tel est le but que se propose le gouvernement, dit M. le garde-des-sceaux dans l'exposé des motifs du projet de loi..... Mais ce projet de loi, comme tous ceux présentés depuis quinze ans sur la matière, érige en principe la liberté de la presse, et tend, plus ou moins directement, à la détruire; on reconnaît le droit et l'on en défend l'exercice! M. le garde-des-sceaux fera de très-belles phrases, mais la presse n'en restera pas moins chargée d'entraves et de prohibitions! On voudra la comprimer et la remettre sous le joug de la censure; qu'en résultera-t-il? La presse indignée renversera le gouvernement! Conseillers des trônes, ne persistez pas plus long-temps à vouloir empêcher l'homme de penser et de marcher; obéissez à l'esprit du siècle qui vous emporte dans son cours; soumettez la liberté de la presse, comme la liberté politique et civile, à des lois sages, justes, impartiales, et dont l'exécution ne soit pas arbitraire et suivant la personne ou les opinions politiques professées par l'écrivain; mais renoncez au projet insensé de la détruire, vous péririez avant d'avoir terminé votre ouvrage; les bons princes, les bons ministres n'ont d'ailleurs rien à craindre de la presse; elle est, au contraire, leur plus puissant auxiliaire lorsqu'ils règnent et gouvernent d'après les lois.

9. — Circulaire du garde-des-sceaux (Bourdeau) aux procureurs-généraux près les cours royales. — Cette circulaire a pour but d'exciter le *zèle* et la *vigilance* des procureurs-généraux; elle est courte, mais très-significative; il y est dit : « ..... Cette vigilance est plus nécessaire que jamais. Des journaux provoquent ouvertement à la désobéissance aux lois, *en attaquant, avec une violence inouïe*, les impôts qu'elles établissent; des brochures *impies et séditieuses* outragent ce qui doit être entouré de tous les respects, et ces tentatives *criminelles, heureusement impuissantes jusqu'ici*, pourraient devenir dangereuses si elles n'étaient sévèrement réprimées. Je vous prie, en conséquence, monsieur, de surveiller, avec *la plus scrupuleuse attention*, les écrits périodiques et non périodiques qui sont publiés dans votre ressort, et de déférer aux tribunaux tous ceux où vous *reconnaîtrez* un délit prévu par les lois existantes... Je vous prie, monsieur, de vouloir bien me rendre compte, *sans délai*, de la situation de votre ressort sous ce point de vue; de me tenir exactement informé de toutes les poursuites que vous aurez intentées en cette

matière, etc... » La doctrine des procès de *tendance* est aujourd'hui professée par M. Bourdeau, qui voudrait, ni plus ni moins, continuer M. Peyronnet, si heureusement inspiré dans sa *loi de justice et d'amour*. Voilà encore un ministre qui répudie sans pudeur les opinions et les principes dont il s'est honoré, comme député, à la tribune nationale !

La loi du 28 juillet 1828 protége la presse périodique ; cette loi n'est pas encore abrogée, et toutes les poursuites intentées par ordre de M. le garde-des-sceaux Bourdeau échoueront contre le patriotisme et l'énergie des écrivains. Quel fruit les hommes du pouvoir absolu retireront-ils de leurs machinations contre la liberté de la presse ? Une révolution précipitera du trône la branche ainée de la maison de Bourbon; le drapeau tricolore flottera sur les Tuileries, et la liberté constitutionnelle, comprimée avec tant de violence ou de perfidie depuis la restauration de 1814, sortira triomphante de la lutte sanglante où le gouvernement va s'engager contre elle.

27. — Police correctionnelle. — Affaire du *Courrier français*.

Ce procès est le plus remarquable de tous ceux que l'absolutisme et l'ultramontanisme ont intentés à la presse périodique ; il doit être signalé dans les annales de la *restauration* des princes de Coblentz.

M. Chatelain est traduit en justice, à raison de l'article suivant, inséré dans le journal intitulé *Courrier français*, dont il est gérant et rédacteur en chef :
« ... Nous nous prosternons encore, ne fût-ce que pour
« un moment et quand c'est la peinture qui le veut,
« devant les pieuses images qui ont subjugué nos pères :
« les vierges de Raphaël n'ont pas cessé d'être divines,

« quoique leurs autels soient à demi renversés. L'im-
« mortel tableau de la Cène, la Transfiguration, la
« Communion de saint Jérôme, resteront encore des
« chefs-d'œuvre, même quand les croyances chrétiennes
« seront complètement abolies, si la durée de leur fra-
« gile matière pouvait aller jusque-là. » Ce passage,
naturellement amené par la critique que le rédacteur
fait, avec justice, du *tableau du Sacre*, exécuté par
le peintre Gérard, n'est au fond que l'énoncé des opinions de l'écrivain sur les beaux-arts; la cour et le
clergé y voient un outrage à la morale publique et religieuse, et une attaque à la religion de l'État; ordre
est donné de poursuivre. L'avocat du roi, Menjaud-
Dammartin, dans un discours où la faiblesse du raisonnement se joint à la trivialité des expressions, où le
paradoxe tient lieu de logique, et où la phraséologie
est aussi molle que verbeuse, fait les plus grands efforts pour prouver qu'en outrageant la religion, l'auteur a outragé ceux qui la professent; il dit : « ... La
loi qui frapperait l'outrage fait à chacun doit venger
l'offense commune. » L'avocat du roi prend texte d'une
phrase, qu'il détache du paragraphe : « Les *vierges* de
« Raphaël sont toujours divines, quoique leurs autels
« soient à moitié renversés, » pour dire : « *Ainsi est*
« *donné un démenti impie à ces paroles de Jésus-*
« *Christ : Je bâtirai mon église sur la pierre...!*
« *Toute puissance m'a été donnée dans le ciel et sur*
« *la terre... Je serai avec vous tous les jours, jus-*
« *qu'à la consommation des siècles... Le ciel et la*
« *terre passeront, mais mes paroles ne passeront*
« *pas.* » M. Menjaud-Dammartin transporte la théo-
logie au palais, et fait du sanctuaire de la justice une
chaire de Sorbonne; puis il s'écrie : « ... Songez, messieurs, à la portée de ce procès, à la gravité de la dé-

cision que vous allez rendre. Comprimez fortement les écarts des esprits turbulens et novateurs qui, impatiens du *frein* de la religion, le rongent incessamment. Montrez-leur, par votre jugement, que la loi du pays les condamne à le *blanchir* en vain d'une *impuissante écume*...... » Le pathos de M. l'avocat du roi, en contradiction avec l'article 5 de la Charte qui établit la liberté de conscience et, par conséquent, la liberté de discussion en matières religieuses, est assaisonné de toutes les imputations que l'ultramontanisme peut prodiguer à la philosophie et à la raison : *audacieux pyrrhonisme, scepticisme insensé, affreux athéisme*, etc. L'on croirait entendre un docteur de Sorbonne, un disciple de Loyola.

M. Mérilhou prend en main la défense de l'accusé, démontre l'absurdité des raisonnemens du ministère public, pulvérise ses argumens et l'écrase de son éloquence. Le plaidoyer de cet avocat, chef-d'œuvre de dialectique, de science, de logique, restera comme un monument de l'intolérance religieuse et de la persécution littéraire exercées par la restauration de 1814! M. Mérilhou prend ses raisonnemens et ses preuves dans les évangélistes, les pères de l'Église, les docteurs les plus révérés pour la pureté des doctrines, et ce sont les paroles du divin Sauveur qu'il cite en témoignage de ses preuves; Jésus-Christ, lui-même, annonce « que la « destruction de la foi aura lieu en punition des habi- « tans...... que lorsqu'il viendra pour juger le monde, « il n'y aura plus de foi sur la terre..... » M. Mérilhou fait comparaître au tribunal de police correctionnelle saint Paul, saint Luc, saint Mathieu, saint Marc, et ajoute, d'après leur caractère sacré : « Peut-on prédire « plus clairement la cessation de la foi, l'abolition et « même l'extinction des croyances chrétiennes! » —

Après les auteurs saints, le malin avocat cite des auteurs profanes, et fait, à cet égard, de curieux rapprochemens : « Un pieux et savant magistrat que vous avez tous connu et respecté, M. le président Agier, dans son *Commentaire sur l'Apocalypse*, imprimé à Paris en 1823, ne prédit-il pas lui-même l'extinction de la religion catholique et la ruine de la Rome nouvelle *? » — M. de Châteaubriand, dans son *Essai sur les révolutions*, etc., traite à fond la question de la décadence du christianisme ; son chapitre 39 de la deuxième partie est intitulé : *Décadence du christianisme occasionée par trois causes : les vices de la cour de Rome, la renaissance des lettres, et la réformation*. « C'est de
« l'époque des croisades qu'il faut dater la décadence
« de la religion chrétienne. » — Chapitre 41 : « Lors-
« que les tempêtes élevées par la réformation se furent
« rent apaisées, le Vatican reparut, mais à moitié en
« ruine... » — Le chapitre 42 est intitulé : *Le régent, la chute du christianisme s'accélère*. « Enfin le régent
« parut, et, de cette époque, il faut dater la chute
« presque totale du christianisme. » Chapitre 50. — Après avoir exposé l'état du clergé en France, il dit ces mots :
« On peut conjecturer de cet état que le christianisme
« y subsistera encore long-temps. » — Chapitre 52 :
« Le christianisme expirera en Angleterre dans une
« profonde indifférence. » Enfin, après un examen des cultes chrétiens chez les différens peuples de l'Europe, l'auteur pose, dans le chapitre 55, cette thèse : « *Quelle
« sera la religion qui remplacera le christianisme?* »
— « Ainsi l'extinction de la foi chrétienne, annoncée

---

*. M. Mérilhou pouvait invoquer une autorité bien autrement imposante : Montesquieu écrivait, il y a 80 ans, que la religion catholique serait détruite avant trois siècles.

clairement par Jésus-Christ lui-même et ses apôtres, aura été enseignée par des docteurs d'une orthodoxie non suspecte, elle aura fourni à M. de Châteaubriand des pages éloquentes, et l'on nous punira d'avoir répété, d'une manière plus vague encore, et pour un temps indéterminé, une assertion qui est légalement et religieusement innocente! » Disons, puisque l'occasion s'en présente, que M. Mérilhou eût pu rappeler des passages encore plus appropriés à l'affaire du *Courrier français;* il a ménagé M. de Châteaubriand, et fait un usage très-modéré de l'*Essai sur les révolutions*, etc. ; ouvrage dans lequel l'auteur s'étend sur l'*esprit*, les *mœurs* et la *conduite* du clergé français et en fait une amère critique. Cette composition, publiée à Londres, en 1797-1798, est une compilation, un code scientifique et politique d'athéisme et de républicanisme, ce qui ne prouve pas, au surplus, que M. de Châteaubriand n'ait été toute sa vie et ne soit aujourd'hui, plus que jamais, un excellent royaliste et un parfait chrétien... Personne n'a su, depuis trente-six ans, accommoder plus éloquemment sa célébrité ou son ambition littéraire aux circonstances politiques et aux variations de l'esprit public; depuis 1814, aucun écrivain n'a défendu, en si magnifique style, la cause de la royauté de 1788, et personne n'a plus nui à la restauration des princes de Coblentz : M. de Châteaubriand est toujours parti, dans ses chevaleresques écrits, du droit divin, de la monarchie de Louis XIV, du pouvoir absolu de la couronne; il ne s'agit plus de tout cela depuis la révolution française! Malheureusement, M. de Châteaubriand n'est pas un homme d'État, il n'est même pas homme politique, quelque immense que soit d'ailleurs son talent littéraire. En affaires publiques, il faut un sens droit qui juge ce que les conjonctures permettent ou défendent de faire : les plus belles phrases de rhétorique ne remplacent pas un jugement sage et droit, et n'y sont de rien.

M. Mérilhou termine son magnifique plaidoyer en ces mots : « Un magistrat païen vous a laissé un grand exemple du respect que le pouvoir séculier doit à la liberté de conscience : « L'apôtre saint Paul prêchant l'Évangile à Corinthe, d'autres Juifs le traduisirent au tribunal du proconsul Gallien, en l'accusant d'enseigner aux hommes à adorer Dieu d'une manière contraire *aux lois*. Au moment où saint Paul allait parler pour sa justification, le proconsul dit aux accusateurs : *S'il s'agissait d'une injustice, ou de quelque mauvaise action, je me croirais obligé de vous écouter; mais puisqu'il ne s'agit, entre vous, que de doctrines et d'usages relatifs à votre loi, je ne veux pas en être juge.* » *Actes des apôtres*, ch. 18., vers. 14 à 15. — « Ces paroles admirables contiennent la théorie de la liberté de conscience, et ce n'est pas en vain qu'elles auront retenti dans l'enceinte d'un tribunal français. »

M. Chatelain, gérant responsable du *Courrier français*, prend la parole après M. Mérilhou; le discours de l'écrivain ne le cède pas au plaidoyer de l'avocat, et l'on ne sait ce qu'il faut admirer le plus du jurisconsulte ou du littérateur, tant ils se montrent tous deux supérieurs dans leur partie. M. Chatelain étonne cependant davantage par la profondeur des pensées, l'érudition religieuse et l'élévation des théories politiques dont abonde son discours, modèle d'éloquence et de science politiques. Pascal, dans ses *Lettres provinciales*, ouvrage qui n'avait pas eu de modèle, et n'a pas eu jusqu'à ce jour de rival, Pascal n'a point attaqué le jésuitisme avec des armes d'une meilleure trempe que celles dont se sert M. Chatelain pour combattre l'intolérance religieuse : c'est le jugement le plus droit et le plus ferme, paré de toutes les grâces d'une diction aussi simple qu'éloquente, fortifié par une déduction de faits et d'argumens qu'il est impossible de réfuter. M. Chatelain démontre qu'il a usé d'un droit, et n'a commis aucun délit dans l'exercice de ce droit; il termine sa philippique judiciaire et littéraire en ces termes : «... Il s'agit ici, d'un côté, de la violation formelle des principes de notre droit social, d'une grave atteinte à la justice et à la raison ; de l'autre, d'une peine légère quand aucun effet *moral* ne l'accompagne. Ce n'est donc pas moi qui suis le plus intéressé dans tout ceci. Je n'ai transgressé aucune loi, car la loi ne punit que l'outrage, et la mauvaise foi la plus subtile ne pourrait trouver d'outrage dans ce que j'ai écrit : je n'ai point blessé la morale, car la morale ne peut être compromise par un mouvement d'enthousiasme pour la peinture. J'ai dit ce que cent écrivains avaient dit avant moi, sans être cités devant les tribunaux et même sans effaroucher la Sorbonne; depuis que je suis poursuivi, vingt autres écrivains l'ont répété, confirmé, fortifié par des preuves, et on ne les a point poursuivis, tant il est vrai que quand on a mis un pied dans le champ de l'absurde, on hésite toujours à s'y engager plus avant. Cent autres écrivains le répèteront après moi, et on ne les poursuivra plus ; car, si l'opinion publique ne peut pas toujours prévenir les fautes du pouvoir, elle a du moins assez de puissance pour les empêcher de se renouveler. Le droit de libre discussion n'est plus chez nous à la merci de susceptibilités ombrageuses qui en demandent le sacrifice ; il a ses racines dans nos lois, et bien plus encore dans nos mœurs. J'ai usé de ce droit, qui m'appartient comme homme, qui m'appartient comme citoyen ; les poursuites dont je suis l'objet ne sauraient le rendre douteux, et il n'y aurait pas de condamnation qui pût me le ravir. »

L'avocat du roi réplique et établit une controverse religieuse où l'absurdité du raisonnement le dispute à l'absurdité des doctrines; l'on dirait que M. Menjaud de Dammartin est chargé de prouver, à force de sophismes et de contre-sens, l'illégalité et la frivolité de l'accusation intentée au rédacteur du *Courrier français* : certes, l'avocat de l'accusé et l'accusé lui-même n'ont pas mieux combattu l'accusation que l'avocat du roi en la soutenant; croira-t-on que ce dernier puisse dire : «... Nous concevons qu'on puisse nier, sans commettre un délit, *la divinité même* de la religion chrétienne, si la négation a lieu *au profit* d'une autre croyance religieuse, si la négation se trouve dans un ouvrage *sérieux*, dans des discussions théologiques, dans des ouvrages qui ne soient pas destinés à être lus par une multitude incapable de réflexion. Mais vous, c'est dans un journal, c'est dans un écrit souvent frivole que vous attaquez la *religion de l'État* *. Vous livrez à tout un peuple des pensées qui ne sont qu'impies, car ce n'est pas au profit d'un autre culte que vous avez écrit, et vous ne sauriez réclamer la tolérance pour l'irréligion et l'athéisme. » L'on ne peut revenir d'un aussi faux jugement, d'un tel renversement de toute idée logique. Eh non ! monsieur l'avocat du roi, le *Courrier français* ne professe pas l'irréligion, l'impiété, l'athéisme, c'est vous, au contraire, qui allez droit aux plus funestes conclusions, sans le vouloir, sans vous en douter peut-être, car vos bonnes intentions ne sauraient être méconnues; mais votre ignorance en matière religieuse ne vous laisse pas apercevoir les conséquences de

* Il est donc permis, d'après M. Menjaud de Dammartin, *avocat du roi*, d'attaquer la religion de l'État dans un ouvrage sérieux; il n'y a pas alors de délit : le délit ou le non délit n'existe que dans le plus ou le moins de gravité ou de frivolité d'un ouvrage, dans le plus ou le moins de publicité de l'attaque. Quel raisonnement désastreux! Quelle ineptie judiciaire!!!

la thèse que vous soutenez... M. Mérilhou réduit en poussière les argumentations de l'avocat du roi, et fait ressortir l'intolérance du ministère public qui s'est oublié au point de dire : « Que la religion catholique était la « religion de l'État, faisait partie intégrante de l'État, et « que les autres religions n'étaient que *tolérées.* » Aussi M. Mérilhou dit-il avec grande raison : « A-t-on ou-« blié qu'il n'y a qu'un pas de la tolérance à la persécu-« tion ? » Le célèbre avocat termine ce second plaidoyer, aussi brillant et aussi fort que le premier, par cette citation : « Bonaparte lui-même, Bonaparte, qui n'était pas disposé à reconnaître des bornes à son pouvoir, reconnaissait pourtant que la liberté de conscience devait prévaloir sur lui. » Tout le monde sait combien le clergé français, se croyant fort de la présence du pape Pie VII à Paris, *intriguait* autour du trône pour étendre les *droits* de la religion catholique : « Des ministres protes-tans lui demandaient, à l'époque du couronnement, une protection pour leur culte. « L'empire de la loi, leur « a-t-il répondu, finit où commence la liberté de con-« science. Tels sont nos principes et ceux de la nation ; et « si quelqu'un de ma race, devant me succéder, oubliait « le serment que j'ai prêté, et que, trompé par l'inspira-« tion d'une fausse conscience, il vînt à les violer, je le « voue à l'animadversion publique, et je vous autorise à « lui donner le nom de *Néron.* »

Le tribunal a rendu le jugement suivant : « Vu l'article inséré dans le *Courrier Français*, numéro du 29 mai, ainsi conçu........; attendu que la perpétuité de la foi est un des dogmes de la religion chrétienne ; attendu que l'article incriminé contient la négation de ce dogme, et qu'il en résulte un outrage envers la religion de l'État et les autres cultes chrétiens reconnus par la Charte......, condamne Chatelain à trois mois d'emprisonnement, à

600 francs d'amende et aux dépens. » Le tribunal était composé de MM. Philippe *la Marnière*, *Collette* de *Baudicourt*, *Mathias* et *Huart;* leurs noms méritent d'être conservés.

Peu d'arrêts en matière de presse périodique ont produit, depuis 1814, une sensation aussi fâcheuse; le public juge des intentions du gouvernement par l'accusation intentée au *Courrier Français;* elle est la mesure de l'intolérance dont l'ultramontanisme va accabler la France : ce jugement, précurseur du ministère qui va mettre en péril toutes les libertés publiques, est le manifeste de la faction contre-révolutionnaire; aussi, toutes les feuilles publiques qui lui sont dévouées célèbrent-elles avec enthousiasme *le triomphe que la religion vient de remporter sur l'impiété*. Jamais le fanatisme et l'hypocrisie n'eurent un plus insolent langage ; ils rappellent les temps de la *Sainte-Ligue*.

7 Juillet. — Amérique Méridionale. — Guatimala.

Décret du vice-président de la république fédérale de l'Amérique du Centre, qui ferme les ports de la république au pavillon espagnol.

L'importation de toutes productions du sol et de l'industrie de l'Espagne et de ses colonies est interdite : l'exportation des productions du sol et des manufactures de l'Amérique du Centre pour tous les ports soumis au gouvernement espagnol est également interdite.

9. — Amérique du Sud. — Armistice conclu entre les deux républiques de Colombie et du Pérou... Cette convention est ratifiée, le 10, par le grand maréchal D. Augustin Gamarra, commandant en chef l'armée du

Pérou, et le 15, par le libérateur Bolivar, président de la république de Colombie.

22 JUILLET. — 8 SEPTEMBRE. — Voyage de M. de Lafayette; sa réception à Clermont, au Puy, à Grenoble, à Lyon (départemens du Puy-de-Dôme, de la Haute-Loire, de l'Isère, du Rhône.)

Le fidèle ami, le constant défenseur de la liberté constitutionnelle, veut revoir, avant de terminer son illustre carrière, les lieux de sa naissance. A peine arrivé aux frontières de l'ancienne Auvergne, il voit les populations entières accourir sur son passage ; c'est une fête de famille à laquelle aucun village, aucun hameau ne veut manquer : de toutes parts s'élèvent au ciel les bénédictions des campagnes et des cités ; elles apportent au *citoyen des deux mondes* le tribut de leur amour, de leur reconnaissance, de leur respect : jamais souverain n'a reçu des hommages aussi sincères, aussi flatteurs. — M. de Lafayette quitte, les larmes aux yeux, des contrées si chères à son cœur ; mais c'est toujours en famille qu'il voyagera ; il visite le département de l'Isère, si fidèle à la liberté, à l'honneur national ! Aux portes de Grenoble, une foule immense de citoyens l'attendent, et un ancien maire de cette ville, si distingué par son patriotisme, lui présente une couronne de feuilles de chêne; à Vizille, il est attendu par le maire, et reçu au château de Lesdiguières, appartenant à M. Casimir Périer ; Vizille, où furent tenus, en 1788, les états de Dauphiné; Vizille, devenu à jamais célèbre par la résistance qu'ils déployèrent contre le despotisme ministériel, reçoit M. de Lafayette aux acclamations publiques ; et M. Augustin Périer, qu'une alliance domestique unit étroitement à l'illustre voyageur, fait d'une manière aussi patriotique que noble les honneurs de la cité héroïque de

1788. M. de Lafayette quitte à regret le département, berceau de la liberté; il se rend à Lyon, où il retrouvera dans tous les cœurs cette liberté constitutionnelle, idole de toute sa vie : c'est dans la seconde capitale de la France que le *vétéran* de la liberté nationale doit recevoir l'ovation que la France entière lui décerne.

Une députation nombreuse, une troupe de 500 cavaliers et une foule de citoyens de toutes les classes, attendent M. de Lafayette sur la limite du département du Rhône, et l'escortent jusqu'à Lyon, où il fait, le 5 septembre, son entrée au milieu de soixante-dix mille âmes qui font retentir l'air des cris de *vive Lafayette!* Des fêtes brillantes lui sont données, et, le 7, il assiste à un banquet offert au nom de la population de Lyon : il part de la noble cité, le 8, précédé et suivi par une garde d'honneur qui l'accompagne jusque au-delà des limites du département, et veut le conduire jusqu'à Paris; triomphe national, auquel M. de Lafayette se refuse avec autant de modestie que de sagesse...

Ce voyage est un événement politique, il doit tenir place dans l'histoire de notre temps; sa relation, imprimée à cent mille exemplaires, produira dans tout le royaume une vive sensation ; il réveillera le patriotisme français et augmentera, par conséquent l'irritation contre le gouvernement lorsqu'il *affichera* la contre-révolution, c'est-à-dire M. de Polignac au ministère. L'irritation est déjà si générale et si forte que Charles x, dont le voyage dans les départemens composant l'ancienne Normandie est annoncé semi-officiellement, devra renoncer à cette promenade royale, où son futur ministre, M. de Polignac, ne pourrait lui procurer l'enthousiasme et l'amour dont M. de Martignac, avec ses apparences de constitutionalisme, l'avait enivré l'année dernière, dans le voyage d'Alsace. Le nouveau ministère, celui que Charles x porte encore dans son sein et qu'il doit bientôt enfanter, pourra juger de l'opinion publique par les honneurs rendus au général Lafayette, et par la complète indifférence avec laquelle seront reçus, dans le même temps, madame la Dauphine, dans son voyage de la Seine-Inférieure, et monseigneur le Dauphin, dans son voyage à Cherbourg : ces augustes personnages se trouveront réduits à la *joie officielle* des villes qu'ils traverseront; la froideur nationale, pour ne pas dire davantage, sera même si prononcée envers monseigneur le Dauphin, qu'une souscription ouverte à Cherbourg pour une fête à donner au prince ne sera pas remplie; les dames refuseront hautement d'en faire partie..... Ce sera bien autre chose dans un an; le roi, le Dauphin, la Dauphine feront le voyage de Cherbourg : quel voyage! (V. 3-16 août 1830.)

La presse périodique et l'opinion nationale ont beau manifester, en tous lieux, le mécontentement des populations, la cour et le gouvernement n'en tiennent aucun compte; ils marchent, tête baissée et la lance du despotisme au poing, vers l'abîme qui va bientôt les engloutir. Quinze années de possession, qu'ils appellent *stabilité*, seront dissipées plus promptement que ne le furent les dix mois de la restauration de 1814 : les leçons les plus récentes, les plus terribles, sont également perdues; et, à voir ce qui se passe en Europe depuis la chute de Napoléon, l'on dirait qu'il est écrit dans les livres du destin que les rois n'apprendront jamais rien. L'antiquité l'a dit : *Quos vult perdere Jupiter, dementat.*

23. — Chambre des pairs. — Communication des lettres-patentes, portant institution de majorats et titres de pairs en faveur de membres de la chambre dont les noms suivent : *sur le banc des ducs*, MM. le prince duc

de Berghes-Saint-Winock, et le duc de Sabran ; *sur le banc des marquis,* MM. le marquis Barthélemy, le marquis de Castellane et le marquis de Crillon ; *sur le banc des comtes*, MM. le comte de Chabrol-Crousol et le comte Dupuy ; *sur le banc des barons*, MM. le comte de Divonne, le baron de Grosbois, le comte de Kergariou, le comte de Panisse, le marquis de Lévis, le comte de Bonneval, le comte d'Agoult et le comte Eugène de Vogué.

C'est avec des lettres-patentes que l'ancien régime se flatte de rétablir en France *l'ordre* de la noblesse ; tous ses efforts seront vains ! L'on ne saurait trop le redire, les lois s'opposent formellement à tout privilége en faveur d'une classe quelconque de citoyens, et les mœurs publiques repoussent, avec une inflexible opiniâtreté, les distinctions fondées sur un titre nobiliaire : l'on ferait par milliers des ducs et des marquis, que l'on ne rétablirait pas pour cela l'ancienne noblesse, *l'aristocratie de naissance*; tous les *majorats* n'y feront rien ; aristocratie et noblesse sont des institutions mortes en France, et qui expireront dans toute l'Europe avant la fin du dix-neuvième siècle.

30. — Espagne. — Exécution, à Barcelone, de neuf individus, pour crime de haute-trahison. — La proclamation du capitaine-général de la Catalogne (comte d'Espagne) est un monument du pouvoir absolu sous lequel gémissent les Espagnols : « ... Que le canon qui a annoncé le supplice légal des coupables retentisse jusqu'aux oreilles de leurs complices et des infâmes révolutionnaires qui, venant de territoires étrangers, oseront profaner les domaines du roi notre seigneur, que Dieu garde....! Les autels du catholicisme et le trône de saint Ferdinand ont poussé de si profondes racines dans la

religieuse et à jamais fidèle Espagne ; que tous les efforts de la perversité et la séduction des dangereuses doctrines ne parviendront jamais à les déraciner..... Notre auguste et bien-aimé roi, que Dieu garde, vrai père de ses peuples, non-seulement règne sur les Espagnes en vertu de ses droits sacrés, légitimes et absolus, qu'il tient de Dieu seul, mais encore par l'affection et l'amour des Espagnols, prêts à se sacrifier en faveur de la famille royale et des sages institutions de la monarchie, qui, dans toutes les époques, avec l'aide de Dieu, ont su, avec la plus constante et exemplaire fidélité, triompher des ennemis de sa sainte religion et de son roi légitime... »

Voilà le gouvernement-modèle célébré par M. de Châteaubriand, le gouvernement pour lequel la France a envoyé en Espagne (1823) une armée de 100 mille hommes et dépensé 400 millions ! Le comte d'Espagne, ancien laquais et émigré français, est capitaine-général ou gouverneur de la plus importante province d'Espagne ; il seconde de toutes ses barbaries le despotisme royal et monacal; ce personnage, devenu si illustre en fait d'exécutions militaires, sera promu par un décret du roi (novembre 1829) au rang de capitaine-général des armées de sa majesté, grade correspondant à celui de maréchal de France..... Il serait digne d'être premier ministre de D. Miguel!!!

2 Aout. — Ordonnance du roi portant convocation des conseils généraux de département et des conseils d'arrondissement. — Les premiers ouvriront leur session le 27 août ; elle sera close le 10 septembre : les seconds s'assembleront le 16 septembre, à l'effet de procéder à la répartition de la contribution foncière, personnelle et mobilière entre les communes ; cette partie de la session durera cinq jours.

Les conseils généraux et les conseils d'arrondissement ne sont, en réalité, que des bureaux ministériels ; ils délibèrent et votent presque tous d'après les ordres que leur fait transmettre l'autorité. L'organisation municipale et départementale est si vicieuse dans ses bases, et si pleine de despotisme impérial dans son exercice, qu'il est presque impossible d'obtenir, en faveur des intérêts nationaux, les améliorations les plus importantes au bien public.

2. — Mandement de l'archevêque de Paris (Quélen) pour l'ouverture d'un jubilé à l'occasion de l'avénement de Pie VIII au trône pontifical.

Une messe solennelle est célébrée à Notre-Dame ; l'évêque de Beauvais (Feutrier) y officie pontificalement : l'archevêque fait *la procession des reliques;* elles seront exposées du 2 au 13.

L'archevêque Quélen appartient au clergé du concordat de 1801 [*]; il n'est dénué ni d'esprit ni de connaissances, et, en cela, il est fort supérieur à la plupart des prêtres formés sous la restauration. *Sulpicien*, comme son ami Feutrier, ses opinions devraient être un *mezzo-termine* entre l'ultramontanisme et le gallicanisme, entre

---

[*] Il n'est pas sans intérêt de rapporter ici une anecdote, relative à ce concordat. — Dans les conseils tenus sur cet objet, le second consul, Cambacérès, fit le plus grand éloge des *jésuites*, comme corps enseignant, et agita la question de leur rappel : Bonaparte repoussa cette proposition avec la plus impétueuse vivacité, et dit textuellement ces paroles : « Ce sont des per-
« sécuteurs fourbes et atroces, dont le but est la domination
« sur les princes et les peuples. Les disciples de Loyola ont tou-
« jours vécu en rébellion ouverte avec les institutions du pays ;
« ce sont des sectaires avides de pouvoir et de richesses, sans
« patrie, et plus juifs que les Juifs eux-mêmes : ils ne sont
« propres qu'à mettre le trouble dans les ménages, et à faire

le molinisme et le jansénisme; s'il n'est pas du siècle, il pourrait ne pas rétrograder jusqu'au moyen âge : cependant il aura ressuscité *le culte des reliques;* et cela dans Paris, capitale du pays le plus éclairé de la chrétienté. Ces reliques qu'il promène processionnellement, il est allé, dit-on, les chercher à Rome, d'où il espérait rapporter encore le chapeau de cardinal : mais qu'il attende, Rome ne le fera pas trop languir, et récompensera, sans doute, bientôt sa dévotion ultramontaine aux os canonisés. Si on en croit la chronique maligne, les saintes reliques ne sont pas seules ce qui attire le beau sexe à ses processions; M. Quélen serait un gracieux cavalier, et jamais plus jolie main n'a donné la bénédiction épiscopale.

2 Aout. — Loi relative à la fixation du budget des dépenses de l'exercice 1830...... Le budget pour cet exercice a été présenté le 11 mars par le ministre des finances (Roy).

Les dépenses de la dette consolidée et de l'amortissement sont fixées, pour l'exercice 1830, à la somme de 245,543,065 fr.

(3,257,882 fr. de moins que pour l'exercice 1829.)

« naître des dissensions dans un gouvernement. C'est un fléau
« politique et religieux, c'est une véritable peste; ce sont les
« chouans du Vatican, et je ne veux pas plus de jésuites à Pa-
« ris que de chouans en Bretagne. » Et plus tard, Bonaparte permettra et *reconnaîtra* l'établissement des *lazaristes*, des *pères de la foi*, c'est-à-dire des *jésuites!* Ce que c'est que le despotisme, il cherche des appuis, même parmi ses ennemis!!!
— Ce fut Cambacérès qui donna le premier à Bonaparte le conseil de conclure un concordat avec le pape; et ce furent ses déférences, ses obséquiosités pour le saint-siège qui valurent à son frère le chapeau de cardinal.

Les dépenses générales du service,
à la somme de. . . . . 557,188,370 fr.
Les frais d'administration et de
perception des impôts directs et indirects et des revenus de l'État, à la
somme de . . . . 128,169,047.
 (110,362 fr. de plus que pour
  l'exercice 1829.)
Les remboursemens et restitutions
à faire sur les produits desdits impôts
et revenus, et le paiement des primes
à l'exportation, à la somme de. 41,929,397
 (54,003 fr. de plus que pour
  l'exercice de 1829.)

Total des dépenses générales du
service . . . . 727,286,814 fr.
 (2,913,400 fr. de plus que pour
  l'exercice de 1829.)
La dette consolidée et l'amortisse-
ment s'élèvent à 245,543,065

Total général du budget des dé-
penses. . . . . 972,829,879 fr.

 (1,344,482 fr. de moins que
  pour l'exercice de 1829.)

Il est essentiel de remarquer que, dans la fixation des dépenses générales du service, les dépenses départementales et communales *ne sont pas portées, même pour mémoire*.

Le budget des recettes est évalué,
pour l'année 1830, à la somme de . . 979,787,153 fr.

Y compris 540,000 francs à recevoir de la caisse des invalides de la marine, pour moitié de la retenue de trois pour cent qu'elle exerce sur les dépenses relatives au matériel de ce département.

(6,369,668 fr. de moins que pour l'exercice de 1829.)

Pour *moyens de service*, le ministre des finances est autorisé à créer des bons royaux (le montant de la somme *n'est point spécifiée*) pour le service de la trésorerie et les négociations avec la banque de France. Les bons royaux en circulation ne pourront excéder 150 millions ; dans le cas où cette somme serait insuffisante pour les besoins du service, il y sera pourvu au moyen d'une *émission supplémentaire* qui devra être autorisée par ordonnance du roi, et qui sera soumise à la sanction législative dans la plus prochaine session des chambres... C'est la ritournelle annuelle. (V. 6 juillet 1826, pour les observations relatives à ces *assignats* de la trésorerie.)

Le budget, soumis à l'épreuve du scrutin secret, a été adopté (8 juillet); nombre des votans, 321 : *Pour*, 226 ; *contre*, 95 ; *majorité*, 131... L'opposition n'avait été, en 1828, que de 28 ; elle est, cette année, de 95 : le gouvernement du roi devrait trouver, dans une aussi forte opposition, un avertissement salutaire ; il s'en moquera, et ses écrivains à gages le féliciteront d'avoir 18 *mois d'impôts votés*. — Le budget, présenté à la chambre des pairs, et soumis à l'épreuve du scrutin secret, a été adopté (30 juillet); nombre des votans, 151 : *Pour*, 149 ; *contre*, 2 ; majorité, 147. L'on dirait que la chambre des pairs est simplement chargée de vérifier et enregistrer le budget.

Environ cent membres de la chambre des députés se sont abstenus de prendre part au vote du budget ; dans la chambre des pairs, environ cent cinquante membres étaient absens au moment du vote.

Le résumé officiel ci-dessus atteste que les besoins de

l'exercice de 1830 sont les mêmes que ceux de l'exercice de 1829 ; les dépenses demeurent aussi les mêmes, à quelques légères modifications près : on parle tous les ans de faire des économies, et tous les ans les dépenses s'accroissent ; le peuple est surchargé d'impôts ; mais le peuple est comme un bon âne, « plus on le charge, et « mieux il va, » disait Mazarin. Les ministres de la restauration semblent avoir pris à cœur une si profitable maxime ; Mazarin n'est même qu'un écolier en comparaison d'eux ; il est vrai aussi que le déprédateur italien n'avait pas, en son temps, la *ressource* du véritable *génie* financier, celle de faire du papier-monnaie!

La discussion du budget a reproduit l'examen des abus et les demandes d'économies dont il est question à chaque session : mais le chiffre du budget se maintient toujours à la même élévation ; on promet des réformes, des améliorations, et les impôts et les emprunts augmentent à chaque budget. M. Humann, dans un fort bel exposé des besoins et des moyens réclamés pour l'exercice de 1830, témoigne, au nom de la commission, le regret de ne pouvoir entrer dans la voie des économies, quelque ardent et sincère que soit son zèle à cet égard. Il ne craint pas même de signaler une foule d'abus dont le redressement est urgent : il fait sentir la nécessité de comprendre à l'avenir dans le budget général de l'État *la totalité* des recettes et des dépenses ; de *classer avec ordre* les dépenses variables ; de *soumettre au contrôle des chambres* et à la sanction de la loi une foule de recettes dont la plupart des ministères *ne rendent pas de compte ;* de fournir à la chambre des députés *les pièces de comptabilité* qui peuvent, seules, la mettre à même de juger de la régularité et de la légalité de certaines dépenses dont la connaissance lui est, en quelque sorte, *dérobée ;* enfin, de charger le trésor public du paiement de toutes les pensions ; sans nulle exception, et d'y verser en conséquence tous les fonds de retenues affectés à ce service. M. Humann entend fort bien la science des chiffres ; mais il se montre, en général, fort disposé à déplaire le moins possible aux exigences ministérielles, ce qui veut dire, en bon français, à n'opérer que les réformes absolument inévitables, celles que vient arracher la force des choses : aussi, la cour, les ministres, et les fonctionnaires à cumuls et à gros traitemens, ne se plaindront pas de M. Humann : ce député doit arriver, tôt ou tard, au ministère des finances !!!

L'on est scandalisé de voir les abus et les dilapidations des deniers de l'État se multiplier chaque année, malgré les promesses d'économie sans cesse renouvelées par le gouvernement. De hauts titulaires de la classe ecclésiastique touchent toujours d'énormes appointemens sous cinq à six dénominations diverses : le cardinal-archevêque de Rouen (prince de Croï), le cardinal-archevêque de Toulouse (Clermont-Tonnerre), le cardinal-archevêque de Reims (duc de Latil), etc., touchent plus de 200,000 francs chacun ; et ainsi à proportion pour les prélats les plus *influens* du clergé. Il en est de même dans les premiers rangs de l'armée et dans ceux de l'administration civile et judiciaire. On voit, dit M. Cormenin, « des magistrats qui sont en même temps commissaires du roi en activité, conseillers d'État, maîtres des requêtes en service ordinaire, gardes de registres en exercice, membres de bureaux de liquidation, etc. : des juges et procureurs du roi exerçant en même temps l'emploi de maire, de conseiller de l'université, de professeur de droit, etc. : un conseiller de la couronne (ou ministre) toucher à la fois un premier traitement comme lieutenant-général en activité, un second traitement comme directeur-général en activité, un troisième traitement comme conseiller d'État en activité; enfin il existe des personnages cumulant six et sept emplois tous *salariés*.... » Des millions vont toujours s'engloutir dans le gouffre des pensions accordées aux privilégiés de la faveur, aux grands seigneurs de cour *recommandables* par la vénalité de leurs services. En vain l'incorruptible Labbey de Pompières s'efforce-t-il de prouver que le budget peut subir une réduction de 40, de 50 millions, sans affecter aucune des parties essentielles du service public; la chambre n'en vote pas moins la conservation des gros traitemens, des pensions, des cumuls. On économise le son, on prodigue la farine; c'est le proverbe gascon mis en pratique par la restauration. Le baron de Breteuil, *ex-ministre et émigré*, disait : « Les deux princes de Coblentz « sont des mangeurs de royaumes; ils ne sont bons qu'à « entretenir des filles, à voler et à être volés. » En s'exprimant ainsi, le baron était injuste; mais il parlait *ab irato*, et exhalait sa haine contre *Monsieur* et le comte d'Artois (Louis XVIII et Charles X), dont il connaissait, d'ailleurs, les dilapidations et les machinations contre Louis XVI.....

Revenant au budget de 1830, nous dirons que les dépenses viagères qui finissent sous une forme renaissent sous une autre; on change le nom de l'abus, et l'on en maintient l'existence : M. Laffitte, auquel l'on ne saurait refuser une grande autorité en matière financière, représente l'agriculture, l'industrie et le commerce dans un état de souffrance qui excite des plaintes générales, produit une forte irritation dans les esprits et tend à priver le gouvernement de la confiance de la nation. Ce député, d'un patriotisme éprouvé et à l'abri de toute exagération politique, s'écrie : «..... Ce qui ruine un État, ce sont les grandes dilapidations conseillées, ou par l'esprit de parti, ou par l'imprudence (il pouvait ajouter, et par la cupidité); ces dépenses extraordinaires de 50 millions, de 400 millions, d'un milliard... Je l'ai dit, et l'honneur de certains hommes ne m'empêchera pas de le répéter, la souffrance actuelle, le poids de notre dette, le déficit qui nous menace, nous le devons à l'indemnité et à la guerre d'Espagne; ces deux causes ont produit la méfiance et le malaise général... 1400 millions de plus au trésor, et nous pourrions soulager les contribuables; 1400 millions de moins au grand livre, et nous pourrions *dicter la paix* à l'Europe, et reprendre le rang qui nous appartient.... Combien cette session est éloignée d'être ce que nous espérions! Nous n'aurons doté le pays d'aucune des institutions qui lui avaient été promises; nous aurons vu retirer des lois impatiemment attendues, par des motifs qui mettent en question les droits garantis par la Charte; nous aurons les communes et les départemens livrés à une administration arbitraire; nous n'aurons résolu aucune des questions financières et administratives dont la France pouvait attendre quelque soulagement; nous n'aurons fait aucune économie; nous nous serons affaiblis volontairement aux yeux de l'Europe; enfin, nous aurons laissé une différence entre la recette et la dépense, c'est-à-dire *voté le déficit.....* »

Ce discours de M. Laffitte est un résumé consciencieux et parfaitement exact de la session de 1829; l'esprit de cette session est tout entier dans les paroles du député-citoyen, Français par excellence, qui, dans sa longue carrière législative, n'a cessé de faire preuve d'amour pour son pays, et de manifester le plus sincère attachement à la liberté, à l'ordre et aux lois : si l'on refuse à M. Laffitte le génie, le caractère ou les hautes conceptions de l'homme d'État, l'on ne saurait lui contester du moins ces vertus civiques qui donnent la première et la plus noble des illustrations. L'on naît homme d'État, et l'on se fait soi-même *grand citoyen;* voilà l'excuse et l'éloge de M. Laffitte : il partage avec M. de Lafayette *ce titre*, le plus beau de tous les titres, et au-dessus duquel la philosophie (c'est-à-dire l'amour de la sagesse), le patriotisme et l'humanité ne trouvent rien à placer. La vanité et la flatterie, tel est le lot de presque tous les princes; la véritable gloire et l'estime nationale sont pour les hommes patriotes et éminemment utiles à leur pays. La France honore et nos neveux honoreront les grands citoyens qui se vouèrent à la liberté constitutionnelle et n'abandonnèrent point sa noble cause, Lafayette, Larochefoucauld-Liancourt, Lanjuinais, Boissy-d'Anglas, Foy, Manuel, Lamarque, Laffitte, Labbey de Pompières,...... Benjamin Constant, et quelques autres personnages éminens qui réparèrent, par de grands et utiles services, les fautes que la faiblesse et l'ambition leur avaient fait commettre.

5. — Ordonnance du roi concernant l'organisation du corps royal d'artillerie ; elle est rendue sur le rapport du ministre nominal de la guerre, vicomte *de Caux*.
— Cette ordonnance, illégale dans plusieurs de ses dispositions, offre peu d'améliorations ; elle est conçue dans un esprit de privilége nuisible au service de cette branche si essentielle de l'état militaire.

7. — Tous les journaux annoncent depuis deux jours la dissolution du ministère Martignac. — Le *Moniteur* fera connaître, demain, l'avénement de M. de Polignac au ministère.

Nous allons entrer dans une nouvelle ère, la dernière

de la restauration. Il est nécessaire de présenter quelques observations sur la situation des esprits et des choses dans une conjoncture de cette importance.

La chute de l'administration Villèle avait ouvert l'année 1828, et la nation s'était flattée que le nouveau ministère entrerait dans les voies constitutionnelles, et donnerait enfin aux libertés publiques ces garanties, tant de fois promises et tant de fois éludées, sans lesquelles la Charte n'est qu'un vain mot. L'on se livrait généralement à l'espérance d'un meilleur avenir; et les promesses solennellement annoncées par M. de Martignac (l'orateur et le directeur de la nouvelle administration) inspiraient, dès l'instant de son entrée aux affaires, une certaine confiance, même aux hommes qui jusqu'alors en avaient montré si peu dans les protestations officielles de constitutionnalité faites par le pouvoir. Ces promesses ne tardèrent pas à s'évanouir, et bientôt il devint évident, aux yeux de tous les hommes judicieux et ayant quelque expérience, que le nouveau ministère n'avait été appelé que pour continuer l'ancien, et qu'il ne remédierait que fictivement et très-imparfaitement encore aux maux et aux actes arbitraires dont la France s'était vue accablée sous la *déplorable* administration.

Le ministère Martignac peut être divisé en deux périodes politiques : dans la première, il eut mission de tout promettre; dans la seconde, d'accorder le moins et de retirer le plus possible aux libertés nationales. En conséquence, il annonça les intentions les plus constitutionnelles, et alla presque jusqu'au libéralisme; mais il conserva les principaux agens de la déplorable administration, se borna à quelques déplacemens de fonctionnaires, et laissa soigneusement les contre-révolutionnaires et les privilégiés, les ultramontains et les jésuites, en position et en mesure d'abuser, à leur guise, de la puissante influence qu'ils exerçaient, depuis 1814, sur les destinées de l'État.

Jamais la restauration n'avait fait entendre de si belles, de si douces paroles, et annoncé de si grandes, de si heureuses améliorations dans toutes les branches de l'administration, qu'à l'avénement du ministère Martignac ; jamais il ne fut nommé autant de commissions, et proposé autant d'enquêtes en faveur de l'agriculture, de l'industrie, du commerce, des finances, et même de la législation politique. L'on serait néanmoins injuste si l'on ne reconnaissait pas que, dans l'année 1828, le ministère Martignac fit aux libertés nationales quelques utiles et sages applications des principes consacrés par la loi fondamentale de l'État. En effet, l'on doit à ce ministère la révision et la permanence des listes électorales, l'abolition de la censure et de l'autorisation préalable pour la publication des feuilles périodiques, et l'abolition des procès de tendance. C'était, nous l'avons dit, un grand pas vers un meilleur ordre de choses ; mais le gouvernement ne l'avait fait qu'à son corps défendant : l'opinion, l'on pourrait même dire la clameur publique, l'avait exigé avec tant de persistance, qu'il était devenu impossible aux conseillers de la couronne de résister plus long-temps d'une manière ouverte, sans se voir accusés de perfidie : mais les hommes de l'ancien régime ne se trompèrent pas sur les conséquences que devait nécessairement produire la loi sur la presse, et, dans leur premier mouvement d'exaspération, ils appelèrent hautement les lois sur les élections et la presse, des *concessions* faites à *l'esprit révolutionnaire;* les écrivains stipendiés par le gouvernement se récrièrent avec virulence contre la faiblesse d'un pouvoir qui sanctionnait de si *funestes* mesures; ces écrivains poussèrent l'amertume de leurs récriminations et l'éclat de leurs injures jusqu'à la dernière indiscrétion.

Il ne faut donc pas être surpris que la session de 1829 ait été employée par le ministère Martignac à défaire, en quelque façon, ce qui avait été fait dans la session de 1828. Les projets de loi départementale et municipale suffiraient, à eux seuls, pour dévoiler la fourberie de l'administration et mettre au grand jour les machinations tramées dans l'ombre; elles avaient pour objet de détruire à force ouverte la Charte constitutionnelle aussitôt que les conjonctures permettraient de le tenter sans trop de danger. L'audacieux et insolent retrait de la loi départementale, véritable coup d'État contre la chambre nationale, la colère et la violence du ministère dans cette occasion décisive, ne peuvent plus laisser aucun doute sur les intentions réelles du pouvoir : tous les détours, toutes les ruses dont il a fait usage, et un très-habile usage, l'on doit en convenir, depuis la chute du ministère Villèle, n'avaient, en réalité, pour but que d'arriver à un ministère d'ancien régime. M. de Polignac, parfait modèle, type incarné de ce système, était tenu en réserve; la contre-révolution le cachait précieusement dans son sein, et le ministère Martignac avait été choisi pour lui servir de précurseur; à ce prix, le gouvernement *occulte* avait sanctionné, en 1828, les *concessions* qu'il s'était vu obligé de faire; un coup d'État suffirait, disait-il, pour les anéantir.

Dans un tel ordre de choses politiques, la situation matérielle du royaume offrait néanmoins des signes de prospérité ; la soumission et le calme régnaient dans tous les départemens, quelque prononcée que fût d'ailleurs l'irritation nationale contre les privilégiés, le haut clergé et les jésuites. Certaines parties de la propriété territoriale se trouvaient en souffrance, autant par l'intempérie des saisons que par les monopoles du fisc; mais les transactions commerciales étaient, dans l'intérieur, faciles et même abondantes, malgré l'engorgement de quelques manufactures; les fonds publics étaient parvenus à un taux très-élevé, ce qui n'est pas, au reste, un indice certain de prospérité publique, dans un pays où la liberté politique et civile n'est pas garantie par des lois positives, fixes, d'une exécution impartiale et entière : dans un tel pays, le crédit *public* n'est pour l'ordinaire que le crédit de l'agiotage des banquiers. Il faut l'avouer; sous ce dernier rapport, la France est le pays le plus florissant de l'univers; l'agiotage y est dans une prospérité toujours croissante, et les vampires, enfantés par la restauration de 1814, y dévorent les finances à force de liquidations et d'emprunts : les contribuables sont accablés d'impôts, mais l'agiotage a son budget sur ces impôts; il élève des palais aux dépens des chaumières. Les fermiers-généraux * du crédit public, les Turcarets de 1814 se sont constitués princes des finances; *ils soutiennent* les fonds publics, et avec tant de succès, que si la France avait à subir un nouveau

---

* Voltaire dit, avec son exquise raison : « Quand l'État fait « un emprunt, une opération de finances, le banquier, ou la « compagnie qui prend la totalité de l'opération, est toujours « sûre de faire un gros bénéfice. » Voltaire avait deviné les banquiers cosmopolites de nos jours. — L'on connaît l'anecdote suivante : Un fermier-général faisait, devant Piron, le plus pompeux éloge des traitans, des capitalistes, des hommes à argent; il termina son ovation par ces mots : « Les financiers sont, « dans un État, les hommes les plus estimables, les plus utiles; « ce sont eux qui soutiennent le gouvernement. » — « Oui, « monseigneur des écus, ils *soutiennent* l'État, comme la corde « soutient le pendu, » lui répondit Piron.

L'agiotage est la seule plaie dont Moïse oublia de frapper l'Égypte.

Waterloo, les bénéfices journaliers de l'agiotage n'en seraient pas altérés : l'agiotage a de grandes obligations, même à la cour, au ministère Villèle.

Que de maux ce ministère a répandus sur la France! Aussi, la chute de la déplorable administration fut-elle saluée des acclamations de la France entière. L'esprit national, réveillé en sursaut, mit l'ancien et le nouveau régime aux prises dans les chambres législatives ; celle des députés des départemens se servit avec énergie, avec patriotisme, de l'appui que lui offrait l'esprit national ; il se manifesta dans son sein une indépendance d'opinions qui se fit jour dès l'installation du ministère Martignac ; des talens remarquables ne craignirent plus d'affronter la tribune, et la France, pour ainsi dire retrempée par la presse périodique, se crut réhabilitée de l'humiliation législative où elle avait été plongée pendant six années. C'était beaucoup; car, tout présageait déjà qu'une lutte sérieuse, et peut-être définitive, ne tarderait pas à s'engager entre le trône et le peuple, si les conseillers de la couronne ne lui inspiraient pas de sages et loyales résolutions. Malheureusement, les hommes des anciens temps subjuguaient le ministère; le roi était sans bonne foi ; les fonctionnaires publics étaient sous la dépendance du jésuitisme : la France ne tarda pas à s'apercevoir qu'elle avait tout à craindre, qu'elle n'avait plus rien à espérer du ministère Martignac, et l'avenir politique apparut aux observateurs attentifs, dès le commencement de l'année 1829, comme ces points noirs de l'horizon qui, dans les temps calmes et chauds, annoncent de prochains orages : M. de Polignac était le point noir prédestiné à déchaîner les tempêtes. Nous n'examinerons pas ici jusqu'à quel point le ministre Martignac a pu se rendre le complice de l'ancien régime, dans les deux sessions dont nous avons rapporté les actes principaux ; l'histoire s'attache principalement aux faits, les individus ne viennent qu'en seconde ligne ; il suffit aujourd'hui de dire que le *système* du gouvernement a été, en 1828 et 1829, celui de l'administration Villèle, nonobstant les promesses prodiguées à la nation et aux chambres : la très-grande majorité des actes du ministère Martignac le démontre.

Quant à la situation extérieure du royaume, elle est demeurée, à peu de chose près, sous le ministère Martignac, ce qu'elle était sous l'administration Villèle. L'expédition de Morée et le blocus d'Alger ont donné, si l'on veut, à la France un semblant de dignité et de force dont la nation a su gré au trône ; nous disons un semblant, parce que la France a été retenue, malgré ces démonstrations guerrières, dans un abaissement et une nullité politiques qui l'ont réduite partout à un rôle secondaire, pour lequel il a fallu obtenir encore l'approbation des grandes puissances : les affaires de la Grèce, de la Turquie, du Portugal, l'ont prouvé surabondamment. Le pavillon français ne flotte toujours qu'au second rang dans les ports des nouveaux États de l'Amérique Méridionale et dans les ports d'Haïti. Quant aux colonies qui restent encore à la France, dans les Antilles, elles sont dans un malaise et une effervescence qui ne promettent pas une longue soumission aux lois de la métropole.

Voilà où l'on est arrivé en gouvernant en sens inverse de l'opinion publique, des vœux, des besoins et des intérêts nationaux ; mais, lorsqu'on viole toutes les lois, lorsqu'on se joue de la loi fondamentale de l'État, lorsqu'on ne laisse aux libertés nationales que le peu de vie qu'on ne saurait encore leur ôter, les grandes secousses sociales ne sont pas éloignées : l'on s'est mis sous le joug de l'étranger, de l'ancien régime, du jésuitisme, il faut bien en subir les conséquences ; elles ne tarderont pas à se développer. Malheur, en tout temps, à tout gouvernement qui s'appuiera sur les privilégiés, les ultramontains et les jésuites! Ces hommes ont conduit Louis XVI à l'échafaud, ils conduiront Charles X à l'exil..... En attendant, le ministère de déception, de transition, soi-disant constitutionnel, va faire place à un ministère de pouvoir absolu, pur de tout alliage constitutionnel, à un ministère définitif et *net*.

Nous entrons dans la dernière ère de la restauration ; ici se présente une nouvelle série de faits, d'actes et de considérations : nous les retracerons, dans le volume suivant, avec toute l'impartialité, mais aussi avec toute la vérité dont nous avons fait profession dans l'*Histoire de France de l'abbé de Montgaillard*, et dans la *suite* de cette histoire. Nous sommes franchement royaliste-constitutionnel ; nous aimons notre pays, et la liberté nous est chère par-dessus tout. Par liberté, nous entendons, non la république, non l'empire, mais la royauté avec les droits politiques et civils appartenant à tous les citoyens, avec la jouissance réelle et assurée de ces droits, avec l'ordre public et l'exécution des lois. Nous avons écrit, jusqu'ici, dans l'intérêt de la liberté constitutionnelle et de l'ordre légal, dans l'intérêt de la nation et du trône ; nous avons parlé sans acception de personnes ou de doctrines : nous continuerons à dire la vérité.

FIN DU TROISIÈME VOLUME.